천 년의 바다

중세 지중해 교류사

남종국 지음

천년의 바다

중세 지중해 교류사

이화학술총서

이화여자대학교출판문화원

프롤로그

이 책은 서유럽의 기독교 문명, 비잔티움제국의 정교 문명, 그리고 아시아, 아프리카, 유럽 모두에 걸쳐 있던 이슬람 문명이 지중해를 매개로 7세기부터 16세기까지 펼쳤던 교류와 접촉에 관한 이야기다. 한때 지중해를 제패했던 고대 로마제국이 무너진 뒤 이 바다는 뚜렷한 개성을 가진 세 개의 문명이 대립을 거듭하면서도 교류를 멈추지 않았던 다극적인 세계로 거듭났다. 세 문명은 이전보다 더 다채로운 방식으로 상품, 기술, 지식, 정보, 문화, 예술 등을 교환했고 이를 위해 다양한 만남을 가졌다. 물론 상호 교류는 항상 평화롭게 진행된 것은 아니었고 지중해를 차지하기 위한 치열한 경쟁과 각축을 벌였다. 십자군 전쟁 같은 갈등의 역사가 주요하게 등장하는 것도 이러한 이유에서였다.

중세 지중해 교류사를 이해하기 위해서는 먼저 지중해가 고대 문명의 보고이자 여러 종교의 요람이었음을 살펴야 한다. 지중해는 고대 이집트와 메소포타미아, 고대 그리스와 로마가 위대하고 찬란한 문명의 서사시를 썼던 무대였고, 유대교, 기독교, 이슬람교가 출현한 신앙의 바다이기도 했다. 또한 물리적 공간으로서 지중해의 지리적 특성을 이해해야 한다. 『지중해: 펠리페 2세 시대의 지중해 세계*La Méditerranée et le monde méditerranéen à l'époque de Philippe II*』를 쓴 페르낭 브로델Fernand Braudel은 지리, 기후, 풍향, 해류와 같은 자연환경이 인간의 활동에 가능성과 동시에 한계를 부여한다고 강조하면서 지중해의 역사를 본격적으로 살피기에 앞서 자연환경을 면밀히 검토한 바 있다. 브로델만큼은 아니지만 존 프라이어John Pryor 역시 자연환경의 중요성에 주목했다. 그는 지리적 환경과 이를 극복할 수 있는 기술 사이의 상호 작용이 바로 지중해 교류의 역사였다고 전제한 뒤, 지중해 북쪽 해안이 남쪽 해안보다 인간에게 유리한 자연환경을 가지고 있었고 이러한 지리적 이점 덕분에 북쪽 세력들이 지중해 패권을 더 자주 확보할 수 있었다고 주장했다. 그에 따르면 지중해의 자연환경의 또 다른 특징인 척박함이 각 지역을 서로 의존하게 했는데, 이러한 상호 의존의 필요성은 교류와 접촉을 더욱 촉진하는 매개체 역할을 했다.

세 문명이 지중해를 무대로 펼쳤던 천 년간의 교류와 접촉의 이야기는 그 자체로 흥미롭다. 지중해라는 자연환경을 배경으로 세 문명이 각축을 벌이는 가운데 역사는 때로는 생각지도 못한 방식으로 흘러가곤 했다. 가령 이슬람 문명이 고대 그리스와 로마의 지적 유산을 상속하며 성숙한 문명을 만들어나간 반면 중세 초기 유럽 기독교 문명은 그것을 이교도의 소산으로 여겼고 결국 학문의 발전을 가로막았다. 유럽의 기독교도들은 이자 대부업자를 단죄하며 상업에 단호한 태도를 취하는가 하면, 아시아산 향신료 교역을 둘러싼 치열한 무역 경쟁에 나서기도 했다. 200년 동안 계속되었던 불관용의 십자군 전쟁이 문명 간 교류의 물꼬를 트는가 하면, 한때 기독교와 이슬람 세계를 공포에 떨게 했던 몽골제국이 나중에는 지중해의 여러 세력과 접촉을 늘리면서 지중해 세계와 아시아 사이의 교류를 촉진했다. 그 외에도 구원을 얻으려고 지중해 건너편으로 떠나는 고난의 행군을 한 순례 이야기, 주요 요충지를 차지하기 위한 치열한 해전과 육상 전투 이야기, 아리스토텔레스의 학문을 이교 학문이라는 이유로 거부하며 오랫동안 선진 학문의 수용을 터부시했던 파리 신학대학의 이야기, 유럽 세계의 중심이 지중해에서 대서양으로 옮겨가는 이야기 등은 궁금증과 호기심을 자극하기에 충분하다. 이 책에서는 이러한 다채롭고 풍성한 이야기를 나누고자 한다.

우리는 중세 시대 세 문명이 지중해를 매개로 펼치는 흥미진진한 이야기를 통해 단순한 재미를 넘어 소중한 역사적 교훈을 얻을 수 있다. 무엇보다도 오늘날 기독교 문명과 이슬람 문명의 갈등의 역사적 기원을 추적함으로써 종교 간의 대화와 평화를 이끌어낼 방법에 대해 함께 고민하고자 한다. 대다수 종교는 사랑과 평화의 교리를 강조하지만, 실제의 역사 속에서는 다른 생각과 종교를 가진 사람들을 혐오하고 배제했고, 타 종교에 대한 물리적 폭력과 전쟁을 서슴지 않았다. 일반적으로 종교는 경전과 교리를 통해 자신의 정체성을 강화시킴으로써 타 종교에 대한 이해나 포용 더 나아가 관용을 어렵게 만든다. 중세 지중해 세계에서 종교적 차이는 평화로운 공존을 어렵게 만든 핵심 요인이었다. 조금 단정적인 판단이지만 중세 지중해 세계는 종교적 공존과 평화를 찾는 데 실패했다. 그중에서도 1492년 재정복을 완수한 기독교 세력이 800년 가까이 이베리아반도에 살았던 무슬림과 유대인을 추방해 버린 종교적 불관용의 사례가 이를 증명한다.

이러한 반목과 갈등의 역사는 현재까지 이어졌고, 기독교 문명과 이슬람 문명 간의 갈등과 충돌은 아직도 끝나지 않은 현재진행형 문제로 남아 있다. 새뮤얼 헌팅턴Samuel Huntington은 서구 문명, 라틴 아메리카 문명, 아프리카 문명, 이슬람 문명, 중화 문명, 힌두 문명, 정교 문명, 불교 문명, 일본 문명 등으로 세계 문명을 구분했는데 이 여러 문명 간의 충돌 중에서 현재 가장 심각한 종교 사회적 현안은 기독교 문명과 이슬람 문명의 충돌이라고 분석했다. 헌팅턴의 지적이 모두 타당한 것은 아닐지라도 보다 평화로운 미래를 위해서는 종교 간의 충돌이 어떤 역사적 기원과 배경을 가지고 있었는지를 우선적으로 살펴볼 필요가 있다.

역사는 종교 간의 평화와 관용이 얼마나 달성하기 어려운 것인지를 명확히 보여준다. 종교 연구의 세계적인 권위자였던 한스 큉Hans Küng은 종교 간의 평화를 이룩하기 위한 방법을 다음과 같이 제안했다. 그는 "종교 간의 평화 없이는 국가 간의 평화도 없다. 종교 간의 대화 없이는 종교 간의 평화도 없다. 종교에 대한 기초 연구 없이는 종교 간의 대화도 없다."라고 자신의 평화 수립 원칙을 제시했다. 그의 주장은 종교 간의 대화를 하려면 종교에 대한 기초 연구와 더불어 종교 간의 교류와 갈등의 역사에 대한 이해가 선행되어야 한다는 것이다. 두 문명 간의 갈등과 충돌을 해소하고 상호 이해와 공존 그리고 평화로 나아가기 위해서는 기독교 문명과 이슬람 문명의 갈등과 충돌의 역사적 기원을 파악해야 한다. 엉킨 실타래를 풀려면 그 시작점으로 돌아갈 필요가 있다. 그런 점에서 세 문명의 교류와 갈등의 초기 역사를 다룬 이 책이 현재를 이해하고 인류가 직면한 심각한 갈등과 충돌을 해결하는 데 나름의 시사점을 제공할 수 있기를 희망한다.

이 책의 또 다른 주요 관심사는 수시로 바뀌었던 패권 변화의 판세를 읽고, 변화의 배경과 원인이 무엇이었는지를 밝히는 것이다. 7세기 아라비아반도를 중심으로 탄생한 이슬람이 본격적으로 지중해로 진출해서 지중해의 절반을 정복한 800년 무렵, 서유럽 기독교 세계는 가장 후진적인 지역이었다. 하지만 16세기 무렵에 서유럽 세계는 지중해를 넘어 아시아와 아메리카로까지 진출해 근대 세계 형성에 주도적인 역할을 하게 된다. 1,000년 사이에 무슨 일이 있었기에 이러한 변화가 발생했을까? 서유럽 기독교 세계가 성장할 수 있었던 배경 중의 하나는 바로 선진 문명이었던 이슬람 세계와 비잔티움제국으로부터 많은 것들을 배우고 수용한 덕분이었다고 보고, 문명들 간의 지식과 문화 교류에 주목하고자 한다.

이러한 패권 변화가 보여주는 또 하나의 사실은 지중해 문명이 혼합 문명이었다는 것이다. 헌팅턴처럼 기독교와 이슬람 문명을 서로 완전히 다른 적대적인 문명으로 규정하는 것은 옳지 않다. 그런데 이러한 사실을 부인하는 사람들이 적지 않다. 영국의 언론인이자 정치 평론가인 더글러스 머리Douglas Murray는 자신의 저서 『유럽의 죽음*The Death of Europe*』에서 유럽 문명의 순수성을 강조하고, 오늘날 무슬림 이민의 대거 유입이 기독교 유럽의 죽음을 초래할 것이라고 경고했다. 마찬가지로 다수의 유럽 역사가도 서유럽 문명을 고대 그리스와 로마 문명의 유산을 상속받고, 중세 기독교를 수용해 만든 고유한 문명으로 정의해왔다. 그러나 이와 같은 해석은 지중해의 역사에 대한 몰이해에서 나온 유럽 중심적 소견에 지나지 않는다. 실제로 유럽 문명의 기원으로 거론되는 고대 그리스와 로마 문명도 찬란했던 오리엔트 문명으로부터 많은 것을 수용하고 발전시켰으며, 마찬가지로 중세 이슬람 문명도 고대 지중해 문명, 헬레니즘 문명, 페르시아와 인도 문명 등 다양한 이전 문명들의 유산을 상속했다. 그리고 중세 이슬람 세계에서 한층 발전한 학문과 지식이 서유럽 기독교 세계로 흘러 들어갔다. 이런 사실들을 외면하게 되면 현대 유럽 문명 곳곳에 스며 있는 이슬람 문명의 유산과 흔적이 누려야 할 마땅한 몫과 자리를 확인할 수 없게 된다. 유럽중심주의를 극복하기 위해서라도 지중해의 각 문명은 서로 교류와 접촉을 하면서 많은 것들을 서로 주고받으면서 변화하고 발전했음을 기억할 필요가 있다.

중세 지중해 세계에 대한 접근은 지중해의 자연 환경, 세 문명의 성립과 패권의 변화, 지중해 교역 활동의 양상과 분야별 교류와 접촉에 대한 내용으로 나누어 진행될 것이다. 서장에서는 지중해의 자연환경의 특징을 다룬다. 물리적 공간으로서 지중해의 자연환경에 대한 이해 없이 그곳에서 전개된 인간 활동의 역사를 정확히 이해하기는 어렵다. 지중해의 바람, 해류, 해안선의 특징 등 다양한 지리적 요인들이 인간 활동에 엄청난 영향을 미쳤기 때문이다. 그렇다고 자연환경의 제약을 극복하기 위한 인간의 노력 또한 간과해서는 안 된다. 그래서 자연환경과 기술 간의 상호 작용의 관점에서 중세 지중해 교류의 역사를 분석할 것이다.

1부 <세 문명의 성립과 패권의 변화>에서는 7세기 이슬람이 지중해로 진출해 서유럽 기독교 문명과 비잔티움제국과 지중해를 두고 벌였던 패권 쟁탈의 역사를 개괄한다. 세부적으로 "세 문명의 성립과 발전", "문명의 충돌: 십자군 전쟁", "문명의 상호 관계와 공존의 모색", "패권의 변화와 지중해 세계"를 다룰 것이다. 1장에서는 세 문명의 초기 성립 과정을 살펴볼 것이다. 세 문명, 즉 서유럽 기독교 문명, 비잔티움제국의 정교 문명, 이슬람 문명이 경전을 쓰고, 가르침과 교리를 확립하고, 교세를 확장하려고 치열하게 경쟁했던 역사를 이야기하려고 한다. 특히 이 장에서는 이러한 과정에서 세 문명이 지중해에서 먼저 출현한 종교와 문명으로부터 많은 원리를 차용했고, 그 결과 여러 공통점을 가지게 되었다는 점을 보여줄 것이다.

2장에서는 중세 지중해 세계 대전이라 불릴 만한 십자군 전쟁을 다룰 것이다. 앞에서 지적한 것처럼 지중해의 교류와 접촉은 항상 평화롭지만은 않았고, 십자군과 유사한 전쟁과 갈등이 끊이지 않고 계속되었다. 6세기 말과 7세기 초 수차례 계속되었던 이슬람의 콘스탄티노폴리스 공격, 732년 이베리아 반도의 이슬람 분견대와 프랑크 왕국의 투르 푸아티에 전투, 지중해의 주요 수송로를 차지하기 위한 베네치아와 제노바의 치열했던 수차례의 해상 전투 등 천 년 동안 지중해에서 벌어졌던 전쟁을 모두 다루는 것은 불가능하다. 그래서 가장 큰 규모로 오래 지속된 십자군 전쟁에 초점을 맞추려고 한다. 그 이유는 먼저 십자군 전쟁이 세 문명 간의 반목과 갈등을 촉발할 수 있는 종교적, 군사적,

경제적 이해관계와 구조적 요인들을 잘 보여주기 때문이다. 이보다 더 중대한 이유로는 이 전쟁이 문명 간 교류의 저해나 단절이 아니라 확대를 가져왔기 때문이다. 십자군 전쟁이 어떻게 지중해 교류를 활성화하면서 지중해 세계 내부의 연결을 공고하게 만드는지 살펴볼 것이다.

3장에서는 패권의 변화가 진행되는 와중에 지중해의 여러 문명과 세력이 어떻게 반응하고 적응했는지를 살펴볼 것이다. 영토를 확장하고 정복하여 식민지를 건설하고, 패권을 차지하기 위한 전쟁은 중세 내내 계속되었다. 전쟁의 결과 영토의 주인이 바뀌는 지역들이 자주 생겨났다. 지배 세력의 교체 특히 정복자와 피정복자의 신앙이 다른 경우 심각한 갈등과 충돌이 발생했다. 즉 외부로부터 침략해 들어온 소수의 정복자는 다른 신앙을 가진 다수의 피정복자를 마주해야 했고, 상호 우호적인 관계를 만들어내기는 쉽지 않았다. 대표적인 공간이 라틴 왕국, 이베리아반도, 시칠리아였다. 이베리아반도, 시칠리아, 그리고 십자군 시절의 시리아에서는 서로 다른 신앙인들이 같은 공간에서 어쩔 수 없이 함께 살아가야 했다. 이들 지역에서 여러 문명과 세력들이 어떻게 공존을 모색했는지 살펴볼 것이다.

4장에서는 중세 말과 근대 초 지중해 세계의 패권 변화와 그것이 초래한 결과를 살펴볼 것이다. 구체적으로 오스만과 에스파냐제국의 부상 그리고 포르투갈의 인도 항로 개척이 지중해 세계에 어떤 영향을 미쳤는지를 알아보려고 한다. 이를 통해 지중해 세계는 16세기에 쇠퇴하고 유럽 문명의 중심은 지중해에서 대서양으로 옮겨갔다는 전통적인 해석이 사실에 부합하는지를 확인할 것이다.

2부 <지중해 교역 활동의 양상>에서는 "종교와 교역", "지중해 교역의 확대: 몽골 평화 시대 유럽과 아시아의 만남", "교역 상품들: 지중해를 움직인 원동력", "이탈리아 상인의 전성시대"라는 주제들을 살펴볼 것이다. 5장에서는 기독교의 교리와 정책이 상업 활동과 교역을 제한했던 역사를 분석한다. 상인과 상업에 대한 부정적인 인식, 이자 대부를 금하는 교리, 이슬람과의 교역을 금하는 교황의 포고령이 지중해 교역에 부정적인 영향을 미쳤다. 특히 1291년 아크레의 몰락 이후 교황청이 이슬람 세계와의 무역 금지라는 수단을 어떻게 활용했는지를 상세하게 살펴보려고 한다.

6장에서는 몽골 평화 시대에 지중해 교역의 지리적 범위가 확대되었던 역사를 다룰 것이다. 7세기 이슬람의 지중해 진출 이후 기독교 세력은 아시아와의 직접적인 접촉을 할 수 없게 되었고, 이슬람 상인들의 중개를 통해서만 향신료와 비단 등의 아시아 상품들을 수입할 수 있었다. 13세기 몽골제국은 바로 이런 구조를 무너뜨렸다. 몽골이 극동에서 동부 유럽에 이르는 광대한 영토를 정복하고 대제국을 건설하고 인간과 물자의 자유로운 이동을 일정 정도 보장하면서 기독교 세계는 아시아와 직접적인 교류와 접촉을 할 수 있게 되었다. 몽골 평화 시대(13세기 중엽에서 14세기 중엽까지)라 불리는 이 시기에 유럽과 아시아 세계의 상호 교류는 근대 세계의 형성에 중요한 기여를 했음을 강조할 것이다. 그런 점에서 몽골 평화 시대는 중세 지중해 역사에서, 나아가 세계 역사에서 중요한 전환점이었음이 분명하다.

7장에서는 지중해를 통해 거래되었던 다양한 상품을 살펴볼 것이다. 일반적으로 중세 지중해 교역은 향신료와 같은 값비싼 상품을 주로 거래하는 사치품 교역이었다고 알려져 있다. 하지만 최근의 연구 성과 덕분에 이러한 역사 해석을 수정할 필요가 있음이 밝혀졌다. 실제로 향신료 외에도 직물, 염료 및 안료, 노예 등 다양한 상품이 대규모로 지중해를 통해 유통되고 있었다. 이러한 사례를 보여줌으로써 중세 지중해 교역이 소수의 사치품에 한정된 사치품 교역이 아니었음을 밝힐 것이다.

8장에서는 중세 후반 지중해 교역에서 주도적인 역할을 했던 이탈리아 상인들의 활약상을 소개할 것이다. 7세기부터 16세기까지 지중해 무역은 침체, 성장, 변화 등 다양한 부침을 겪었지만, 중단 없이 지속되었고, 시기별로 이를 주도하는 세력들도 달라졌다. 10세기까지 유대 상인, 이슬람 상인, 비잔티움제국 출신의 그리스 상인이 지중해 원거리 교역을 주도했고, 맘루크제국 시기(1250-1517) 카리미라 불리는 이슬람 상인들은 인도양의 향신료를 지중해에 공급하는 무역을 독점했다. 하지만 이 모든 상인의 활약상을 이 책에서 다루기는 어렵기 때문에 중세 후반 지중해 교역에서 독점에 가까운 위치를 확보했던 이탈리아 상인들을 집중적으로 다루고자 한다. 이탈리아 상인의 활약상을 부각시키려고 하는 것은 그들이 서유럽 기독교 세계가 근대 세계를 여는 기반을 마련하는 데 크게 기여했기 때문이다.

3부 <교류와 접촉의 장, 지중해>에서는 "학문과 지식의 수용과 거부", "종교의 경계선을 넘어선 문화와 예술", "타자의 세계로 들어간 순례자들"이라는 세 가지 주제를 살펴볼 것이다. 9장에서는 학문과 지식의 교류를 지식의 수용과 거부라는 틀에서 분석하려고 한다. 중세 초기 교회는 고대 그리스와 로마의 저작들을 해로운 것으로 간주하고 이에 대한 연구를 막기도 했다. 반면 11, 12세기까지 이슬람 왕조들은 고대 그리스와 로마 문명, 페르시아 문명, 힌두 문명의 업적들을 아랍어로 번역해 지적 혁명을 이뤘다. 그러나 시간이 갈수록 새로운 지식과 학문을 대하는 서유럽 기독교 세계와 이슬람 세계의 태도는 점진적으로 역전되어 갔다. 중세 말 서유럽 세계는 선진적인 이슬람 세계의 앞선 학문을 라틴어로 번역했고, 더 나아가 르네상스 시기 고대 로마와 그리스의 학문과 예술을 부활시켰다. 이 장에서는 새로운 학문과 지식을 적극적으로 수용하는 개방적 자세가 문명을 발전시키는 데 크게 기여했음을 보여주려고 한다.

10장에서는 기독교와 이슬람 세계의 문화와 예술 작품에서 교류와 접촉의 역사를 확인할 것이다. 예술 작품과 건축물은 문명 간의 접촉과 상호 교류가 얼마나 활발했는지를 보여줄 수 있는 훌륭한 척도이다. 지중해의 세 문명은 서로 반목하면서도 화가와 학자를 교환하면서 서로를 모방하기도 했다. 그림, 조각, 건축물, 비문 등은 당시 교류가 지중해를 넘어 아시아 세계와도 연결되어 있을 정도로 국제적이었음을 보여준다.

11장에서는 종교적 교류의 한 형태인 순례를 다룰 것이다. 유대교, 기독교, 이슬람교는 신앙을 고취하기 위해 순례를 중요한 종교적 행위 나아가 의무로 가르쳤다. 중세 지중해 세계에서 순례는 서로 다른 신앙을 가진 순례자들이 마주하는 기회를 제공했다. 예루살렘으로 가는 기독교 순례자들은 현지의 무슬림과 만났고, 이베리아반도의 무슬림은 메카와 메디나 순례를 위해 기독교 선박을 이용하곤 했다. 그런 점에서 순례는 세 문명의 교류와 접촉 그리고 상호 인식이 어떠했는지를 잘 보여줄 것이다.

이 책은 새로운 사실들을 밝혀내는 독창적인 학술서가 아니라 기존의 여러 연구 성과들을 참조하고 종합한 개설서이다. 중세 지중해 역사 일반에 관해서는 데이비드 아불라피아David Abulafia의 『위대한 바다: 지중해 2만 년의 문명사*The Great Sea: a human history of the Mediterranean*』와 『역사에서의 지중해*The Mediterranean in history*』를, 장기 지속의 구조로서 지중해의 자연환경과 기술의 상호 관계에 관해서는 페르낭 브로델의 『지중해: 펠리페 2세 시대의 지중해 세계』와 존 프라이어의 『중세 지중해 해양사*Geography, Technology, and War: Studies in the Maritime History of the Mediterranean, 649-1571*』를, 지중해 교역에서는 엘리야후 애쉬터Eliyahu Ashtor의 『중세 말 레반트 무역*Levant Trade in the Later Middle Ages*』을, 기독교와 이슬람의 상호 관계에 관해서는 리처드 플레처Richard Fletcher와 이언 아몬드Ian Almond의 저서를, 르네상스 시대의 지적 발전과 문화와 예술 교류에 관해서는 스티븐 그린블랫Stephen Greenblatt, 리사 자딘Lisa Jardine과 제리 브로턴Jerry Brotton의 연구 성과를 참조했다. 이 외에도 30년 동안 중세 지중해 세계를 연구하면서 읽었던 수많은 책과 논문을 이 책을 저술하는 데 활용했다. 이러한 훌륭한 기존의 연구 성과들이 없었다면 이 책은 불가능했을 것이다. 이 책을 저술하면서 활용했던 대표적인 연구 성과들을 본문의 내주와 참고문헌에 언급했음을 밝힌다.

이 책은 동국대학교 재직 시절에 개설했던 "지중해 문명 교류사" 강의에서 얻은 경험과 시행착오에서 출발하여, 2년 전에 촬영했던 K-무크 온라인 강좌 "세 문명 이야기: 중세 지중해 교류사"에서 다룬 내용을 수정 보완한 것이다. 중세 지중해 교류사를 주제로 한 나의 강의를 경청해준 동국대학교와 이화여자대학교의 학생들, 그리고 동일 내용의 무크 강좌를 열심히 듣고 진지한 토론과 질문을 해주신 일반 수강생들께 깊은 감사를 드린다. 이 책이 나오기까지 여러 가지로 지원과 조언을 아끼지 않았던 이화여자대학교출판문화원과 책의 교정과 편집에 많은 신경을 써주신 민지영 선생님과 이혜지 선생님께 고마움을 전한다. 아내 윤은주와 이제 어엿한 대학생이 된 딸 채원에게 사랑한다는 말을 하고 싶다. 마지막으로 중세 지중해 세계로 안내해 지중해 역사의 다채로움과 풍성함을 음미할 수 있도록 이끌어주신 주경철 선생님과 미셸 발라르Michel Balard 선생님께 감사드린다.

2022년 10월

남종국

차례

서장

지중해의 자연환경

1. 자연환경의 몫

1184년 10월 초 이베리아반도의 무슬림 순례자 이븐 주바이르ibn Jubayr는 메카 순례를 마치고 고향으로 돌아가기 위해 아크레 항구에 정박 중인 제노바 선박에 승선해 출항을 기다리고 있었다. 하지만 출발은 연기되었고, 그는 그 이유인 아크레의 국지풍에 대해 다음과 같이 설명했다. "바람이 불지 않아 이곳에서의 체류가 12일 연장되었다. 이 지역에서 부는 바람은 하나의 비밀을 가지고 있다. 그것은 바로 봄과 가을 외에는 동풍이 불지 않고, 그래서 이 시기 외에는 항해를 할 수 없으며 상인들도 상품을 아크레로 들여올 수 없다는 것이다. 봄 항해는 동풍이 불기 시작하는 4월 중순에 시작해 5월 말까지 계속된다. [중략] 가을 항해는 동풍이 다시 부는 10월 중순부터 가능하다. 가을 동풍은 봄 동풍보다 지속되는 시간이 짧지만, 상인들에게는 항해를 재개할 수 있는 기회다. 왜냐하면 가을 동풍은 기껏해야 15일 정도밖에는 불지 않기 때문이다."(Jubayr, 1952) 1480년 6월 1일 예루살렘으로 가는 베네치아 순례선을 탄 기독교 순례자들도 비슷한 상황에 처해 있었다. 승선을 했지만 바람이 불지 않아 며칠을 더 기다려야 했고, 6월 6일이 되어서야 드디어 순풍이 불어온 덕분에 배가 출항할 수 있었다.

앞의 두 가지 사례에서 쉽게 짐작할 수 있듯이 중세 지중해 항해는 바람에 크게 좌우되었다. 사실 자연환경은 오랫동안 인간의 활동에 지대한 영향을 미쳐왔다. 세계적으로 유명한 프랑스 역사가 페르낭 브로델은 자신의 저서 『지중해: 펠리페 2세 시대의 지중해 세계』에서 지리와 같은 자연환경이 역사에 중요한 영향을 미친다는 사실을 강조했다. 실제로 이 책 1권에서 1부 전체를 지중해의 지리적 환경을 설명하는 데 할애할 정도로 그는 지리를 중시했다. 그렇다고 해서 브로델이 지리가 모든 것을 결정한다고 말한 것은 아니다. 그는 지리 못지않게 자연환경이 주는 제약을 극복하기 위한 인간의 노력 또한 꼼꼼히 살폈다. 그런 점에서 중세인들이 지중해라는 물리적 공간을 무대로 펼쳤던 다양한 활동은 자연환경과 인간의 상호 작용의 결과물이라고 할 수 있다.

오랜 역사 속에서 자연환경은 인간의 활동을 제약하는 방해자이자 폭군 역할을 해왔다. 자연환경이 주는 두려움과 공포는 여러 전설을 만들어내기도 했다. 고대 지중해 바다를 항해하는 선원들은 메시나 해협 양편에 스킬라Scylla와 카리브디스Charybdis라 불리는 괴물이 있다고 믿었다. 이런 괴물들을 만들어낸 것은 메시나 해협을 관통하는 급류였다. 남쪽에서 북쪽으로 흐르는 강한 급류로 인해 이곳을 통과하기가 여간 어려운 일이 아니었고, 많은 선박들이 난파했다. 이 때문에 항해자들은 해협 양쪽에 있는 두 괴물이 이곳을 지나가는 선박을 집어삼킨다고 생각하게 되었다. 메시나 해협의 이 괴물 이야기는 자연환경이 주는 두려

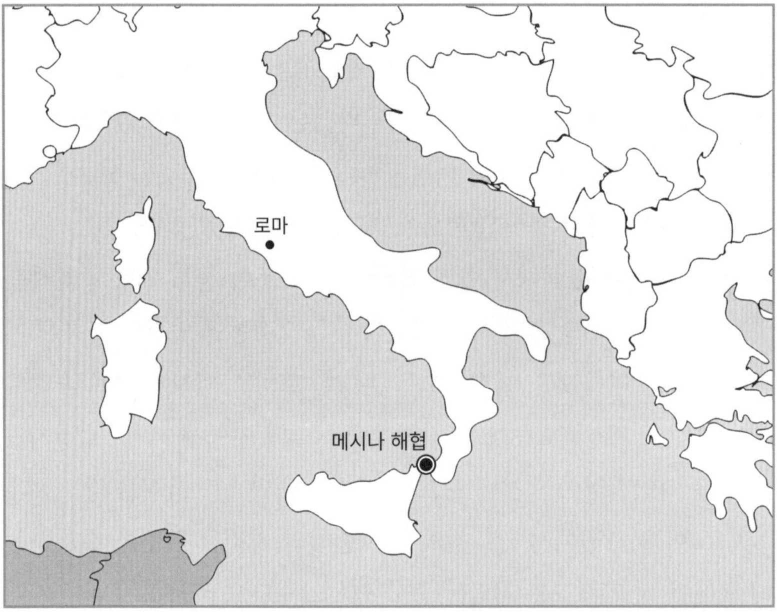

메시나 해협

스킬라

움을 잘 보여주는 고대의 전설이다.

2. 자연환경: 바람, 해류, 해안선

여행자의 입장에서 보면 지중해의 자연환경은 이상적이다. 고온건조한 여름과 온난다습한 겨울을 가진 지중해는 여행하기에 적합하고, 지중해의 쪽빛 바다는 눈부실 정도로 매혹적이다. 특히 3월 말부터 10월까지는 맑은 하늘, 부드러운 바람, 높지 않은 파도가 이어지곤 한다. 대서양의 거친 바다와 비교하면 지중해는 매우 온순한 바다이다.

이렇게 관광객으로 잠시 방문했을 때는 더없이 좋겠지만 지중해에 뿌리를 내리고 사는 실제 거주민들의 입장에서 지중해의 자연환경은 마냥 좋지만은 않았다. 무엇보다도 지중해는 생업에 불리한 자연환경을 가지고 있었다. 고온건조한 여름 지중해에서는 비가 조금만 덜 오면 가뭄이 발생하기 십상이다. 또한 어류 서식에 필요한 대륙붕이 많지 않아서 어족 자원이 상대적으로 부족한 편이다. 게다가 선박 건조에 필요한 목재가 부족했기 때문에 지중해의 모든 항구와 해안 지대가 수송과 운송업에 뛰어들 수 없었다. 그런 연유로 풍부한 목재를 공급할 수 있는 배후지를 가지고 있는 항구 도시들이 지중해 무역에서 주도적인 역할을 차지할 수 있었다.

토질도 비옥하지 않아서 곡물 생산량도 그렇게 많지 않았고, 곡물의 종류 또한 다양하지 않았다. 기껏해야 밀, 포도주, 올리브가 지중해를 대표하는 세 가지 작물이었다. 인류의 대표적 식량 작물이었던 쌀과 옥수수에 비해 밀은 단위면적당 생산량이 높지 않았다. 게다가 밀은 지력을 고갈시키는 작물이었기 때문에 2-3년마다 휴경이 필요했다. 그런 점에서 쌀과 옥수수를 선택한 문명권과 비교해 밀을 선택한 지중해 세계는 부양할 수 있는 인구 규모가 작을 수밖에 없었다. 중세 후반 서유럽 세계에서 가장 큰 도시가 기껏해야 인구가 10만 명인 데 비해 아시아의 최대 도시는 50만 명에서 많게는 100만 명의 인구를 가질 수 있었던 것도 이러한 사실에서 기인한 것일 수 있다.

곡물 생산의 부족 때문에 기근도 자주 찾아왔다. 만성적인 곡물 부족 문제를 해결하는 것이 국가나 제국의 가장 큰 골칫거리였다. 그런데 무엇보다도 바로 이 문제가 지중해의 여러 지역을 서로 의존하게 만들었다. 부양 인구의 규모가 10만 명 정도에 불과했던 지중해 지역에서 고대 로마제국의 수도 로마는 전성기에 50만-100만 명의 인구를 거느릴 정도로 예외적으로 큰 규모의 도시였다. 당연히 로마는 주변에서 생산된 곡물만으로는 이 엄청난 인구를 먹여 살릴 수 없었다. 이를 해결하기 위해 로마제국은 이집트의 알렉산드리아로부터 많은 양의 곡물을 들여왔다. 중세 후반 서유럽에서 가장 인구가 많았던 제노바와 베네치아와 같은 도시들은 아주 먼 흑해까지 가서 곡물을 수송해왔다. 척박한 자연환경으로 인한 식량 생산 부족과 잦은 기근이 먼 지역과의 교역을 불가피하게 만들었던 것이다.

이처럼 세 문명의 교류를 제대로 이해하려면 지중해의 지리적 특성을 살피는 일이 선행되어야 한다. 역사학자 존 프라이어는 지중해의 자연환경과 기술과의 상호 작용에 관해 주목하고, 여러 지리적 요소들 가운데 특히 바람, 해류, 해안선의 형태 등의 물리적 자연환경을 이해해야 한다고 보았다. 지중해 항해에 지대한 영향을 미쳤기 때문이다. 현대의 선박들은 바람의 영향을 크게 받지 않지만, 고대와 중세 범선들은 바람에 따라 항해 일정을 결정했다. 범선은 바람이 불지 않으면 출항할 수도 없었고, 출항하더라도 순풍이 불 경우와 역풍이 불 경우를 고려하여 항해 속도와 기간을 조정해야 했다. 바람의 방향은 매우 중요한 요소였다. 지중해의 지배적인 바람은 북서풍이다. 그런 연유로 서지중해에서 동지중해로 항해할 경우 순풍인 북서풍을 이용하면 동지중해에서 서지중해로 항해하는 것보다 상대적으로 더 빨리 목적지에 도착할 수 있었다. 실제로 베네치아에서 알렉산드리아로 가는 데는 통상 한 달이 걸렸던 반면에 돌아오는 데는 두 달이 걸렸다. 바람의 방향 때문에 항해 기간에서 두 배의 차이가 발생했던 것이다. 반면 오늘날 지중해를 오가는 대형 상선과 유람선들은 바람에 크게 영향을 받지 않는다. 이러한 변화는 기술 발전이 자연환경이 주는 제약을 극복해왔음을 보여준다. 바람과 비교할 정도는 아니지만 해류도 항해에 영향을 주는 변수였다. 지중해의 표층수는 시계 반대 방향으로 흐른다. 그래서 해류만을 고려했을 때는 이탈리아에서 아시아나 이집트로 항해하는 것보다는 반대 방향으로 항해하는 것이 유리하다. 그렇지만 해류보다는 바람이 항해에 더 큰 힘을 발휘했고, 모든 조건을 고려했을 때는 그 반대 방향이 더 유리했다. 주동력이 바람이기 때문이다.

급류 지형은 항해를 어렵게 만드는 주요한 장애물이었다. 지중해의 대표적 급류 지역은 지브롤터 해협, 메시나 해협, 보스포루스 해협이다. 이 해협에서는 유속이 빠른 급류가 흐르기 때문에 통과하기가 여간 어려운 것이 아니었다. 지브롤터 해협의 경우 대서양 물이 빠르게 지중해로 흘러들어온다. 그래서 지중해 선박이 대서양 바다로 진출하기 쉽지 않았고, 상대적으로 대서양에서 지중해로 들어오는 것은 쉬웠다. 그렇지만 지중해로 들어온 선박이 다시 대서양으로 돌아가는 것은 쉽지 않았다. 메시나 해협의 경우 남쪽에서 북쪽으로 빠른 급류가 흐르기에, 남에서 북으로 항해하는 것이 상대적으로 유리했다. 메시나 해협의 급류 때문에 선박이 난파하는 일도 잦았다. 보스포루스 해협의 경우 흑해에서 에게해 쪽으로 급류가 흐르기에 에게해에서 흑해로 항해하기가 쉽지 않았다.

왜 이런 일이 발생했을까? 이런 급류 지형을 만든 것은 강수량과 증발량의 차이다. 얼핏 보면 지중해는 좁은 해협으로 대서양과 흑해와 연결되어 있지만, 전체적으로 보면 갇힌 바다의 형상을 하고 있다. 이런 지형에서 지중해로 유입되는 물은 빗물과 강물이다. 전체적으로 지중해는 강수량이 증발량보다 적은 바다이다. 게다가 하천에서 바다로 유입되는 물의 양도 많지 않다. 중국의 황하강처럼 큰 강은커녕, 어느 정도 규모가 되는 강들도 많지 않다. 이집트의 나일강, 북부 이탈리아의 포강, 남부 프랑스의 론강 정도가 고작이다. 또한 고온건조한 날씨 때문에 증발량이 많다. 이런 이유들 때문에 지중해의 바다가 주변의 다른 바다보다 해수면이 상대적으로 낮을 수밖에 없고, 대서양과 흑해의 물이 지중해로 밀려 들어오는 것이다. 결국 강수량보다 증발량이 많은 자연환경적 특징도 항해를 제약하는 강력한 장애물이었다.

급류는 항해의 가장 큰 위험 요소 중 하나였을 뿐만 아니라 항해 자체를 차단하기도 했다. 고대부터 아주 오랫동안 지중해 선박의 대서양 진출은 사실상 불가능했다. 그 역으로도 마찬가지였다. 물론 이론적으로는 대서양 선박이 지중해로 진입하는 것은 가능했다. 하지만 지중해에서 대서양으로 돌아가기가 기술적으로 쉽지 않았다. 12-13세기 십자군 시절 대서양 선박들이 지중해로 들어온 경우가 있었는데 이 경우 지중해에서 배를 버리거나 처분했다. 이처럼 아주 오랫동안 대서양과 지중해 사이를 오가는 항해가 통상적으로 이루어지지 않았고, 결정적인 변화는 13세기 말에야 시작된다.

해안선의 형태와 모양도 항해자들이 반드시 숙지하고 있어야 할 중요한 사항이었다. 한마디로 항해하기에 좋은 해안선이 있고, 그렇지 못한 형태의 해안선이 있었다. 전체적으로 지중해 북쪽 해안선이 남쪽 해안선보다 항해에 유리했다. 북아프리카 해안의 경우 육지와 가까운 곳의 해수면이 낮고 갯벌이 길게 펼쳐져 있어서 항해하기에 적합하지 않았다. 얕은 바다가 길게 펼쳐져 있어 배가 쉽게 난파할 수 있었다. 게다가 유사시에 선박이 대피할 만한 만과 같은 자연지형들이 많지 않은 반면 암초는 많아서 북아프리카 해안을 따라 항해하는 것은 매우 위험한 일이었다. 14세기 기독교 순례자는 "감히 누구도 남쪽 바르바르 해안으로 항해하지 못할 것이다. 왜냐하면 암초가 많고 모래톱이 물 밑에 숨어 있기 때문이다."라면서 북서아프리카 해안의 위험성을 경고했다. 튀니지에서 리비아까지의 북동아프리카 해안도 항해하기에 적합한 지형은 아니었다. 고대부터 중세까지 이 지역에 중요한 항구 도시들이 별로 없었다는 사실이 이를 방증한다.

그러나 지중해 북쪽 해안선이라고 모두 항해하기에 적합한 것은 아니었다. 아드리아해의 경우 이탈리아반도가 있는 서쪽 해안선보다는 발칸반도 쪽의 동쪽 해안선이 항해하기에 적합했다. 아드리아해 동쪽 해안선은 해안선이 높아서 육지 식별이 용이하고, 대피할 수 있는 만이 많고, 해수면의 경사가 급하다. 이런 형태의 해안선 때문에 중세 베네치아 선박들은 이탈리아반도가 아니라 발칸반도의 해안선을 따라 항해했다.

프라이어는 지중해 북쪽 세력들이 남쪽 세력들을 제치고 지중해 해상권을 장악할 수 있었던 것은 이러한 지리적 이점 덕분이었다고 보았다. 그는 오스만제국을 하나의 증거 사례로 제시했다. 소아시아반도에서 성장한 오스만제국이 지중해 남쪽의 이슬람 세계를 정복하고 16세기 지중해 반을 차지하는 대제국을 건설할 수 있었던 데는 지중해에서 갖는 자연적 이점이 있었다는 것이다. 물론 역사적으로 지중해 북쪽 세

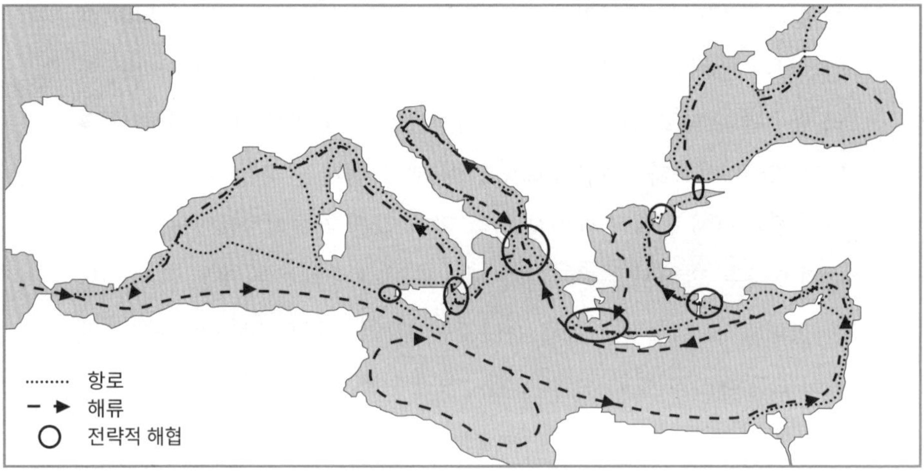

지중해 자연지리 지도

력들이 더 자주 패권을 장악하긴 했지만, 프라이어의 주장은 지나친 단순화로 보인다. 지중해 북쪽이 남쪽보다 유리한 환경을 가지고 있는 것은 사실이지만 지리가 항상 모든 것을 결정하지는 않기 때문이다. 그럼에도 불구하고 인간의 활동에 미치는 지리의 영향력에 대해 살피는 것은 하나의 설명틀로서 여전히 필요해 보인다.

3. 자연환경과 기술의 상호 작용

오랫동안 지중해의 자연환경은 인간의 활동을 제한하거나 방해했지만 이를 극복하기 위한 인간의 고군분투는 계속 이어졌다. 그런 점에서 중세 지중해 문명 교류는 자연환경과 인간의 기술 사이의 상호 작용의 결과물이라고 할 수 있다. 확실히 1600년대에 비해 600년대에 지중해에서 자연환경의 힘은 압도적이었다. 중세 말까지도 자연환경과 기술의 싸움에서 후자가 승리한 경우는 극히 드물었다. 가령 연안 항해는 인간의 기술이 자연환경에 굴복하고 순응했음을 보여준다. 중세 유럽의 선박과 항해 기술로는 지중해 내부에서조차 먼바다로 나가 항해하는 것이 어려울 뿐만 아니라 위험한 일이었다. 중세 후반 가장 튼튼한 제노바와 베네치아의 대형 선박들조차도 먼바다로 항해하는 것을 가급적 피했다. 그래서 육지가 보이는 정도의 근거리에서 해안선을 따라 항해하는 연안 항해coastal navigation를 했던 것이다

30쪽의 지도는 제노바 선박이 주로 이용했던 항로를 표시한 것이다. 이 지도에서 제노바 선박이 먼바다로 나가지 않고 연안을 따라 항해했음을 알 수 있다. 항해에 대한 이야기를 본격적으로 시작하기에 앞서 알아두어야 할 것이 있다. 지금 기술력으로 보면 지중해는 하루 만에 항해할 수 있는 작은 바다다. 그러나 페르낭 브로델에 따르면, 16세기까지도 이 바다는 현재의 태평양과 같은 망망대해로 느껴졌다. 따라서 중세 제노바인들이 먼바다로 나가지 못하고 연안을 따라 항해할 수밖에 없었던 데에는 그럴 만한 이유가 있었다. 이 망망대해에서 항해하려면 가장 절실한 기술이 바로 방향을 잡는 것이다. 뱃사람들은 오랫동안 태양과 별을 보고 방향을 가늠했지만, 날씨가 좋지 않으면 방향을 정확히 알 수 없었다. 특히 날씨가 좋지 않은 겨울에는 항해가 더욱 어려웠다. 또한 먼바다에서 오래 항해하기 위해서는 충분한 음료수와 식량을 선적해야만 하는데 당시 지중해에서 사용되었던 배들은 그렇게 크지 않았다. 물론 예외적으로 먼바다 항해가 가능했던 해역들이 있었다. 동지중해의 크레타섬에서 이집트 알렉산드리아로 갈 때는 북서풍을 이용해 먼바다를 가로질러 바로 알렉산드리아 항구까지 항해했다. 그러나 이것은 예외적인 경우이고, 대다수 선박은 해안선을 따라 항해할 수밖

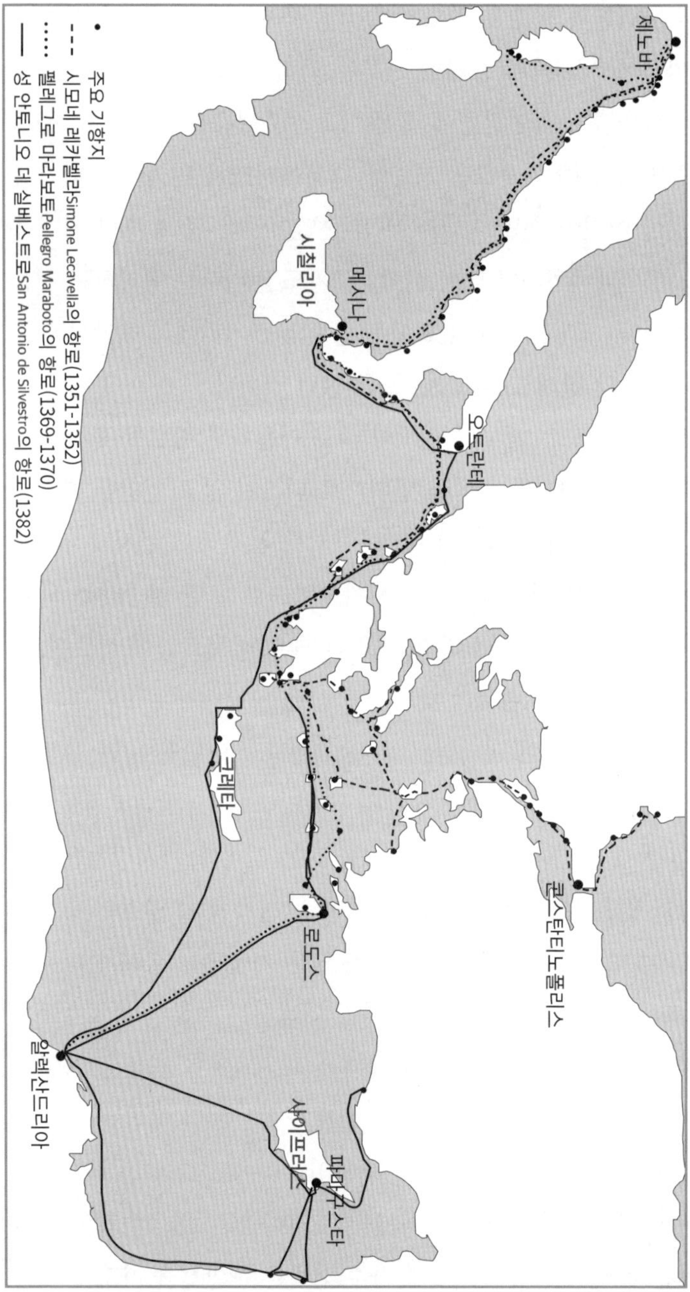

14세기 동지중해 항로에서 제노바 선박의 기항지

에 없었다.

자연환경의 제약과 낮은 수준의 기술력 때문에 중세 시대에는 지중해 바다 전체를 항해에 이용하지 못했다. 한마디로 지중해의 아주 일부 해역에서만 항해가 이루어졌다. 그런데 이러한 한계 덕분에 지중해를 장악하고 해상권을 확보하는 일이 가능했다. 선박들이 특정 항로로만 다녔기 때문에 이 항로만 장악하면 지중해 전체를 장악하는 효과를 얻을 수 있었던 것이다. 그런 연유로 특정 해로를 장악하고 해상권을 차지하려는 경쟁이나 해전이 자주 일어났다. 달리 말하면 해전의 장소조차 지리적으로 결정되었던 것이다. 배가 먼바다로 못 나가기 때문에 주요 해안선을 따라 항해했고, 이런 주요 항로를 차지하기 위해 해전을 벌였다. 특히 길목이 중요해지는데, 메시나 해협, 그리스반도와 펠로폰네소스반도 사이의 해협, 지중해와 홍해를 연결하는 해협 등에서 해전이 자주 일어났다. 근대 초까지 지중해 역사에서 가장 큰 해전이었던 16세기 레판토 해전과 고대 로마 공화정 말기에 옥타비아누스와 안토니우스 사이의 최후의 결전이었던 악티움 해전도 이 해역에서 일어났다. 베네치아와 제노바가 해상권을 두고 싸웠던 해전 장소들 역시 해안선에 가깝고 대다수 선박들이 항해하는 길목이었다.

역사 속에서 바다를 통제하고 지배한다는 것은 패권을 쥐기 위한 핵심 요소였다. 지중해를 통일한다는 것은 지중해 해상 패권을 장악한다는 의미였다. 미국 해군 제독 출신이었던 역사가 알프레드 마한Alfred Mahan은 해양력Sea power이라는 개념을 이야기했는데, 이는 바다를 통제할 수 있는 주도권을 의미한다. 근대 세계에서 바다를 장악한 국가는 영국이었고, 이 덕분에 영국은 패권을 확보할 수 있었다. 그런데 어떤 역사가들은 이 해양력의 개념을 중세 지중해 세계에 적용하기는 어렵다고 말한다. 어느 국가나 세력도 중세 지중해의 바다를 전면적으로 활

해전 장소

용할 수 없었기 때문에, 지중해 바다 전체를 차지하는 것은 불가능했다는 것이다. 일견 맞는 말처럼 들리지만, 기술적 한계로 인해 중세 지중해에서 선박이 항해할 수 있는 항로가 굉장히 좁았다는 사실 또한 고려해야 한다. 즉 선박이 항해하는 주요 항로만 확보해도 지중해 전체를 장악하는 효과를 얻을 수 있기 때문이다. 그런 점에서 알프레드 마한의 해양력의 개념을 중세 지중해 세계에도 적용할 수 있을 듯하다. 실제로 지중해 세계 전체를 장악한 세력은 로마제국밖에 없었지만 말이다(마한, 1999).

고대부터 오랫동안 겨울 항해가 불가능했다는 사실도 지리의 힘을 보여준다. 고대 로마에는 "닫힌 바다mare clausum"라는 표현이 있었는데, 이는 겨울에 항해가 불가능했음을 의미한다. 선원들은 별이나 자연 지표를 이용해 방향을 잡아야 했기 때문에 상대적으로 날씨가 좋지 않은 겨울에는 방향을 잡기가 어려웠고 그런 연유로 항해를 삼가했던 것이다. 대략 11월부터 3월까지 바다는 닫혀 있었다. 물론 무모한 사람들은 겨울 항해를 감행하기도 했지만 말이다.

페르낭 브로델은 이런 겨울 바다를 서류가 넘쳐나는 시기로 묘사했다. 그의 설명에 따르면 겨울에는 항해가 금지되어 있어서 해전도 없었다. 그래서 겨울 바다는 고요한 바다였고, 봄이 되면 진행해야 할 전쟁이나 항해 계획을 세우는 시기였기에 이에 관한 서류 작업이 많았다는 것이다. "전쟁보다는 외교적 교섭, 담판, 이런 것들을 통해서 평화적 해결을 모색했던 계절이다." "이 계절, 즉 겨울은 거창한 계획을 세우는 계절이다." 그는 지리 역사학의 대가답게 닫힌 겨울 바다와 관련된 이야기를 이처럼 재미있게 표현했다.

하지만 시간이 지나면서 인간은 새로운 기술을 발명하고 이를 통해 자연이 주는 제약을 점진적으로 극복했다. 인류 역사에서 가장 위대한 발명은 인쇄술이라고도 한다. 근대 경제사를 연구하는 카를로 치폴라Carlo Cipolla는 대포를 장착한 범선이 유럽이 근대 세계를 주도하는 데 결정적인 역할을 했다고 주장했다(치폴라, 2010). 이야기를 현대로 옮기면 다수의 사람이 컴퓨터나 인터넷이라고 답할 것이다. 경제학자 장하준은 세탁기가 20세기 여성의 삶을 혁신적으로 개선했다고 말한다. 어쨌든 여러 기술과 발명은 인류의 삶을 혁신적으로 바꾸었다.

중세 지중해 세계에서 자연환경의 제약을 극복한 가장 대표적인 업적은 나침반이었다. 나침반이 지중해 항해에 가져온 큰 변화를 이야기하기 전에 나침반에 관한 오해의 역사를 먼저 언급하는 것이 좋을 것 같다. 20세기 초까지 유럽 사람들은 나침반을 발명한 사람이 중세 아말피 사람들이었다고 생각했다. 그래서 아말피 사람들은 20세기 초까지도 매년 나침반 발명을 축하하는 행사를 했었는데, 20세기 초엽 이탈리아의 한 신부가 아말피 사람이 나침반을 발명했다는 주장은 문서를 잘못 해독해서 생긴 오해였다고 밝혔다. 나침반 발명이 위대한 조상님들의 업적이라고 생각했는데 청천벽력과 같은 이야기였을 것이다. 그러나 여러 증거를 통해 나침반을 처음 개발한 곳이 중국이라는 사실이 밝혀졌고, 이탈리아 사람들도 나침반의 기원이 중국이라는 점을 인정하고 있다. 이제 중국에서 발명된 나침반이 이슬람 세계를 거쳐 지중해로 도입되었다는 것이 정설로 통한다.

그러나 나침반의 원천기술은 중국에 있지만, 이를 항해 도구로 잘 활용한 곳은 지중해였다. 사실 동남아시아 인근 해역과 인도양 항해에서는 나침반이라는 도구가 그렇게 필요하지 않았다. 인도양의 경우 무역풍, 즉 우리가 계절풍이라고 부르는 바람이 항상 일정하게 불기 때문에 계절풍을 이용하면 항해가 상대적으로 용이했다. 여름에는 남서풍, 겨울에는 북동풍이 항상 불기 때문에, 여름에는 인도양 서쪽에 위치한 아프리카와 아라비아반도 쪽의 선박들이 남서풍을 이용해 인도와 동남아시아로 항해할 수 있었다. 반면 겨울에는 북동풍을 이용해 동쪽에서 서쪽으로 항해를 할 수 있었다. 이렇게 항상 일정한 리듬을 가진 계절풍을 이용해 항해할 수 있었기에 굳이 방향을 잡기 위해 나침반을 사용할 필요가 없었던 것이다. 과연 필요는 발명과 개선의 어머니이다.

반면 작은 항해용 나침반은 지중해 세계에 엄청난 변화를 가져왔다. 먼저 겨울 바다 항해가 가능해졌다. 겨울 항해가 가능해지면서 1년에 2회 운항이 가능해졌다. 사실 나침반이 도입되기 이전에 지중해 원거리 항해는 1년에 1회만 가능했다. 예를 들어 베네치아에서 출발해 이집트와 시리아로 갔다가 귀환하는 방법은 두 가지가 있었는데, 첫 번째 방법은 항해가 가능해지는 3월 말에 베네치아에서 출발해 이집트나 시리아에 도착해 필요한 상품을 싣고 9월에 출항해 베네치아로 돌아오는 것이었다. 그런데 현지에서 상품을 충분히 구하지 못해서 지체하게 되면 항해가 금지되는 겨울 시즌이 시작된다. 그러면 선박들은 꼼짝없이 현지에서 겨울을 나고 다음 해 봄이 되어야 출항할 수 있었다. 출항하지 못하고 5개월 동안 항구에 묶여 있어야 했고, 그로 인한 추가비용이 발생했다. 엄청난 불편함이었음에 분명하다. 이렇게 현지에서 겨울을 나고 이듬해 5월에 귀환하는 것이 두 번째 방법이었다.

그런데 나침반의 도입으로 겨울 항해가 가능해지면서 이제는 더 이상 항구에 발이 묶일 필요가 없게 되었다. 그래서 좀 더 이른 2월에 베네치아에서 출항해 5월이나 초여름에 귀환하고, 다시 물건을 싣고 여름에 출항해서 초겨울에 귀환할 수 있게 되었다. 자금 회전을 생각하면 엄청난 이점이 아닐 수 없었다. 그렇다면 나침반 도입 이후 실제로 대다수 선박이 이런 겨울 항해를 했을까? 즉 1년 2회 운항에 나섰을까? 이 질문에 대해서는 여러 논쟁이 여전히 계속되고 있다. 어떤 역사가들은 대다수 선박이 좀 더 안전한 여름 항해를 선호했다고 말하지만, 실질적으로 꽤 많은 선박이 겨울 항해를 했던 것도 사실이기 때문이다. 결국 이러한 두 번의 항해는 두 번의 사업주기를 만들어낼 수 있었다. 달리 말하면 1년에 돈을 한 번 벌다가 두 번 벌 수 있는 기회가 생겨난 것이다. 사업 순환 주기가 빨라진 것은 굉장히 중요한 진전이라고 할 수 있다.

나침반이 가져온 중요한 변화 중 또 다른 하나는 대항해 시대를 가능하게 했다는 것이다. 1300년경 전후로 나침반이 지중해에 도입되고 나서 200년 후에 콜럼버스, 바스쿠 다가마, 마젤란과 같은 대항해 시대의 모험가들이 인도로 가는 새로운 항로를 개척하기 위해 원거리 항해를 시도했다. 만약에 12세기 지중해 선장과 선원들이 인도양과 태평양으로 진출하려고 시도했으면 어떤 일이 벌어졌을까? 아마 모두 다 바다에서 길을 잃고 헤매다가 목숨을 잃었을 것이다. 나침반이 없는 상황에서 태평양을 건넌다는 것은 목숨을 내놓는 것과 마찬가지였기 때문이다. 반면 15세기에 이르면 원양 항해를 할 수 있는 기본적인 항해 기술과 선박, 기타 장비들을 최소한은 갖추게 되었다. 물론 배의 크기만을 기준으로 하면 콜럼버스와 다가마가 타고 간 배가 매우 작았지만, 작은 배였음에도 불구하고 이 선박들이 인도양과 태평양을 누비면서 다닐 수 있었던 것은 그 배 안에 나침반이 있었기 때문이다. 그런 점에서 나침반은 지중해뿐만 아니라 세계사의 진행에 지대한 영향을 미쳤다고 할 수 있다.

나침반 외에도 1300년경 전후로 지중해에서는 선박 건조와 항해 기술에서 구조적이고 혁신적인 발전이 있었다. 선박은 개량되었고, 항해 기술과 제반 도구들도 발전했다. 항해 혁명의 핵심은 튼튼하고 더 많은 양의 화물을 수송할 수 있는 선박을 건조하게 된 것이다. 선박에서의 첫 번째 혁신은 코카cocca라 불리는 원형 범선을 건조하기 시작했다는 것이다. 새로운 유형의 범선은 이전에 지중해에서 사용되었던 원형 범선과 달랐다. 지중해 원형 범선의 측면에는 두 개의 방향타가 부착되었던 반면 코카의 경우 선미에 한 개의 방향타만이 있었다. 기존의 원형 범선이 삼각돛을 이용했던 반면 코카는 사각돛을 채택했다. 삼각돛이 바람에 따라 방향을 바꾸는 데는 유리하지만, 사각돛은 바람 방향에 맞추어 활대를 돌리는 데 투입되는 인원이 삼각돛보다 더 적다는 경제적 이점이 있었고, 무엇보다도 바람을 최대한 활용할 수 있었다. 1300년 무렵 지중해에 도입된 코카는 점차 개량되어 15세기 중엽에 이르면 전장을 완전히 갖춘, 즉 여러 개의 사각돛을 갖춘 대형 캐랙선으로 발전했다.

선박에서의 두 번째 혁신은 이전까지 주로 군선으로 사용했던 갤리선을 상업용으로 사용하기 시작했다는 것이다. 기존의 갤리선은 노로 움직였기 때문에 신속하고 빠르게 이동할 수 있었지만, 50톤에서 100톤 정도의 소형이었기에 많은 양의 상품을 실어나르기에는 부적합했다. 새로이 도입된 갤리선은 대형 선박으로서 주 동력원으로 노가 아니라 돛을 이용했다. 다시 말하면 이 선박은 기존 전투용 갤리의 장점인 신속한 이동과 범선의 장점인 대량 수송력을 결합한

캐랙선

선박이었다. 그런 점에서 대형 갤리선의 장점은 속도와 수송 능력에 있었다.

대형 갤리선을 도입하고 적극적으로 활용한 항구 도시는 베네치아였다. 이 선박은 중세 말 베네치아 수송 체계의 근간을 이루었다. 베네치아는 국영 조선소에서 직접 건조한 대형 갤리선을 지중해, 대서양, 흑해를 연결하는 정기 수송 노선에 투입했다. 중세 말로 갈수록 대형 갤리선의 크기도 커져서, 베네치아 정부는 플랑드르 노선에 250톤 급의 대형 갤리선을 투입했다. 이 대형 갤리선단이 중세 말 베네치아의 해상력을 상징하는 힘이었다.

선박의 개량과 함께 항해 기술에서도 큰 발전이 있었다. 나침반 외에도 해도, 방위표 등이 항해술에 큰 변화를 가져왔다. 먼바다로 나가 목적지에 정확하게 도착하려면 무엇보다도 상세한 해도가 필요했다. 1300년경 '포르톨라노portolano'라고 불리는 좀 더 정확한 항구 안내서

베네치아 대형 갤리선

들이 만들어진다. 현존하는 가장 오래된 해도는 1275년쯤에 제작된 피사 해도이다. 양피지로 된 이 해도는 16풍향 체계를 보여주며 꽤 정밀한 축적에 따라 제작되었다. 이러한 해도 덕분에 좀 더 정확하게 목적지를 찾아갈 수 있게 되었다.

항해 혁명은 무역로 역시 구조적으로 바꾸어놓았다. 기존 샹파뉴 정기시가 쇠퇴하고, 지브롤터를 경유하는 해상 노선이 성장한 것이다. 항해혁명 이전까지 지중해 상품을 이탈리아에서 북서유럽으로 수송하기 위해서는 주로 험준한 알프스를 넘었다. 알프스를 넘어온 지중해 상품과 북유럽 상품이 교환되던 장소가 바로 샹파뉴였다. 12-13세기 샹파뉴는 유럽 제일 규모의 국제 시장으로 성장했고, 이곳에서 서유럽뿐만 아니라 지중해에서 들여온 각종 상품들이 거래되었다. 샹파뉴는 유럽 최고의 시장이었다.

하지만 지중해 선박들이 대서양과 지중해를 정기적으로 운항하면서 샹파뉴 정기시는 큰 타격을 받았다. 대서양 항로를 개척한 것이 제노바 상인과 선박이었다. 제노바가 대서양 항로 개척을 선도할 수 있었던 것은 소아시아반도에서 채굴된 명반을 대서양으로 수송해야 했기 때문이었다. 백색 돌가루인 명반은 사용처가 다양했는데 무엇보다도 염료가 옷감에 잘 스며들게 하는 착색제로 수요가 높았다. 이 원료를 가장 필요로 했던 곳이 모직물 산업이 발달한 플랑드르와 영국이었다. 사치품이 아닌 이 무거운 산업 재료를 동지중해에서 대서양까지 수송하려면 수송 수단과 수송비 문제가 있었다. 만약 기존 방식으로 알프스를 넘어서 육로를 이용해 플랑드르까지 수송한다면 막대한 수송비를 부담해야 했을 뿐만 아니라 대량 수송도 어려웠을 것이다. 그 답은 바로 지브롤터를 경유해서 해상으로 수송하는 것이었다. 제노바는 명반 수송을 위해서 더 큰 선박을 건조했고, 그 결과 중세 말 제노바 초대형 범선이

1000톤급에 이르렀다. 15세기 말 인도로 가는 새로운 항로를 개척하기 위해 떠난 콜럼버스의 선박이 150톤급의 선박이었음을 고려할 때 제노바 선박은 정말 큰 선박이었던 것이다.

중세 지중해 세계는 나침반의 도입, 새로운 유형의 선박 건조, 보다 정교한 해도 제작을 통해 자연환경이 주는 제약들을 점진적으로 극복하고 있었다. 하지만 여전히 많은 부분에서 자연환경은 인간의 활동을 억제하고 때론 억압하면서 막강한 힘을 행사하고 있었다. 그런 점에서 중세 지중해 역사는 자연환경과 기술의 상호 작용의 역사라는 사실은 여전히 유효하다.

1부

세 문명의 성립과
패권의 변화

1장

세 문명의 성립과 발전

1. 세 문명과 종교

지중해는 유대교, 기독교, 이슬람교가 탄생한 신앙의 바다였다. 세 종교 모두 지중해에서 발생했고, 발생 지역 또한 가까웠다. 유대교의 발생지는 팔레스타인 지역이고, 중심지는 예루살렘이었다. 기독교도 마찬가지로 팔레스타인 지방을 중심으로 성장했고, 예루살렘이 초기 기독교의 중심지였다. 이슬람의 발상지는 아라비아반도의 메카와 메디나였다. 유대교와 기독교의 성지인 예루살렘은 이슬람교에서도 중요한 성소였다. 무함마드가 승천한 곳이기 때문이다.

세 종교는 지중해 주변에서 성장했다. 서기 70년 로마가 예루살렘에서 봉기한 유대인의 반란을 진압한 이후, 유대인들은 지중해 각지로 흩어졌다. 그 바람에 하나의 왕조나 국가를 형성하지는 못했지만, 자신들

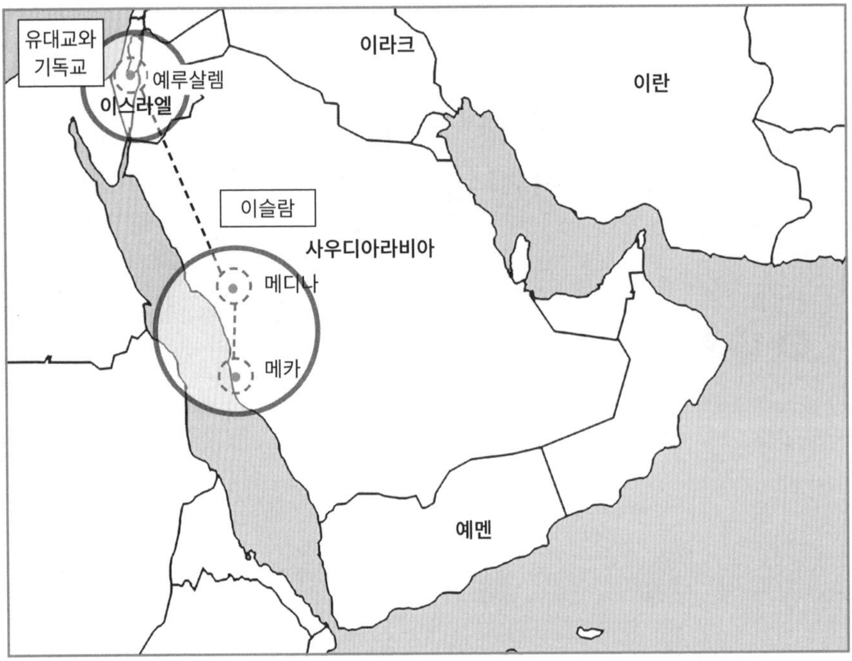

세 종교의 발생지

의 신앙은 지켜냈다. 그런 연유로 유대인들은 중세 지중해 세계에서 이방인으로 떠돌며 불안정한 삶을 살아야 했다. 기독교는 로마 교황을 중심으로 한 서유럽 가톨릭과 비잔티움제국의 정교로 분열되어 각자 독자적인 기풍의 문명을 발전시켰다. 7세기 아라비아반도에서는 이슬람이라는 새로운 종교가 탄생해서 아시아, 아프리카, 유럽의 세 대륙에 걸친 거대 문명으로 발전했다. 이후 서유럽 가톨릭, 비잔티움제국의 정교 그리고 이슬람교는 지중해를 차지하기 위해 치열하게 경쟁했다.

일반적으로 세 종교는 완전히 다른 종교로 인식된다. 기독교와 이슬람의 갈등은 오늘날까지도 계속되어 이러한 인식을 더욱 강화시켰다. 그러나 역사적으로 가톨릭, 정교, 이슬람교는 차이점 못지않게 많은 공통점을 가지고 있으며, 이 종교들로부터 발달한 서유럽, 비잔티움, 이슬람 문명들 역시 그러하다.

세 문명이 많은 공통점을 가질 수 있었던 중요한 역사적 배경은 고대 지중해 문명, 즉 오리엔트 문명, 그리스 문명, 그리고 로마 문명의 유산을 함께 물려받았기 때문이다. 핵심 공통점은 세 문명이 동일한 유일신 하느님을 믿는다는 것이다. 가장 나중에 성립한 이슬람의 경전 코란에 따르면 무슬림들은 기독교와 유대교과 동일한 신을 믿는다고 생각한다. 또한 신의 천지창조, 구원, 천국과 지옥에 관한 교리를 공유하고, 다수의 천사와 성인을 공통으로 공경한다. 기독교가 믿는 삼위일체의 하느님과 이슬람의 알라는 다르다고 주장하는 사람들도 있기는 하다.

하지만 중세 서유럽 기독교 문명, 비잔티움제국, 그리고 이슬람 세계가 고대 지중해 문명으로부터 상속받은 지분과 내용은 조금씩 달랐다. 이러한 차이가 세 문명이 서로 다른 길을 가는 데 일조했다. 비잔티움제국이 상속받은 가장 중요한 것은 로마법이었다. 6세기 초 비잔티움 황제였던 유스티니아누스 대제가 로마법을 체계화하고 대법전으로 편찬함으로써, 로마법은 비잔티움의 법체계로 안착했다. 로마제국이라는 지위를 상속한 것도 비잔티움제국이었다. 종종 고대 로마제국과 중세 비잔티움제국을 다른 제국으로 이야기하지만 사실 비잔티움제국은 로마제국의 연속이었다. 중세 지중해 사람들은 이 로마제국을 비잔티움제국이나 동로마제국으로 부르지 않았다. 실제로 중세 지중해 세계에서 로마제국의 후예였던 이탈리아 사람들조차도 비잔티움제국이나 동로마제국이 아니라 로마니아La Romania, 즉 로마인들의 땅으로 불렀다. 비잔티움제국이라는 이름이 널리 쓰이기 시작한 것은 18세기에 가서였다.

서유럽 기독교 세계가 물려받은 유산은 고대 제국의 수도인 로마시와 제국의 언어인 라틴어였다. 중세 로마는 수도로서의 위상은 상실했지만, 서유럽 가톨릭 세계를 다스리는 교황의 거처이자 기독교 세계의 중심지로 부상했다. 라틴어는 중세 서유럽 기독교 세계에서 공용어로 자리 잡았다. 게르만족들은 자신들의 고유한 언어를 가지고 있었지만, 공식적인 문서를 작성할 때는 라틴어를 사용했다. 민족이나 지역에 상관없이 중세 서유럽에서 성직자는 라틴어로 미사를 집전하고, 성직자뿐만 아니라 학자들도 라틴어로 글을 썼다. 공증인들은 유언장, 위임장, 상업 계약서, 지참금 합의서 등 다양한 종류의 공증 계약서를 라틴어로 작성했다.

이슬람 세계가 상속받은 것은 학문이었다. 동지중해의 풍부한 고대 문화유산, 특히 고대 그리스와 헬레니즘 시기의 학문을 상속받았다. 팽창 초기 이슬람은 비잔티움제국과 사산조 페르시아 영토를 정복하고 그 지역의 풍부한 인적, 물적 자원을 승계할 수 있었다. 물론 그 지역을 정복했다고 그 지역의 모든 것을 계승하는 것은 아니다. 지적 자산의 경우는 특히나 그러하다. 중요한 것은 학문을 수용하는 자세이다. 이슬람 초기 왕조들은 고대 그리스와 페르시아 문명의 학문적 유산을 적극적으로 수용했고, 특히 번역을 통해 고대 지중해 문명의 지적 유산을 빠른 속도로 흡수했다. 이슬람 문명이 승계한 또 다른 유산은 상업 활동이었다. 상인은 하느님을 결코 기쁘게 할 수 없다는 중세 기독교의 가르침이 암시하듯이 기독교는 상인과 상업에 대한 부정적인 인식을 가지고 있었다. 상인 중 가장 악랄하다고 비판받았던 이자 대부업자는 지옥에 떨어질 운명이었다. 반면 이슬람교는 상업 활동 자체를 억압하지 않았다. 이슬람교의 창시자인 무함마드는 젊은 시절 상업 활동을 했다. 그 덕분에 초기 이슬람 세계는 상인을 천시했던 비잔티움 세계와 서유럽 기독교 세계보다 더 빨리 경제를 발전시켰던 것일 수도 있다.

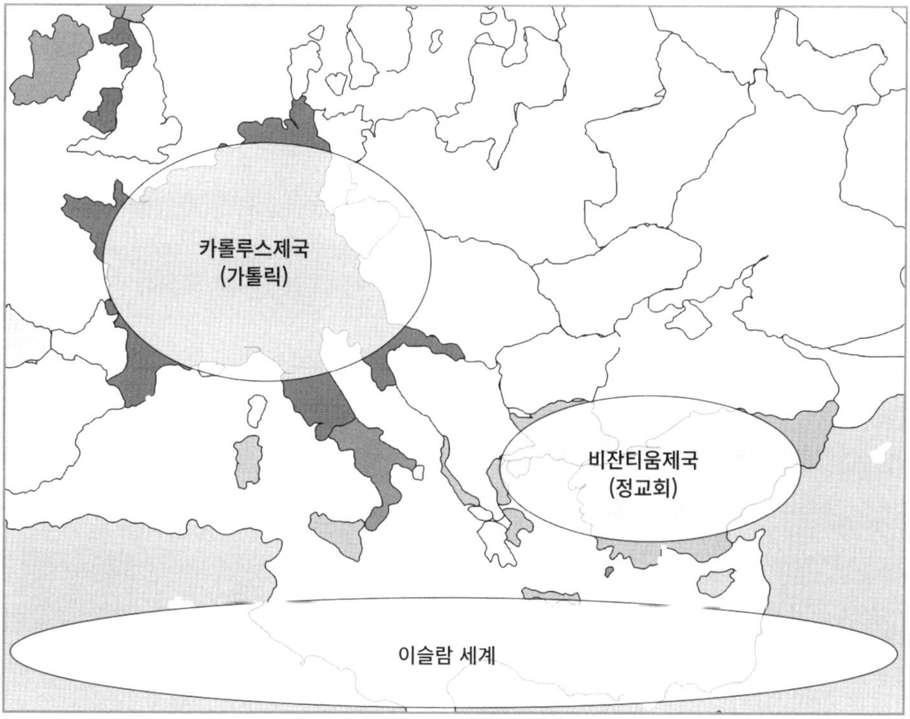

800년경 지중해 지도

800년 무렵 세 문명은 각각 문명으로서의 정체성을 어느 정도 확립했고, 지중해를 차지하기 위해 경쟁하고 있었다. 이 시기 가장 앞서 있었던 문명은 이슬람 세계였다. 고대 지중해가 로마제국의 바다였다면, 이 시기 지중해는 이슬람의 바다였다. 여러 면에서 이슬람 문명은 최고 선진 문명이었고, 800년 무렵 이슬람 문명을 이끌었던 것은 아바스제국이었다. 그다음이 비잔티움제국이었고, 가장 낙후된 지역이 바로 여러 게르만 왕국들이 난립한, 그중에서도 카롤루스 왕조가 통치했다고 해서 카롤루스 왕국이라고도 불리는 프랑크 왕국이 강대한 지위를 누렸던 서유럽 기독교 세계였다. 이후 지중해를 통한 교류와 접촉은 패권의 변화를 가져온다. 800년경 가장 뒤처져 있었던 서유럽 기독교 세계는 중세 말과 근대 초를 거치면서 이슬람 세계와 우위를 다투기 시작했다. 반면 또 하나의 기독교 세계였던 비잔티움제국은 1453년 동지중해의 이슬람 국가였던 오스만제국에 의해 무너졌다. 그리고 미리 말해두지만, 서유럽이 발전할 수 있었던 이유는 앞서 있었던 이슬람과 비잔티움으로부터 많은 것들을 배웠기 때문이다.

2. 서유럽과 기독교 문명

기독교의 시작은 예수 그리스도부터였다. 로마제국이 팔레스티나를 지배하던 당시 태어난 예수는 이후 여러 지역을 순회하며 자신의 주장을 설파했다. 그러던 중 유대인의 왕이 되려 한다는 혐의로 고발당했고 결국에는 십자가에 못 박혔다. 예수의 십자가 상단부에는 INRI라는 글자가 새겨져 있다. 이 글자는 나사렛 예수, 유대인의 왕이라는 뜻이다. 예수를 따랐던 제자들은 이후 예수의 가르침을 팔레스티나의 유대 세계를 넘어 지중해 전역으로 전파했다.

초기 기독교의 확산에 혁혁한 공을 세운 사람은 사도들, 특히 베드로와 바울이었다. 바울은 베드로처럼 그리스도의 제자 즉 사도는 아니었지만, 활동 및 업적을 인정받아 사도라 불리게 된다. 많은 역사가들이 바울의 포교가 없었다면 기독교가 예루살렘 그리고 유대인이라는 좁은 틀을 벗어나서 지중해 전역으로 확산되고 이후 전 세계로 확산되어 세계적인 종교로 발전해나갈 수 없었을 것이라고 말한다. 이는 그만큼 초기 기독교 전파에 바울의 역할이 중요했음을 의미한다.

그렇지만 고대 로마제국이 기독교를 수용하지 않았다면, 기독교는

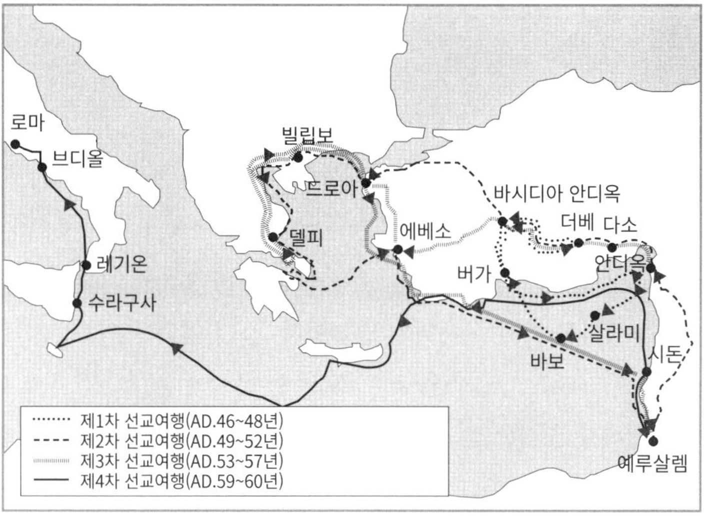

바울의 선교 활동 경로

사도 바울

중세 유럽 사회를 지배하는 종교로 성장하지 못했을 것이다. 313년 로마제국 황제였던 콘스탄티누스(Constantinus, 재위 306-337)는 밀라노 칙령을 통해 기독교를 공인했다. 공인이라는 말은 기독교 신앙을 공식적으로 허용한다는 것이지, 기독교를 국교로 만든 것은 아니었다. 다신교 전통을 가지고 있었던 로마인들은 그 이후에도 여전히 수많은 신들에게 제사를 지냈다. 기독교 공인은 성장세에 있는 기독교 세력을 끌어들이려는 콘스탄티누스의 포용 정책의 일환이었다.

그렇지만 로마 황제의 공인은 기독교 역사에서 결정적인 순간으로 꼽힌다. 게다가 중세 교회는 콘스탄티누스가 로마제국 서쪽에 대한 통치권을 교황 실베스테르 1세(Silvester I, 재위 314-335)와 그의 후계자들에게 양도했다는 가짜 문서까지 만들었다. 중세 최고의 위조문서로 꼽히는 콘스탄티누스 기진장寄進狀은 800년경 전후에 만들어진 가짜 문서였다. 그럼에도 교회는 이 위조문서를 근거로 교황이 서유럽 세계에 대한 지배권을 가지고 있다고 주장했다. 이 문서는 15세기 이탈리아 인문주의자 로렌초 발라Lorenzo Valla에 의해 위조문서임이 구체적인 증거를 통해 밝혀질 때까지도 그 위력이 계속되었고, 그 후로도 크게 달라지지 않았다. 실제로 교황청은 콘스탄티누스의 업적을 왜곡하고 미화하는 그림을 기획했고, 교황의 주문을 받은 라파엘로 산치오Raffaello Sanzio와 그의 제자들은 콘스탄티누스의 업적을 네 개의 연작화로 그려냈다. 이 가운데 <콘스탄티누스의 기증>이라는 프레스코화는 서유럽에 대한 교황의 지배권에 대한 확신을 보여주었다.

기독교는 391년 로마제국 황제 테오도시우스(Theodosius, 재위 379-395)에 의해 국교가 되었다. 공인된 지 한 세기도 되지 않아 기독교는 로마제국 유일의 종교로 부상했다. 이제 다른 신앙과 신들은 모두 금지되었다. 기독교는 박해받는 소수파의 신앙이 아니라 서유럽인 전체의 유일한 종교가 되었다.

바티칸 콘스탄티누스 방의 프레스코화(십자가의 환시), 1520-1524년

바티칸 콘스탄티누스 방의 프레스코화(밀비우스 다리 전투), 1520-1524년

바티칸 콘스탄티누스 방의 프레스코화(콘스탄티누스의 세례), 1520-1524년

바티칸 콘스탄티누스 방의 프레스코화(콘스탄티누스의 기증), 1517-1524년

성경과 교리의 확립

모든 종교는 확산과 발전 과정에서 경전과 교리를 만들고, 체계적인 조직을 갖춘다. 이러한 일들은 하루아침에 이루어지지 않고, 긴 역사적 과정에서 점진적으로 추진되었다. 종교 창시자가 처음부터 완성된 경전과 교리를 만들어 추종자들에게 주지 않았다. 그렇기 때문에 후대에 경전과 교리를 만드는 과정은 결코 순탄하지 않았다. 다양한 견해가 서로 경쟁했고, 그 과정에서 정통 교리로 인정받지 못한 다른 생각들은 이단으로 배척당했다.

모든 종교에서 가장 중요한 첫 작업은 경전 만들기였다. 기독교의 경전인 성경은 구약과 신약으로 구성되어 있다. 구약은 유대인의 역사를 기록한 것이다. 구약성경은 기원전 1200년부터 기원전 100년에 이르는 긴 시간 동안 히브리어로 편찬되었다. 중세 로마 가톨릭 교회는 히브리어로 된 구약성경을 그리스어로 번역한 70인역 성경을 채택했다. 그 과정에서 유대교가 정경으로 인정하지 않은 내용들이 포함되었다.

구약성경과 비교해 네 개의 복음서로 구성된 신약성경이 만들어지는 데는 그렇게 오랜 시간이 소요되지 않았다. 그렇지만 신약성경이 만들어지는 과정에서 여러 복음서들이 경쟁했고, 그중에서 마태복음, 요한복음, 마가복음, 누가복음이 정경으로 선택되었다. 가령 유다복음, 막달라 마리아 복음 등은 외경 또는 이경으로 불리며 정경에서 배제되어 이단 복음서로 단죄 받았다. 정경에 따르면 유다는 돈에 눈이 멀어 예수를 팔아넘긴 배신자이다. 그렇기 때문에 알리기에리 단테Alighieri Dante는 『신곡』에서 유다가 지옥 심연 깊은 곳에서 악마 루시퍼에게 씹혀 먹히고 있는 것으로 묘사했다. 반면 유다복음은 그리스도가 가장 아끼는 제자가 유다였고, 유다에게 가장 고통스럽고 힘든 일을 맡긴 것이라고

복음서의 저자와 저술 시기 (교유서가)

저술 연도	신약책	동시대 그리스어와 라틴어 저자
49	「1데살로니카」	알렉산드리아의 필론, 유대인 헬레니즘 철학자(기원전 15-기원후 50)
52-54	「갈라디아」, 「1고린토」	플루타르코스, 그리스 역사가·그리스 철학자·작가(46-120)
55-56	「2고린토」, 「로마서」	에픽테토스, 그리스 스토아 철학자(50-138)
60-62	「필레몬」, 「필립비」	유베날리스, 로마 풍자 작가(58-138) 세네카, 로마스토아 철학자, 네로 황제의 명령을 받고 자살(65)
68-70	「마르코」	페트로나우스, 로마 풍자 작가, 자살(56)
75-90	「마태오」, 「루가」, 「사도행전」	마르티알리스, 경구 시인(40-104)
90년대	「요한」, 「1요한」, 「2요한」, 「3요한」, 「유다」	
95-96	「묵시록」	
100-130	「2베드로」	
다른 책들의 연대는 서기 1세기의 마지막 30년으로 넓게 잡을 수 있다. 「골로사이」, 「에페소」, 「히브리」, 「1디모테오」, 「2디모테오」, 「디도」, 「야고보」		

말하면서 유다의 배신을 정당화했다. 그렇다고 정경으로 채택된 네 개의 복음서가 모두 한목소리를 내는 것은 아니다. 이러한 사실은 성경을 둘러싼 이견과 다양한 해석을 초래하는 원인이기도 했다.

경전 만들기 과정에서 주목해야 할 점은 중세 기독교인들이 사용한 성경은 여러 차례 번역 과정을 거쳐서 만들어졌다는 사실이다. 아람어로 기록된 초기의 신약성경은 그리스어로 번역되었고, 그리스 성경은 다시 라틴어로 번역되었다. 그리고 번역의 과정에서 오역이 나왔다. 사실 각 언어가 가지고 있는 고유한 의미를 정확하게 번역하기는 쉽지 않을 뿐만 아니라, 언어의 뜻은 시대와 맥락에 따라 변하기 때문이다. 중세 이후 현대까지 유럽 기독교 세계가 모범적인 판본으로 간주하는 성경은 4세기 말과 5세기 초 히에로니무스가 번역한 성경이다. 히에로니무스는 중세 초 기독교 교리를 확립하는 데 혁혁한 공을 세운 대표적인 교부Father of the church였다. 그의 라틴어 성경은 불가타Vulgata 성경으로 불리는데, 불가타란 라틴어로 속화되었다는 뜻이다. 키케로가 살았던 로마 공화정 말기의 라틴어는 고전 라틴어라 부르고, 중세가 시작되면서 약간 변화된 라틴어를 속화된 라틴어라 부른다. 이 속화된 라틴어로 번역된 성경이 중세 교회의 공식 성경으로 통용되었고, 오늘날 사용하는 성경의 기원도 이 불가타 성경이다. 불가타 성경은 16세기 중반 종교개혁 시기에 가톨릭 개혁의 중요한 계기였던 트리엔트 공의회에서 다시 한번 공식 성경으로 인정을 받았다.

종교개혁 시기 불가타 성경은 다시 각국 언어로 번역되었다. 종교개혁가였던 마르틴 루터Martin Luther는 라틴어 성경을 독일어로 번역했다. 그런데 루터는 번역 과정에서 원문에 없는 문구를 일부 삽입했다. 예를 들면 루터는 신앙으로 구원받을 수 있다는 원래 문장에 "오직"이라는 단어를 첨가했다. 기존의 로마 가톨릭은 신앙뿐만 아니라 선행good works도 구원을 얻는 데 도움을 준다고 가르쳤는데, 루터의 번역 성경에 따라 프로테스탄티즘은 오직 신앙만으로 구원을 받을 수 있다고 생각하게 된다. 결국 사소해 보이는 문구 추가가 구원을 얻는 방법에 대한 가톨릭과 프로테스탄티즘 사이의 신학적 견해 차이를 가져온다.

번역 과정에 있을 수 있는 오역과 추가나 누락은 때론 사소한 문제가 아닐 수 있었다. 대다수 종교의 경전은 비유와 상징들이 많아, 경전의 내용을 문자 그대로 이해하기 어렵다. 그런 연유로 중세 기독교 세계에서는 경전을 쉽게 풀어서 설명하는 주해서들이 많이 만들어졌다. 그러나 16세기에 성립한 프로테스탄티즘은 성경을 해석하지 말고, 문자 그대로 받아들이자고 말한다. 부패한 성직자들의 행태를 비판하고 '근원인 성경으로 돌아가자ad fontes'라는 시대적 개혁 의지는 충분히 설득력이 있지만, 성경을 문자 그대로만 이해하겠다는 자세는 성경이 여러 차례 번역을 거쳤다는 사실을 고려할 때 합리적이지 않다.

실제로 경전은 만들어진 시대의 가치관, 통념, 과학 지식을 반영하고, 시대가 바뀌면서 재해석되곤 한다. '신이 태양을 잠시 멈추었다'는 구절은 태양이 고정되어 있는 지구 주위를 돈다는 것으로 이해되었다. 그래서 중세 교회는 오랫동안 천동설을 지지했고, 근대 초 지구가 돈다고 주장한 갈릴레오를 종교재판에 회부했던 것이다. 이자에 대해서도 구약성경은 비판적이었고, 유대교, 기독교, 이슬람교 모두가 교리상 이자 대부를 금했다. 이자를 합법적인 것으로 바라보게 된 것은 현대 자본주의 사회에 이르러서였다. 여성에 대해서도 교회는 오랫동안 부정적인 입장을 고수했다. 가령 사도 바울은 여성은 교회에서 말을 해서는 안 되고, 집안에서는 남편에게 순종하라고 가르쳤다. 이처럼 경전은 해석되어야 했고, 같은 경전을 사용하더라도 다르게 해석되었으며, 그 해석은 시간의 흐름에 따라 변화를 요구받았다. 구약성경을 원천으로 삼는 지중해를 둘러싼 세 문명들 간의 갈등의 이면에는 경전의 해석에 대한 상충하는 이견이 자리하고 있었다.

삼위일체

경전 만들기와 마찬가지로 기독교의 교리들 역시 경전 만들기와 마찬가지로 오랜 시간 속에서 만들어졌다. 교리의 원천은 성경이지만, 성경만이 교리의 원천은 아니었다. 교황의 칙령, 공의회의 결정, 성직자들과 신학자들의 사상 등도 교리와 가르침에 영향을 미쳤다. 그 과정은 결코 순탄하지 않았고, 다른 견해를 가진 사람들은 종종 이단으로 몰려 처형당하기도 했다.

가장 많은 논란을 불렀던 교리는 바로 삼위일체 교리였다. 삼위일체는 하느님은 본질에서 하나이지만, 위격에서는 성부, 성자, 성령의 세 형태로 존재한다는 것이다. 좀 더 간단히 말하면 삼위일체에 관한 의문은 예수가 신인지 인간인지를 둘러싼 논란이었다. 삼위일체가 공식 교리로 받아들여지기까지 수세기 동안 논쟁과 싸움이 벌어졌다. 대표적인 논쟁이 아리우스파와 아타나시우스파의 논쟁이었다. 4세기 초 알렉산드리아의 사제 아리우스(Arius, 256-336)는 예수가 신이 아니라 신의 피조물이라고 주장했다. 알렉산드리아의 주교 아타나시우스(Athanasius, 290-373)는 예수가 신과 동일 본질이라고 주장하면서 아리우스의 주장을 반박했다.

논쟁이 가열되자 콘스탄티누스 황제는 이를 수습하기 위해 기독교 역사상 최초의 공의회였던 니케아 공의회를 소집했다. 니케아 공의회에서는 '예수는 신인 동시에 인간이다. 신성과 인성을 모두 가진 하느님, 즉 성부이자 성자이자 성령이다.'라는 아타나시우스파의 주장을 수용했다. 하지만 니케아 공의회의 결정으로 모든 논란이 사라진 것은 아니었다. 여전히 아리우스를 지지하는 성직자들이 적지 않았고, 서지중해에 정착한 다수의 게르만족도 아리우스파의 견해를 수용했다. 후일 이들 게르만족들이 최종적으로는 아타나시우스의 삼위일체 교리를 받아들이면서 로마 교회의 입장이 힘을 얻게 되었다.

예수는 신과 동일 본질을 가졌다는 니케아 공의회의 결정에도 불구하고 예수의 본성을 둘러싼 논쟁은 쉽게 끝나지 않았다. 단성론자들Monophysites은 예수 그리스도의 본성 안에는 신성과 인성이라는 두 가지가 공존한다는 정통 교리를 부정하고 하나의 본성만이 존재한다고 주장했다. 네스토리우스는 성모 마리아에게 "신을 낳은 사람"이라는 칭호를 사용하는 것을 반대했다는 이유로 431년 에페소스 공의회에서

니케아 공의회(325년)

파문당했다. 한마디로 그가 예수의 신성을 부정했다는 것이다.

삼위일체와 예수 그리스도의 본성을 둘러싼 논란은 중세 내내 계속되었다. 사실 삼위일체와 관련된 신학 논쟁은 일반인들이 이해하기 쉽지 않았기 때문에 중세 교회는 그림과 조각 등을 활용해 삼위일체의 교리를 가르쳤다. 피렌체 산타마리아 노벨라 성당에 있는 마사초Masaccio가 그린 유명한 <성 삼위일체>의 그림이 그 예다. 이 프레스코화는 르네상스 시대 원근법을 본격적으로 활용한 그림으로 잘 알려져 있다. 맨 앞에는 성자가, 그 뒤 조금 높은 곳에 성부가, 그리고 성부와 성자 사이에 비둘기로 표현된 성령이 자리하고 있다. 르네상스 시대 피렌체 시민들이 삼위일체의 신학적 의미를 정확히 이해하지는 못

마사초, <성 삼위일체>, 1428년

세르베투스의 기념비

했겠지만 이 그림을 통해 삼위일체를 시각적으로 이해하고 받아들였을 것이다.

삼위일체 교리를 부정하는 목소리는 그 후로도 완전히 사라지지 않았다. 16세기 에스파냐 출신의 신학자 미카엘 세르베투스Michael Servetus는 자신의 책 『삼위일체의 오류에 관해서*De Trinitatis erroribus*』에서 삼위일체 교리는 오류라고 주장했다. 그는 삼위일체는 하나의 신이 아니라 세 신을 섬기는 다신교의 교리라고 비판하면서, 니케아 공의회에서 콘스탄티누스와 그의 추종자들이 성경에도 근거가 없는 삼위일체를 공식 교리로 채택했다고 목소리를 높였다. 결국 삼위일체의 교리를 부정한 혐의로 그는 1553년 제네바 시의회의 선고로 화형당했다. 그나마 그에게 조금은 위안이 될 만한 것이 있다면, 20세기에 세르베투스를 기리는 기념비가 건립되었다는 것이다. 그의 기념비에는 '지리학자이자 의사이자 생리학자. 과학적 발견들, 병든 사람과 가난한 사람들에 대한 헌신적인 태도, 결코 굴하지 않는 자주적인 지성과 양심으로 인류의 복지에 공헌했다. 그의 신념은 결코 꺾을 수 없었다. 그는 진리의 대의를 위하여 자신의 생명을 바쳤다.'라는 문구가 적혀 있다.

낙원과 구원

7세기에 성립한 이슬람이 삼위일체를 부인하면서 이 교리가 기독교와 이슬람 사이를 결정적으로 갈라놓았다면, 기독교의 교리 가운데 지중해 교류를 활성화시킨 것도 있었다. 그것은 구원과 관련되어 있었다. 기독교에서 구원은 최후의 심판에서 구원받아 천국에서 영원한 삶을 사는 것이다. 기독교에서 천국을 지칭하는 용어는 여러 가지였다. 각기 기원이 다른 에덴동산, 파라다이스, 기쁨의 정원 등의 단어가 그 예이다.

중세 기독교인들은 천국이 아시아 동쪽 끝에 실제로 존재한다고 생각했다. 중세인들에게 천국은 지상낙원earthly paradise이었던 것이다. 이러한 믿음이 생겨난 근거는 창세기의 한 구절에 근거하고 있었다. 성경에 따르면 지상낙원, 즉 에덴동산에서 네 개의 강이 지상으로 흘러나오며, 그 강은 티그리스강, 유프라테스강, 기혼강, 비손강이다. 중세 교회는 이 구절을 바탕으로 낙원이 아시아 동쪽 끝에 실제로 존재하는 물리적 공간이라고 가르쳤다. 중세 시대에 제작된 세계지도에 지상낙원이 아시아 동쪽 끝에 표시되어 있는 것은 이러한 이유에서다.

시간이 갈수록 지상낙원에 관한 중세 기독교인들의 상상은 더욱 풍성해졌다. 기독교인들은 지상낙원이 동쪽 땅 끝에 물리적으로 존재하는 공간이지만 살아 있는 인간은 그곳에 들어갈 수 없다고 생각했다. 지상낙원 근처는 신기한 것들이 넘쳐나는 공간이라고 생각되었다. 지상낙원 가까운 곳에 샘물이 하나 있는데, 이 샘물을 주기적으로 마시면 33세의 나이로 영원한 젊음을 유지할 수 있다는 환상적인 이야기를 만들어내기도 했다. 그래서 중세 유럽인들은 아시아 동쪽 끝에 있는 지상낙원과 그 주변의 환상의 나라를 동경했고, 이를 찾아 모험 여행을 떠났던 것이다. 콜럼버스는 실제로 아메리카 대륙에서 지상낙원을 찾았고, 심지어는 지상낙원을 찾았다고 에스파냐 왕에게 보고하기까지 했다. 사실 말도 안 되는 이야기이지만 그만큼 아시아 동쪽 끝에 지상낙

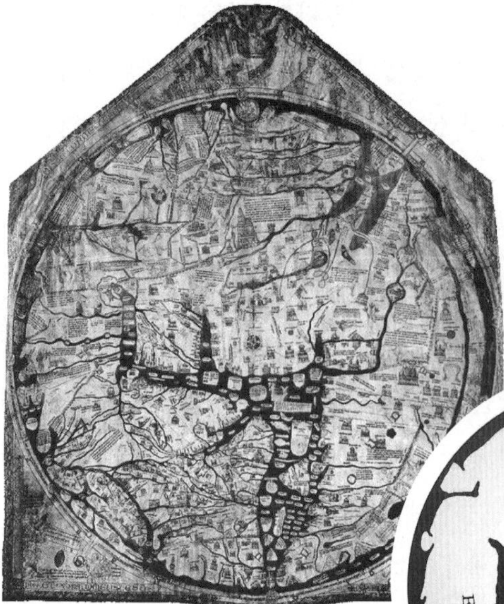

헤리퍼드 세계지도Hereford Mappa Mundi,
1300년경

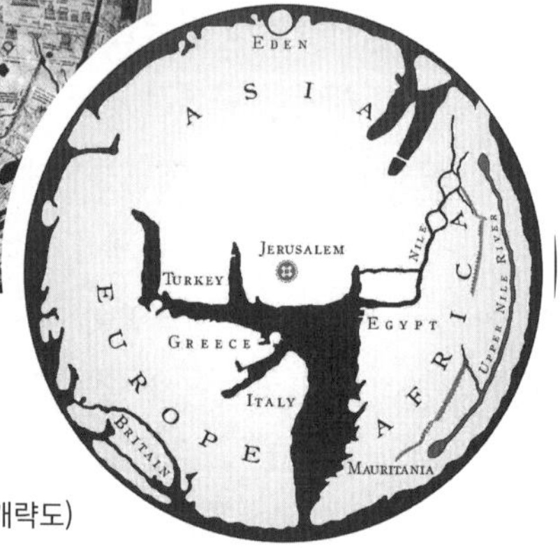

TO 지도(헤리퍼드 세계지도의 개략도)

원이 있다는 믿음이 강력했다는 반증이다.

교황 수위권

중세 서유럽 교회가 조직 체계를 만들어가는 과정에서 확립한 핵심적인 제도는 교황을 정점으로 한 위계질서였다. 서열화된 위계 체제에서 로마 주교인 교황은 기독교 세계의 수장papal primacy이 되었다. 하지만 처음부터 그러했던 것은 아니다. 중세 초기 교황은 기독교 세계를 이끌 정신적인 권위뿐만 아니라 물리적인 힘도 가지고 있지 못했다. 기독교가 직면한 현안을 토의하고 답을 제시하는 공의회도 교황이 아니라 비잔티움 황제에 의해 소집되었고, 때론 공의회에 참석조차 못할 정도로 교황의 권력은 약했다.

교황 수위권首位權을 본격적으로 주창했던 초기 교황은 레오 1세(Leo I, 재위 440-461)였다. 그는 452년 북부 이탈리아를 침략한 훈족을 설득해 로마 공격을 막았고, 455년에는 반달족이 로마를 점령했을 때도 이들을 설득해 로마 약탈을 최소화했다. 이 사건을 계기로 레오 1세는 이탈리아반도에서 교황의 입지를 높이고 더 나아가 교황의 수위권을 주창했다. 그는 교황 수위권은 무엇보다도 그리스도가 사도 베드로에게 부여한 것이며, 베드로는 그 권한을 후임 로마 주교에게 전수할 수 있다고 주장했다. 이러한 레오 1세의 주장은 성경 구절에 근거하고 있었다. 마태복음서에는 "너는 베드로이다. 내가 이 반석 위에 내 교회를 세울 터인 즉 죽음의 힘도 감히 그것을 누르지 못할 것이다."라는 구절이 있다. 이 구절은 그리스도가 베드로에게 교회를 세우고 이끌 권리를 부여한 것으로 해석되었다. 교황의 수위권을 뒷받침한 또 다른 성경의 근거는 "나는 너에게 하늘나라의 열쇠를 주겠다. 네가 무엇이든 땅에서 매면 하늘에도 매여 있을 것이며, 땅에서 풀면 하늘에도 풀려 있을 것이다."였다. 이 구절에 따르면 베드로는 하늘나라, 즉 천국의 열쇠까지 가지게 된 것이다. 중세 교회는 이 이야기를 적극적으로 선전했고, 그 덕분에 그리스도가 베드로에게 열쇠를 주는 그림이 수없이 그려졌다.

성경 구절 이외에도 역사적 과정들이 교황 수위권을 확립하는 데 일조했다. 베드로가 로마에서 순교한 사건은 로마를 신성한 도시로 만들었다. 베드로의 로마 순교는 네로 황제의 이야기와 맞물려 문학 작품으로 만들어졌다. 폴란드 작가 헨리크 시엔키에비치Henryk Sienkiewicz는 소설 『쿠오바디스*Quo Vadis*』에서 베드로의 순교 사건을 다뤘다. 소설의 제

페루지노, <베드로에게 천국의 열쇠를 주는 예수>, 1482년

목은 "주여, 어디로 가시나이까?"이다. 소설에 따르면 로마 황제 네로는 로마에 불을 지르고 성난 민심을 달래기 위해 방화 사건의 범인으로 기독교인들을 박해했다. 박해를 피해 도망가던 베드로는 그리스도를 만나서 앞의 질문을 했다. 로마로 간다는 그리스도의 말을 듣고 뉘우친 베드로는 로마로 다시 가 순교했다. 이 사건이 얼마나 사실인지는 확실하지 않지만 베드로의 순교는 이후 기독교 역사에서 로마와 로마 주교의 위상을 높였다.

하지만 교황이 명실상부한 기독교 세계의 수장이 되기까지는 더 긴 시간이 필요했다. 8세기에도 교황은 이탈리아반도조차 장악하지 못했다. 750년대 롬바르드Lombard족이 이탈리아반도를 침략하자, 교황 스테파누스 2세(Stephanus, 재위 752-757)는 프랑크 왕국의 왕 페피누스(Peppinus, 재위 751-768)에게 도움을 요청해야 할 정도였다. 페피누스는 롬바르드족을 물리치고 차지한 중부 이탈리아를 교황에게 선사했고, 이 땅이 교황령의 시초가 되었다.

교황의 권위를 실질적으로 높인 인물은 그레고리우스 7세(Gregorius VII, 재위 1073-1085)였다. 그는 신성로마제국 황제가 고위 성직자를 임명하는 관행을 두고 황제 하인리히 4세(Heinrich IV, 재위 1056-1105)와 대립했다. 교황은 황제를 파문하는 묘수를 두었고 신성로마제국의 제후들에게 황제에 반기를 들도록 부추겼다. 이에 하인리히 4세는 카노사Canossa에서 교황에게 고개를 숙이는 굴욕을 감수해야 했다. 그러나 이렇게 사건이 일단락된 것은 아니었다. 국내의 반란을 진압한 하인리히 4세는 다시 교황을 공격했고, 교황은 남부 이탈리아 살레르노로 피신해 얼마 지나지 않아 사망했다. 교황과 황제 사이의 서임권敍任權 투쟁은 교황 칼릭스투스 2세(Calixtus II, 재위 1119-1124)와 황제 하인리히 5세(Heinrich V, 재위 1111-1125)의 보름스 타협안으로 종결되었고, 교황은 그제서야 비로소 고위 성직자를 임명할 수 있는 권한을 가지게 되었다.

프랑크 왕국과 기독교의 제휴

기독교가 중세 서유럽 사회에서 지배적인 종교가 될 수 있었던 배경은 새로운 시대의 주인공이었던 게르만족이 기독교를 수용했기 때문이었다. 고대 유럽의 주인공이 그리스와 로마인이었다면, 중세 유럽의 주인공은 게르만족이었다. 원래 북부 유럽에서 농경과 목축, 수렵을 했던 게르만족들은 농지와 보다 나은 자연환경을 찾아서 몇 세기 동안 점진적으로 남하했고, 로마제국 초기에는 이미 제국의 변방에 정주해서 살고 있었다. 4세기 후반 중앙아시아의 유목민인 훈족이 로마제국을 압박하자 게르만족은 대규모로 서쪽으로 이동하게 되었다. 여러 게르만족은 서지중해 곳곳에 왕국을 세웠고, 게르만 용병대장 오도아케르는 476년 서로마제국을 무너뜨렸다.

게르만족이 세운 국가 중에 가장 넓은 영토를 차지하고 중세 서유럽 세계에서 주도권을 잡은 나라는 프랑크 왕국이었다. 프랑크 왕국은 오늘날 프랑스 지역을 차지하고 영토를 확대해나갔다. 유럽이 기독교 문명으로 탄생하는 데 가장 중요한 역할을 했던 것은 바로 이 프랑크 왕국이다. 먼저 5세기 말 프랑크 왕국의 왕 클로비스(Clovis, 재위 509-511)는 기독교를 수용했다. 더욱 중요한 사실은 기독교로 개종한 다른 게르만족들이 이단으로 배척된 아리우스파를 선택했던 반면 프랑크 왕국은 로마 교황이 정통 교리로 지지하는 아타나시우스파를 수용했다는 것이다. 사실 클로비스가 진정한 기독교 신자가 되었던 것은 아니었지만, 그의 개종은 중세 서유럽 사회의 발전 방향을 잡아주었다는 데 큰 역사적 의미가 있다.

프랑크 왕국이 732년 투르 푸아티에Tours-Poitiers 전투에서 이슬람 분견대를 물리침으로써 이슬람의 북유럽 진출을 저지했던 것도 지중해사에서 중요하게 기록되어야 할 사건이다. 사실 이 전투는 이베리아반도의 이슬람 정예분대가 아니라 소규모 분견대가 정탐 목적으로 피레네산맥을 넘어오면서 벌어졌던 것에 불과하다. 역사가들이 그토록 강조하는 푸아티에 전투는 사실 작은 규모의 전투에서 거둔 작은 승리일 뿐이었다. 하지만 에드워드 기번Edward Gibbon에 따르면 만약 이 전투에서 프랑크군이 패했다면 영국 대학에서 코란을 읽고 가르치고 있을 것이라고 말할 정도로 이 전투는 서유럽 세계에게는 위기의 순간이었다.

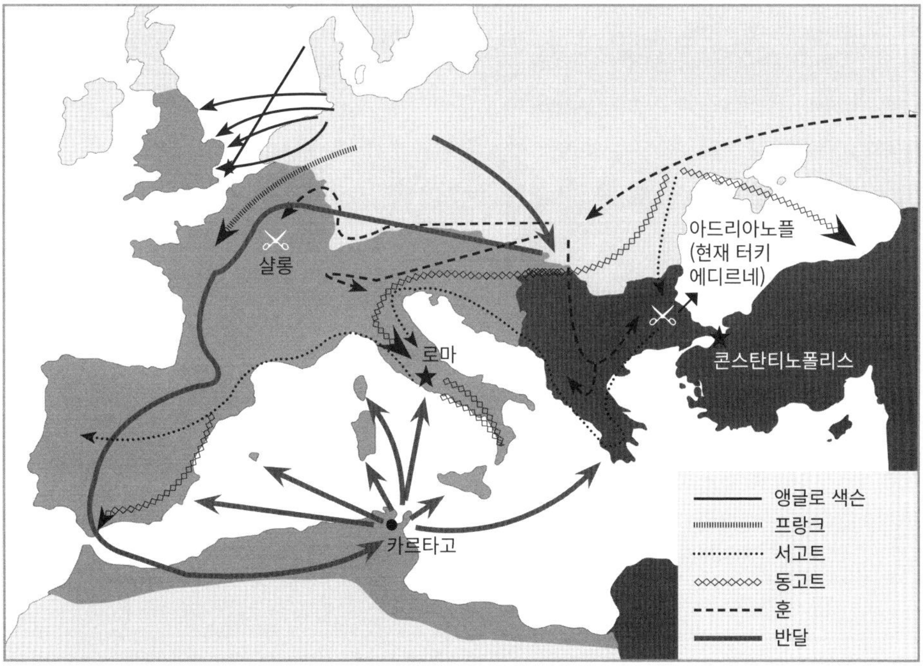

게르만족의 이동(4세기 말~6세기 말)

투르 푸아티에 전투(732년)

이러한 프랑크 왕국이 로마 교회와 더욱 긴밀해지고 중세 서유럽의 핵심으로 부상하게 된 데에는 왕국의 첫 번째 왕조였던 메로베우스 왕조를 무너뜨린 쿠데타 세력과 로마 교황이 결탁한 것이 큰 영향을 미쳤다. 투르 푸아티에 전투에서 이슬람 군대를 물리친 궁재(재상) 카롤루스 마르텔루스(Carolus Martellus, 688-741)는 사실상 왕이나 다름없는 권세를 누렸다. 따라서 찰스의 아들 페피누스가 이름뿐인 메로베우스 왕조를 무너뜨리고 새로운 왕조를 세우는 것은 군사적으로는 큰 문제가 되지 않았다. 문제는 새 왕조를 건립하는 데 무력만으로는 정당성을 확보하기가 어려웠다는 것이다. 이것을 해결해준 것이 로마 교황이었다. 페피누스는 실권은 별로 없지만 기독교 세계의 영적 지도자로 자처했던 교황의 지지를 얻어 쿠데타의 정당성을 확보하고자 했다.

때마침 로마 교황은 위기에 처해 있었다. 롬바르드족의 공격을 받고 위험에 처했던 교황으로서는 페피누스의 도움이 절실했다. 쿠데타 세력과 어려운 처지의 교황 간의 이해가 잘 맞아떨어졌던 것이다. 페피누스는 교황 자카리아스(Zacharias, 재위 741-752)에게 서신을 보내 실권이 없는 왕이 왕좌를 계속 유지하는 것이 합당한지를 물었고, 이에 교황은 "실권이 없는 왕보다는 힘을 가진 자가 왕으로 불리는 것이 낫다. 혼란이 일어나지 않도록 사도의 권위를 통해 페피누스가 왕이 될 것을 명하노라."고 답했다. 만족스런 답을 얻은 페피누스는 쿠데타로 권력을 잡은 다음, 이탈리아로 진군해 롬바르드족을 물리치고 정복한 땅을 교황에게 선사했다. 이로써 중세 교황령의 시초가 마련되었다.

로마 교회와 프랑크 왕국의 제휴가 절정에 달한 것은 교황 레오 3세(Leo III, 재위 795-816)가 800년 12월 15일 카롤루스 대제(Carolus I Magnus, 재위 800-814)에게 서로마 황제의 관을 씌워준 순간이었다. 이 순간은 프랑크 왕국이 무너진 서로마제국을 화려하게 부활시킨 사건으

카롤루스 대제의 서로마 황제 등극(800년)

로 해석된다. 중세 프랑크 왕국은 게르만족으로서의 정체성, 고대 로마의 유산, 기독교를 융합해 중세 서유럽 문명의 기초를 확립했다는 것이다. 그만큼 지중해에서 기독교 문명이 하나의 세력으로 탄생하는 데 프랑스 왕국의 역할은 중요했다. 지중해에서 서유럽인들을 아주 오랫동안 '로마인', '유럽인'이 아니라 '프랑크인'으로 불렀는데, 이는 그럴 만한 이유가 있었던 것이다.

3. 비잔티움제국과 정교 문명

비잔티움제국의 정교 문명이 언제 시작되었는지에 관해서는 여러 견해가 있지만, 대체로 로마제국의 수도를 콘스탄티노폴리스로 이전한 사건을 그 시초로 보는 것이 일반적이다. 4세기 초 콘스탄티누스 황제는 유럽과 아시아를 연결하는 지리적 요충지에 위치한 비잔티움을 새로운 수도로 삼았고, 이 도시를 콘스탄티노폴리스로 명명했다. 수도 이전으로 제국의 무게 중심이 서지중해에서 동지중해로 옮겨지면서 로마의 위상은 추락했고, 4세기 말 테오도시우스 황제(Theodosius I, 재위 379-395)가 제국을 동서로 분할하여 통치하면서 분열이 고착화되었다. 그리고 서로마제국이 476년 게르만족에 의해 무너지고 동로마제국만 살아남으면서 비잔티움제국의 역사가 본격화되었다. 이 제국은 1453년 오스만제국에 의해 멸망할 때까지 천 년의 역사를 이어나갔다.

동로마제국은 콘스탄티노폴리스가 새로운 제국의 수도가 되기 전에 이 도시의 원래 이름이 비잔티움Byzantium이었기 때문에 비잔티움제국으로 불린다. 하지만 이러한 명칭에는 전성기의 위대한 로마제국과 그에 비해 초라한 비잔티움제국을 구분하려는 인식이 깔려 있다. 특히 프랑스 역사가들은 비잔티움제국을 '저 제국bas empire', 즉 로마제국에 비해 열등한 제국으로 평가했다. 그러나 이러한 인식은 오해와 과장에 지나지 않는다. 4세기 로마제국의 수도가 콘스탄티노폴리스로 옮겨가면서 제국의 중심축은 이미 동쪽으로 옮겨갔고, 동로마제국이라는 이름도 로마의 동쪽에 있었기 때문에 편의상 그렇게 부르는 것이다. 476년 서로마제국이 무너질 당시 로마제국의 중심과 정통성은 이미 동로마제국에 있었다. 게다가 6세기 동로마제국의 유스티니아누스 대제(Justinianus, 재위 527-565)는 북서아프리카, 이탈리아, 이베리아반도 남부 등 잃어버린 서쪽 영토의 상당 부분을 되찾고, 기독교 세계의 통일성을 실현하고자 했다. 그는 기독교 세계 전체를 자신의 권위에 종속시키고, 정교의 정통 신앙을 강요하려고 했다. 그렇기 때문에 콘스탄티노폴리스의 총대주교뿐만 아니라 로마의 교황도 그의 지배와 통제를 받아야 했다.

정교 문명의 성립과 서유럽 기독교 문명의 이탈

비잔티움제국이 로마제국의 정통성을 계승했던 것은 분명하지만, 시간이 갈수록 이 제국은 서유럽의 로마 가톨릭 문명과는 다른 문명이 되어갔다. 두 세계의 분열은 정치·군사적 차원에서 시작되었지만 점차 신학적이고 문화적인 색채를 더해갔다. 최종적으로 비잔티움제국은 로마 가톨릭과는 여러 면에서 다른 또 하나의 기독교 문명인 정교 문명으로 발전했다.

정교 문명의 핵심은 그리스 문화와 기독교의 융합이었다. 서유럽 기독교 문명과는 일단 언어부터 달랐다. 비잔티움제국 초기에는 라틴어를 공용어로 사용했다. 그러나 7세기 초 헤라클리우스(Heraclius, 재위 610-641) 황제에 의해 그리스어가 공식 언어로 채택되었다. 군부와 사법부는 그리스어 사용에 오랫동안 저항했지만 결국 그리스어 사용을 수용했다. 통치 조직이 그리스어를 공용어로 사용하면서 비잔티움제국의 그리스화는 가속화되었다.

그러나 두 문명을 결정적으로 가른 것은 종교적 차원에서의 갈등이었다. 726년 비잔티움 황제 레오 3세(Leo III, 재위 717-741)가 내린 성상 숭배 금지령이 로마 가톨릭 교회의 큰 반발을 불렀다. 성상, 즉 이콘Icon은 그리스도, 성모 마리아, 성인들을 그린 그림이나 조각을 의미한다. 원래 비잔티움제국에서는 종교 생활에서 성상을 적극적으로 활용했다. 6세기와 7세기에 성상은 동방의 교회가 공식적으로 인정하는 숭배 대상이 되었고, 성상이 생명을 갖고 있다는 미신적인 믿음이 확산되었다. 성상은 정교회에서 단순한 장식의 의미를 넘어 교리를 가르치는 수단이었으며 "하늘과 땅이 만나는 지점"을 제공했다. 하지만 성상을 숭배하는 행위에 대한 반대 여론도 적지 않았다. 8세기 초 성상 숭배를 반대하는 세력들은 이것이 우상이며, 신에게 돌아가야 할 숭배를 인간의 창조물에게 바친다고 주장했고 레오 3세를 주축으로 성화를 파괴하거나 제거하는 일에 적극적으로 동참했다. 콘스탄티누스 5세(Constantinus V, 재위 741-775) 치하에서는 성상 숭배자들에 대한 탄압이 절정에 이르렀다. 이렇게 한 세기 동안의 박해가 843년 종결되었고, 성상은 다시 복원되었다.

비잔티움 황제의 성상 숭배 금지령은 로마 가톨릭 세계에게는 더 큰 문제였다. 중세 기독교 사회에서 대다수가 문맹이었기 때문에 로마 교회 당국으로서는 문자보다는 이미지를 이용해서 교리나 가르침을 전파하는 것이 훨씬 쉬웠기 때문이다. 비잔티움제국보다 문맹률이 높았던 서유럽 세계에서 성상은 필수불가결한 도구였다. 게다가 황제가 영적인 문제에 개입하고 간섭하는 것을 못마땅하게 여기고 있었던 로마 교황에게 성상 숭배 금지령은 교황의 권위를 인정하지 않는 모욕적인 처사였다. 교황 그레고리우스 3세(Gregorius III, 재위 731-741)가 성상 숭배 금지령에 항의하자, 황제는 이탈리아 남부와 시칠리아 교회들에

성상 숭배 금지령(726년)

대한 교황의 관할권을 박탈하기까지 했다. 로마 교회는 비잔티움 황제의 통제에서 벗어날 방법을 찾기 시작했고, 중세 서유럽의 새로운 주인공으로 부상하는 프랑크 왕국이 그 대안으로 등장했다. 교황청은 프랑크 왕국의 페피누스가 벌인 쿠데타를 지원했고, 800년 교황 레오 3세는 페피누스의 아들인 카롤루스에게 서로마 황제의 관을 씌웠다. 이제 로마 교회는 카롤루스의 지지를 등에 업고 성상 금지령 당시 제정된 조치들을 파기할 것을 촉구할 수 있었고, 로마제국의 유일한 황제였던 비잔티움 황제의 권위에 도전했다.

서유럽과 비잔티움의 종교 분열을 촉발시킨 신학 논쟁 중 가장 큰 것은 필리오쿠에filioque에 관한 논쟁이었다. 이 라틴어는 Filio와 que의 합성어이다. 필리오는 '성자로부터', 쿠에는 '그리고'를 뜻한다. 즉 이 합성어는 '그리고 성자로부터'라는 의미이다. 이 논쟁의 핵심은 성령이 성부로부터 직접 나왔는지 아니면 성자로부터도 나올 수 있는지의 여부다. 6세기 초부터 서유럽 기독교 세계는 니케아 공의회에서 선포된 신조의 일부, 즉 '성령은 성부와 성자 모두에게서 나왔음'을 수용했다. 그러나 비잔티움의 정교 세계는 이를 인정하지 않았고, 성령은 성부에게서만 나왔다고 주장했다.

굉장히 사변적인 논쟁일 수 있겠지만, 이 논쟁은 이후에도 계속해서 두 교회 사이의 갈등을 증폭시키는 기폭제가 되었다. 1054년 결국 두 기독교 세계는 서로를 파문하면서 공식적으로 결별했다. 콘스탄티노폴리스를 공식 방문한 교황 레오 9세(Leo IX, 재위 1049-1054)의 특사 움베르토Humbert 추기경은 교황의 이름으로 성 소피아 성당에서 총대주교 미카엘 케룰라리우스Michael Cerularius를 파문했고, 총대주교는 황제의 동의를 얻어 교황 특사를 파문했다. 결국 이 상호 파문으로 동서 교회는 공식적으로 분열되었다.

그렇다고 해도 두 세계가 기독교 형제라는 생각은 남아 있었기에, 통합의 여지가 완전히 사라진 것은 아니었다. 그런데 두 기독교 세계의 관계를 돌이킬 수 없을 정도로 악화시킨 사건이 하나 발생했다. 그것은 바로 1204년 4차 십자군의 콘스탄티노폴리스 점령과 약탈이었다. 서유럽 십자군은 비잔티움제국의 수도를 점령하고 무참한 학살극을 저질렀다. 십자군 병사들은 성 소피아 성당의 총 대주교좌에 매춘부를 데려다 앉혀서 비잔티움인들을 모욕했고, 수녀와 여인들을 겁탈하는 등 이루 형언할 수 없는 잔인하고 모욕적인 행동을 일삼았다. 이 잔인한 학살은 그리스인들에게 서유럽 기독교인들에 대한 깊은 증오심을 심어놓았다.

그러나 동서 교회의 분열은 어쩌면 4세기부터 시작된 긴 갈등과 반목의 종착점일 뿐이었다. 초기 기독교 시대에 핵심 주교관구가 있던 도시는 예루살렘, 알렉산드리아, 안티오크, 로마였다. 그런데 로마제국의 신생 수도가 된 콘스탄티노폴리스가 기독교 세계의 중심으로 부상하면서 로마 교회와 콘스탄티노폴리스 교회 사이의 주도권 경쟁과 그로 인한 갈등이 시작되었다. 기독교 세계의 분열을 가져온 구조적인 요인 중 하나가 바로 기독교 세계의 수장 자리를 둘러싼 대립이었다.

사실 중세 초기 기독교 세계의 실질적인 수장은 비잔티움 황제였다. 당시 교황은 로마 주교로서 여러 주교 중의 한 명일 뿐이었다. 교황은 8세기까지 이탈리아반도에서조차 주도권을 장악하지 못했다. 5세기부터 시작된 게르만족의 침입으로 이탈리아반도는 혼란 그 자체였고, 교황은 이를 수습할 힘도 없었다. 756년 프랑크족으로부터 교황령의 시초가 되는 영토를 받기 전까지 로마 교황은 직할 영토도 없었다. 이에 비해 비잔티움 황제는 상대적으로 막강한 권력을 가지고 있었다. 황제는 세속 군주인 동시에 기독교 세계의 수장이기도 했다. 이것은 카이사르와 교황을 결합한 황제교황주의caesar papism라 불린다. 로마제국 초기 황제들이 신격화되었던 것처럼 비잔티움 황제는 성인으로 공표되었다. 모자이크 속의 황제의 얼굴은 후광으로 둘러싸여 있었다. 당연히 비잔티움 황제는 콘스탄티노폴리스 총대주교 그리고 로마 교황보다 높은 위치에 있었다. 800년 프랑크 왕국의 카롤루스가 서로마 황제로 등극하기 전까지는 기독교 세계 전체에서 비잔티움 황제의 권위에 도전할 만한 사람은 없었다.

비잔티움제국이 이탈리아반도의 영토를 상실하면서 로마 교황에 대한 영향력이 약화될 수밖에 없었다. 비잔티움제국은 8세기 중엽 롬바르드족의 공격을 받은 로마 교회를 구할 여력이 없었다. 9세기 이후 서유럽 기독교 세계에 대한 비잔티움 황제의 영향력은 더욱 줄어들었다. 결국 비잔티움 황제의 영향력으로부터 독립한 로마 교황은 이제 서유럽 기독교 세계의 수장 자리를 두고 신성 로마제국 황제와 다투게 되었다.

정교 문명의 확대: 슬라브족의 개종

서유럽에서의 비잔티움 황제의 영향력은 계속 줄어들었던 반면, 정교 문명의 지리적 영역은 확대되었다. 비잔티움제국의 동북쪽에 거주하던 슬라브족이 정교 문명권 속으로 들어왔기 때문이다. 오랫동안 슬라브족은 비잔티움의 국경을 침범했지만, 비잔티움제국은 이들을 군사적으로 완전히 제압하지 못했다. 결국 비잔티움제국은 716년에는 슬라브족 일파인 불가리아인의 국가를 인정할 수밖에 없었고, 9세기 초에는 불가리아인과의 전투에서 황제가 목숨을 잃기도 했다.

그렇지만 종교적인 측면에서는 다른 양상이 벌어졌다. 슬라브족이 정교 신앙을 받아들였고, 슬라브족의 개종이 정교 문명의 발전에 큰 전환점이 되었기 때문이다. 9세기 비잔티움제국의 정교는 동슬라브족과 남슬라브족(세르비아인과 불가리아인)에게 전파되었다. 9세기 키릴로스(Cyrillos, 827-869)와 메토디오스(Methodios, 826-885) 형제는 정교 복음을 전파하기 위해 모라비아로 갔다. 그들은 슬라브족에게 정교 신앙뿐만 아니라 그리스 알파벳과 러시아 고어를 토대로 한 키릴 문자를 만들어주었다.

10세기에는 키예프 대공 블라디미르(Vladimir, 재위 980-1015)가 정교를 수용했다. 장차 비잔티움제국이 멸망한 이후 정교 문명을 이끌 운명을 짊어지게 될 러시아가 드디어 정교 문명권으로 들어온 것이다. 반세기 후 한 성직자는 "그때 우상숭배의 암흑이 우리를 떠나기 시작했고, 정교의 새벽이 밝았다."라고 말하면서 블라디미르를 칭송했다. 물론 그의 개종은 단순히 종교적 열망에서만 결정된 것이 아니었다. 비잔티움제국은 불가리아와 맞서기 위해 러시아와의 동맹이 필요했고, 키에프 대공은 비잔티움제국의 공주를 신부로 맞아 키예프 공국의 위상을 높일 수 있었다. 그가 내린 결정은 러시아의 미래와 정교 문명의 미래를 좌우하는 것이었다. 1453년 비잔티움제국이 오스만제국에게 멸망한 후 모스크바는 제3의 로마로, 정교 문명의 새로운 중심지로 부상했다.

콘스탄티노폴리스, 유럽과 아시아의 교차로

비잔티움제국 이야기를 하면 당연히 빠트릴 수 없는 게 제국의 수도인 콘스탄티노폴리스 이야기다. 중세 말까지 지중해에서 가장 중요한 도시 중에 하나가 콘스탄티노폴리스였다. 4세기 초 콘스탄티누스 황제가 수도를 로마에서 이곳으로 옮긴 이유는 여러 가지가 있겠지만 이곳이 여러 가지 지정학적 이점을 갖고 있었기 때문이다. 동쪽 지중해와 서쪽 지중해의 중간쯤에 위치해 있고, 아시아와 유럽이 만나는 접점이었다. 그리고 흑해와 지중해를 연결하는 길목이기도 했다. 그렇기 때문에 지중해 전체를 정복한 로마제국 입장에서는 제국 전체를 효율적으로 관리하고, 물자와 상품의 거래를 원활하게 할 수 있는 곳이었다. 그리하여 콘스탄티노폴리스는 한때 인구 약 40만 명 정도의 지중해 최대 도시로 성장을 했다. 비단, 금은 세공품 생산지였고, 동방 상품의 집산지이자 국제적인 교역시장으로 성장했다. 시리아, 이집트, 베네치아, 피사, 제노바 그리고 이슬람 세계의 상인들이 이곳으로 와서 자신들의 상업 거래 지구를 세우고 장사를 했다.

콘스탄티노폴리스는 난공불락의 삼중 성벽을 가진 곳으로도 명성을 떨쳤다. 바다 쪽으로도 금각만에 대한 확실한 통제권을 행사하면서 콘스탄티노폴리스 공략은 불가능하게 느껴졌다. 그런 콘스탄티노폴리스는 역사상 두 번의 수모를 당했다. 먼저 1204년 4차 십자군이 콘스탄티노폴리스를 점령하고 라틴제국을 건설했다. 비잔티움제국이 수도를 다시 찾은 것은 1261년에 가서였다. 1453년에는 오스만에 의해 다시 무너지는데, 이것이 비잔티움제국의 최후였다. 콘스탄티노폴리스 함락은 지중해 역사에서 큰 사건이었고, 기독교 세계 전체에 큰 충격을 안겨주었다. 동서 교회로 분열되어 있기는 했지만, 기본적으로 같은 기독교를 섬기고 있었고, 무엇보다도 로마제국의 정통 계승자였기 때문이다. 그러나 비잔티움제국이라는 정치 체제는 사라졌지만, 제국의 종교였던 정교는 사라지지 않았다. 조금 전에 살펴보았듯이 러시아가 새로운 중심지로 등장하면서 정교 문명은 오늘날까지도 여전히 강고하며, 동유럽에서는 많은 정교 신자들이 있다.

4. 이슬람 문명

오늘날 세계 인구의 5분의 1이 믿는 이슬람교의 창시자는 무함마드이다. 그는 자신을 신의 말씀을 전하는 예언자라고 말했다. 그는 아라비아 사막의 메카라는 오아시스 도시에서 태어났다. 그의 아버지 압달라는 메카의 카바 성전을 지키는 고위 가문에 속했지만 이른 나이에 세상을 떠났고 아들 무함마드에게 남긴 것은 낙타 5마리가 전부였다. 무함마드는 상인이 되었고, 자신을 고용한 부유한 상인 카디자와 혼인해서 여섯 명의 아이를 낳았다.

이슬람의 교리에 따르면 마흔 살 무렵 어느 날 밤 히라 산에서 잠들어 있던 무함마드 앞에 천사 가브리엘이 나타나 그에게 "암송하라."라고 말한다. 무함마드는 우물거렸지만 천사는 두 번이나 더 "암송하라."라고 외쳤다. 무함마드가 "무엇을 암송하라는 말입니까?"라고 묻자, 가브리엘은 "창조주인 주님의 이름으로 읊으라. 그 분은 인간을 핏덩이에서 만들어내셨다. 너의 주님은 가장 관대하고 글로써 가르치시며 인간이 알지 못하는 것을 깨우쳐주시기 때문이니라."라고 말했다. 3년 후 천사 가브리엘이 무함마드에게 다시 나타나 "일어나서 경고하라. 그리고 네 주를 찬미하라."라고 말했다고 한다. 무함마드는 이를 신의 계시로 받아들였고, 자신을 신의 말씀을 전하는 전달자로 생각하고, 메카에서 신의 가르침을 설파하기 시작했다.

메카에서 신의 말씀을 설파하는 무함마드를 따르는 신도들이 늘어나자, 메카의 지도적 가문들이 무함마드를 어리석은 사람일 뿐만 아니라 위험한 인물이라고 생각해 박해하기 시작했다. 박해를 피해 622년 무함마드는 그의 추종자들과 함께 사막 도시 메디나로 피신했다. 이슬람교에서는 622년 7월 16일 메카에서 메디나로의 이주를 헤지라라고 부르고, 이 해를 이슬람 원년으로 기린다. 이 해를 기점으로 향후 10년 동안 무함마드는 메디나에서 새로운 신앙을 설파하면서 추종자들을 이끌고 이슬람 공동체를 구축했기 때문이다. 그리고 630년 무함마드는 1,500명의 추종자들과 함께 메카를 정복하는 데 성공했고, 632년 6월 8일 사망할 때까지 아라비아반도 정복 전쟁을 계속했다. 무함마드는 아라비아반도의 주민들을 새로운 신앙인 이슬람교 공동체 안으로 끌어들였다. 그리고 이슬람교는 100년 만에 아라비아반도를 넘어 지중해 전역으로 퍼져나갔다. 그 후 다시 지중해를 넘어 인도양과 동남아시아로 확산되었고, 오늘날 세계 3대 종교로 성장했다.

경전과 교리

이슬람Islam이라는 말은 "신에게 복종한다"는 뜻이며, 이슬람 신도를 의미하는 아랍어 무슬림muslim은 신에게 복종하는 사람을 의미한다. 기독교인들에게 성경이 있다면 무슬림들에게는 코란이 있다. 성경과 비교해 코란의 작성은 상대적으로 짧은 시기에 이루어졌다. 무함마드의 사후 그의 제자들은 예언자에게 내려진 계시를 편찬하기 위해 기초 자료를 수집했고, 650년 3대 칼리프 우스만(Uthmān ibn 'Affān, 재위 644-656)의 명으로 구전되어 내려오던 내용을 글로 옮겨 코란을 편찬했다. 오랫동안 아랍어로 된 코란을 번역하는 것은 원칙적으로 금기로 여겨졌지만 오늘날에는 다양한 언어로 번역하여 사용하고 있다. 코란은 총 7만 8,000개의 단어로 기록되어 있으며, 신약성경보다는 조금 짧은 편이다. 수라라 불리는 장이 총 114개이다. 메카 시대의 수라들은 교리와 도덕에 관한 내용들인 반면, 메디나 시대의 수라들은 무슬림의 일상생활에서 발생하는 법적, 정치적 문제들에 대한 가르침을 포함하고 있다.

코란 외에도 예언자의 언행을 기록한 하디스Hadith가 있다. 이 하디스는 처음에는 구전되다가 나중에 책으로 편찬되었고, 코란 다음으로 중요한 권위를 가지게 되었다. 물론 중세 이슬람 학자 중에 하디스의 일부 내용에 관해 의문을 품는 사람도 있었지만, 하디스는 지금도 여전히 이슬람의 기본 가르침으로서의 권위를 유지하고 있다.

코란과 하디스는 샤리아Sharia라 불리는 이슬람 율법의 원천이다. 샤리아는 옛 아랍어로 "지켜야 할 것"을 의미한다. 즉 신자로서 지켜야 할 기본적인 법규범인 것이다. 이슬람 공동체를 이끌었던 예언자와 그의 계승자들이 제정한 법률이나 코란과 하디스에 대한 권위 있는 율법학자들의 해석도 샤리아에 포함되었다. 또한 중세 이슬람 통치자들은 법률을 제정할 때 사산조 페르시아와 비잔티움 제국의 법률을 참조하기도 했다. 샤리아는 무슬림의 일상생활 전반을 포괄할 정도로 광범위하다. 신앙인으로서 의무, 식생활, 혼인, 남성과 여성의 행동 규범 및 역할, 상속, 재산, 상업 등의 문제뿐만 아니라 민법과 형법 등의 사법 제도 등을 포괄하고 있다. 이슬람에서 샤리아는 신자들에게 현세에서 정의로운 삶을 살고, 궁극적으로 내세에서 구원을 받는 데 필요한 의무를 수행하도록 규정하고 있다. 하지만 샤리아 중 일부 규범은 현대적 관점에 부합하지 않은 것으로 이야기되기도 한다.

코란은 성경과 많은 점에서 유사하다. 가장 핵심적인 공통점은 두 종교 모두 천지를 창조한 유일신 하느님을 믿는다는 것이다. 물론 이슬람이 섬기는 "알라"라 불리는 신이 기독교의 하느님과 다르다고 주장하는 사람들도 있다. 이슬람의 신은 기독교들이 믿는 삼위일체의 신과 같지 않다는 교리 차원의 반박도 있다. 그러나 분명한 것은 코란에는 무슬림들이 유대교와 기독교인들이 섬기는 동일한 하느님을 섬긴다는 구절이 있다는 것이다. 다음이 그 구절이다. "성서의 백성들이여. 우리들이나 너희들을 막론하고 하나의 말씀으로 오라하여 하느님 외에는 다른 신을 경배하지 아니하고 그 무엇도 하느님과 비유하지 아니하며"<코란 3:64>

이슬람과 기독교는 신의 천지창조와 초기 인류의 역사에 대해서도 유사한 설명을 내놓는다. 이는 기독교와 이슬람이 지중해 고대 문명 중 하나인 유대 문명의 유산과 역사를 공유하기 때문이다. 유대 문명은 아담과 이브를 인류의 기원으로 생각하고, 아담과 이브로부터 시작된 인류의 역사가 카인과 아벨을 거쳐 노아에게로 이어지고 있다고 보았다. 노아에게는 셈Shem, 햄Ham, 야벳Japheth이라는 세 아들이 있었는데, 셈은 아랍과 이스라엘의 조상이고, 햄은 북아프리카인의 조상이고, 야벳은 유럽의 조상이 되었다는 설명도 공통된다. 기독교와 이슬람 역시 이러한 동일한 인류의 계보를 내놓고 있다. 거슬러 올라가면 그들은 공통의 조상들로부터 나온 형제들인 것이다.

또한 유대교, 기독교, 이슬람교는 기본적으로 신으로부터 계시를 받은 계시의 종교라는 공통점이 있다. 이 세 종교는 신의 말씀인 계시가 예언자를 통해 인간에게 전달된다고 믿는다. 이슬람의 교리에 따르면 천사 가브리엘이 무함마드에게 신의 계시를 전달한다. 그런데 천사 가브리엘은 기독교에서 성모 마리아에게 수태를 알린 천사이기도 하다. 두 종교는 또한 신의 계시를 전달하는 아브라함과 모세 등의 예언자들을 인정한다. 코란에 등장하는 28명의 예언자 중 21명이 성서에도 나올 정도로 두 종교는 공통의 예언자와 성인을 섬긴다.

두 종교는 또한 신에 의한 최후의 심판과 천국에 대한 믿음을 공유한다. 물론 기독교와 이슬람이 상상하는 천국의 세부적인 모습이 일치하지는 않지만, 두 종교는 기본적으로 신이 천지를 창조했고, 최종적으로 이 세상을 심판하고, 그 결과 구원받은 인간은 천국으로 간다고 생각한다는 점에서 유사하다. 이슬람에서는 천국을 잔나Jannah, 지옥을 자하남Jahannam이라고 부른다. 기독교와 마찬가지로 이슬람의 천국도 한때 아담과 이브가 살았던 곳이다. 기독교에서는 아담과 이브가 하느님의 말씀을 어기고 원죄를 짓고 낙원으로부터 추방되었지만, 이슬람에서는 원죄와 추방과 같은 이야기는 없다. 신앙을 가진 정의로운 사람만이 갈 수 있다는 이슬람의 천국에는 온갖 과일이 쌍으로 있으며, 어떤 인간과 마귀와도 눈을 마주치지 않은 후르 아인Hur Ain이라 불리는 여성 배우자가 구원을 받은 남성을 기다리는 곳이다. 코란에서는 이들이

이슬람의 천국과 지옥

마치 루비와 진주와 같이 아름답다고 이야기한다.

따라서 두 종교를 적대적으로 만든 것은 구약의 교리 차이가 아니었다. 예수에 관한 해석의 차이가 결정적이었다. 기독교에서 예수는 성부, 성자, 성령으로 표현되는 삼위일체의 신이다. 반면 이슬람교에서 예수는 신이 창조한 피조물이자 모세와 같은 예언자이다. 코란에서는 예수와 마리아의 위상을 다음과 같이 말한다. "천사들이 말하길, 마리아여, 하느님께서 너에게 말씀으로 복음을 주시니 마리아의 아들로서 그의 이름은 메시아 예수이니라. 그는 현세와 내세에서 존경을 받을 것이요. 하느님 가까이 있는 자 가운데 한 명이 될 것이니라." 무슬림들은 신이 여러 예언자를 통해 말씀을 전달했고, 예수도 예언자 중 한 명이지만 신의 마지막 말씀을 전달한 최후이자 최고의 예언자는 무함마드라고 믿는다. 이슬람의 교리에 따르면 신께서 무함마드를 통해 온전하고 최종적인 계시를 전달했다는 것이다. 따라서 여러 교리상의 공통점에도 불구하고 이슬람과 기독교 사이의 이 근본적인 차이는 상호 간의 이해와 화합을 어렵게 만들었다. 이슬람은 기독교의 삼위일체와 성육신 교리를 이해할 수도 없었고 인정하지도 않았다.

교리 이외에 이슬람의 다섯 기둥이라 불리는 의무도 이슬람의 정체성 형성에 큰 영향을 미쳤다. 무슬림은 일상생활에서 다섯 가지 중요한 의무를 수행해야 한다. 그것은 이슬람의 다섯 기둥으로 표현된다. 신앙 고백, 기도, 성지 순례, 금식, 희사가 바로 그것이다. 신앙 고백은 "하느님(알라) 외에 다른 신은 없으며, 무함마드는 그분의 사도이다."라는 증언하는 것이다. 두 번째 기둥인 기도에는 두 가지 종류가 있다. 하나는 두아라고 불리는 기도로 아무런 규칙이나 의례에 얽매이지 않고 할 수 있다. 살라트라 불리는 기도는 새벽, 정오, 오후, 저녁, 밤중 등 하루에 5번 정해진 문구와 동작을 하면서 올린다. 이 살라트는 질병으로 불

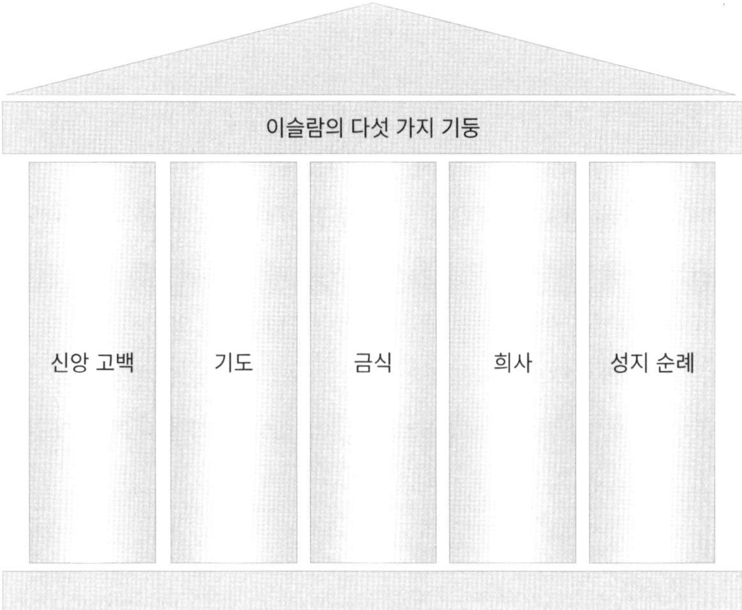

이슬람의 다섯 가지 기둥

가능한 사람을 제외하고 모든 무슬림의 의무이고, 메카 방향으로 기도한다. 하즈hajj라 불리는 세 번째 기둥은 메카로의 순례이다. 모든 무슬림은 일생에 적어도 한 번은 메카 순례를 해야 한다. 해마다 이루어지는 메카로의 순례는 여러 지역에서 온 무슬림을 통합해주는 역할을 한다. 네 번째 기둥은 무슬림 달력 기준으로 아홉 번째 달인 라마단 기간 동안 행하는 금식이다. 다섯 번째 기둥 자카트는 무슬림 공동체에 대한 재정 지원과 헌납을 뜻한다. 원래는 가난한 사람을 돕는 기부에서 출발했지만 이후 국가에 바치는 공납이나 세금으로 거두어지게 되었다.

계승 문제와 이슬람 세계의 분열

종교의 확산 과정에서 불거지는 중요한 문제들 중 하나는 계승에 관한 것이다. 무함마드는 누가 자신의 뒤를 이어 이슬람 공동체를 이끌 것인지에 대해 명확한 생각을 남기지 않았다. 계승자를 어떤 방식으로 선출할지에 대해서도 언급하지 않았다. 결국 무함마드 사후 계승권을 둘러싼 분쟁은 예견된 것이었다. 이런 모호한 상황에서 무함마드가 사망하자 그의 제자들은 합의를 통해 그와 가까웠고 가장 먼저 무슬림으로 개종한 아부 바크르(Abū Bakr, 재위 632-634)를 후계자 또는 계승자를 의미하는 칼리프로 추대했다. 두 번째 칼리프로 선출된 우마르(Umar, 재위 634-644)도 전임자처럼 메카에서 큰 영향력이 있는 가문 출신이 아니었다.

세 번째부터는 상황이 달라졌다. 3대 칼리프로 선출된 우스만은 메카의 대표 가문인 우마이야 출신이었고, 그의 선출은 전통적인 메카 귀족의 승리였다. 하지만 그는 656년 암살되었고, 계승권을 둘러싼 내란이 발발했다. 우스만의 뒤를 이어 네 번째 칼리프로 선출된 사람은 무함마드의 조카이자 사위인 알리(Ali, 재위 656-661)였다. 그는 무함마드의 딸 파티마(Fatimah, 605-632)와 결혼해 하산(Hasan, 625-670)과 후사인(Husayn, 625-680)이라는 두 아들을 두고 있었다. 그러나 알리 역시 암살당했다. 다음 칼리프는 예언자의 친족이 아니라 우마이야 가문 출신의 무아위야(Muāwiyah, 재위 661-680)였다. 알리가 살해된 해에 공동체의 추대로 칼리프로 선출된 그는 수도를 다마스쿠스로 옮기고, 사망하기 전에 자신의 아들 야지드(680-683)를 후계자로 지명했다. 선출에 의해 칼리프를 뽑았던 정통 칼리프 시대를 끝낸 것이다.

그러나 이는 합의에 의한 선출의 관행을 무시한 것으로 큰 반발을 불렀다. 그리고 이런 계승권을 둘러싼 싸움에서 알리를 추종하는 집단이 등장했다. 알리는 무함마드의 조카이자 사위로서 예언자의 정치적, 종교적 권위를 부분적으로 계승할 수 있는 정당성을 주장할 수 있었다. 알리를 추종하는 뜻의 시아트 알리 혹은 간단히 시아라고 불리는 세력들은 알리의 사후 예언자의 친족이 이슬람 공동체를 이끌어야 한다고 믿었다. 이에 680년 알리의 아들이자 무함마드의 외손자인 후사인은 우마이야 정권에 맞서 반란을 일으켰다. 후사인은 100명도 채 안 되는 추종자를 데리고 메카를 떠나 카르발라에서 야지드 군대와 일전을 벌였다. 카르발라 전투에서 후사인은 피살되었고, 살아남은 사람은 후사인의 아들로 알리라는 이름을 가진 어린아이 한 명에 불과하다고 전해진다. 카르발라에서 흘린 희생자들의 피는 알리를 추종하는 세력들을

카르발라 전투(680년)

단순한 집단에서 결속력을 가진 교단으로 변화시켰다. 이후 이 사건을 기리는 순교행사는 시아파 무슬림의 중요한 의식으로 승화되었다.

이것으로 계승권을 둘러싼 내전이 종식된 것은 아니었다. 초기에 형성된 시아파는 세 명의 초기 칼리프들은 찬탈자에 불과하고, 알리와 그의 후손들이야말로 정당한 후계자라고 주장했다. 자격을 갖춘 사람이면 누구나 칼리프가 될 수 있다고 주장한 과격파인 카와리지 파는 초기 두 명의 칼리프의 정당성을 인정했지만, 우스만과 알리 그리고 후대의 모든 칼리프의 정통성을 부인했다. 3대 칼리프 우스만이 부당하게 암살당했다고 주장하며 우스만을 추종하는 우스만 파도 있었다. 첫 번째 내전에서 어느 편도 들지 않았던 다수의 무슬림 즉 수니파는 무함마드 일족인 쿠라이시 부족이 칼리프가 되어야 한다고 인정하면서도, 공동체에 의해 선출된 통치자라면 누구든지 칼리프의 자격을 인정했다. 이들은 무슬림 공동체의 전통과 관습을 중시한 것이다. 오늘날 수니파는 전체 무슬림의 90%를 차지할 정도로 다수파를 형성하고 있다.

이후 이슬람 문명은 통합과 분열을 계속했다. 우마이야 왕조는 계승과 관련된 논란을 마감하고 아랍식의 이슬람 문명을 화려하게 발전시키기 위해 노력했지만, 파벌 싸움이 계속되면서 750년 무너졌다. 그 뒤를 이어 파벌 간 통합을 강조하던 아바스 왕조는 8세기에서 10세기 초반까지 약 150여 년간 이슬람 최고의 전성기를 구가했다. 하지만 계승과 관련된 싸움이 다시 이슬람 세계를 분열시켰다. 10세기에는 여러 명의 칼리프가 난립하여 이슬람 세계의 수장을 자처했다. 아바스 왕조의 칼리프, 북아프리카의 파티마 왕조의 칼리프, 이베리아반도의 칼리프가 서로 경쟁했다. 아바스 왕조의 학살을 피해 이베리아반도로 도망친 우마이야 왕조의 후손은 코르도바를 새로운 수도로 삼았던 후우마이야 왕조를 열었고, 929년 코르도바의 압드 알 라흐만 3세(Abd

정통 칼리프 시대(632-661)
아부 바크르(632-634) → 우마르(634-644) → 우스만(644-655) → 알리(656-661)

우마이야 왕조(661-750)

10세기 이슬람 세계의 분열
아바스제국(750-1258)
파티마 왕조(909-1171), 후 우마이야 왕조(929-1031)

이슬람 왕조의 성립과 발전

al-Rahmān III, 재위 929-961)는 스스로를 칼리프라 선언했다. 게다가 11세기에는 중앙아시아에서 온 셀주크족이 바그다드를 점령하고 아바스 칼리프로부터 술탄의 칭호를 얻어 세속 군주가 되면서 이 지역의 정치 상황은 더욱 복잡해졌다.

이슬람의 빠른 팽창

이슬람 초기 역사에서 눈에 띄는 특징 중 하나는 이슬람이 엄청난 속도로 빠르게 팽창했다는 사실이다. 실제로 이슬람은 100년 만에 지중해의 반을 정복했다. 기독교가 로마제국에 수용되어 국교가 되기까지 400년이 걸렸던 것과 비교하면 이슬람의 초기 팽창은 예외적일 정도로 빨랐다. 이에 대한 역사가들의 설명은 다양하다. 이제는 많은 비판을 받고 별로 통용되지는 않는 개연성 없는 설명 중 대표적인 것이 "한 손에는 칼, 다른 한 손에는 코란"이라는 해석이다. 이슬람을 믿지 않으면 죽이겠다는 협박이 무서워서 빨리 개종했다는 것이다. 이러한 해석은 이슬람에 대한 전형적인 오해와 왜곡이다.

합리적이고 개연성 있는 설명은 주변 국가였던 비잔티움제국과 사산조 페르시아 왕조가 어려운 처지에 있었기 때문에, 이슬람이 쉽게 사산조 페르시아를 정복하고, 비잔티움 영토를 차지할 수 있었다는 것이다. 즉 이슬람이 팽창하기에 유리한 지정학적 군사적 상황이 있었다는 것이다. 이슬람이 빨리 팽창할 수 있었던 또 다른 이유 중 하나는 정복지의 기독교인들, 유대인들에게 어느 정도 자치를 보장했기 때문이다. 이슬람은 정복한 기독교인들과 유대인들에게 세금만 내면 예배의 권리도 보장했다. 이슬람 교리에 따르면 유대인과 기독교인은 하느님을 믿는, 즉 성서의 백성들이기 때문에 어느 정도 자치와 종교적 자유를 허용할 수 있었다. 그런 연유로 이슬람이 비잔티움제국의 일부를 정복할 당시 비잔티움제국에서 종교적으로 탄압을 받았던 콥트교도 등 정교가 아닌 다른 종파의 기독교인들이 이슬람 지배를 훨씬 쉽게 수용했다.

이슬람을 만든 사람들

이슬람 문명을 살필 때 가장 흔하게 범하는 실수는 이슬람을 아랍과 동일시하는 것이다. 결론부터 말하자면, 이슬람 문명은 아랍인들만의 것이 아니다. 가장 주요하게는 페르시아와 튀르크가 함께 만들었고, 이후 이 종교를 받아들였던 여러 민족들이 다채로움을 더한 복합 문명이다.

물론 아랍과 이슬람을 등치시키는 것이 어색하지 않을 정도로 아랍의 비중이 압도적으로 컸던 것은 사실이다. 아랍인이란 아랍어를 고유어로 쓰는 여러 민족을 가리키며 종족적으로도 다양하고 거주 지역도 아시아와 아프리카 모두에 걸쳐있었다. 특히 아라비아 반도에 살고 있던 아랍인들은 이슬람교를 탄생시켰고, 서아시아, 중앙아시아, 아프리카, 유럽에 이르는 광대한 영역을 정복하고 이곳에 이슬람을 빠르게 확산시켰다. 이들은 또한 우마이야 왕조와 아바스 왕조를 거치며 이슬람의 정치적 이데올로기적 토대를 만들었다. 그 와중에 아라비아와 시리아의 아랍인들은 주변 민족들에 대해 민족적 배타성을 보이기도 했다. 또한 이슬람 초기에 아랍인이 아닌 사람들의 이슬람 개종을 탐탁지 않게 보고 이슬람으로 개종한 다른 민족들을 아랍인들의 피호민으로 격하시키기도 했다. 그러나 이런 아랍인의 배타적 태도는 아바스 왕조가 들어서면서 사라졌다.

아바스 왕조가 들어서면서 새롭게 시도한 것이 민족 차별을 지양하고 모든 무슬림을 신 앞에 평등하게 대하는 이슬람 보편 문화를 세우는 일이었다. 그런 가운데 강조된 것이 아랍어다. 이로부터 아랍어를 사용하는 사람은 모두 아랍인이라는 관념이 만들어졌다. 아랍어만이 신의 언어로 강조되면서 코란은 반드시 아랍어 판본만 정본으로 인정해야 한다는 생각도 더욱 힘을 얻었다. 그래서 다른 언어로 번역된 코란은 신의 말씀으로 인정하지 않으며, 반드시 아랍어로 기도문을 암송해야 한다고 믿는 사고방식이 등장했다. 아랍어에 대한 강조는 중요한 성과를 냈는데, 이슬람 문명 내에서 문화적 통일성을 만드는 역할이 그것이다. 과거 아시아의 한자 문화권 내에서 그러했듯이, 이슬람 신학과 법 연구자들은 아랍어에 대한 소양을 갖추고 있어야 했다. 고대 지중해 세계의 저작들이 아랍어로 번역되었고, 이후 주요한 학술 서적, 문예 작품들이 아랍어로 쓰이면서 중세 시대에 아랍어는 지중해 세계에서 가장 학술적으로 완전한 언어로 추앙되었다. 라틴어 문화권에 속한 유럽인 학자들 역시 아랍어를 읽을 수 있어야만 지중해 세계의 가장 발달한 문화를 접할 수 있었다.

그러나 이슬람 보편 문화 속에 아랍인의 몫만 있었던 것은 아니다. 9-10세기 아바스 왕조의 전성기에 이미 최고의 학자들이 아랍 세계 바깥에서 등장하기 시작했고, 더 중요하게는 10세기부터 아랍인들은 다른 민족들의 통치를 받기 시작했다. 같은 이슬람교도이기는 하지만 엄연히 다른 민족에 속하고 다른 언어를 썼던 페르시아인, 튀르크인들이 세운 나라들이 아시아, 아프리카에서 번창했다. 아랍어, 페르시아어, 튀르크어는 셋 다 아랍 문자를 사용하지만, 문장구조와 단어 모두 다르다. 다만 튀르크어를 사용하는 터키는 1928년부터 라틴 문자를 채택했다.

페르시아인들은 기원전 6세기 아케메네스 시대로까지 거슬러 올라가는 자랑스럽고 긴 역사를 갖고 있었다. 그만큼 페르시아인들의 민족적 자부심은 대단했다. 실제로 651년 아랍인들에 의해 페르시아 계통의 사산제국이 패망하자, 페르시아인들은 강경하게 저항했고 여러 차례의 반란도 이어졌다. 역사가들 사이에서 페르시아 부흥 운동이라 불릴 정도였다. 그런데 이런 운동과는 별개로 페르시아인들과 페르시아 문화는 이슬람 문명 속에 뿌리내리기 시작했다. 아바스 왕조가 페르시아의 본영인 이라크 지방의 바그다드로 수도를 옮기고 페르시아의 전통에 따라 정치제도를 만들고 통치를 조직한 것부터가 그러하다. 더구나 신학, 문학, 역사 등의 분야에서 아바스 문명을 이끌었던 사람들이 페르시아인들이었다. 이들은 아잠ajam이라고 불렸는데, 공적으로는 아랍어를 쓰고 말했지만, 사적으로는 타언어 특히 페르시아로 말하는 사람들을 일컫는다. 이븐 할둔(Ibn Khaldun, 1332-1406)조차 『역사서설*Muqaddima*』에서 "이슬람의 학자들은 대부분 페르시아인들이다."라는 장을 쓸 정도였다. 심지어 이슬람 문화 자체가 페르시아화 되었다고 말할 수 있었다. 실버스타인Adam J. Silverstein은 『이슬람사*Islamic History*』

(2010)에서 이런 과정이 아바스제국의 동부인 이란 고원 등지에서 사만 왕조(Saman, 819-999), 사파르 왕조(Saffarid, 861-1003), 부와이흐 왕조(Buwayh, 932-1055) 등 페르시아 계 왕조들이 등장하면서 시작되었다고 보았다. 그리스의 호메로스에 비유되기도 하는 페르시아의 위대한 시인 피르다우시(935-1020)가 '왕들의 책'이라는 뜻의 『샤나메*Shahname*』를 977년부터 1010년까지 저술했는데, 여기서 그는 창세에서 7세기 이슬람의 페르시아 정복 시기까지의 페르시아의 신화와 역사를 담은 서정시를 페르시아어로 썼다. 이 책은 문학적인 중요성 외에도 페르시아어를 되살리는 운동의 구심점이 된 저서라는 점에서 매우 중요하다.

페르시아의 영향은 튀르크와 몽골이 이슬람 세계로 들어오면서 더욱 커졌다. 왜냐하면 이 신참자들에게 이슬람교를 전한 사람들이 페르시아인들이었기 때문이다. 페르시아어를 말하는 선교사들로 인해 새로 이슬람으로 개종한 튀르크인, 몽골인, 중국인들은 아랍어보다 페르시아어에 더 익숙했다. 가령 이들은 예배라는 단어로 아랍어인 살라트salat가 아니라 페르시아어인 나마즈namaz를 사용한다. 튀르크계와 몽골계의 행정가들과 문예인들 역시 페르시아어를 사용하고 페르시아 문예 기풍을 따라 문예 활동을 했다. 따라서 튀르크계의 셀주크가 현재의 이란, 이라크 지역에 왕조를 세울 때 그들의 문명은 페르시아의 색채를 띠었다. 또 다른 튀르크계인 오스만제국 역시 마찬가지였다. 이후 이란 지역에 등장한 티무르라는 몽골계 이슬람 왕조 하에서도 페르시아 풍의 학문과 문예가 발달했고, 인도에 들어선 이슬람 왕조들인 델리 술탄국과 무굴 왕조에서도 페르시아어와 페르시아풍의 문예 형식이 존중받았다. 결국 11세기부터 19세기까지 이슬람 세계 전체에서 아랍어가 아니라 페르시아어가 고급문화를 주도하는 언어로 자리했다.

튀르크인들 역시 이슬람 문화를 만드는 데 크게 기여했다. 튀르크인들은 몽골 고원에서 발원한 후 계속 그 일부가 서쪽으로 이동했다. 그 결과 중앙아시아, 서아시아, 북아프리카에 폭넓게 정착한 다양한 계통의 튀르크인들은 페르시아, 아랍, 중국 문명 주위에서 여러 차례 제국을 세워 막강한 위세를 떨쳤다. 튀르크인들의 일부는 전사 노예로 이들 문명 세계 속으로 들어갔다. 특히 이슬람 세계로 들어간 튀르크인들은 빠른 속도로 이슬람 세계에서 정치적 주도권을 잡기 시작했다. 그들은 10세기에 이미 아바스 칼리프를 종교적 정통성만 가진 상징적인 존재로 격하시키고 무단 통치를 감행했다. 이후 그 주위에 수많은 튀르크 제국들이 세워졌다. 중요한 제국 몇 개만 말하자면, 현재의 중앙아시아와 중동에 세워졌던 셀주크제국(1037-1194), 현재의 시리아와 이집트에 들어섰던 맘루크제국(1250-1517), 유라시아와 아프리카를 아울렀던 오스만 제국(1299-1922)이 있었다. 그 외에도 튀르크인들이 세운 이슬람 국가들이 모두 열거할 수 없을 정도로 많은데, 그 중 무굴제국(1526-1857), 사파비(Safavids, 1501-1736)가 가장 중요한 예이다.

따라서 대부분의 무슬림들은 튀르크의 지배 하에 있었다. 튀르크어와 튀르크인의 풍습과 제도가 이슬람의 역사에 강하게 반영되는 것은 자연스러운 결과였다. 가령 이슬람권의 여러 국기에서 보이는 초승달과 별 문양은 튀르크에서 기원했다. 이슬람 문명의 여러 요리법도 튀르크에서 왔다. 요구르트, 돌마dolma라 불리는 다진 고기 등으로 속을 채우고 양배추 잎으로 싸서 만든 음식, 케밥kebap이라는 양념한 고기를 채소와 함께 먹는 음식, 샤와르마shawarma라는 빵 안에 고기를 채운 음식 등이 모두 튀르크와 관계된다.

무슬림 법률가들은 아주 일찍부터 이슬람 세계를 다르 알 이슬람Dar al-Islam 즉 이슬람의 집, 혹은 평화의 집으로 불러왔다. 실버스타인은 이슬람의 역사 에서 이 집의 구성을 이렇게 표현했다. "집터는 아랍인들이 '마련했다.' 그들은 집의 설계안을 만들고 토대를 세웠다. 집의 벽돌을 만들고 집을 세운 사람들은 페르시아인이었다. 9세기부터 19세기까지의 이슬람의 역사 내내 집과 땅의 주인은 튀르크인이었다. 튀르크인들은 음식 메뉴를 만들고 손님들을 환대하는 역할을 해왔다." 이슬람 문명은 이렇게 다양한 구성원들이 자신들이 가진 독특한 문화 전통들을 가미하여 만든 복합문명이다. 이 문명이 다채로운 성격을 갖는 이유는 바로 이 때문이다.

이슬람에 대한 오해와 왜곡의 역사

한스 큉은 종교 간의 평화를 수립하기 위해서는 종교에 대한 정확한 지식이 선행되어야 한다고 지적했다. 앞에서 설명한 것처럼 기독교와

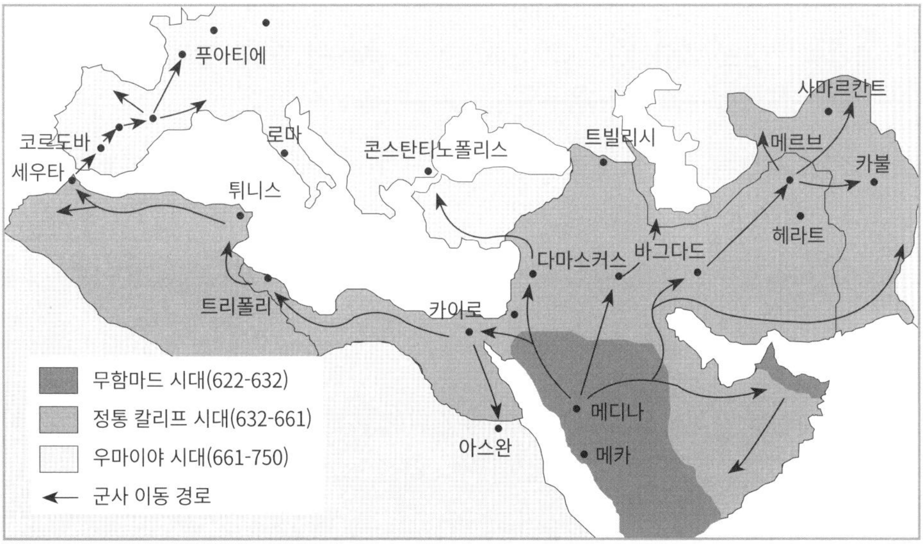

이슬람의 팽창

이슬람은 역사와 교리에서 많은 것을 공유하지만, 오늘날에는 두 종교가 서로 적대하는 완전히 다른 종교라는 인식이 팽배하다. 이러한 인식은 이슬람에 대한 오해와 편견의 산물이다. 이러한 편견 중 하나는 이슬람이 폭력, 테러, 여성 차별, 종교적 근본주의 등 부정적인 이미지의 종교라는 것이다. 그러나 이러한 부정적 요소들이 이슬람 교리 자체에서 나온 것도 아니며 이슬람 전체의 모습을 대변하지도 않는다. 그리고 현실에서 대다수 종교는 긍정적인 요소와 부정적인 모습을 동시에 보여주기 때문에 이슬람의 부정적인 측면을 특별히 과장해서는 안 될 것이다.

또 하나의 편향된 해석 중 하나는 유럽 문명이 기본적으로 기독교 문명이라는 사고이다. 오늘날 유럽인들은 이슬람이 자신들의 문명과는 거리가 먼 동양 정신을 대표하는 종교라고 생각한다. 최근에 더글러스 머리Douglas Murray는 자신의 저서 『유럽의 이상한 죽음*Strange death of Europe*』에서 유럽 대륙이 이슬람에 의해 점령당할 것이고 유럽의 정체성은 죽음을 맞이할 것이라는 해석을 내놓았다. 그러나 중세 세 문명이 지중해를 매개로 펼쳤던 교리와 접촉의 역사를 살펴보면 이러한 인식이 과거의 역사에 대한 몰이해에서 나온 것임을 쉽게 확인할 수 있다. 한 역사가는 "이슬람과 서구의 낡고 오랜 분쟁의 역사에서 가장 불행했던 일은 그들이 얼마나 서로에게 많은 빚을 지고 있는지를 깨닫지 못한다는 사실"이라고 이야기할 정도로 서로는 많은 것을 교류하고 공유했다.

오늘날 선진국은 주로 기독교 문명권에 속해 있는 반면, 대다수 이슬람 국가들은 후진국이나 개발도상국이다. 이와 같은 두 문명의 현재적 차이는 근대 시기에 이슬람 세계가 기독교 세계에 뒤처졌다는 해석으로 연결되곤 한다. 중세 말 이후 이슬람 세계는 발전하지 못했고, 그 결과 근대의 형성에서 주도적인 역할을 못했다는 것이다. 중세 지중해 교역사 전문가였던 유대인 출신의 엘리야후 애쉬터Eliyahu Ashtor는 "중세 말 이슬람 세계가 기술적으로 쇠퇴했고, 그래서 이슬람 세계는 장기적인 침체로 들어가게 됐다."고 설명한다(Ashtor, 1989). 1258년 몽골이 바그다드를 공격하고 도시 전체를 파괴하고, 많은 장인과 전문 지식인들을 학살해서 이후 이슬람 세계는 크게 쇠퇴했다고 주장하는 역사가도 있다. 우리 고등학교 세계사 교과서에서는 15세기 비잔티움제국을 무너뜨린 오스만제국은 근대에 접어들면서 바로 쇠퇴했다고 서술하고 있다. 하지만 오스만제국은 16-17세기에 쇠퇴가 아니라 전성기를 구가했다. 오스만제국뿐만 아니라 1736년까지 존속했던 이란의 사파비 왕조와 16세기 초에 세워진 인도의 무굴제국도 근대의 형성과 발전에서 위대한 업적을 남겼다.

현재 두 문명의 차이는 이슬람 세계가 근대 이후 쇠퇴하여 몰락한 결과가 아니라 19세기 제국주의 침탈의 결과였다. 19세기 다수의 이슬람 국가는 서구 제국주의 국가들에 의해 점령당하는 수모를 당했다. 통상적으로 이슬람 문명과 기독교 문명 사이의 전체적인 균형추가 한쪽으로 쏠리기 시작했음을 보여준 사건은 나폴레옹의 이집트 침공이었다. 나폴레옹의 이집트 원정은 세계의 주도권이 서유럽으로 넘어가고 있음을 보여주는 상징적인 사건이었다. 급기야 20세기 초 대부분의 이슬람 세계와 국가는 서구 제국주의의 지배를 받거나 영향력 하에 놓이게 되었다. 아프가니스탄, 이란, 터키, 사우디아라비아, 예멘 정도만이 독립을 유지했고, 상당수의 이슬람 국가가 서유럽 국가들의 식민지가 되고 말았다. 그 결과 서구의 자본과 문화가 이슬람 세계에 깊숙이 침투했고, 이 침투 과정에서 이슬람 세계에 대한 서구 사회의 우월성을 선전하고 자신들의 지배를 정당화하는 인식 체계가 만들어졌다. 이 과정에서 이전까지 서구 세계에 대한 관심이 없었던 이슬람 세계도 서구 사회에 주목하게 되었다.

20세기 기독교와 이슬람 문명 사이의 관계를 한마디로 정의하기는 어렵다. 이슬람 세계는 점차 독립과 자치를 회복했고, 제2차 세계대전 이후에 새로운 근대 국민국가를 건설해나가고 있다. 오스만제국은 제1차 세계대전의 패전으로 사라졌고, 이를 대신해 1927년 터키공화국이 수립되었다. 터키의 아버지라고 불리는 케말 파샤(Mustafa Kemal Atatürk, 1881-1938)는 서구식 근대화를 추진했다. 반면 이란은 다른 방향의 근대화, 즉 서구의 위협에 맞서서 이슬람의 전통적인 가치 체계를 복원시키는 방법으로 근대화를 모색했다. 이를 주도한 대표적인 인물이 바로 호메이니(Ruhollah Khomeīnī, 1902-1989)였고, 그는 이란 혁명을 통해서 또 다른 길의 이슬람 국가 건설을 꿈꿨다. 이란 혁명가 알리 샤리아티(Ali Shariati, 1933-1977)는 유럽을 버리고 독자적인 근대화를 모색하자고 다음과 같이 목소리를 높였다. "오, 친구들이여! 유럽을 버리시오. 이 구역질나는 원숭이 같은 흉내는 그만둬야 합니다. 늘 휴머니즘을 들먹이는 유럽이 뒤에서는 인류 전역을 파괴하고 있다는 사실을 깨달아야 합니다." 대체로 이슬람 세계는 서구식 근대화 또는 이슬람식의 종교적 가치관을 살려서 근대화시키는 이 두 가지 길 중 하나를 선택했지만, 제3의 선택지가 있을 수도 있다. 이러한 사실들을 종합해보면 이슬람 세계는 새로운 시대를 만들기 위해 열심히 노력하고 있음을 알 수 있다.

그렇지만 이슬람 문명권, 특히 아랍 세계는 여전히 해결해야 할 많은 심각한 문제점을 안고 있다. 2005년에 자동차 테러를 당해 사망한 레바논 출신 지식인 사미르 카시르(Samir Kassir, 1960-2005)의 이야기는 이를 잘 보여준다. 그는 레바논에서 나고 프랑스 대학에서 박사학위를 받고, 최종적으로 레바논에 돌아와 역사 교수이자 언론가 일을 하고 있었다. 그는 좌파 지식인으로서 아랍 세계의 슬픈 현실을 직면하고 이것을 개선하려고 노력하다가 피살당했다. 그가 쓴 책에는 이런 고민의 흔적이 잘 드러난다. 그는 자신의 저서 『아랍인이 된다는 것은*Being Arab*』(Kassir, 2006)에서 "오늘날 아랍인이라는 것, 아랍인이 된다는 것은 전혀 즐거운 일이 아닌 것 같다. 누군가에게는 탄압을, 또 다른 누군가에게는 자기 혐오감을 느끼게 할 뿐이다. 극도의 불안감이 아랍 세계 전역에 퍼져 있다. 아랍인들은 무기력함에 사로잡혀 있다. 자신들의 뒷마당에서 경기가 벌어지고 있음에도 세계 체스 판의 초라한 졸처럼 느껴지는 기분을 숨겨야 하는 무기력함 말이다."라고 말하면서 아랍 세계의 현실과 무력감을 토로했다.

또 다른 저서 『아랍의 불행에 대한 숙고*Considérations sur le malheur arabe*』에서는 "요즘 아랍인이라는 것이 쉽지 않다. 걸프 만에서 대해에 이르기까지 어디를 보든, 아랍이라는 이 그림은 참 어둡다. 가장 가난한 지역을 포함하여 세계의 다른 지역과 비교할 때 그 그림은 더 어둡게 느껴진다. 그렇지만 이 아랍의 불행이 항상 있었던 것이 아닌 것 같다. 아랍과 이슬람 문명의 황금기도 있었고, 아랍인들이 그들의 역사의 주인공이 되어 낙관적인 미래를 희망할 수 있었던 멀지 않은 과거가 있었다."라면서 아랍 세계의 불행한 역사를 성찰한다.

그러나 이슬람 세계의 성찰만으로는 이 모든 문제가 쉽게 해결되지는 않을 것이다. "서구의 정책 결정자나 지식인들이 오늘날 아랍 세계를 괴롭히고 있는 문제들의 해결을 진정으로 원한다면 역사에 좀 더 주목할 필요가 있다."라는 한 유럽 논객의 제안은 많은 점을 시사한다. 서구인들은 아랍인들이 역사를 경험하고 이해하는 방식에 좀 더 관심을 가질 필요가 있다. 그래야만 그들은 역사적 실수를 되풀이하지 않을 뿐만 아니라 역사를 반복하는, 즉 역사적 잘못을 반복하는 우憂도 피할 수 있을 것이기 때문이다.

20세기에도 두 종교 문명 간의 갈등은 여전하지만, 이 갈등을 봉합하고 평화롭고 화합된 길을 모색하는 움직임과 목소리가 없었던 것은 아니었다. 1960년 2차 바티칸 회의에서 교황은 "교회는 무슬림도 존중합니다. 그들은 유일신을 숭배합니다. 그분(하느님, 알라)은 살아계시며, 영속하시며, 자비로우시며, 전능하시고, 하늘과 땅의 창조자이시며, 인간에게 말씀하시는 신이십니다."라고 말하면서 두 종교가 모두 동일한 신을 숭배한다는 사실을 역설했다.

2장

문명의 충돌

십자군 전쟁

1. 지중해의 전쟁들과 십자군 전쟁

고대부터 현대까지 지중해를 차지하기 위한 치열한 경쟁은 종종 전쟁으로 치달았다. 그 수많은 전쟁 가운데는 지중해 역사 발전에 큰 영향을 미치거나 때로는 패권의 변화를 가져온 전쟁도 있었다. 기원전 480년 아테네가 주축이 된 그리스 연합군은 페르시아의 침략을 막아냈다. 역사가들은 이 살라미스 전투에서 두 문명 간의 판세 변화를 읽어내곤 한다. 고대 로마의 파죽지세와도 같은 행보도 지중해와 함께했다. 로마는 기원전 264부터 기원전 146년까지 간헐적으로 진행되었던 카르타고와의 포에니 전쟁에서 승리함으로써 서지중해 패권을 장악했다. 그리고 옥타비아누스(Octavianus, 재위 기원전 27-기원후 14)는 기원전 31일 악티움 해전에서 이집트의 클레오파트라(Cleopatra, 재위 기원전

51-기원전 30)와 안토니우스(Marcus Antonius, 기원전 83-기원전 30) 연합군을 물리침으로써 사실상 지중해 전체를 장악했다. 이렇게 시작된 '로마의 평화Pax Romana' 시기에 지중해에서는 상업이 번성하고 로마의 문화가 지중해 곳곳에 확산되었다.

이 평화는 오래 가지 않았다. 로마제국이 내부로부터 무너지기 시작하고 특히 게르만족이 이동하면서 지중해는 다시 혼란에 빠졌다. 북아프리카로 이동해 왕국을 건설했던 반달족은 455년 배를 이용해 지중해를 건너 로마를 약탈했다. 410년 게르만족의 일파였던 서고트족이 로마를 약탈한 지 반세기도 채 되지 않아 로마는 다시 또 다른 게르만족의 침략을 받았다. 급기야 476년 서로마제국은 게르만족의 용병대장 오도아케르에 의해 무너졌다. 게르만족이 서로마제국을 무너뜨리기는 했지만 지중해 바다를 장악하지는 못했다. 북아프리카의 반달족을 제외하면 대다수 게르만족은 바다를 잘 알지 못했고, 지중해 바다를 장악할 만한 함대도 보유하고 있지 않았기 때문이다. 6세기 동로마제국의 황제 유스티니아누스는 상실했던 서지중해 영토를 되찾으면서 전성기의 로마제국 수준은 아니지만 지중해 바다에 대한 사실상의 제해권制海權을 일시적으로나마 회복했다.

7세기 이슬람의 지중해 진출로 비잔티움제국의 제해권은 무너졌다. 674년부터 718년 사이 우마이야 왕조는 두 차례(674-678, 717-718)에 걸쳐 비잔티움제국의 심장부인 수도 콘스탄티노폴리스까지 공격해 들어갔다. 전적으로 신뢰할 수는 없지만 한 아랍 사료에 따르면 이슬람의 전력은 5,000척의 함선과 20만 명의 병사였다. 과장을 고려하더라도 엄청난 수의 대군임이 틀림없다. 1차 공방전에서 풍전등화의 난관에 처했던 비잔티움제국은 '그리스 불'로 알려진 화포를 장착한 갤리선 드로몬Dromon을 활용해 이슬람의 공격을 가까스로 막아냈고, 결과적으로

그리스 불

이슬람의 서진을 막고 기독교 세계를 구했다. 732년 프랑크 왕국 역시 투르 푸아티에 전투에서 이슬람 군대를 물리침으로써 이슬람의 북진을 막았다. 사실 이 전투는 결코 위대한 승리라 할 수 없다. 피레네산맥을 넘어 프랑크 왕국을 공격한 이슬람 군대는 수적으로 얼마 되지 않았고, 본격적인 전쟁이라기보다는 염탐을 목적으로 한 정찰대와의 사소한 충돌이었기 때문이다. 하지만 이 전투 이후 이슬람 군대가 피레네 너머로 진격한 일이 없던 것은 분명하다.

이렇게 수세에 몰려 있던 기독교 세계는 11세기 말 공세로 전환했고, 그 과정에서 벌어졌던 전쟁이 바로 십자군 전쟁이었다. 십자군 전쟁은 성지인 예루살렘을 이슬람으로부터 찾거나 지키기 위해 벌인 기독교 병사들의 대규모 군사 원정이다. 십자군 전쟁은 교황 우르바누스

2세(Urbanus II, 재위 1088-1099)가 클레르몽 공의회에서 십자군 전쟁에 참여할 것을 호소했던 1095년에 시작해서 1차 십자군의 승리로 동지중해에서 건설되었던 십자군 왕국이 최종적으로 이슬람 수중에 다시 떨어지는 1291년까지, 총 200년 동안 대략 8차례에 걸쳐 진행된 대규모 군사 원정이다. 하지만 학술적으로는 십자군의 개념, 시간 범위, 차수 등에 대해 여전히 논란이 남아 있다. 7차 또는 9차를 주장하는 역사가들도 있고, 예루살렘으로 가지 않았던 4차 십자군을 제외하자는 목소리도 있으며, 이베리아반도의 이슬람 세력을 몰아내려는 재정복도 십자군으로 간주해야 한다는 의견도 있다.

이러한 논란이 생기는 또 다른 이유로는 다양한 모습과 목적을 가진 여러 전쟁이 십자군 전쟁으로 불린다는 점을 들 수 있다. 남부 프랑스에서 교세를 확장했던 알비Albi파와 같은 이단을 물리치기 위한 전쟁, 동유럽에 기독교 복음을 전파하기 위한 전쟁, 교황의 정적을 물리치기 위한 전쟁, 중세 말 오스만제국의 팽창에 맞선 니코폴리스 전쟁(1396) 등도 십자군 전쟁으로 포장되었다.

십자군에 참여한 여러 세력의 이해관계도 단일하지 않았다. 교황은 곤경에 처한 정교 세계인 비잔티움제국을 도움으로써 명실상부하게 기독교 세계의 수장으로서 위상을 확보하기를 원했다. 제노바, 베네치아, 피사 등의 이탈리아 상업 도시는 십자군 전쟁 당시 인력과 병력을 수송하고, 기독교 왕국 유지에 필요한 물품을 공급하면서 막대한 이익을 챙길 수 있었다. 그들은 성지를 찾고 이슬람 세력을 물리친다는 종교적 목적보다는 상업적 이익을 우선시했다. 기사들은 전리품과 토지를 확보하려고 십자군에 동참하기도 했다. 십자군에 참여하는 사람에게 교회가 부여하는 면벌부도 십자군 참여를 높이는 수단이었다.

십자군 참여자와 그들의 동기에 관한 역사적 오해 중 하나는 영지나

작위를 계승할 권리가 없는 귀족의 둘째, 셋째 등의 차자들이 전리품을 챙겨서 한 재산 모으려고 원정에 참여했다는 해석이다. 어차피 유럽에 있어봤자 상속받을 것도 없기에 원정에 참여해서 크게 한탕 하려고 십자군에 뛰어들었다는 것이다. 물론 앞에서 설명한 것처럼 이러한 동기를 가지고 참여한 기사들이 없지는 않았을 것이다. 그러나 조너선 라일리스미스Jonathan Rileysmith 등의 학자는 이러한 해석이 역사적 사실을 반영하지 못한다는 사실을 통계적 연구와 분석을 통해 밝혀냈다. 유럽 전역에서 대략 15만 명의 사람들이 교황의 소집에 응했는데 이들 대부분은 가난한 사람들이었고, 여자와 노인들도 적지 않았다. 실제로 동쪽으로 떠난 병력은 4만 명 정도였고, 이중 기사는 소수였다. 하지만 이들을 이끌었던 사람은 영주의 남아도는 아들들이 아니라 영주 자신들이었고, 이들은 잃을 것이 없는 사람이 아니라 오히려 잃을 것이 많은 사람들이었다.

그런 점에서 많은 수의 기독교 병사가 죽음을 무릅쓰고 십자군 전쟁에 참여한 핵심 동기는 종교적 열정이었다는 추론이 가능하다. 물론 이러한 열정은 타 종교에 대한 무관용과 광신에서 나온 것이겠지만, 이런 종교적 열정이 없었다면 십자군은 애당초 가능하지 않은 사업이었을 것이다. 십자군 기사들은 신이 이교도를 섬멸하라고 명했고 이를 원한다고 생각했다. 종교적 관용을 보편적인 가치로 받아들이는 현대인의 관점에서는 도저히 이해할 수 없겠지만, 중세 유럽인들은 신앙을 수호하기 위해 이교도를 섬멸하는 십자군 전쟁에 참여해 기꺼이 목숨을 바칠 각오가 되어 있었다. 그것이 바로 그들의 종교적 심성이었다.

당시 유럽인들은 십자군 전쟁을 정당한 전쟁이자 성전이라고 생각했다. 평화와 사랑을 설파하는 종교에서 타인을 죽이는 전쟁은 원칙적으로 정당하지도 성스럽지도 않다. 하지만 여러 종교는 역사 속에서 전쟁의 필요성과 정당성을 인정했고, 더 나아가 성전의 개념을 만들어냈다. 5세기 대표적인 교부 아우구스티누스(Augustinus, 354-430)는 개종을 위한 전쟁, 이단과 이교도를 멸하기 위한 전쟁을 주장하면서, 정당한 전쟁의 조건들을 제시했다. 성전이라는 개념을 체계화시킨 것은 11세기 에스파냐의 재정복 과정에서였다. 기독교 교회는 이베리아반도는 원래 예수 그리스도에게 봉헌된 기독교 영토였고 이교도인 이슬람이 이 땅을 강탈한 것이기 때문에 이 땅을 다시 찾는 것은 정당할 뿐만 아니라 성스러운 행위라고 주장했다.

이처럼 일반적으로 이해되는 십자군 전쟁의 기본 특징은 기독교 문명과 이슬람 문명이 벌인 종교 전쟁이었다. 하지만 세부적으로 들어가 보면 비잔티움제국, 서유럽 기독교 문명과 이슬람 문명이 동맹 관계를 바꿔가면서 벌인 지중해 대전이었다. 서유럽 기독교는 기독교 형제국가인 비잔티움제국을 공격했고, 십자군 전쟁 과정에서 서로 경쟁하는 기독교 세력들은 이슬람 세력과 동맹을 맺어 경쟁자를 제거하고자 했다. 아시아에서 온 유목 민족인 몽골도 십자군 전쟁에 휘말려 들어갔다. 1260년 맘루크제국과의 아인잘루트 전투에서 패한 일 칸국은 이슬람 세계와 전쟁을 벌이고 있었던 서유럽 기독교 세계와의 동맹을 추진했다. 적의 적은 동지가 될 수 있듯이 몽골은 유럽과의 군사적 동맹을 맺어 이슬람 세계를 협공하자고 제안했다. 일 칸국의 올제이투 칸은 프랑스 왕 필리프 4세에게 편지를 보내 군사적 동맹 의사를 타진했다. 이렇게 지중해 세계의 종교적·군사적 갈등에서 야기되었던 십자군 전쟁에 몽골이 휘말려 들어가면서 십자군 전쟁은 지중해 특정 지역에서 벌어진 국지적인 전쟁을 넘어섰다.

1291년 십자군 왕국의 최후의 거점이 이슬람 수중에 들어가면서 십자군 시대는 끝났다. 십자군의 본래 목적이 성지 예루살렘을 찾는 것이었다는 점에서 십자군은 최종적으로 실패였다. 자크 르 고프Jacques Le Goff는 십자군 전쟁이 유럽에 가져다준 것은 살구밖에 없다면서 십자군 전쟁이 성과 없는 전쟁이었다고 말한다. 많은 유럽 역사가들은 십자군 전쟁을 '중세의 종교적 불관용, 광기의 전쟁'으로 규정하며, 그것이 가진 의미를 축소시킨다. 그러나 그렇게만 볼 수는 없는 듯하다.

십자군 전쟁은 분명 불관용과 광기의 전쟁이었지만 그것은 또한 상호 간의 교류를 촉진한 기폭제의 역할도 했다. 십자군 전쟁이 진행된 200년 동안 항상 전쟁이 벌어진 것이 아니었고, 게다가 전투 중에도 상인과 순례자의 안전한 통행을 보장했기 때문이다. 실제로 지중해 곳곳에서 십자군 전투가 벌어지는 12세기 후반에 이베리아반도 출신의 순례객 이븐 주바이르는 제노바 상인의 선박을 타고 메카 순례를 다녀왔다. 제노바, 베네치아, 피사 등의 이탈리아 도시 출신의 상인들은 십자군 왕국과 이슬람 영토에서 활발한 상업 활동을 전개했다. 그런 점에서 십자군 전쟁은 때로는 폭력적인 방식으로, 그러나 대체로는 평화적인 방식으로 지중해의 세 문명을 본격적으로 만나게 함으로써, 상대 문명을 엿보고, 질투하는 가운데 좀 더 잘 알아가고, 그래서 모방하기 시작하는 진정한 의미에서의 만남을 위한 중대한 전환점이었다고 할 수 있다.

2. 1차 십자군과 라틴 왕국

십자군의 최초의 불씨를 지핀 사람은 셀주크와의 만지케르트Manzikert 전투에서 패하고 서방에 원조를 요청한 비잔티움제국의 황제 로마노스 4세(Rōmanos IV Diogenēs, 재위 1068-1071)였지만, 1차 십자군을 시작하는 데 결정적 역할을 한 사람은 교황 우르바누스 2세였다. 십자군 전쟁은 무엇보다도 교황청이 주도한 정복 사업이었고, 이슬람과의 전쟁을 오래전부터 구상하고 있었기 때문이다. 11세기 신성로마제국 황제와 서임권 논쟁을 벌이는 등 도처의 세속 권력들과 충돌했던 교황청은 이들의 관심을 다른 데로 돌리고 싶었고, 나아가 소란스러운 싸움을 일삼던 서유럽 기사들, 이들과 이들의 군주 간의 끊임없는 내전을 끝내고 그 힘을 이교도를 물리치는 데로 돌리기를 원했다. 실제로 로마노스 4세의 원조 요청이 있기 이전에 이미 교황 그레고리우스 7세가 십자군 계획을 언급한 바 있었다.

그렇다 해도 십자군 전쟁의 발단은 1071년 비잔티움제국이 아시아에서 온 유목 민족 셀주크와의 만지케르트 전투에서 크게 패했던 사건이었다. 전쟁에서 비잔티움 황제 로마노스 4세는 포로로 잡히는 굴욕을 당했고, 자신의 딸을 술탄과 결혼시키고, 막대한 배상금을 지불하고 풀려났다. 이렇게 고군분투 끝에 콘스탄티노폴리스로 돌아왔지만 두카스 가문과의 싸움에서 패했고 결국 황위를 빼앗기고 추방당했다. 새로 황제가 된 미하일 7세 두카스(Michael VII Doukas, 재위 1071–1078)는 위기를 극복할 능력이 부족했다. 반란이 일어났고 그 역시 황위를 상실했다. 그 후 셀주크와 연합해 반란을 주도한 니키포로스(1078–1081)가 황제가 되었다. 그는 반란과 노르만족의 침입 등 여러 문제를 해결하지 못하고, 알렉시오스에게 황위를 양도했다. 알렉시오스 1세(Alexios I Comnenus, 재위 1081–1118)는 내란과 외환으로 위기에 처한 제국을 부흥하기 위해 노력했다. 그는 베네치아 공화국에 해상 원조를 요청해 노르만족의 침입을 막아냈다. 그 대가로 베네치아 공화국에 무역 특혜를 부여하면서까지 말이다. 하지만 당시 비잔티움제국에게 가장 큰 위협 요소는 아나톨리아반도의 셀주크였고, 알렉시오스 1세는 1095년 교황 우르바누스에게 도움을 요청하게 되었다.

이처럼 셀주크 튀르크족의 비잔티움제국 공격과 비잔티움제국의 도움 요청이 십자군 전쟁을 촉발하는 불씨 역할을 한 것은 맞다. 하지만 셀주크 튀르크족이 예루살렘을 정복한 후 기독교 순례자들의 예루살렘 순례를 막아서는 바람에 십자군 운동이 일어났다는 오래된 역사 해석은 수정되어야 한다. 여전히 교과서나 대중적인 책에서는 이러한 해석이 사실로 받아들여지고 있다. 셀주크 튀르크족이 예루살렘을 정복하는 과정에서 일부 교회를 파괴하고, 기독교 성직자들을 살해하고, 순례자를 사로잡았던 것은 역사적 사실이다. 그러나 셀주크 튀르크족은 얼마 지나지 않아서 예루살렘의 성묘를 찾는 기독교 순례자들로부터 막대한 재정적 수입을 거둘 수 있다는 사실을 깨닫고, 직접적인 박해를 중지했다.

그럼에도 불구하고 비잔티움 황제로부터 군사적 원조를 요청받은 교황 우르바누스가 1095년 클레르몽 공의회에서 사실을 왜곡하고 과장하면서 십자군을 호소하는 도발적 연설을 했다. 교황의 연설 목적은 분명 궁지에 처한 황제를 도와주는 것은 아니었던 것 같다. 오히려 성지 예루살렘을 되찾고 동서 교회의 통합을 이루어 기독교 세계의 수장이 되는 것이 궁극적인 목적이었던 듯하다. 1095년 11월 27일 클레르몽에서 십자군을 촉구하기 위해 행한 교황의 연설은 그의 이러한 목적을 뚜렷이 보여준다. 이 연설문의 정확한 판본은 남아 있지 않지만, 여러 명의 기록자가 비슷한 이야기를 하고 있다. 그중 로베르 수도사는 교황 우르바누스의 연설을 다음과 같이 기록했다.

"그들(튀르크족)은 하느님의 교회 중 일부를 완전히 파괴했고, 일부는 자기들 종교를 위해 사용하고 있습니다. 그들은 재단을 더럽히고 모독했습니다. 기독교도들에게 할례를 행하고 그 피를 재단에 바르거나 성

수반에 붓기까지 했습니다. 그들은 희희낙락하며 기독교도들의 배를 갈라 창자의 끄트머리를 꺼내서 말뚝에 묶었습니다. 그리고는 내장이 쏟아져 나와 쓰러져 죽을 때까지 채찍으로 때려 말뚝 주위를 돌게 했습니다. 또 말뚝에 묶어놓고 화살을 쏘기도 했습니다. 또 목을 잡아 뺀 다음, 단칼에 목을 칠 수 있는지 시험해보기도 했습니다. 그 외에도 여성들을 겁탈하는 짓 같은 경악을 금치 못할 일들에 대해서는 무슨 말을 더 할 수 있겠습니까."

교황은 사실을 과장하거나 왜곡하여 기독교인의 울분을 자극하는

클레르몽 공의회(1095년)

방식으로 전쟁을 독려하는 연설을 했다. 교황의 연설은 폭발적인 지지를 받았고, 열광에 사로잡힌 참석자들은 "하느님이 원하신다! 하느님이 원하신다! 하느님이 원하신다!"라고 외쳤다(매든, 2005).

하지만 1차 십자군이 예루살렘을 향해 떠나기까지는 1년이 더 걸렸다. 교황의 십자군 호소가 유럽 전역에 전달되는 데 시간이 필요했다. 교황 자신이 프랑스 전역을 돌면서 십자군을 호소했지만, 십자군이 시작되기까지는 은자 피에르 같은 수도사들의 역할 역시 중요했다. 은자 피에르와 그 외에 여러 설교사가 유럽 전역을 돌면서 교황의 말을 퍼뜨렸고, 십자군에 동참하라고 호소했다. 교황처럼 그들도 예루살렘에서 벌어진 사건을 과장하고 왜곡했으며, 이교도인 무슬림에 대한 적개심을 부추겼다. 설교사들은 수난받는 예수나 십자가에 못 박힌 예수의 성화를 들고 다니면서, 터번을 두른 이슬람교도들이 예수를 박해한 자들이라고 목소리를 높였다. 예수를 박해한 자들은 로마인과 유대인이었다는 역사적 사실은 그들에게 중요하지 않았다. 설교사들은 "누구든지 나를 따라오려거든 자기를 부인하고 자기 십자가를 지고 나를 따를 것이니라(마태복음 16장 24절).", "내 이름을 위하여 집이나 형제나 자매나 부모나 자식이나 전토를 버린 자마다 여러 배를 돌려받고 또 영속을 얻으리라(마태복음 19장 29절)."라는 성경 구절을 인용하면서 모두 버리고 십자군에 동참할 것을 촉구했다. 이들의 연설에 감동한 많은 일반 농민들, 수공업자들이 생활 터전을 버리고 십자군에 참여했다. 이들 농민 십자군은 예루살렘에 미처 가지도 못하고 많은 수가 도중에 죽는 불행을 경험했다. 십자군 호소에 응답한 7만에서 8만 명 정도로 추산되는 십자군 병사 중 겨우 3분의 1 정도가 1099년 예루살렘에 도착했고 그나마 그곳에서 몰살당했으며, 극히 일부만이 고향으로 돌아갈 수 있었다.

본격적인 십자군은 그 후의 일이었다. 1차 십자군을 이끌었던 대표적 지도자들에는 노르만족 출신의 보에몽Bohēmond, 툴루즈 백작 레몽Raymond, 불로뉴 백작의 장자 고드프루아 드 부용Godefroy de Bouillon과 3남인 보두엥 드 불로뉴Baudouin de Boulogne가 있었다. 이들은 1차 십자군 전쟁에서 승리하면서 네 개의 기독교 왕국을 건설했다. 보에몽은 안티오크 공국의 공작이, 레몽은 트리폴리 백령의 백작이, 보두엥은 에데사 공국의 공작이, 고드프루아는 예루살렘 왕국의 초대 왕이 되었다. 이들 가운데 고드프루아 드 부용은 이상적인 기사로 십자군의 영웅으로 숭배되었다. 네 개의 라틴 왕국 대부분은 12세기에 이슬람 수중에 들어갔지만, 십자군 왕국의 최후의 거점이 무너진 것은 1291년에 가서였다.

1차 십자군이 승리할 수 있었던 가장 큰 이유는 이슬람 세계의 분열이었다. 물론 서유럽 기독교 세계의 성장도 중요한 이유들 가운데 하나였음은 분명하다. 이슬람이 지중해를 장악하기 시작한 8세기 무렵까지만 해도 지중해에서 가장 후진 지역이었던 서유럽이 10세기 이후 주목할 만한 성장을 이루었기 때문이다. 농업 생산량이 증가하면서 인구도 늘어났다. 인구 성장에 따라 상업이 활기를 찾았고, 원거리 교역도 늘어났다. 이런 유럽 기독교 세계의 성장이 유럽이 이슬람 세계에 대한 반격을 시작할 수 있는 기반이 되었던 것은 사실이다. 그렇다 해도 성장은 더뎠고, 당시 이슬람 세계가 분열되어 있지 않았다면 1차 십자군의 승리는 불가능했을 것이다.

십자군 왕국이 세워진 땅은 공식적으로는 아바스 왕조의 영토였다. 아바스 왕조는 이곳을 포함한 광대한 영토에서 1000년경까지 통일적인 이슬람 칼리프 제국을 유지했고, 찬란한 문화를 이룩했다. 그런데 11세기 들어 큰 위기를 맞았다. 아바스의 칼리프인 알카임 1세(재위 1031-1075)가 셀주크 튀르크의 침략을 물리치지 못했고, 아바스 왕조의

네 개의 십자군 왕국(1135년경)

수도 바그다드까지 점령당했기 때문이다. 칼리프는 튀르크족의 수장 투으룰 1세(재위 1038-1063)에게 술탄이라는 칭호를 부여하여 생명을 연장받았지만, 상황은 이전과 크게 달라졌다. 이제 아바스 왕조의 칼리프는 명목상의 지도자가 되고 실질적인 모든 것은 셀주크가 가지게 되었다. 그러자 아바스의 이슬람 세계가 본격적으로 분열하기 시작했다. 특히 아바스의 영토 가장자리에서 여러 지역 토호들이 발호하여 칼리프를 내세우며 세력 싸움을 벌였다. 유럽 십자군이 라틴 왕국이라 불리는 여러 제후국을 세울 수 있었던 것은 바로 이들이 분쟁 중이었기 때문이다. 이 싸움에 오래전부터 이집트 지역을 통치하면서 아바스 왕조와 경쟁하던 파티마 왕조까지 가세하면서 싸움은 더욱 복잡한 양상을 보였다.

아시아에서와 마찬가지로 이베리아반도에서도 이슬람 세계는 분열 중이었다. 이곳에서도 10세기 전까지는 통일적인 이슬람 세력이 자리 잡고 아바스 왕조로부터 어느 정도 독립성을 유지하고 있었다. 그런데 1031년 코르도바 칼리프 왕국이 무너진 이후 이베리아반도의 이슬람 세계는 타이파Taifa라 불리는 40여 개의 소규모 왕국들로 분열되었다. 타이파는 아랍어로 분당 또는 분파를 의미한다. 이러한 분열은 이베리아반도 북부의 기독교 세력들이 이른바 '재정복'이라 불리는 이슬람 전쟁을 시작할 수 있었던 배경이었다. 재정복 당시 이들 타이파 국가들은 북쪽의 기독교 세력에 맞서 싸우기보다는 서로 반목했고, 종종 기독교 세력과 손을 잡기도 했다.

이런 맥락에서 보면 기독교 연합군으로 구성된 1차 십자군이나 이베리아반도 재정복에 나선 기독교 기사부대는 이슬람 세계 전체와 전쟁을 한 것이 아니라, 분열과 혼란 상태에 있던 이슬람 영토 일부를 장악해나간 것뿐이었다. 실제로 당시 이슬람 세계는 십자군 전쟁을 기독교와 이슬람 간의 종교 전쟁으로 인식하지 않았고, 만연한 지역 분쟁들 중 하나로 보았다. 그래서 기독교 연합군으로 구성된 십자군에 맞서 이슬람 연합군을 결성할 생각조차 하지 못했다.

1차 십자군 전쟁의 성과는 두 가지다. 첫 번째는 이미 말했듯이 라틴 왕국의 건설이다. 두 번째 성과는 전쟁의 와중이라는 점 때문에 의아할지도 모르겠지만 지중해 교역과 교류를 증대시켰다는 것이다. 가장 큰 수혜자는 제노바, 피사, 베네치아 등의 이탈리아 해양 도시들이었다. 그 누구보다도 십자군 전쟁에 적극적이었던 도시는 제노바였다. 1097년 제노바는 12척의 갤리선과 한 척의 소형 선박으로 구성된 선단을 동지중해로 파견해 1차 십자군이 승리하는 데 직접적인 도움을 주었다. 1100년에는 26척의 갤리선과 4척의 보급선을 보내 예루살렘 왕국의 보두앵에게 물자를 공급하기도 했다. 그 대신 제노바는 팔레스타인 해안 지역에 대한 통제권을 확보하고 예루살렘 왕국뿐만 아니라 여타 라틴 왕국과도 우호적인 관계를 유지할 수 있었다. 이렇게 제노바는 신생 라틴 왕국에 물자와 인력을 보급하고 그 대가로 여러 상업 특혜를 얻었다. 피사 역시 1099년 함대를 파견했고, 십자군의 야파 점령을 도운 대가로 그곳에서 상관을 세울 수 있었다.

세 도시 중 1차 십자군에 가장 소극적이었던 곳은 베네치아였다. 베네치아는 이미 비잔티움제국 시장에서 활발한 교역 활동을 하고 있었기에 십자군 전쟁이 동지중해 교역에 부정적 영향을 미칠 것을 우려해 적극적으로 동참하지 않았다. 그러나 제노바와 피사가 큰 상업적 특혜를 얻자, 베네치아도 200척 규모의 선단을 동지중해로 파견했다. 이 이탈리아 항구 도시들은 이교도의 선박을 약탈해 전리품과 노예를 갈취했고, 십자군에게 무기와 인력을 공급해 돈을 벌었다. 그들은 아군뿐만 아니라 적에게도 군수 물자를 공급하는 데 주저하지 않았다. 한마디로 십자군 전쟁은 제노바, 피사, 베네치아에게 경제적 특수였던 것이다.

3. 기독교 세계를 공격한 4차 십자군

1차 십자군 못지않게 지중해 역사에 큰 영향을 미쳤던 십자군 전쟁은 4차 십자군이었다. 4차 십자군은 원래 이집트 알렉산드리아로 갈 계획이었다. 여기에는 이유가 있었다. 1차 십자군이 건설한 라틴 왕국 중 한 곳인 예루살렘 왕국이 이집트의 새로운 술탄 살라딘에게 다시 넘어갔기 때문이다. 이 소식이 전해지자 유럽 각국은 경악했다. 교황은 십자군의 재결성을 호소했고, 각국의 군주들과 기사들이 이에 적극적으로 호응했다. 이렇게 해서 결성된 것이 3차 십자군이었다. 그러나 영국의 리처드 사자심왕이 이끄는 3차 십자군은 예루살렘 공성을 앞두고 회군했고 큰 성과 없이 끝나버렸다. 이렇게 세 차례의 십자군 전쟁을 겪으면서 서유럽 십자군 지도부는 이집트를 장악하거나 묶어두지 않고는 예루살렘을 항구적으로 점령하기 어렵다는 판단을 내렸고, 이러한 판단에 근거해서 4차 십자군 수뇌부는 이집트의 알렉산드리아를 먼저 공격하기로 했다. 그런데 살라딘과 싸워야 할 4차 십자군이 이집트로 가지 않고 콘스탄티노폴리스로 우회하여 비잔티움제국의 수도를 점령했다. 계획과는 달리 4차 십자군은 우회하여 기독교 형제를 공격하고 그리스인들을 처참하게 학살함으로써 가장 불명예스러운 십자군이 되었다.

역사가들은 4차 십자군이 우회하게 된 이유를 설명하려고 노력해 왔지만, 여전히 의견 일치를 보지 못하고 있다. 대체로 세 가지 정도의 견해, 즉 음모론, 우연론, 십자군의 내면적 동기를 중시하는 견해가 있다. 우연론에 따르면 4차 십자군이 콘스탄티노폴리스로 우회하여 비잔티움제국을 공격한 것은 사전에 계획된 일이 아니라, 우연한 사건들이 겹쳐서 일어난 일일 뿐이라는 것이다. 음모론에 따르면 4차 십자군은 베네치아 공화국의 도제인 엔리코 단돌로(Enrico Dandolo, 재위 1192-1205), 슈바벤 공작 필립(Philipp von Schwaben, 1178-1208), 몬페라토의 보니파체(Boniface de Monferrato, 1150-1207)가 사전에 꾸민 음모의 결과였다. 특히 베네치아 상인들의 탐욕을 우회의 핵심 책임이라고 본다. 십자군의 내면적 동기를 중시하는 견해에 따르면 4차 십자군의 심리적이고 감정적인 요인이 우회에 영향을 미쳤다.

많은 연구와 논쟁에도 불구하고 여전히 4차 십자군의 우회를 명쾌하게 설명하는 해석이 나오지 않고 있다. 4차 십자군의 전개 과정을 따라가 보면 이 예기치 못했던 상황을 좀 더 명확하게 이해할 수 있을 것이다. 1198년 8월 15일 교황 인노켄티우스 3세(Innocentius III, 1198-1216)는 십자군을 촉구하는 칙령을 공포했다. 교황의 호소에 응한 일군의 제후들은 1201년 베네치아에 사절단을 파견해 십자군 병력과 말을 수송하기 위해 협상을 진행했다. 1201년 4월 베네치아 공화국 도제 엔리코 단돌로와 그의 측근들은 십자군과 수송 계약을 체결했다. 협정에 따르면 베네치아는 4천 5백 마리의 말과 9천 명의 종자를 수송할 규모의 화물 수송선과 4천 5백의 기사와 2만 명의 보병을 수송할 규모의 범선, 그리고 베네치아 정부의 비용으로 조달하는 50척의 갤리선을 다음 해까지 준비해야 했다. 약 400척 규모의 선단이었다. 그 대가로 십자군이 내야 할 금액은 8만 5천 퀼른 마르크였다. 이 금액은 영국과 프랑스 왕실 수입의 2배에 해당할 정도로 엄청난 액수였다. 1년 후 베네치아는 약속한 대로 선단을 준비했고, 베네치아에 도착한 십자군은 이렇게 엄청난 일을 해낸 것에 대해 이구동성으로 칭송했다.

그런데 문제가 생겼다. 4차 십자군 과정에서 불거진 첫 번째 문제는 예상보다 훨씬 적은 병력이 베네치아에 집결했다는 것이다. 3분의 1 정도만이 참여했기에 이들만으로는 약속했던 수송비를 감당할 수 없었다. 베네치아가 아니라 십자군이 계약을 위반한 것이었다. 베네치아 정부는 동원할 수 있는 모든 선박을 징집해서 십자군 수송을 준비했지만, 이 국가적 사업이 좌초할 위험에 빠졌다. 이에 대한 해결책으로 베네치아 정부는 십자군 수뇌부에게 베네치아가 아드리아해에 면한 달마티아 항구도시인 자라Zara(크로아티아어로 자다르Zadar)를 되찾는 데 군사력을 제공해달라고 요청했다. 십자군 내부에서 반대의 목소리가 터져 나왔지만, 십자군 수뇌부는 베네치아의 제안을 수용할 수밖에 없었다. 그 덕분에 베네치아는 아드리아해 통행에서 전략적으로 중요한 요충지였던 자라를 되찾을 수 있었다.

자라 점령 후 두 번째로 예상하지 못했던 또 다른 사건이 발생했다. 비잔티움 황제의 조카 알렉시오스Alexios와 그의 자형 슈바벤 공작 필립이 보낸 사절이 자라에 도착했다. 알렉시오스는 아버지를 쫓아내고 황제에 오른 삼촌 알렉시오스 3세(Alexios III Angelos, 재위 1195-1203)의 학정을 피해 누나의 남편인 독일 슈바벤 공작 필립을 찾아갔다. 자형에게 황위를 되찾는 데 도움을 달라고 요청하고 슈바벤 공작은 이를 수락했다. 이들은 십자군 제후 몬페라토의 보니파체를 만나 알렉시오스 3세를 몰아내고 황위를 되찾기 위한 협약을 맺었다. 협약에 따르면 알렉시오스는 십자군에게 병사 1만 명과 기사 500명을 제공하고, 콘스탄티노폴리스를 로마 가톨릭의 관할에 두겠다고 약속했다. 알렉시오스는 1203년 4월에 십자군에 합류했고, 십자군은 6월에 콘스탄티노폴리스에 도착했다. 십자군의 군사적 도움으로 알렉시오스는 알렉시오스 3세를 몰아내고 아버지 이사키우스 2세(Isaakios II Angelos, 재위 1185-1195)

자라를 점령하는 십자군과 베네치아군(1202년, 베네치아 도제궁 대회의실 소재)

와 공동 황제로 등극했다.

그러나 황위를 되찾은 알렉시오스 4세(Alexios IV Angelos, 재위 1203-1204)는 약속했던 원조를 제공할 여력이 없었고, 십자군의 불만은 커져갔다. 비잔티움제국의 그리스인들과 서유럽에서 온 라틴 십자군 병사들 간의 긴장은 고조되어갔다. 황제는 콘스탄티노폴리스 성민을 상대로 특별 세금을 징수하고, 귀금속을 징발하라는 명령을 내렸지만, 콘스탄티노폴리스 시민들은 황실의 명령을 거부하고, 알렉시오스가 데려온 십자군을 공격했다. 1204년 1월 25일 콘스탄티노폴리스 반란에서 알렉시오스 4세는 살해당하고, 비잔티움의 제위는 알렉시오스 두카스 무르주플루스(Alexios Doukas Mourtzouphlos, 재위 1204년 1월 27일-1204년 4월 12일)에 돌아갔다. 새로운 황제는 알렉시오스가 맺은 십자군과의 약속을 지킬 이유도, 생각도 없었다. 그는 십자군에게 철수를 요구했지만, 십자군과 베네치아인들은 1204년 4월 13일 콘스탄티노폴리스를 정복했다.

십자군이 콘스탄티노폴리스를 정복한 사건은 서유럽 세계에 큰 충격을 주었다. 교황 인노켄티우스 3세는 "그자들은 그리스도를 섬기기로 하지 않았던가. 이교도들과 맞서 싸우는 데에 써야 할 칼이 아니던가. 그런데 그 칼로 기독교도들의 피를 흘렸다는 말인가. 그들은 종교도 무시하고 남녀노소 가리지 않았다. 남들이 보는 앞에서 간음과 음행을 저질렀고 부녀자들 심지어 수녀들마저 더럽혔다."라면서 십자군의 만행을 개탄했고, 십자군과 베네치아를 파문했다(Andrea, 2000). 비잔티움제국의 고위 관리였던 니케타스 코니아테스Nicetas Choniates는 "그자들은 거짓말쟁이 사기꾼임이 드러났다. 성묘를 되찾는다면서 대놓고 그리스도를 욕보였으며, 그들의 등에 지고 있던 십자가로 그리스도의 십자가를 뒤집음으로써 죄를 지었다. 얼마 되지도 않는 금은에 눈이 뒤

콘스탄티노폴리스를 점령하는 4차 십자군(1204년)

집혀 십자가를 밟는 짓조차 주저하지 않는다."라면서 십자군의 불경스러움과 야만스러움을 고발했다(Andrea, 2000).

반면 4차 십자군이 콘스탄티노폴리스를 점령하는 데 주도적 역할을 했던 베네치아 도제 엔리코 단돌로Enrico Dandolo는 교황에게 간곡하게 용서를 청하며 베네치아의 입장을 항변하는 서신을 보냈다. 그는 처음부터 콘스탄티노폴리스로 우회해서 비잔티움제국을 약탈하고 점령할 계획을 세우지 않았고, 우연한 사건의 결과 불미스러운 일이 발생했으며, 이 모든 일이 교황과 교회를 위해 한 일이라고 변명했다.

"저는 존경하는 교황께 예수 그리스도와 성스러운 로마 교회를 위해 십자가를 들고 베네치아에서 출항했지만, 겨울이 임박해졌기에 우리 베네치아 함대와 순례자의 함대가 자라에서 겨울을 날 수밖에 없었다는 사실을 알려드립니다. 자라 시가 충성 명세를 어기고 오랫동안 저와 베네치아인들에게 반란을 일으켰기 때문에, 저는 상호 적대 관계의 원칙에 따라 자라 시와 시민들에게 정당하게 복수했습니다. 교황께서는 소문처럼 자라 시가 교황의 보호를 받고 있어서 저와 베네치아인들에게 파문장을 내리는 것이 정당하다고 생각하셨습니다. 저는 교황과 선임 교황들께서 일반적으로 순례자들이 십자가를 지고 떠나는 순례 여행을 완성할 목적이 아니라 타인의 소유물을 확보하고 그것을 위법하게 탈취하려는 목적으로 십자가를 지는 자들을 보호한다고 생각하지 않았기 때문에 그 소문을 믿지 않았습니다. 우리는 당신의 특사들이 세운 원칙에 따라 산 마르첼로 교회의 수석 추기경이자 로마 교황청의 사절인 베드로Peter Capuano부터 사면을 받을 때까지 참을성 있게 겸손한 자세로 파문을 인내했습니다. 비록 한 쪽짜리 글이지만, 교황께서 이것을 보시면 상황이 좀 더 명확해질 것입니다.

인간의 계획보다 신성한 힘이 사건의 전개를 좌우했고, 콘스탄티노폴리스의 전임 황제 이사키우스의 아들 알렉시오스가 나타나서, 우리는 비잔티움제국으로 길을 잡았습니다. 알렉시오스가 로마 교회에 복종하겠다고 약속한 후, 교황께서도 기뻐하실 것처럼 많은 위험과 분투로 그의 삼촌 알렉시오스 3세를 몰아내고 콘스탄티노폴리스를 되찾은 후에 우리는 이 남자의 아버지 이사키우스, 그의 친척과 콘스탄티노폴리스의 다른 다수의 고위 관리에게도 같은 약속을 받았습니다. 그들이 말했던 약속을 지키지 않는 거짓말쟁이고 위선자임이 드러나자, 우리는 그들을 로마 교회의 적이자 기독교 세계의 배신자로 선언했습니다. 그리스인의 배신으로 알렉시오스와 그의 아버지는 살해당하고 다른 그리스인이 황위에 올랐고, 이들은 그리스인들을 등에 업고 육상과 해상에서 다양한 방식으로 끊임없는 공격을 감행했습니다. 이에 군대(십자군)의 모든 성직자와 세속인들은 서로 논의했고, 그 결과 우리와 십자군은 몇몇 협정을 체결했습니다. 우리는 신과 로마 교회의 명예를 위해, 기독교 세계를 구하기 위해 콘스탄티노폴리스를 정복할 것을 결정했습니다. 그리스도의 자비로운 도움, 당신의 공덕, 다른 필멸자에 비해 우리의 근면한 열정으로 모든 사람의 예상과는 달리 이 일을 완수했습니다. 그래서 도시가 점령당하자마자 많은 그리스인이 학살당했고, 당시 황제였던 마르코플루스는 추종자들과 함께 도시를 떠나 도망친 후, 우리는 계획하고 맹세했던 바대로 협정을 체결했습니다.

그래서 교황께서는 우리가 어떤 일을 했건 간에 저와 베네치아인들은 신과 신성한 로마 교회를 위해 모든 일을 했고, 마찬가지로 우리의 자유의지로 행했음을 알아주셨으면 합니다. 이러한 이유로 저는 교황께서 우리가 당신의 발아래 보내는 고귀하고 신중한 성격의 사절, 즉 저의 사랑하는 조카 레오나르도 나바가이오소와 안드레아 데 몰리노의 이야기를 호의적으로 들어주시고 그들이 전하는 청원을 받아주시길 간

4차 십자군 승리로 획득한 베네치아 영토

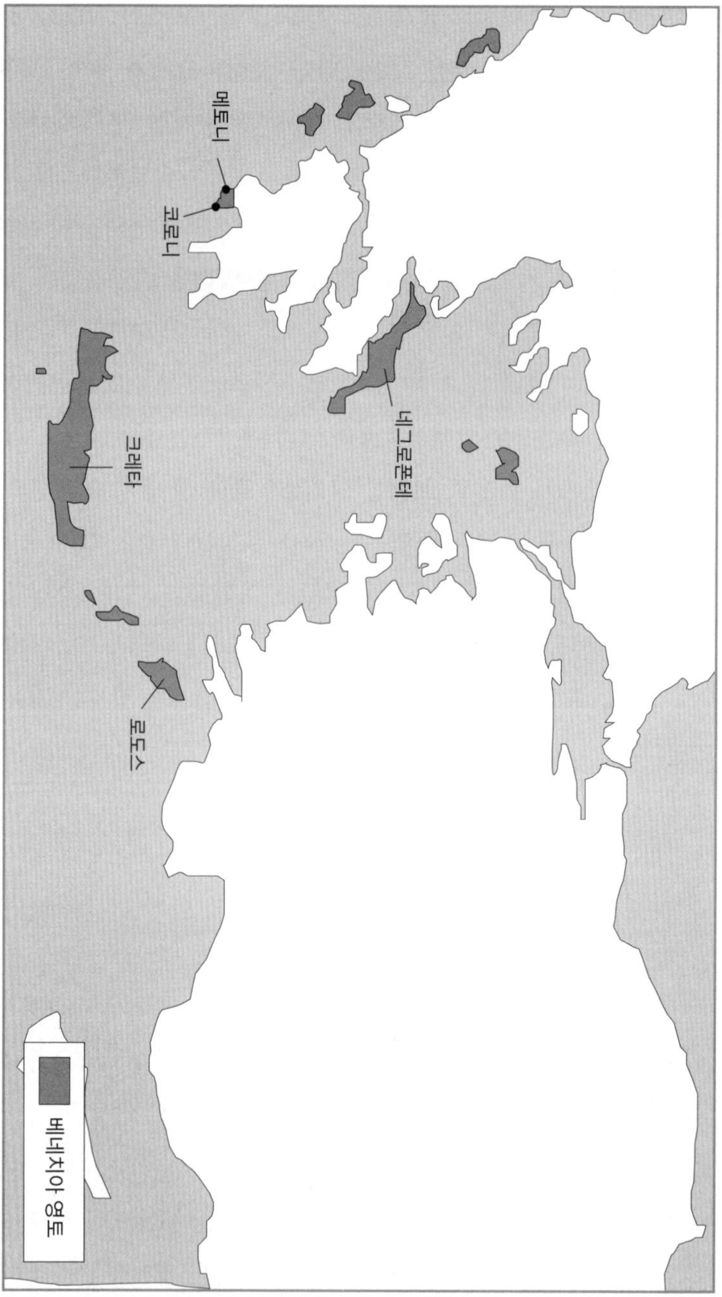

청합니다."(Andrea, 2000)

많은 역사가들이 4차 십자군에서 가장 큰 이익을 얻은 세력은 베네치아였다고 말한다. 실제로 베네치아는 십자군 수뇌부와의 논공행상에서 비잔티움제국의 8분의 3이라는 막대한 영토를 얻었다. 십자군 수뇌부는 점령한 영토에 라틴제국을 건설했다. 라틴제국은 소아시아에 세워진 비잔티움 망명 정부였던 니케아제국에 의해 무너지는 1261년까지 존속했다. 베네치아가 획득한 영토는 발칸반도의 서쪽 부분, 에게해의 주요 섬들, 아드리아노플Adrianople(터키어로 에디르네Edirne)에서 갈리폴리Gallipoli 사이의 좁은 영토 등이었다. 이들 지역은 베네치아 상선들이 지나가는 길목에 있었다. 베네치아는 이들 지역을 연결해 해상도로를 건설했고, 지중해 해상제국으로 성장하는 발판을 마련했다.

4. 십자군과 기사단

십자군 전쟁은 기독교라는 종교에서 이질적인 조직인 기사단이라는 무장 조직을 만들어냈다. 구호기사단, 신전기사단, 튜턴기사단 등이 대표적인 기사단이었다. 이들은 기독교 기사들과 순례자들을 간호하고 보호하는 역할에서 출발했다. 특히 성지를 수호하고 방어하는 데 중추적인 역할을 한 세력은 구호기사단과 신전기사단이었다. 무엇보다도 기사단은 십자군 역사뿐만 아니라 이후에도 여러 사건에 휘말리면서 흥미로운 이야기를 만들어냈다. 특히 신전기사단에 관한 비밀 이야기들이 호사가의 입에 자주 거론되었다.

신전기사단의 명칭은 기사단의 본거지였던 솔로몬 신전temple에서 유래했다. 이전에는 솔로몬 신전을 기독교 성당으로 오해해서 성당 기사단으로 부르기도 했다. 1119년 프랑스 귀족 출신의 기사 위그 드 파앵Hugues de Payens은 예루살렘 왕 보두엥 1세(Baudouin I, 재위 1100-1118)를 찾아가 순례자들을 보호하기 위한 무장 수도회를 만들자고 제안했다. 왕의 허락으로 파엥과 아홉 명의 동료 기사들은 솔로몬 신전이 있었던 곳을 본부로 삼았고, 수도회를 "그리스도와 솔로몬 신전의 가난한 전사들"로 불렀다. 예루살렘 왕은 이 신생 조직이 왕국을 군사적으로 방어할 수 있는 항구적인 조직으로 승인받기를 원했고, 이를 위해 당시 유럽 기독교 세계에서 영향력이 있었던 시토 수도회 설립자 베르나르 드 클레르보(Bernard de Clairvaux, 1090-1153)에게 편지를 보내 도움을 요청했다. 베르나르의 노력 덕분에 신전기사단은 1129년 교황청의 공식 승인을 받았다. 기사단은 베네딕투스 수도회의 회칙을 준수하고, 청빈, 복종, 금욕의 세 가지 규율을 지킬 것을 맹세했다. 신전기사단 소속 기사들은 도덕성과 마음의 순수함을 나타내는 흰색 옷을 입을 수 있는 특권을 얻었다. 1139년 교황 인노켄티우스 2세(Innocentius II, 재위 1130-1143)는 모든 세속적, 종교적 권위로부터 독립적이고 오직 교황의 권위에 복종할 수 있는 특권을 기사단에 부여했다. 이로써 신전기사단은 교황 직속의 군사 조직이 되었다.

십자군 시절 신전기사단은 순례자를 보호하는 일 이외에 다양한 수익 사업을 벌였다. 기사단은 유럽 각지에서 기부금을 받아 운영했다. 십자군에 참여하는 기사들은 자신의 부재중 재산의 관리를 기사단에 위임했고, 순례자들은 귀중품을 신전기사단 유럽 지부에 맡기고 위탁증서를 받아서 예루살렘 현지의 기사단에서 그에 상응하는 금액을 받았다. 기사단은 은행이나 마찬가지였다. 기사단은 자체 선박을 이용해 수송 사업에도 참여했다. 유럽과 팔레스타인 현지에서 상당한 규모의 농지를 보유하고 이로부터 수익을 올리기도 했다.

신전기사단

1291년 십자군 왕국의 마지막 거점이 이집트의 맘루크 왕조 수중에 들어가면서 기사단은 팔레스타인 땅을 떠나 서유럽으로 철수할 수밖에 없었다. 하지만 기사단의 유럽 복귀는 제후와 군주들에게 큰 위협 요소였다. 기사단이 막대한 재력과 군사력을 가지고 있지만, 교황에게만 충성했기 때문이다. 무장한 독립 조직이 자국 영토에서 활개를 치는 것을 그대로 보고만 있을 군주는 많지 않았을 것이다.

프랑스 왕 필리프 4세(Philippe IV, 재위 1285-1314)는 1307년 10월 13일 금요일 신전기사단 전원을 체포하라고 명했다. 체포 영장은 "신은 기뻐하지 않으신다. 우리 왕국 안에 신앙의 적들이 있기 때문이다." 라는 문구로 시작된다. 그들의 혐의는 우상 숭배, 동성애, 이자 대부, 화폐 위조, 비밀결사 조직 등 다양했다. 기사단 입회 과정에서 십자가에

침을 뱉고, 예수를 부인하며 서로 외설적인 입맞춤을 한다는 거짓 소문들이 나돌았다. 필리프 4세는 자신의 꼭두각시나 다름없었던 교황 클레멘스 5세(Clemens V, 재위 1305-1314)를 협박해 기사단을 해체하도록 만들었다. 1312년 교황은 공식적으로 기사단 해체를 선언했고, 기사단의 재산을 병원 기사단에 넘긴다는 칙서를 반포했다. 신전기사단의 최후의 장면은 마지막 기사단장이었던 자크 드 몰레Jacques de Molay의 화형이었다. 1314년 3월 18일 파리에서 화형당하기 직전에 드 몰레는 "신께서는 누가 틀리고 누가 죄를 지었는지 알고 계신다. 우리에게 죽음의 형벌을 내린 자들에게 곧 횡액이 닥칠 것이다."라면서 부당한 체포와 화형을 비난했다. 호사가들은 이 저주가 실현되었다고 이야기한다. 교황 클레멘스 5세는 한 달도 채 되지 않은 4월 10일 사망했고, 필리프 4세는 그해 11월 29일 사냥 중에 낙마하여 생긴 부상에서 회복하지 못하고 죽었기 때문이다. 게다가 그의 아들들(루이 10세, 필리프 5세, 샤를 4세)이 차례로 왕위에 올랐지만, 후사 없이 사망하면서 카페Capet 왕조는 단절되었고, 방계였던 발루아Valois 왕조가 새로운 프랑스 왕가를 이루었다.

기사단의 체포와 화형 사건은 이후 수많은 이야기의 원천이 되었다. 신전기사단의 최후와 그를 둘러싼 음모는 문화 작품과 영화로 만들어졌다. 그중에 대중적으로 잘 알려진 소설이 바로 댄 브라운Dan Brown의 『다빈치 코드*Davinci Code*』이다. 이 소설은 영화로도 제작되었다. 소설은 루브르박물관 관장의 죽음으로 시작된다. 살해된 관장은 기독교 세계의 오랜 비밀을 지키는 조직의 수장이었다. 소설이 말하는 비밀은 예수 그리스도가 마리아 막달레나와 결혼하여 아이를 낳았다는 것이고, 이 조직은 이 비밀을 지키고 예수의 후손을 지키기 위해 결성되었다는 것이다. 소설은 이들이 예수의 후손을 제거하고 가톨릭 교회의 전통 교리를 지키려는 정통 교회와 긴 싸움을 벌이고 있다고 상상했다. 소설은 성 가족을 보호하고 지키는 세력 중의 하나가 바로 신전기사단이라고 쓰고 있는데, 바로 이런 내용 때문에 영화가 개봉되었을 때 국내 개신교 측에서 영화 불매운동을 벌이기도 했다.

또 다른 이야기 중 하나는 니콜라 푸생Nicolas Poussin이 그린 그림에 관한 것이다. 푸생의 그림 중 하나가 신전기사단의 보물이 숨겨진 장소를 알려주는 보물 지도라는 것이다. 프랑스 왕 필리프 4세는 신전기사단을 해체하고 그들의 막대한 재산을 가로채려고 했지만 결국 이 보물을 찾지 못했다고 한다. 그런 연유로 신전기사단의 보물찾기는 흥미로운 이야기의 소재일 수밖에 없을 것이다.

1023년 몇몇 아말피 상인들은 성지순례 도중에 순례자들을 치료하기 위해 예루살렘에 병원을 세웠다. 이를 위해 파티마 왕조 칼리프인 알자히르(Al-Zahir li-i'zaz Din Allah, 재위 1021-1036)로부터 허락을 받았다. 이것이 구호기사단의 출발점이었다. 병원이 세워진 곳은 세례자 요한 수도원이 있었던 곳이었기에 구호기사단은 요한기사단으로도 불렸다. 1113년 교황 파스칼리스 2세(Paschalis II, 재위 1099-1118)는 이 병원을 독자적인 수도회로 만들어주는 칙령을 반포했다. 이로써 병원기사단도 교황 직속의 조직으로 편입되었다. 칙령 반포 당시 병원장이었던 제라르 드 마르티그Gérard de Martigues는 베네딕투스 수도회 소속 수도사였다. 그의 후임인 레이몽 뒤 퓌Raymond du Puy는 이 병원을 체계를 갖춘 무장 조직인 구호기사단으로 확립한다. 이제 순례자를 간호하는 업무뿐만 아니라 무장 호위하는 일도 맡았다. 십자군 당시 건설된 라틴 왕국들은 이슬람과 대치 상태에 있었기 때문에 군사적으로 순례자를 보호할 필요가 있었기 때문이다. 1130년 교황 인노켄티우스 3세는 기사단에 붉은색 바탕에 은색 십자가 모양의 문장을 수여했다. 1248년

병원기사단의 복장

교황 인노켄티우스 4세(Innocentius IV, 재위 1243-1254)는 구호기사단의 공식 전투 복장을 승인했다.

신전기사단과 마찬가지로 구호기사단도 1291년 팔레스타인의 기독교 왕국의 최종 몰락 후 어려움을 겪었다. 하지만 14세기 초 신전기사단이 프랑스 왕 필리프 4세에 의해 몰살당한 것과 달리 구호기사단은 이후에도 조직을 유지하면서 지중해 역사에서 중요한 역할을 했다. 그들은 여전히 기독교 최전선에서 이슬람을 상대로 일종의 십자군을 이어나갔다. 1291년 아크레 몰락 후 키프로스섬에 잠시 피신했던 구호기사단은 1306년 비잔티움제국의 영토였던 로도스섬을 공격해 4년간의 전투 끝에 1310년에 섬을 정복하고 새로운 근거지로 삼았다. 이로부터 기사단은 로도스기사단으로 불리게 되었다. 15세기 로도스기사단은 북아프리카의 이슬람 해적의 약탈, 이집트 맘루크제국의 공격, 그리고 소아시아반도에서 성장하고 있었던 오스만의 공격으로 고초를 겪었다. 1522년 오스만제국의 술탄 술레이만(Süleyman I, 재위 1494-1566)은 400척의 선박에 10만 명의 병력을 싣고 로도스섬을 공격했다. 수적 열세에도 불구하고 7천 명 정도의 기사단은 6개월 동안 오스만의 공격을 막아냈지만, 최종적으로 패하고 시칠리아섬으로 퇴각했다.

1530년 교황 클레멘스 7세(Clemens VII, 재위 1523-1534)는 에스파냐 왕 카를로스 1세(Carlos I, 재위 1516-1556)와의 협약으로 기사단에 몰타섬을 하사했다. 이로써 로도스기사단이 몰타기사단이 되었다. 몰타기사단은 여전히 북아프리카의 해적과 이슬람 세력에 맞서 싸워야 했다. 1565년 오스만제국의 술탄 술레이만은 다시 4만 명의 병력을 보내 700명의 기사와 8천 명의 병력으로 구성된 몰타기사단을 공격했다. 초기에 열세에도 불구하고 몰타기사단은 4개월 동안 끈질기게 항전했고 몰타섬 방어에 성공했다. 몰타기사단은 불가능해 보였던 방어전에서 오스만 대군을 막아냈기에 유럽인들은 이 전쟁을 "위대한 몰타 공방전"이라 부른다.

4차 십자군 이후에도 십자군 전쟁은 몇 차례 더 벌어졌다. 십자군에게 빼앗겼던 영토에 대한 이슬람의 재정복이 이어지는 가운데 그 결과를 되돌리려는 기독교도의 시도는 연거푸 실패로 끝났고, 결국 1291년 십자군 마지막 거점인 아크레마저 이슬람의 수중에 돌아가면서 십자군 전쟁은 더 이상 재개되지 않았다. 이슬람과의 모든 전쟁을 십자군 전쟁으로 떠받드는 경우도 있지만, 역사가들은 대체로 중세 시대 유럽의 십자군 원정이 8차를 마지막으로 종료되었다고 보고 있다.

200여 년 동안 간헐적으로 벌어졌던 이 십자군 원정은 앞서 보았던 바와 같이 숱한 일화를 남겼고, 그 와중에 기사단들을 탄생시킴으로써

몰타 공방전(1565년)

서유럽인의 상상력을 자극했다. 이슬람과의 모든 싸움을 십자군 원정이라고 추켜세우는 것부터가 그러하다. 이슬람을 향한 적대감과 두려움, 그리고 유럽인들 사이에서 서서히 싹트기 시작한 (종종 근거 없는) 자신감을 그런 식으로 한편으로는 극복하고, 한편으로는 과시하려는 것이다.

십자군 원정은 실패였다. 그러나 200여 년의 시간이 아무것도 이루어내지 못한 허송세월은 아니었다. 앞서 보았듯이 이탈리아 상인들은 십자군 부대를 수송하고, 이들에게 보급품을 공급하고, 이슬람 지역에 독립적인 거점을 마련하고, 이를 발판으로 교역을 조직하는 발 빠른 행보를 보였다. 그런 가운데 지중해 교역은 다시 활성화되기 시작했고, 유럽에 상업적 활기를 불어넣기 시작했다. 지중해 교역으로부터 시작된 상업적 기운이 유럽 전체를 데우는 데는 시간이 아주 오래 걸렸고, 이를 위해서는 다른 많은 준비가 필요했는데, 그럼에도 불구하고 유럽에 활기를 불어넣은 것은 십자군 원정이었음이 분명하다.

5. 무슬림의 눈으로 본 십자군

프랑스 출신의 현대 작가 아민 말루프는 『아랍인의 눈으로 본 십자군 전쟁』에서 침략자인 중세 유럽 기독교 십자군이 아니라 침략을 당한 무슬림의 눈과 입장에서 십자군을 이해하고자 했다. 말루프는 자신들의 세계를 침략했던 십자군을 직접 보고 겪었던 당시 무슬림들이 남긴 기록을 통해 이 역사를 복원하려고 노력했다.

이슬람 역사가 이븐 알아시르(Ibn al-Athir, 1160-1234)는 13세기 경 현재의 이라크 지역에서 태어났다. 그는 십자군의 침입이 시작된 지 1

세기가 지난 후에 동시대 사람들이 남긴 증언을 바탕으로 십자군 침략사를 다음과 같이 기술했다. "프랑크인들이 이슬람 지역을 점령하여 득의양양해 있고, 마침내 이슬람 군대와 왕들이 서로 싸움에 골몰하느라 형국은 프랑크인들에게 유리했다. 당시 무슬림들 간에 의견이 분분했고, 그들의 야망도 제각기 달랐으며 재화가 분산되었다."(김능우·박용진, 2020). 알아시르가 증언하고 있듯이, 1차 십자군의 침략을 받았을 당시 이슬람 세계는 분열되어 있었고, 내부 분쟁 때문에 초기에는 기독교 연합군으로 구성된 십자군에 일사불란하게 대응하지 못했다.

하지만 예루살렘이 십자군 수중에 들어가자, 불신자들에게 칼을 뽑아 들고 이슬람 공동체를 지키는 전쟁에 동참을 호소하는 사람들이 나타났다. 쿠라산 출신의 시인이자 역사가 아부 알무답파르 알아비와르디(Ibn al-Abiwardi, 1113년 사망)는 1099년 예루살렘이 함락되자 바그다드로 피난 온 무슬림들이 칼리프에게 구원의 손길을 요청하는 내용을 시로 지었다. "전쟁의 불꽃은 피어오르고 이슬람 신도들이여, 그대들의 뒤편에는 머리통들을 발치에서 뒹굴게 하는 전쟁이 벌어지고 있다. [중략] 로마군(십자군)이 그들에게 모멸감을 안겨줄 때 당신들은 안락하게 지내고 있구나. [중략] 다른 종족 군사들은 치욕을 좌시한다지만, 아랍의 용사들은 피해를 입고도 만족해하는가? [중략] 이후로 만일 당신들이 분노하지 않는다면 우리는 적들에게 우리의 아낙네들을 넘겨주게 될 것."(김능우·박용진, 2020).

십자군 전쟁 시절 두 세력 간의 힘의 균형은 살라딘의 등장으로 이슬람 세계에 유리하게 전개되었다. 이슬람 연대기 작가들은 살라딘과 영국 왕 리처드가 맺은 평화협정에 대해 증언하고 있다. 살라딘은 영국 왕 리처드가 보낸 서신에 대한 답장에서 "예루살렘은 당신네 것이듯이 우리 것이기도 합니다. 그곳은 당신들에게 소중한 것 이상으로 우리에게도 소중합니다. 그곳은 우리 예언자가 여행을 시작한 출발지이며 천사들이 모이는 곳입니다. 우리가 그곳을 포기하는 것을 상상할 수 없으며, 무슬림들에게 그렇게 한다고 말할 수도 없습니다. 영토로 말하자면 그곳은 본디 우리에게 속한 땅으로, 당신들이 점령한 것은 당시 무슬림들이 무기력해서 생겨난 일입니다. 전쟁이 계속되는 한, 알라의 뜻에 따라 당신들은 그 땅에서 돌 하나도 세우지 못할 것입니다. 우리가 지닌 것은 그 땅에서 나온 것이며, 우리는 알라의 은총으로 그 땅에서 거둔 곡식을 먹고 살아갑니다."라고 답했다(김능우·박용진, 2020). 이렇게 예루살렘을 결코 내어줄 수 없다는 의지를 천명하면서, 그 대신 리처드 왕이 요청한 성 십자가는 넘겨주겠다고 술탄은 약속했다. 살라딘은 최종 평화협정을 맺기 직전에 "나는 협정을 맺는 것이 걱정된다. 나는 내게 무슨 일이 일어날지 알 수 없다. 적군은 강성해질 것이다. 저들은 이 지역을 갖게 되었고, 나머지 지역을 되찾으러 나설 것이다. [중략] 내가 없으면 무슬림들은 파멸하고 말 것이다."라면서 당시 상황에 대한 깊은 우려를 표명했다.

하지만 살라딘의 우려와는 달리 한 세기 후 무슬림은 십자군 세력을 몰아내는 데 성공했다. 아이유브 왕조에서 태어났으나 맘루크제국의 신하가 된 아불 피다(Abul Fida Ismail Hamvi, 1237-1331)는 지리학자이자 시인이었는데, 1291년 십자군 왕국의 최후의 거점 도시 아크레가 이슬람 수중에 들어온 사건을 다음과 같이 감격과 희망의 어조로 기록했다. "이 정복을 통해서 해안 지대 전체가 무슬림들 손에 다시 들어왔으니, 기대하지도 않은 결과를 얻은 셈이다. 한때 다마스쿠스와 이집트는 물론, 다른 여러 지역까지 넘볼 정도로 막강했던 프랑크인(당시 이슬람 세계에서는 서유럽인들을 통칭하여 프랑크Franc라 불렀다)들은 시리아와 그 해안 지방 전역에서 쫓겨났다. 신이여, 다시는 그들이 이 땅에 발을 붙이지 못하게 하시길!"

1291년 무슬림이 최종적으로 십자군 왕국을 몰아냈지만, 아민 말루프Amin Maalouf는 전후의 이슬람 세계를 암울한 어조로 다음과 같이 그려냈다. "십자군 전쟁이 서유럽에 경제적으로나 문화적으로 진정한 혁명을 일으키는 기회를 제공했다면, 동방에게 이 성전은 오랜 쇠락과 암흑의 시기로 내몰리는 계기였다. 사방에서 공격을 받았던 몸을 도사릴 수밖에 없었다. 그들은 겁을 먹었고, 방어적이었으며, 너그럽지 못했고, 메말라 갔다. 다른 세계가 발전함에 따라 이 태도는 점점 심해졌고 그 결과 그들은 변방으로 밀려났음을 느끼게 되었다. 무슬림들에게 발전이란 다른 세상 얘기였다. 근대화 역시 마찬가지였다."(말루프, 2002). 아민 말루프에게 십자군은 이슬람 세계의 쇠퇴를 초래한 사건이었던 것이다.

아민 말루프의 이야기처럼, 당시 이슬람 세계 전체가 십자군을 서유럽 기독교 연합군으로 판단하고, 이에 맞서 이슬람 연합군을 결성해 지하드를 결행하자고 했을까? 분명히 유럽 기독교인들 다수는 십자군이 이슬람이라는 공통의 적을 무찌르기 위한 기독교인들의 연합 군대라고 생각했었다. 실제로 서유럽 기독교 세계의 수장이었던 교황은 초기부터 십자군 전쟁을 이교도인 이슬람에 맞선 기독교 세계 전체의 전쟁이자 성전이라고 선전했다. 그러나 십자군 전쟁을 이슬람 전체와 기독교 전체가 맞붙어 싸우는 종교 대전이라고 이해했던 무슬림은 그렇게 많지 않았다. 십자군 왕국이 모두 사라진 1291년 이후에도 서유럽 기독교 세계는 이슬람을 물리치자는 십자군을 호소했고, 실제로 14세기 말 오스만 제국의 팽창을 저지하기 위한 니코폴리스 십자군, 15세기 중엽 바르나 십자군을 결성했다. 반면 이슬람 세계에서는 중세 말까지 지중해의 여러 이슬람 세력이 하나가 되어 기독교 세계에 맞서 이슬람 연합 군대를 조직한 적이 없었다.

중세 이슬람 세계는 200년 동안 있었던 여러 차례의 군사적 침략을 우리가 알고 있는 통상적인 '십자군 전쟁'으로 인식하지도 않았다. 물론 십자군을 지칭하는 영어 단어 crusade는 근대에 생겨난 단어이지만, 중세 유럽 기독교인들은 당시 예루살렘으로 원정을 떠나는 십자군을 "십자가 표식을 단 자crucesignatus"라는 구체적인 용어로 지칭했었다. 반면 이슬람 세계에서는 십자군을 지칭하는 용어 하르브 알 살리브Harb al-Salib가 19세기 중반에 처음으로 생겨났다. 게다가 이 용어는 전쟁을 의미하는 하르브와 십자가를 뜻하는 알살리브를 결합해 만든 단어일 뿐이다. 즉 유럽어인 십자군을 그대로 아랍어로 번역한 것이다. "십자가 표식을 단 자"에 맞서 "초승달 표식을 한 자"는 아직 나타나지 않았다. 토머스 매든은 『십자군: 기사와 영웅들의 장대한 로망스』에서 "십자군은 유럽인들에게 대단히 중요한 사건이었어도 이슬람에는 지극히 사소한 일에 불과했다. 이슬람교도들은 전통적으로 이슬람 세계 바깥에 존재하는 사람들, 그곳에서 벌어지는 일들에 관심이 없었다. 따라서 이교도와 벌인 다른 전쟁들이나 십자군이나 차이가 없었다, 게다가 십자군은 어차피 실패했으므로 의미도 없었다."라면서 중세 무슬림들이 유럽 기독교인들과 달리 십자군 전쟁을 기독교 대 이슬람의 종교 전쟁으로 이해하지 않았다고 주장했다(매든, 2002). 그의 주장이 전적으로 옳다고 할 수 없지만, 십자군이 교황의 주도하에 결성된 기독교 연합군이고, 그에 따라 이슬람 연합군을 결성하여 십자군에 맞서야 한다고 주창한 무슬림은 많지 않았다.

아민 말루프의 주장처럼 십자군은 아랍 문명이 쇠퇴하는 시발점이었을까? 아랍인의 시각에서 십자군을 보자는 그의 문제의식은 타당하지만, 십자군이 이슬람 세계에 쇠락과 쇠퇴를 초래했다는 주장은 설득력이 떨어진다. 실제로 지중해 패권에서 보자면 십자군 전쟁의 최종 결과가 이슬람 세계에 불리하지는 않았다. 이베리아반도에서는 기독교 세력이 완전한 승리를 거뒀지만, 그 외에 지역에서는 이슬람 세계가 기독교 세력을 몰아내거나 정복하는 데 성공했기 때문이다. 중세 후반 오스만 세계의 성장은 눈부셨으며, 16세기에는 동유럽 깊숙이 진군해 들어왔을 정도로 막강한 군사력을 보유하고 있었다. 그런 점에서 중세 십자군은 18세기 볼테르Voltaire와 같은 계몽주의자들의 주장처럼 권력에 미친 성직자들로 인해 벌어진 불관용의 전쟁이었고, 중세 역사가 자크르 고프Jacques Le Goff의 지적처럼 유럽 기독교 세계에 가져다준 것이 살구밖에 없는 실패한 전쟁이었다.

하지만 19세기 말 이후 이슬람 세계는 십자군을 새로운 맥락과 입장에서 바라보기 시작했다. 19세기 말 유럽 제국주의 열강이 이슬람 세계를 침탈하고 다수의 이슬람 국가가 유럽의 식민지로 전락하면서, 이슬람 세계에서는 유럽 십자군에 맞서는 지하드를 천명하는 목소리가 터져 나왔다. 카이로대학교의 역사학 교수였던 사이드 아슈르(Said A. Ashur 1922-2009)는 "우리의 상황은 860년 전 우리의 조상이 처해 있던 상황과 매우 유사하다. 따라서 우리는 십자군 운동을 세밀하게, 과학적으로 연구해야 한다."라고 이야기했다(말루프, 2002). 이런 맥락에서 보면 오늘날 유럽의 대다수 기독교인에게 십자군은 오래전에 끝난 과거의 일이지만, 제국주의 시대 유럽의 착취와 수탈의 아픈 역사가 남아 영향을 미치고 있는 다수의 이슬람 세계에서 십자군은 아직 끝나지 않은 현재 진행 중인 역사이다.

3장

문명의 상호 관계와 공존의 모색

1. 기독교와 이슬람의 상호 관계

영토를 확장하기 위해서든, 정복하여 식민지를 건설하기 위해서든, 역내 패권을 차지하기 위해서든 전쟁은 중세 내내 계속되었다. 7세기 아라비아반도에서 출현한 이슬람은 한 세기 만에 서남아시아에서 북아프리카 전역 그리고 이베리아반도 대부분을 차지했다. 이슬람의 팽창이 멈추고, 이슬람 세계가 여러 왕국으로 분열되어 있었던 11세기 말에 이르자 수세에 몰려 있었던 기독교 세계가 지중해 곳곳에서 이슬람에 대한 반격을 가하며 이른바 '십자군' 전쟁을 시작했다. 200년 동안 지속된 이 십자군 전쟁으로 영토의 주인이 바뀌는 지역들이 생겨났다. 시리아와 팔레스타인 지역에 기독교 왕국이 세워졌고, 이베리아반도의 이슬람 영토 중 상당 부분이 기독교 영토로 바뀌었다. 또한 노르만족이 시칠리아섬의 새로운 주인이 되었고, 그리스인들이 살고 있었던 비잔티움제국의 영토 일부분이 베네치아 식민지가 되었다.

앞에서 언급한 사례뿐만 아니라 패권 쟁탈전으로 지배 세력이 바뀐 경우는 지중해 역사에서 흔한 일이었다. 지배 세력의 교체는 종종 심각한 갈등과 충돌을 일으켰는데, 특히 정복자와 피정복자의 신앙이 다른 경우, 즉 외부로부터 침략해 들어온 소수의 정복자가 다른 종교를 가진 다수의 피정복자를 마주할 때 상호 우호적인 관계를 만들어내기는 쉽지 않았다. 하지만 종교 간 반목과 갈등이라는 틀에서만 보면 이 시대의 다양한 세력 간의 갈등과 공존의 역사를 제대로 파악하기 어렵다. 실제로 중세 지중해 세계에서 기독교와 무슬림이 협력하여 공동의 적에 맞서 싸운 전쟁들이 적지 않았다. 이베리아반도에서 벌어진 재정복 전쟁, 즉 기독교 세력이 이슬람 세력으로부터 잃어버렸던 땅을 되찾고자 했던 일종의 '십자군' 전쟁에서도 기독교 세력과 무슬림 왕국들은 동맹을 맺고, 때론 기독교 때론 이슬람 세력인 공동의 적과 전쟁을 불사했다. 13세기 신성로마제국 프리드리히 2세(Friedrich II, 재위 1220-1250)의 군대에는 기독교뿐만 아니라 무슬림 병사들이 있었고, 이들이 함께 공동의 적인 교황 군대와 싸우기도 했다.

이렇듯 천 년의 바다 역사는 지중해를 차지하기 위한 패권 쟁탈의 역사인 동시에 패권의 변화로 생겨난 갈등을 조정하고 함께 살아가는 방법을 모색하는 공존의 역사이기도 했다. 불가피하게 함께 살아갈 수밖에 없는 상황 속에서 중세 지중해 세계는 어떤 해법을 찾아냈을까? 중세 지중해 세계에서 여러 문명과 세력이 서로를 어떻게 생각했고, 어떤 관계를 맺었는지에 관한 역사가들의 해석은 일치하지 않는다. 초기에는 문명 간의 관계가 상호 적대적이었다는 해석이 주를 이루었지만, 이후 이에 대한 반론으로 콘비벤시아convivencia, 즉 공존의 사례들이 주목받았다. 하지만 최근에는 콘베니엔시아conveniencia, 즉 양자 관계가 어쩔 수 없는 현실적 타협이었다는 해석이 부각되고 있다.

이와 같은 해석의 차이가 생기는 이유는 이들의 관계가 다면적이고 다층적이었기 때문일 것이다. 겉으로 보이는 평화롭고 우호적인 관계의 내면에는 뿌리 깊은 갈등과 증오가 도사리고 있는 경우가 많았다. 신분, 계층, 직업, 지적 수준에 따라 이교도와 타자에 대한 인식이 다른 경우가 많았다. 이런 점에서 유의해야 할 것은 다양한 양식이 혼합된 건축물들을 단순히 포용과 관용 그리고 공존의 사례로 간주하는 것을 경계해야 한다는 점이다. 중세 지중해 세계에는 유대 문명, 가톨릭, 정교 문명, 이슬람 문명이 혼합된 건축 양식들이 많이 남아 있다. 이런 혼합 문화와 예술을 단순히 문화 융합, 포용으로 간주할 수는 없다. 실제로 혼합 양식을 잘 보여주는 건축물이 많이 남아 있는 이베리아반도와 시칠리아에서도 최종적으로 중세 말과 근대 초에 타 문명과 이교도에 대한 인적 청산을 했기 때문이다.

우호적인 관계나 평화로운 공존을 어렵게 만드는 요인 중 하나는 상호에 대한 무지와 불신이었다. 기독교인들은 7세기 이후 지중해로 본격적으로 진출한 이슬람에 대해 잘 알지 못했지만, 이슬람이 기독교에 위협이 되는 이교도이자 적이라는 인식은 가지고 있었다. 이러한 무지와 적대감은 이슬람의 창시자 무함마드에 대한 부정적인 이야기들을 양산했다. 8세기 익명의 작가가 "무함마드는 과부 밑에서 일하다가 욕정에 불타 그녀와 결혼했다. [중략] 그리고 독수리 모습으로 나타난 악령의 조종에 따라 예언자를 자처했다."라고 말하며 무함마드를 욕정에 사로잡힌 호색한으로 비하했다(성백용, 2016). 11세기 말 마인츠의 엠브리코Embricho라는 사람은 "무함마드는 이단 교주다. 악마의 계략으로 총독을 살해하고 총독의 아내와 결혼했다. 부와 권력을 쥐게 되면서 근친상간과 같은 패륜적인 율법을 설파했다. 하느님이 그를 죽임으로써 벌하셨다. 그의 시신을 돼지들이 먹어치우자, 무슬림들 사이에 돼지고기에 대한 금기가 생겨났다."라고 무함마드를 비하하고, 이슬람교에서 돼지고기를 먹지 않는 것을 비아냥거렸다(Tolan, 1996). 한마디로 이슬람에 대한 무지와 오해에서 유래한 왜곡과 거짓 정보들이 기독교 세계에 널리 펴져 있었다.

일부 역사가들은 비록 서로를 죽이는 전쟁이었지만 십자군 전쟁을 계기로 상호 접촉이 늘어나면서 상호 이해 또한 증진되었다고 이야기한다. 이전 시기와 비교해 십자군 시기 상호 개종이 늘어났다는 점은 상호 이해가 증진되었음을 보여준다고 말할 수도 있다. 기독교로 개종하는 무슬림이 있었고, 반대로 이슬람으로 개종하는 기독교인도 있었다. 하지만 이러한 개종은 마음에서 우러난 자발적인 개종이라기보다는 살아남기 위한 생존 전략의 일환인 경우가 많았다. 십자군 시절 유행했던 『롤랑의 노래*La Chanson de Roland*』라는 문학 작품에서는 여전히 무함마드를 우상 숭배자로 비난했다. 남부 이탈리아 피오레의 수도원장이었던 조아키노Joachino da Fiore는 "무함마드는 요한계시록에 나오는 바다짐승의 네 번째 머리이고 살라딘은 여섯 번째 머리이며, 임박한 여섯 번째 시대의 환란 때 사라센이 재흥하여 다시 한번 교회를 위협할 것이다."라고 이슬람의 위험성을 경고한다(성백용, 2016).

이처럼 보통의 기독교인은 이슬람의 창시자와 교리에 대해 무지했고, 이슬람을 기독교 세계에 위협이 되는 적, 타도해야 할 대상으로 생각했다. 반면 아주 소수이기는 하지만 이슬람이라는 종교에 대해 나름 정확한 지식을 가지고 있는 사람들도 있었다. 1076년 교황 그레고리우스 7세는 알제리의 술탄 알 나시르(al-Nāsir, 1062-1088)에게 보낸 서신에서 다음과 같이 썼다.

"우리는 비록 서로 다른 방식이긴 하지만 한 분의 하느님을 믿고 고백하며 모든 시대의 창조주이자 이 세상의 지배자로서 나날이 찬양하고 숭배하기에, 당신들과 우리는 그 어떤 인간 종족들보다도 서로 더 사랑해야 마땅합니다."(Hamilton, 1997)

이 편지에서 짐작할 수 있듯이 교황은 이슬람이 기독교와 마찬가지로 유일신 하느님을 섬기고 있다는 사실을 인지하고 있었다. 13세기 말 바그다드에 수년간 체류했던 도미니쿠스 수도사 리콜도 다 몬테 디 크로체Riccoldo da Monte di Croce는 "무슬림들의 학구적 태도, 근면하게 바치는 기도, 가난한 자에 대한 동정, 하느님과 예언자들과 성소에 대한 공경, 절제하는 태도, 낯선 이들에 대한 환대, 화합과 서로에 대한 사랑을 유심히 지켜본 사람이라면 누군들 놀라지 않겠는가?"라면서 이슬람인이 하느님을 섬기고, 훌륭한 자질을 가진 사람들이라고 긍정적인 평가를 내렸다(Hamilton, 1997). 그러나 크로체 자신도 무슬림을 직접 접촉하고 나서야 이러한 놀라운 사실을 알게 되었음을 고백하고 있다. 달리 말하면 서유럽에 있는 보통의 기독교인은 이런 사실을 여전히 모르고 있었다는 의미일 것이다.

하지만 기독교와 이슬람의 차이점을 정확히 파악하고 종교 간의 화합을 모색했던, 시대를 앞서간 예외적 인물들도 있었다. 대표적인 인물이 바로 15세기 중엽 독일 출신의 신학자였던 니콜라우스 쿠사누스Nicolaus Cusanus였다. 오스만제국이 기독교 형제 국가였던 비잔티움제국을 정복하자, 교황청은 오스만에 대한 십자군을 하자고 목소리를 높였다. 교황은 쿠사누스에게 이러한 위기 상황을 해결할 대책을 모색해보라고 요청했다. 이 요청에 쿠사누스는 『신앙의 평화*De pace fidei*』라는 책으로 답했다. 이 책에서 여러 종교 대표들은 각각의 종교가 가지고 있는 교리들이 어떻게 다른가를 설명하는 토론을 벌였다. 쿠사누스는 여러 종교의 핵심 교리를 설명하고 상호 차이를 비교 분석했다. 토론 과정에 가장 문제가 됐던 핵심 주제는 바로 기독교의 삼위일체와 성육신이었다. 물론 당연히 쿠사누스는 가톨릭 신자였기 때문에 기독교가 옳다는 전제 하에서 이 토론을 이끌어갔다. 하지만 그는 최종적으로 오스만제국에 대한 십자군 전쟁이 아니라 종교 간의 평화를 제안했다. 그는 중세 지중해 세 종교 문명을 서로 다른 종교 의식을 가지고 있지만 하나의 신앙una religio in varietate rituum으로 이해했다. 즉 서유럽의 로마 가톨릭, 정교 그리고 이슬람은 세부적인 교리와 예배 형식에서는 서로 달랐지만, 창조주인 유일신 하느님을 공통으로 믿었다는 것이다. 그러나 쿠사누스의 인식은 당시 보통의 기독교인이 이슬람에 관해 갖고 있었던 통상적인 지식이나 인식과는 크게 달랐다.

그렇다면 무슬림은 기독교 세계를 얼마나 정확히 알고 있었을까? 이슬람에 대한 기독교의 무지와 오해와 비교하면 이슬람은 상대적으로 기독교에 대한 좀 더 정확한 지식을 가지고 있었다. 우선 무슬림은 기독교도를 동일한 유일신을 믿는 성서의 백성이라고 생각했다. 코란은 "성서의 백성이여, 우리들이나 너희들을 막론하고 하나의 말씀으로 오라. 하느님 외에는 다른 신을 경배하지 아니하고 그 무엇도 하느님과 비유하지 아니하며(코란 3: 64)."라고 가르친다. 코란을 알고 있는 무슬림이라면 기독교인과 무슬림이 동일한 신을 믿는다는 것을 알고 있었을 것이다. 그래서 이슬람은 같은 신을 섬기는 유대인과 기독교인에게는 종교적 자유와 자치를 허용했던 것이다.

사정이 그렇긴 했어도 기독교인은 무슬림에 비해서 열등한 위치에 있었다. 기독교인은 여러 가지 부담과 사회적 제약을 가지고 있었다. 딤미Dhimmi(이슬람권에서 무슬림이 아닌 백성. 혹은 무슬림에게 2등 시민으로 차별받는 기독교인과 유대인), 즉 피호민이라 불리는 기독교인은 인두세를 납부해야 했고, 기독교 남성은 이슬람 여성과의 성관계를 갖는 것이 금지되어 있었다. 또한 이슬람에 대한 무례한 행동이나 무슬림을 타 종교로 개종하려는 시도 자체를 해서는 안 되었다.

상대적으로 기독교에 대해 좀 더 정확한 정보를 가지고 있었지만, 이슬람 세계 역시 기독교 세계에 대해 큰 관심을 가지고 있지는 않았다. 초기 이슬람의 빠른 팽창과 정복이 마무리되고 세 문명 간의 세력 균형이 어느 정도 이루어진 이후부터 이슬람 세계는 기독교 세계에 대해 전반적으로 무관심해졌다. 그 이유는 중세 서유럽 기독교 세계가 이슬람보다 후진 지역이었기 때문이다. 즉 무슬림이 서유럽으로부터 배우거나 얻고자 하는 것들이 많지 않았기 때문이다. 교역에서도 이러한 특징이 나타났다. 서유럽 상인들은 이슬람 세계를 방문해 향신료, 비단, 원면, 염료, 명반 등 다양한 상품을 구입해 들여왔다. 반면에 무슬림 상인들은 서유럽 시장으로 진출하지 않았다. 이슬람 세계가 기독교 세계로부터 원했던 가장 중요한 상품 중 하나가 노예였는데, 노예와 무기 그리고 모직을 제외하면 기독교 세계의 상품 중 무슬림 상인의 관심을 끌 만한 품목이 별로 없었다.

중세 말에도 이슬람 세계는 유럽 기독교 세계에 큰 관심을 보이지 않았다. 14세기 중엽 이슬람의 여행가 이븐 바투타(Ibn Battuta, 1304-1368)의 여행 경로가 이러한 사실을 잘 보여준다. 그는 평생 여행만 했다고 말할 수 있을 정도로 오랜 기간 동안 많은 지역을 돌아다녔다. 열악한 교통 시설과 안전하지 않은 지역 상황에도 불구하고 그는 거의 구세계 전역을 여행했다. 그러나 유럽 세계를 방문하지는 않았다. 이븐 바투타와 동시대를 살았던 이슬람의 대표적 정치가이자 역사가였던 이븐 할둔(Ibn Khaldun, 1332-1406)은 세계사를 저술하면서 유럽 기독교 세계는 간략하게 언급하는 정도로 그쳤다. 이븐 할둔은 유럽 그리스도

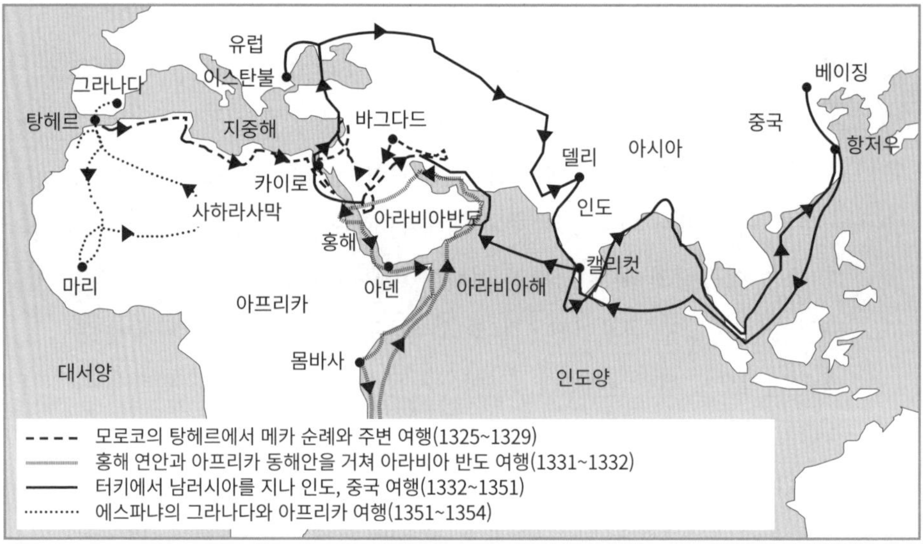

이븐 바투타의 여행 경로

세계에서 철학과 학문이 번성하고 있다는 소문을 들었다고 밝히면서, 그러나 거기에 무엇이 담겨 있는지는 하느님께서 제일 잘 아실 것이라고 말하면서 유럽의 학문 수준을 별것 아닌 것으로 치부하고 있다.

이슬람 세계가 기독교 세계에 상대적으로 무관심했던 이유 중 하나는 이슬람법 때문이었다. 이슬람법은 기독교 세계를 방문하거나 그곳에 거주하는 것을 허용하지 않았다. 이슬람 율법학자들은 무슬림이 비非무슬림 국가에 사는 것을 허용할 수 없다고 주장했다. 그래서 특별하고 제한적인 목적을 제외하고는 서유럽 기독교 세계를 여행하거나 방문하는 것을 금지했다. 이러한 경향은 근대까지도 지속되었다. 오스만제국의 터키인들과 페르시아의 이란인들은 18세기까지도 유럽 세계를 직접 방문해 경험하고 관찰하지 않았다. 서유럽을 후진 지역으로 바라보는 이슬람의 태도는 자연스럽게 무관심으로 이어졌고, 중세 말 이후 유럽 세계가 엄청난 발전을 하고 있었다는 사실을 빨리 알아차리지 못하게 만들었다. 분명 이슬람 세계는 18세기까지도 기독교 세계보다 앞서 있다고 인식했음이 틀림없다.

2. 라틴 왕국에서의 기독교와 이슬람

11세기에 시작되어 13세기 말까지 계속된 십자군 전쟁은 원하건 원치 않았건 간에 세 문명 간의 교류와 접촉을 증가시켰다. 교류와 접촉이 늘어난 대표적 지역은 이베리아반도, 시칠리아, 그리고 오늘날 시리아와 이스라엘에 해당하는 영토였다. 이 세 번째 지역에 1차 십자군을 계기로 네 개의 기독교 국가들(통으로 라틴 왕국으로 불리기도 함)이 세워졌다. 이 기독교 국가들은 이슬람 세계와 국경을 면하고 있었고, 그로 인해 끊임없는 분쟁과 전쟁을 치러야 했다. 무엇보다도 이곳은 기독교와 이슬람 세계의 갈등이 필연적으로 촉발될 수밖에 없는 땅이었다. 왜냐하면 기독교 최고의 성지 예루살렘이 이곳에 있었기 때문이다. 그렇지만 예루살렘은 7세기부터 11세기 말까지 이슬람 영토였다. 그래서 유럽 기독교 순례자들은 오랫동안 예루살렘을 방문하기 위해서 이슬람 세계 속으로 들어가야 했다. 이러한 상황 속에서 교황 우르바누스 2세는 십자군을 제창하면서 예루살렘을 무슬림으로부터 되찾자고 구호를 외쳤던 것이다. 그러나 무슬림도 예루살렘을 꼭 지켜야 할 이유가 있었다. 예루살렘은 메카와 메디나와 더불어 이슬람의 3대 성지의 하나였기 때문이다. 이곳은 무함마드가 승천한 성스러운 장소였고, 8세기에 알아크사 사원이 설립된 곳이었다.

11세기 말 이스라엘과 시리아에 라틴 왕국이 건설되면서 상호 간의 접촉은 피할 수 없었다. 서로 대치하고 있는 첨예한 분쟁 지역에서 무슬림과 기독교도들은 서로를 어떻게 인식하고 대응했을까? 십자군 시절 이 지역을 여행했던 이베리아반도 출신의 무슬림 순례자 이븐 주바이르는 라틴 왕국에서 기독교와 이슬람 간의 관계가 어떠했는지를 서술했다(Jubayr, 1952). 그는 자신의 죄를 회개하기 위해 3차례에 걸쳐 메카와 메디나를 순례했고, 순례 여행기를 저술했다. 그의 순례 여행에서 눈에 띄는 점은 제노바 선박을 이용했다는 것이다. 기독교와 이슬람 사이의 갈등이 고조된 십자군 전쟁 시기에 기독교 선박을 타고 메카로의 순례 여행을 한다는 것이 상식적으로 잘 이해되지 않을 수도 있다. 그렇지만 당시 제노바와 베네치아 등의 이탈리아 항구도시가 지중해 수송을 독점했기 때문에 어쩔 수 없이 무슬림들은 기독교 선박을 탈 수밖에 없었다. 긴 지중해 항해 기간 동안 약간의 긴장감은 있었지만, 선상에서 무슬림과 기독교도 사이의 물리적 충돌은 없었다. 그렇지만 주바이르는 자신의 순례 여행기에서 "기독교인들과 한 배를 탄 게 너무 괴롭다. 빨리 벗어나고 싶다."라고 말하면서 신에게 여러 차례 간절한 기도를 올렸다.

그는 메카 순례를 마치고 다마스에서 예루살렘으로 가는 여행길에 놀라운 경험을 하게 된다. 두 종교의 접경지대에서 무슬림과 기독교인이 평화롭게 사는 모습을 보고 놀랐던 것이다. 심지어 십자군 왕국에서 좋은 대우를 받는 무슬림들이 기독교로 개종할까 두렵다는 우려를 표하기도 했다. 그가 이 지역을 통과할 때 기독교와 이슬람 간의 국지적인 전투가 있었지만, 전쟁 중에도 상인과 순례자의 안전한 통행은 보장되었다. 그러나 주바이르는 여행기에서 기독교에 대한 불편한 감정을 숨기지 않는다. 그가 본국으로 돌아가기 위해 제노바 선박에 승선했던 기독교 항구 도시 아크레를 "더러운 기독교 돼지들의 냄새가 진동하는 불결한 도시"라고 경멸했던 것이다. 주바이르는 기독교도는 신앙이 없는 이교도로 멸해야 할 대상이며, 신은 무슬림이 불신자의 땅에 사는 것을 용서하지 않을 것이라면서 기독교에 대한 증오의 감정을 숨기지 않았다.

당시 이 접경지대에 살았던 무슬림 지식인 우사마 이븐 문끼드 Usamah Ibn Munqidh도 기독교인과 무슬림이 때론 친구가 될 정도로 관계가 그렇게 적대적이지만은 않았다고 증언했다(이븐 문끼드, 2018). 그는 군 지휘관으로 십자군과의 전쟁에도 여러 차례 참전했고, 외교 사절로 십자군 진영을 방문하기도 했다. 그는 자신의 책 『성찰의 서』에서 십자군 기사가 자신을 형제라고 부르면서 친구처럼 지낸 이야기도 들려주었다. 우사마는 친구인 프랑크족 기사의 초대를 받은 적이 있었는데, 프랑크족 기사는 무슬림 친구를 배려해 이집트 출신의 무슬림 요리사를 불러 친구에게 이슬람 요리를 대접했다. 물론 돼지고기를 내지 않은 것은 물론이었다. 게다가 이 서유럽 기사는 우사마의 아들을 유럽으로 데려가 교육을 시키겠다는 제안까지 했다. 하지만 우사마는 이 당혹스러운 제안을 정중하게 거절했다. 아마도 그는 자신의 아들이 서유럽 기독교 세계에서 사는 것이 위험천만한 일이고, 그곳에서 배울 것도 별로 없다고 생각했을 것이다. 실제로 우사마는 프랑크인, 즉 서유럽 기독교인들이 매우 미개하다고 생각했다. 그는 특히 서유럽의 의학 수준이 매우 낮다고 말하면서, 십자군 전쟁 때 라틴 왕국에서 일하던 한 유럽인 의사 이야기를 언급했다. 이 의사는 극심한 두통을 호소하던 여성을 살핀 후 다음과 같은 진단을 내렸던 모양이다. "이 여자의 머릿속에는 그녀를 사모하는 사탄이 들어 있소. 이 여자의 머리카락을 자르시오. 사탄이 그녀의 머릿속으로 들어갔소." 그러고 나서 의사는 면도칼을 집어 환자의 두개골에 십자가 모양을 긋고 한가운데 살을 벗겨내고, 머리뼈를 드러낸 뒤 그 뼈를 소금으로 비벼 여자를 죽이고 말았다. 이 일화는 이슬람 세계에서 꽤 유명했던 모양이다. 이런 이야기가 돌아다니는 마당에 아들을 유럽으로 유학을 보내기는 어려웠을 것이다.

십자군 기사와 무슬림 고위 관리 간의 우애를 근거로 십자군 시절 보통의 무슬림과 기독교인 사이의 관계도 그처럼 우호적이었다고 판단해서는 안 된다. 『성찰의 서』에 나오는 또 다른 이야기는 전쟁으로 인한 상호 간의 증오가 가볍지 않았음을 보여준다. 무슬림 병사에게 살해당한 아들의 복수를 하고자 하는 기독교 여인이 우사마의 무슬림 친구를 죽이려고 하는 순간에 우사마의 프랑크족 친구가 이를 저지해 간신히 목숨을 건진 사건이 있었다. 이 평범한 기독교 여성에게 무슬림은 자식을 죽인 원수이자 섬멸해야 할 이교도 적이었다. 오랜 기간 전쟁으로 서로를 죽이면서 증폭되었던 증오심은 하루아침에 해소될 수 있을 정도로 가벼운 것이 아니었다.

3. 이베리아반도: 갈등의 공간인가?

중세 이베리아반도는 이슬람, 유대교, 기독교 간의 공존을 잘 보여준 곳으로 거론된다. 다양한 민족과 종교 세력들이 이베리아반도에 정착하고 살았기 때문에 그 속에서 공존을 모색할 수밖에 없었을 것이다. 로마제국에 복속되기 전 이베리아반도에는 켈트족이 살고 있었고, 중세 초에는 게르만족의 일파였던 서고트족이 왕국을 세웠다. 8세기 초에는 이슬람이 진출해 이베리아반도 대부분을 차지했고, 기독교 세력은 북쪽으로 쫓겨났다. 이후 11세기 중반까지 이베리아반도를 지배했던 세력은 무슬림이었다. 북쪽으로 밀려났던 기독교 세력은 11세기 중엽부터 이슬람에 대한 반격을 시작했고, 1492년에는 반도의 마지막 이슬람 왕국이었던 그라나다Granada를 정복함으로써 이베리아반도 전체를 장악했다.

다양한 민족과 종교 세력이 이베리아반도를 거쳐 간 덕분에 여러 종교 문화가 혼합된 건축물과 예술품들이 풍성하게 만들어질 수 있었다. 코르도바에 있는 대성당은 원래 이슬람교 사원이었다. 이 성당은 8세기 이슬람식으로 건축된 사원이었는데, 기독교인이 코르도바를 차지한 이후에 성모 마리아 성당으로 바뀐 곳이다. 그런 역사 때문에 이 성당의 기둥은 이슬람 양식으로 되어 있고, 성당 여기저기가 코란의 구절들로 장식되어 있다. 이와 유사한 사례는 세비야에 있는 카스티야 왕 페드로 1세(Pedro I, 재위 1350-1369)의 궁전이다. 기독교 세력은 이곳을 정복한 후 이슬람 성채 위에 궁전을 건설했다. 처음에는 무슬림 양식으로 지어진 이 건축물이 고딕 양식과 르네상스 양식의 옷을 입은 것이다.

11세기 중엽에 시작된 재정복 전쟁은 이슬람교, 기독교, 유대교인들로 하여금 공존할 수 있는 가능성을 찾도록 강요했다. 서로 다른 신앙을 가지고 있었던 사람들이 전쟁으로 인해 같은 공간에 함께 살게 되었기 때문이다. 기독교인들은 새로 정복한 땅에 예전부터 살고 있었던 무슬림과 유대교인들을 전멸시키거나 완전히 쫓아낼 수는 없었다. 소수의 정복자가 다수의 피정복자와 함께 살아야 했기 때문에 타 종교에 대한 유연한 정책을 펼칠 수밖에 없었던 것이다. 기독교 세력들은 정복지에서 무슬림을 추방하기보다는 자치권을 부여해 이주를 적극적으로 장려하기까지 했다. 이러한 정책은 종교적 관용이라기보다는 경제적, 정치적, 군사적 효용가치를 고려한 현실적인 판단에서 나온 것이었다. 에스파냐 말로 "무데하르mudéjar"는 정복 당시 잔류를 허가받은 사람을 지칭했다. 어떤 이유에서였건 간에 당시 이베리아반도에서는 다른 유

코르도바 대성당

럽 국가들에서 찾아볼 수 없는 기독교인들이 무슬림과 유대인의 결혼식에 참석하거나, 무슬림과 함께 동업하는 등의 모습을 볼 수 있었다.

그러나 중세 말로 갈수록 무슬림에 대한 기독교 국가들의 태도는 강경해졌다. 특히 1212년 라스 나바스 데 톨로사Las Navas de Tolosa 전투는 중요한 전환점이었다. 이제 이베리아반도는 이슬람 세력과의 십자군 전쟁에서 승리한 사례로 여겨졌고, 기독교 세력의 선전의 공간이 되었다. 중세 후반 유행했던 『롤랑의 노래』는 이베리아반도에서 무슬림을 물리친 승리를 찬양하는 무훈시이다. 이 시는 카롤루스 대제가 이베리아반도에서 무어인을 물리치고 귀환하는 도중에 후미에 뒤처진 롤랑과 얼마 되지 않는 그의 부대원들이 엄청난 수의 무슬림과 싸우다가 장렬히 전사했다는 이야기다. 이 시는 이베리아반도에서 무슬림을 척결해야 한다는 선전용 시로 활용되었다. 그러나 이 전쟁 프로파간다는 사실과는 거리가 먼 완전히 왜곡된 이야기였다. 프랑크 군대는 이베리아반도에서 패하고 쫓겨 돌아가는 중이었고, 롤랑의 부대는 무슬림 군대와 싸운 것이 아니라 귀환 도중에 북쪽의 바스크인의 습격으로 몰살당했다.

중세 이베리아반도가 무슬림을 척결하는 선전의 공간으로 활용된 또 다른 사례는 '산티아고 마타모로스Santiago Matamoros' 이야기이다. 이 말은 무어인을 척결하는 성자 산티아고라는 뜻이다. 원래 성자 산티아고는 예수 그리스도의 사도였고, 그의 유해는 이베리아반도 북쪽에 위치한 산티아고 콤포스텔라에 묻혔다. 그런 그가 이베리아반도에서 무슬림 척결자라는 별칭을 얻었다. 이슬람과의 전쟁에서 산티아고가 말을 타고 나타나 기독교 군대를 이끌고 무슬림 군대를 물리친다는 이야기가 유럽 전역으로 퍼져 나가면서부터다. 근대에 산티아고는 아메리카 대륙으로 건너가 산티아고 마타인디아노스 즉 아메리카 원주민 척결자라는 또 다른 역할을 맡았다. 산티아고의 이 또 다른 별칭은 아메

산티아고 마타모로스

리카 원주민들을 학살한 에스파냐 정복자들의 만행을 미화한 정치 선전의 구호일 뿐이었다. 이는 기독교 성인을 전쟁 선전도구로 이용한 슬픈 역사였다.

최종적으로 이베리아반도는 공존의 땅이 아니었다. 1492년 에스파냐 왕과 왕비였던 페르난도 2세(Fernando II, 재위 1479-1516)와 이사벨(Isabel, 재위 1479-1504)은 그라나다 왕국을 점령함으로써 재정복을 완성하고, 알함브라 칙령을 반포해 이베리아반도에서 기독교로 개종을 거부하는 유대인을 영구히 추방했다. 당시 추방된 유대인의 수가 7만 5,000명 정도로 추산된다. 1502년에는 카스티야에서 무슬림을, 1521년에는 아라곤과 발렌시아에서 무슬림을 내쫓았다. 17세기 초에는 기독교로 개종한 무슬림도 대거 추방되기 시작했다. 한때 공존의 땅이었던 이베리아반도는 기독교인들만의 배타적 영토로 변해갔다.

4. 시칠리아: 공존의 공간인가?

중세 시칠리아도 이베리아반도와 비슷한 역사적 경험을 했다. 여러 민족과 종교 세력이 시칠리아를 차지하려고 치열하게 싸웠고, 그로 인해 시칠리아의 주인은 자주 바뀌었다. 이런 역사적 경험 덕분에 중세 시칠리아는 문명의 교차로 역할을 했다. 시칠리아가 이런 역할을 맡을 수 있었던 배경은 지리적 위치 때문이었다. 시칠리아섬은 서지중해와 동지중해의 중간에 위치해 있고, 서유럽과 북서아프리카의 중간에 있다. 한마디로 시칠리아섬은 지중해를 동서남북으로 오가는 선박과 상인들에게 교통의 요지였다.

중세 시칠리아섬의 주인은 자주 바뀌었다. 시칠리아는 고대부터 중세 전반까지 꽤 오랫동안 로마제국의 땅이었다. 9세기 초 이슬람의 수중에 들어가기 전까지 로마제국의 후예였던 비잔티움제국의 지배를 받았다. 9세기에 시작된 이슬람의 지배는 11세기 중반까지 지속되었다. 이슬람으로부터 시칠리아를 뺏은 세력은 11세기에 유럽 북쪽에서 내려온 노르만족이었다. 그 후 12세기 말 시칠리아 노르만 왕가가 독일의 호엔슈타우펜 가문과 혼인하게 되면서 이 지중해 섬은 독일인이 지배하게 되었다. 노르만과 호엔슈타우펜 가문의 지배가 끝나고 시칠리아를 차지한 세력은 프랑스의 앙주 가문이었다. 앙주 가문의 지배는 매우 짧았고, 13세기 말부터 시칠리아는 이베리아반도의 아라곤 왕국의 영토가 된다.

중세 시칠리아섬은 특히 노르만 지배 시기에 전성기를 누렸다. 노르만 세력이 이곳을 점령할 당시 시칠리아는 고대 지중해 문명의 유산 그리고 정교 문명과 이슬람 문명의 유산을 간직하고 있었다. 노르만족이 시칠리아섬을 장악했을 때 이러한 역사와 혼합 문명의 요소는 인구 구성에도 드러나 있었다. 대략 25만 명 정도의 무슬림 주민이 시칠리아 인구의 다수를 구성했고, 소수의 유대인과 기독교인이 함께 살고 있었다. 이러한 상황에서 새로운 정복자인 노르만족이 할 수 있는 것은 이슬람을 포용하는 것이었다. 인구의 절대 다수를 차지하는 무슬림을 쫓아내는 것은 현실적으로 불가능했고, 여러 면에서 실익이 없었다. 이러한 상황은 재정복 초기의 이베리아반도 상황과 유사했다. 당연히 서로 다른 문화가 섞이게 마련이었고, 그 결과 비잔티움 양식, 이슬람 양식, 노르만 양식, 고딕 양식 등 다양한 양식의 건축물과 아랍어와 유럽 언어 등 다양한 언어가 혼합된 어휘들이 만들어졌다. 중세 시칠리아에서 작성된 라틴어 문서에는 아랍어에서 들어온 어휘들이 곳곳에 있어 해독하기가 쉽지 않다.

다수의 무슬림인과 소수의 정복자라는 인구 구성 하에서 노르만 왕들은 무슬림에 대해 우호적인 정책을 펼쳤을 뿐만 아니라 이들의 능력과 재원을 적극적으로 활용했다. 무슬림에 대한 노르만 왕들의 태도는 당시 일반 기독교인들의 원성을 살 정도로 매우 우호적이었다. "루제루 2세(Ruggeru II, 재위 1130-1154) 시기의 시칠리아에서는 무슬림들이 진심으로 대우받고 보호받았다. 심지어 프랑크족에 대항하면서까지 루제루 2세는 무슬림을 보호했다. 그래서 무슬림들이 루제루 2세를 매우 사랑했다."라는 말이 나올 정도였다. 루제루 2세는 북아프리카 출신의 무슬림 학자였던 알 이드리시al-Idrisi를 등용해 세계 지도 제작을 맡겼다. 이에 이드리시는 지리학 보고서를 발간했는데 이 책은 알 이드리시의 세계 지도 혹은 루제루의 지도Tabula Rogeriana로 불린다. 이 책은 여러 나라의 지역, 해안, 육지, 만, 바다, 수로 그리고 강을 표시하고, 이를 다시 기후와 풍토에 따라 일곱 개의 권역으로 나누어 설명했다. 책에는 이후 널리 알려지게 될 세계 지도가 포함되어 있었다. 이 책은 기본적으로 이슬람의 지리 정보를 기반으로 만들어진 것이다. 지도의 아래쪽이 북쪽으로 표현되어 있기 때문이다. 북유럽에서 내려온 노르만족 출신의 기독교 가문이 북서아프리카 출신의 무슬림 지리학자에게 세계를 이해하는 지리서 제작을 의뢰했다는 것 자체가 민족과 종교를 넘어선 교류의 증거이기도 하다. 이드리시의 지도는 이후 이슬람 지도 그리고 몽골 시대에 제작된 세계 지도에도 영향을 주게 된다. 루제루 2세 당시 건축된 성당과 건물들도 여러 문화가 혼합되었음을 잘 보여준다. 대표적인 사례가 체팔루Cefalu 대성당이다. 이 성당은 비잔티움 양식의 특징인 모자이크로 장식되어 있으며, 고딕 양식의 흔적도 보인다. 팔레르모의 은수자 요한 성당도 루제루 2세 시절 건축된 성당으로, 이슬람 양식과 고딕 양식으로 되어 있다.

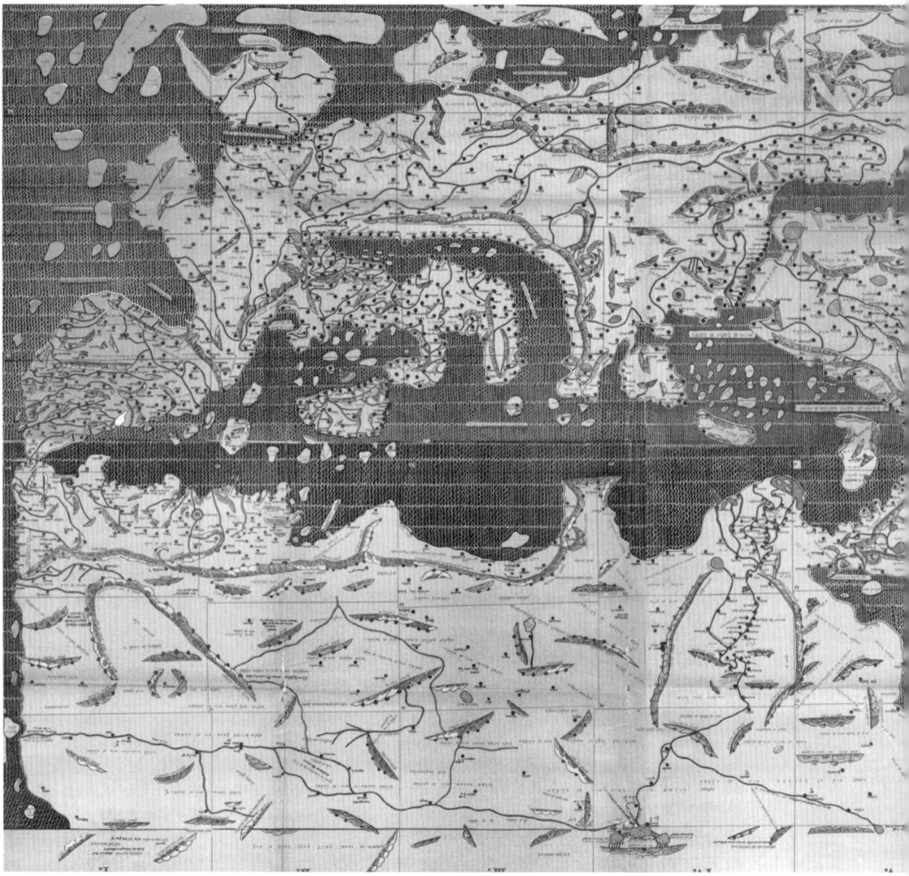

알 이드리시의 지도, 1154년

노르만족과 호엔슈타우펜의 피를 이어받은 프리드리히 2세도 무슬림을 궁정에 등용했을 뿐만 아니라 이슬람 세계와 적극적으로 교류했다. 이런 연유로 정치적으로 적대적인 관계에 있었던 교황은 무슬림에 대해서 호의적인 프리드리히 2세를 세례받은 술탄이라 비난하기도 했다. 그러나 프리드리히 2세에 대한 후대 역사가들의 평가는 매우 후하다. 19세기에 『이탈리아 르네상스 문화*Die Kultur der Renaissance in Italien*』

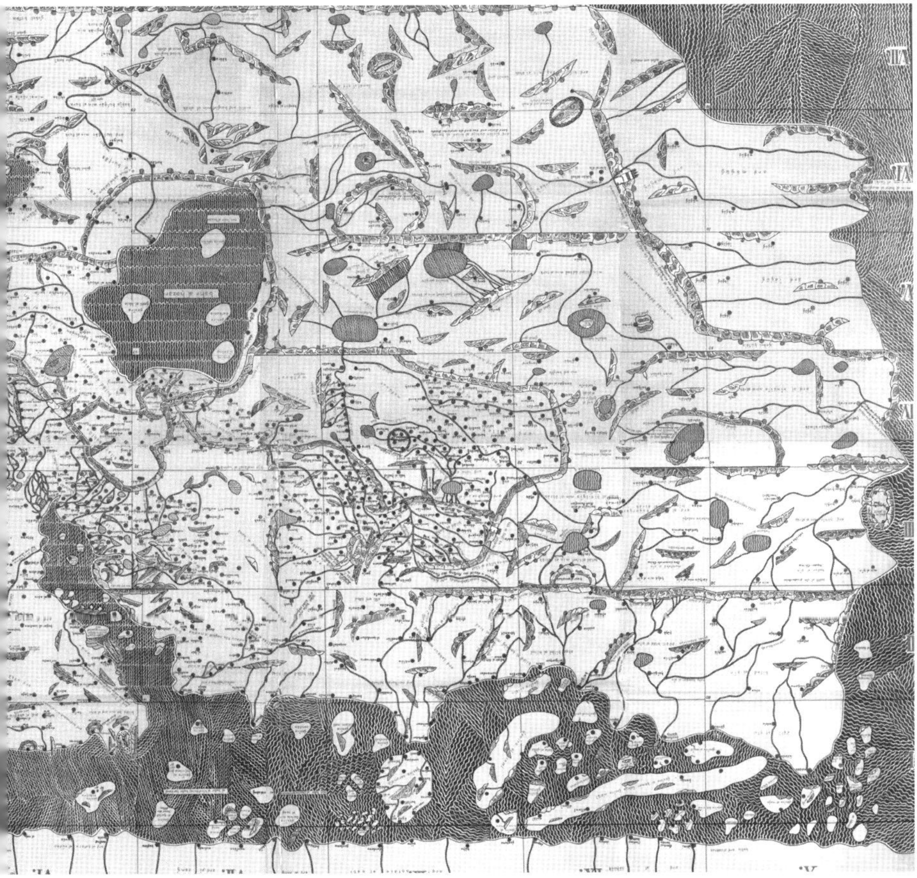

를 저술한 야콥 부르크하르트Jacob Burckhardt는 그를 중세 유럽 기독교 왕 중에 최초의 근대인이라 평가했다. 니체는 그를 독일에서 가장 위대하고 자유로운 영혼을 가진 인물이었다고 말했다. 니체에게 프리드리히 2세는 중세 기독교의 틀에 갇혀 있지 않고, 이슬람교를 포함한 다양한 종교와 문화에 대해서 열린 마음을 가지고 있었던 왕이었다. 실제로 그는 무슬림 병사들을 두고 있었고, 술탄 살라딘과 전쟁이 아닌 협상을

통해 예루살렘을 회복하기도 했다. 이 사건을 두고 기독교 세계는 그가 술탄과 야합했다고 목소리를 높여 비난했다. 또한 그는 이슬람 학문에 대해 호기심과 열정이 많아 여러 책을 저술하기도 했다.

무슬림에 대한 노르만 왕조의 우호적인 정책과 여러 종교권의 예술 양식이 혼합된 건축물들은 중세 시칠리아를 종교 간의 공존과 문명 융합의 용광로로 보게 만든다. 하지만 조금 더 긴 시간과 관점에서 바라보면 다른 모습이 보인다. 노르만 왕조가 시칠리아를 지배하는 동안 섬의 무슬림 인구가 크게 감소했다는 사실을 보게 될 것이다. 역사가들의 추정에 따르면 한 세기 동안 시칠리아에서 무슬림 인구의 80%가 줄어들었다. 노르만족이 섬을 정복하자 부유한 무슬림들은 북아프리카의 이슬람 국가로 망명했고, 여력이 되지 않았던 하층 무슬림들이 주로 시칠리아에 잔류하게 되었다. 그들은 소수 기독교인의 지배를 감내하고 살았지만, 때론 반란을 일으키기도 했다. 이러한 상황에서 1150년대부터는 노르만인들은 실용적인 노선을 버리고 무슬림들에게 기독교로의 개종을 강요했고, 때론 무슬림에 대한 조직적인 학살을 자행하기도 했다. 무슬림에게 우호적이었던 루제루 2세도 말년에는 기독교화 정책을 시행했다.

무슬림과 기독교인 노르만 지배자들 사이의 갈등과 무슬림의 반란을 해결하기 위해 결국 프리드리히 2세는 약 2만 명 정도의 무슬림을 강제로 본토의 이탈리아 도시 루체라로 이주시켰다. 현재 기준으로 보면 많지 않은 규모이지만 당시 기준으로는 엄청난 규모의 이동이었다. 물론 강제 이주였지만 프리드리히 2세는 기독교 영토 한가운데 내쳐진 무슬림을 적극적으로 보호했고 상당한 수준의 자치도 허용했다. 그 덕분에 무슬림 병사들은 프리드리히 2세의 정예부대가 되었고, 주군이 이탈리아반도에서 다른 기독교 군대와 싸울 때 충성스러운 군대로 활약했다. 13세기 중엽에 이곳을 방문한 이집트 대사는 기독교 영토 한가운데 있는 무슬림 공동체가 평화롭게 살고 있는 모습을 보고 놀라워하며 이렇게 이야기한다. "무슬림들이 공개적으로 이슬람 예배를 드리고, 왕국 내 높은 지위에 오른 것을 보고 깜짝 놀랐다."

프리드리히 2세가 만들어낸 공존의 공간은 분명 중세 지중해 역사에서 매우 예외적인 모습이다. 이슬람과의 활발한 교류와 접촉, 이슬람 문화에 대한 이해, 무슬림에 대한 우호적인 정책 등은 종교 간의 화합과 공존을 증명한다. 그렇지만 이러한 공존은 다른 종교와 문화에 대한 관용에서 나온 것이라기보다는 다수의 무슬림과 소수의 정복자라는 인구 구성에 기인한 것일 수도 있다. 그리고 최종적으로 한 세기 동안 시칠리아섬에서 무슬림 인구가 격감했다는 사실 또한 평화로운 공존이 오래가지 않았거나, 겉으로 보이는 공존 이면에 뿌리 깊은 갈등이 도사리고 있었음을 암시한다.

그나마 기독교 세계 한가운데 고립된 프리드리히 2세 치하의 무슬림 도시는 프랑스 출신의 앙주 가문의 수중에 들어가면서 점진적으로 기독교 도시로 바뀌었다. 초기 정복 과정에서 무슬림들의 저항과 반란이 있었지만 앙주 가문은 무슬림 공동체를 완전히 파괴하지 않았다. 그러나 13세기 말에 이르면 상황은 더 나빠졌다. 기독교 영토 한가운데 있는 무슬림들을 기독교 신앙으로 개종시키라는 목소리가 높아지고 있었다. 수천 명의 유대인에게 개종을 강요하기도 했다. 결국 1300년 앙주 가문의 샤를 2세(Charles II, 재위 1285-1309)는 기독교 신앙심을 고취하고자 이 무슬림 도시를 파괴하라는 명령을 내렸다. 그는 지역 관리 조반니 피피노Giovanni Pipino에게 8주 내로 개종하지 않은 무슬림을 모두 제거할 수 있는 권한을 부여했다. 조반니는 병사를 이끌고 무슬림을 집단적으로 학살했고, 이슬람 사원과 학교도 파괴했다.

갈등과 공존의 세계에 대해 논하고 있는 이 장에서 배울 수 있는 역사적 교훈은 타자에 대한 이해, 관용은 쉽게 얻어지지 않는다는 것이다. 안타깝게도 중세 지중해 세계에서 기독교와 이슬람은 서로에 대해 배우고, 더 나아가 서로를 이해하고 평화롭고 우호적인 관계를 수립하는 데 최종적으로 실패했다고 말할 수밖에 없다. 신앙의 바다라 불리는 지중해 세계에서 여러 종교는 타 종교에 대한 이해와 관용보다는 오해, 갈등 그리고 때로는 증오, 전쟁 등의 부정적인 감정을 부추겼다. 어떤 역사가는 지중해 세계에서 십자군 전쟁과 지하드가 영원히 끝나지 않을 것 같다는 우울한 전망을 했다. 고대 그리스 신화 이야기 속에서 아가멤논이 딸을 희생 제물로 바친 것처럼 종교는 악행을 부추길 수 있다. 그런 점에서 종교는 인류의 도덕적 진보에 기여한 것이 없다는 마이클 셔머Michael Shermer의 지적은 크게 틀리지 않는 것 같다.

앞에서 살펴본 중세 이베리아반도와 시칠리아섬의 역사가 보여주듯이 이후 기독교 세계에서 이슬람과 유대교의 흔적은 점진적으로 옅어져 갔다. 시간이 갈수록 기독교 세계는 자신들의 역사적 유산과 기억 속에서 무슬림과 유대인의 존재와 그들의 유산을 지워버렸다. 오늘날 유럽에서는 무슬림들이 수백 년 동안 이베리아반도와 시칠리아섬의 주인이었던 사실을 애써 기억하려고 하지 않는다. 그 결과 현대 유럽인들은 유럽을 인종적으로 백인종이, 종교적으로 기독교인들이 거주하는 공간으로 이해하게 되었다. 그렇기에 제국주의 시대 이후 서유럽 세계로 유입되는 무슬림 이민자들이 종교적으로 낯선 이방인일 뿐만 아니라 기독교 유럽의 죽음을 초래할 공포로 느껴지는 것이다.

4장

패권의 변화와 지중해 세계

1. 중세 말 새로운 강자의 부상

중세 말 지중해 세계에서 새로운 패권 세력이 등장했다. 동지중해에서는 오스만제국이, 서지중해에서는 에스파냐가 새로운 강자로 부상했다. 13세기 말에만 해도 소아시아반도의 작은 나라였던 오스만 튀르크가 이후 지중해 패권을 다투는 강대국으로 성장할 줄은 아무도 예상하지 못했을 것이다. 이슬람 초기 팽창에 비견할 수는 없지만 오스만 튀르크는 200년 동안 지중해 지역의 반을 차지함으로써 이슬람 세계를 대표하는 패권 국가로 부상했다. 부르사를 수도로 잡은 오스만 튀르크는 이미 14세기에 소아시아를 넘어 발칸반도로 영토를 확장했다. 1354년 갈리폴리를 정복하면서 유럽 진출의 교두보를 확보했으며, 1362년에는 트라키아를 정복하고 아드리아노플을 장악한 후 이곳을 새로운 수도로 삼았다. 수도 이전은 유럽으로 영토를 확장하겠다는 강력한 의지의 표명이었다.

이제 유럽과 오스만제국의 대결이 본격화되었다. 1389년 오스만 술탄 무라트 1세(Murat I, 재위 1362–1389)는 코소보에서 기독교 연합 세력으로 구성된 발칸 동맹군을 물리치고 대승을 거뒀다. 유럽으로 세력을 확장하는 오스만 튀르크에 맞서 유럽 기독교 세계는 니코폴리스 십자군 원정대를 결성했다. 십자군은 헝가리 왕 지기스문트(Sigismund, 재위 1387–1437, 신성로마제국 황제 재위 1433–1437)의 지휘하에 육로를 통해 도나우로 진격했고, 제노바와 베네치아 함대는 흑해를 통해 도나우강을 거슬러 올라갔다. 오스만 군대는 1396년 니코폴리스 전투에서 십자군에게 모욕적인 패배를 안겨주었다. 계속된 승리로 오스만 튀르크는 14세기 말에는 불가리아, 세르비아, 알바니아, 현재의 그리스 북부 지방까지 장악하게 되었다.

유럽 기독교 세계에서는 오스만의 팽창을 저지할 만한 세력이 없어 보였다. 오스만 튀르크가 비잔티움제국을 무너뜨리는 것은 시간문제였다. 그런데 그때 오스만 튀르크는 동쪽에서 온 몽골의 후예를 자처한 티무르에게 참패를 당했다. 게다가 오스만 술탄 바예지드 1세는 이 전쟁, 즉 1402년 앙카라 전투에서 포로로 잡혀 얼마 후 사망했다. 티무르 덕분에 비잔티움제국은 숨 돌릴 여유를 얻었다.

하지만 오스만 튀르크는 반세기 만에 기세를 회복했고, 1453년 5월 29일 오스만 술탄 메흐메드 2세는 비잔티움제국의 천 년의 수도였던 콘스탄티노폴리스에 입성했다. 그는 이곳을 새로운 수도로 삼았고, 이 도시는 이후 이스탄불로 불리게 된다. 콘스탄티노폴리스를 정복한 젊은 술탄은 발칸반도, 흑해 연안, 그리스 전역에 대한 지배권을 견고하게 다졌다. 1477년 오스만 군대는 베네치아를 목표로 북부 이탈리아의 프리울리와 달마티아까지 진격해 들어왔다. 1480년에는 이탈리아 남부의 오트란토를 확보하기도 했다. 오스만제국은 흑해, 에게해, 아드리아해 등지의 바다에서도 기존의 해상 세력이었던 베네치아와 제노바의 주요 거점들을 점령하고 동지중해에서 새로운 해상 강자로 부상했다.

오스만제국의 팽창은 메흐메드 2세 이후에도 계속되었다. 1517년 술탄 셀림 1세(Selim I, 재위 1512-1520)는 맘루크제국을 정복함으로써 영토를 2배로 확장했다. 그의 아들 쉴레이만 대제(Süleyman, 재위 1520-1566)는 1521년 베오그라드를 정복했고, 1526년에는 모하치 전투에서 헝가리 군대를 물리쳤다. 1529년에는 빈까지 공격해 들어갔지만 최종적으로 빈 함락에 실패했다. 유럽으로의 팽창은 멈췄지만 당시 오스만제국의 영토는 동유럽의 헝가리에서 북아프리카의 리비아까지 뻗어 있었다.

서지중해에서는 에스파냐가 새로운 강자로 부상했다. 1571년 오스만제국과 지중해 제해권을 두고 레판토에서 해전을 벌였던 에스파냐의 성장 이야기는 이베리아반도에서 시작된 재정복 전쟁까지 거슬러 올라간다. 재정복 사업을 주도했던 카스티야와 아라곤 왕국은 1469년 카스티야의 여왕 이사벨과 아라곤의 왕 페르난도의 결혼으로 결속을 다졌고, 1474년에는 통합되어 에스파냐가 되었다. 오스만제국의 경우와 비슷하게 아라곤 왕국은 13세기 말 이후 본격적인 팽창을 시작했다. 1302년 아라곤 왕가의 방계 가문이 시칠리아를 장악함으로써 아라곤 세력은 서지중해에서의 팽창을 위한 교두보를 확보했다. 아라곤의 대표적인 항구 도시 바르셀로나는 중세 말 서지중해 무역에서 주도권을 잡았고, 바르셀로나 상인들은 동지중해 무역에도 적극적으로 뛰어들어 기존의 이탈리아 상인들과 경쟁했다. 바르셀로나는 동지중해 무역에서 베네치아와 제노바에 이어 3위를 차지할 정도로 성장했다. 바르셀로나를 중심으로 한 카탈루냐 선박들은 지중해와 대서양을 정기적으로 오가면서 상품을 수송했다.

1442년 아라곤의 알폰소 5세(Alfonso V, 재위 1416-1458)는 시칠리아뿐만 아니라 남부 이탈리아의 나폴리 왕국을 장악하고, 스스로를 양 시칠리아 왕국의 왕으로 칭했다. 통일된 에스파냐 왕국의 페르난도와 이사벨은 1492년 이베리아반도 남부의 이슬람 세력인 그라나다 왕국을 점령했다. 공동왕의 그라나다 왕국 정복은 오스만제국의 술탄 메흐메드 2세의 비잔티움제국 정복에 비견할 만했다. 그런 점에서 중세 말 기독교와 이슬람 세력은 힘의 균형을 유지했다. 또한 1492년은 에스파냐의 역사에 중요한 전환점이었다. 그 해 에스파냐 왕실의 후원을 받은 제노바 출신의 콜럼버스가 신대륙에 도착했고, 그 덕분에 에스파냐는 신대륙의 지배자가 될 수 있었다. 16세기 초 에스파냐 왕국은 오랑, 베자이아, 트리폴리 등 북서아프리카의 여러 상업 중심지를 확보했다. 1516년 에스파냐 왕위는 공동왕의 딸이었던 후아나(Juana, 재위 1516-1555)와 그녀의 아들로서 네덜란드 통치자이자 합스부르크 가문의 계승자였던 카를로스(Carlos I, 재위 1516-1556)에게 돌아갔고, 카를로스는 1519년 신성로마제국 황제 카를 5세(Karl V, 재위 1519-1556)가 되었다. 1555-1556년 카를 5세는 에스파냐, 네덜란드, 신대륙을 아들 펠리페 2세(Felipe II, 재위 1556-1598)에게 물려주었다. 펠리페 2세는 무적함대를 만들었고, 1571년 오스만제국과의 레판토 해전에서도 승리했다. 한마디로 16세기는 에스파냐 왕국의 위대한 세기였다.

그러나 오스만제국의 시대 역시 여전히 빛을 잃지 않고 있었다. 오스만에 의한 비잔티움 몰락과 아메리카 대륙으로 가는 항로의 발견이 이 시대의 향방을 가르는 중요한 사건들이라고 말하는 역사가들이 있다. 이제 이 사건들을 면밀히 검토할 차례다.

2. 오스만의 팽창이 지중해 교류에 미친 영향

1453년 5월 28일 마지막 황제 콘스탄티누스 11세(Constantinus XI Palaiologos, 재위 1449~1453)와 그리스인들의 영웅적인 저항에도 불구하고 비잔티움제국은 오스만제국에 정복당했다. 그리스인들 다음으로 비잔티움제국이 몰락하면 가장 큰 손해를 입게 될 제노바와 베네치아는 무너지는 제국을 돕는 데 적극적이지 않았다. 베네치아 함대는 너무 늦게 출발했다. 그들은 대세를 바꾸기 어렵다고 판단했다. 비잔티움제국의 몰락은 중세 지중해 세계의 종말을 알리는 신호였을까? 동지중해의 새로운 강자로 부상한 오스만제국이 비잔티움제국을 정복함으로써 세 문명이 각축을 벌였던 중세 지중해 교류의 역사는 끝났다고 할 수도 있다. 그래서 비잔티움제국의 몰락은 종종 중세의 끝이자 새로운 시대인 근대의 시작으로 이야기되기도 한다. 서로마제국의 몰락을 중세의 시작으로, 또 그 후예인 비잔티움제국의 몰락을 중세의 끝으로 잡는 것은 지중해 역사에서 로마제국의 의미가 컸음을 시사한다. 다른 한편으로는 이 사건을 중세의 종말로 잡는 것은 그만큼 이 사건이 지중해에 큰 영향을 미치는 구조적 변화를 초래했다는 의미일 것이다.

하지만 비잔티움제국의 몰락이 새로운 시대의 시작점으로 이야기될 만큼 큰 변혁을 가져왔다고 말하기는 어렵다. 물론 1000년 이상 존속했던 로마제국의 멸망은 당시 서유럽 기독교 세계를 충격에 몰아넣기에 충분했다. 훗날 교황 피우스 2세가 된 인문주의자 피콜로미니는 비잔티움제국의 몰락은 “교회의 두 눈 중 하나를 잃은 것과 같다.”라면서 통탄했다. 오스만제국에 맞서 십자군을 결성하자는 목소리가 여기저기서 터져 나왔다.

당시 서유럽 기독교인들이 비잔티움제국의 몰락을 엄청난 재앙으로 생각한 것처럼, 후대의 몇몇 역사가도 이 사건이 지중해 교역에 엄청난 충격을 주었다고 주장한다. 19세기 말 영국 역사가 로저스Thorold Rogers는 "오스만 튀르크가 비잔티움제국을 무너뜨림으로써 하나를 제외한 모든 동서 교역로를 막아버렸고, 술탄 술레이만이 이집트마저 정복하게 되면서 아시아 상품들이 유럽으로 들어오는 마지막 교역로마저 차단했다."라고 주장한다. 그는 더 나아가 오스만은 풍요로웠던 지역들을 사막으로 만들어버렸고, 술레이만은 튀르크인들의 모든 악을 대변하는 화신이라고까지 말했다. 이러한 근거도 없고 터무니없는 비방에 가까운 주장은 오늘날까지도 완전히 사라지지 않고 계속된다. 비슷한 맥락의 주장에 따르면 오스만제국이 비잔티움제국을 무너뜨리고 동지중해를 통한 향신료 교역로를 막아버렸고, 그로 인해 15세기 후반 서유럽으로 향신료 수입이 제대로 이루어지지 못했다. 향신료 수입의 급감은 가격 상승으로 이어졌고, 이러한 상황을 타개하기 위해 포르투갈과 에스파냐가 향신료 생산지인 인도양으로 가는 항로를 개척하게 되었다는 것이다. 그러나 이러한 주장 역시 역사적 사실에 부합하지 않는다.

우선 오스만제국이 정복한 비잔티움제국은 아시아 향신료가 서유럽으로 수입되는 중요한 교역로가 아니었다. 고대부터 중세 말까지 후추 등의 아시아 향신료는 주로 홍해를 통해 지중해로 들어왔고, 다시 서유럽으로 팔려나갔다. 중세 말 이탈리아 상선들은 이집트의 알렉산드리아와 시리아의 베이루트 항구에서 향신료를 선적해 이를 서지중해로 수송했다. 당시 이집트와 시리아는 오스만제국의 영토가 아니라 또 다른 이슬람 국가인 맘루크의 영토였다. 이러한 무역 구조하에서 콘스탄티노폴리스는 서유럽에 향신료를 공급하는 도매 시장이 아니었고, 서유럽처럼 알렉산드리아와 베이루트로부터 향신료를 공급받았다. 그래서 오스만제국이 비잔티움제국을 정복했다고 해서 향신료 수입이 중단

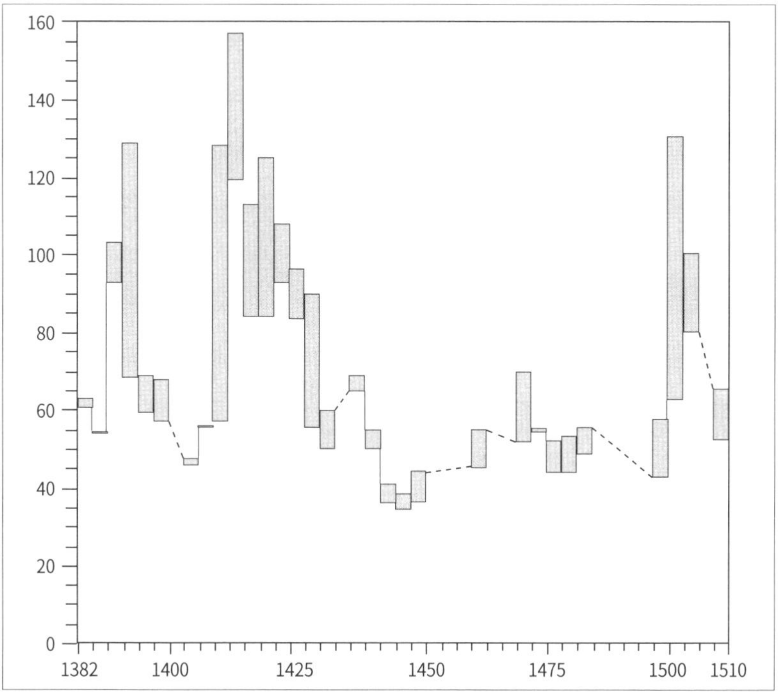

15세기 향신료 가격 동향
출처: Frederic C. Lane, *Venice, A maritime Republic*, JHUP, 1973

될 이유가 없었다. 1492년 뉘른베르크 출신의 지리학자 마르틴 베하임 Martin Behaim이 제작한 지구의에는 인도의 향신료가 지중해를 거쳐 뉘른베르크까지 전달되는 과정을 상세하게 설명하고 있는데, 여기에서도 홍해를 통해 아시아 향신료가 지중해로 들어오고, 베네치아 선박들이 알렉산드리아 항구에서 향신료를 선적해 서지중해로 수송했다고 설명한다. 1453년 콘스탄티노폴리스 함락 직후 동지중해의 불안정한 정세로 인해 베네치아 상인들은 동지중해로의 항해와 사업을 일시적으로 꺼렸다. 하지만 이런 상황은 오래가지 않았고, 향신료 수송을 전담하는 알렉산드리아행 갤리선단은 1455년부터 운항을 재개했다. 수송단의 규모는 1453년 이전보다 컸다.

15세기 후반 향신료 수입이 중단되지도 않았고 이전 시기와 비교해 적지 않은 양이 서유럽으로 들어왔기 때문에 향신료의 가격은 상승하지 않았다. 여러 연구를 통해 15세기 향신료 가격의 동향이 밝혀졌다. 오스만제국이 비잔티움제국을 정복한 1453년 이후 향신료 가격이 눈에 띄게 상승하거나 상승세가 유지되지도 않았고, 오히려 15세기 후반 세기의 전체적인 가격 동향은 하락 안정화 추세였다. 1500년대 초에 잠깐 향신료 가격이 급등하는 것은 베네치아와 오스만의 2차 전쟁, 더 정확하게 말하자면 1499년부터 1503년까지의 전쟁으로 인한 무역 중단 사태 때문이다. 이 역시 일시적인 현상이었을 뿐이다.

사실 오스만은 동서 교역을 막기보다는 촉진하려고 했다. 물론 1453년 전쟁은 일시적이기는 했지만 동지중해 교역을 중단시키긴 했다. 전쟁이 종결되고 1년 후인 1454년에도 베네치아 상인들은 동지중해 수송에 투자를 꺼렸다. 그러나 동지중해 교역이 정상화되는 데에는 오랜 시간이 걸리지 않았다. 정복자 술탄 메흐메드 2세는 정복을 마무리하자마자 서유럽과의 교역을 정상화하려고 신속한 조치를 단행했다. 술탄은 1453년 5월 30일 제노바 상인들에게 페라와 다른 오스만제국 영토에서 자유로운 상품 거래를 할 수 있는 권한, 관세 면제, 제노바 상인 간의 분쟁을 스스로 처리할 수 있는 사법권을 보장했고, 석 달 내로 콘스탄티노폴리스로 귀환하면 빼앗긴 재산과 상품을 돌려받을 수 있도록 하겠다고 약속했다. 1454년 4월 18일 포고령으로 베네치아 상인들에게도 이런 혜택을 보장했다. 물론 비잔티움제국 시절 제노바와 베네치아 상인들이 누렸던 특혜와 우월한 입지를 모두 회복할 수는 없었겠지만, 오스만제국은 이탈리아 상인들을 다시 불러들이기 위해서 나름의 최선을 다했다. 오스만제국은 결코 동지중해 교역로를 차단하지 않았다. 오스만제국은 교역을 적극적으로 장려했을 뿐만 아니라 15세기 후반 술탄의 궁정은 서유럽 학자들을 끌어들이는 문화 교류의 장이 되었다.

오스만제국이 콘스탄티노폴리스를 정복한 사건이 초래한 변화가 있었다면, 그중 하나는 인적 이동이었다. 얼마나 많은 그리스인이 서유럽 기독교 세계로 망명했는지 정확히 알 수는 없다. 일부 비잔티움 고위층들은 1453년 5월 29일 제노바 선박에 승선해 탈출했다. 제노바 선박에 승선했던 승객 목록이 남아 있는데, 그 목록에는 황실 가문과 고위층 일부가 포함되어 있었다. 어쨌든 재력과 영향력을 가지고 있었던 사람들은 콘스탄티노폴리스가 무너지기 전 이미 가족과 재산을 안전하게 이탈리아로 피신시켰다. 학자들도 콘스탄티노폴리스 함락 이전 서유럽 특히 이탈리아로 망명하기 시작했고, 이탈리아에서 그리스어와 그리스 고전 연구를 촉진했다. 일부 알바니아인들과 아르메니아인들은 남부 이탈리아에 정착했다.

이주는 반대 방향으로도 진행되었다. 서지중해에서 벌어진 패권 변화, 즉 에스파냐의 성장이 유대인과 이슬람교도들의 강제 이주를 초래했기 때문이다. 에스파냐는 1492년 공식적으로 기독교로의 개종을 거부하는 유대인을 강제 추방했고, 10년 후에는 카스티야와 그라나다 지역의 이슬람교도들을 쫓아냈다. 이렇게 추방당한 유대인 상당수가 오스만제국으로 이주했고, 그곳에서 모직물과 비단을 제작하거나, 라틴어, 그리스어, 히브리어 문자를 인쇄할 수 있는 인쇄소를 설립하거나 술탄에게 필요한 정보와 기술을 제공하기도 했다. 반면 아라곤과 발렌시아에서는 이슬람인에 대해 상대적으로 관대한 정책을 펼쳤다. 그렇지만 1609년 펠리페 3세(Felipe III, 재위 1598-1621)는 가톨릭으로 개종했지만 여전히 이슬람교도로 의심받았던 모리스코Morisco 추방령을 내렸고, 그 결과 1614년까지 30만 명에 이르는 모리스코들이 이베리아반도를 떠났다. 이슬람에서 기독교로 개종한 사람을 모리스코라 불렀다. 이 새로운 디아스포라는 지중해 세계의 민족적 균형을 흔들어놓았다.

비잔티움제국 출신의 인문주의자이자 신학자였던 요하네스 베사리온Johannes Bessarion은 이탈리아에 정착한 그리스인 망명객이었다. 그는 소아시아 트라브존에서 출생해 콘스탄티노폴리스에서 교육을 받았으며, 1438년 비잔티움제국 사절단의 일원으로 피렌체 공의회에 참석했다. 콘스탄티노폴리스로 돌아온 후 그는 공의회에서 교황 에우게니우스 4세와 서유럽 가톨릭의 입장을 지지했다는 이유로 비판을 받았고, 제국 수도가 함락되자 이탈리아로 망명했다. 콘스탄티노폴리스 몰락 후 그는 그리스 고전 작품을 구하려고 안간힘을 썼다. 그는 자신의 고향이자 조국이었던 비잔티움제국을 구할 십자군을 호소했다. 그러나 그런 희망과 가능성이 사그라들자, 그리스어와 아랍어 장서 수집과 연구에 열정을 쏟았다. 그 덕분에 그는 서유럽 세계에서 그리스 제일의 학자라는 명성을 얻었고, 젊은 학자들이 그의 제자가 되었다. 그는 1468년 1,100권에 달하는 방대한 수집품을 베네치아 공화국에 기증함으로써 오랫동안 잃어버렸거나 알려지지 않은 그리스어와 아랍어로 된 작품들을 서유럽에 소개하는 교량 역할을 했다. 그는 로마에 거주했지만, 제2의 고향으로 베네치아를 좋아했다.

"내 고향 그리스 사람들에게 귀 도시는 더없이 편하고 좋은 곳입니다. 온 지구상의 거의 모든 민족이 수없이 귀 도시로 모여들고 있지만, 그중에서도 그리스인이 수적으로 가장 많습니다. 그리스인들이 항해할 때 제일 먼저 상륙하는 곳이 베네치아인데, 귀 도시에 발을 들여놓을 때면 마치 또 하나의 콘스탄티노폴리스로 들어서는 느낌입니다. [중략] 그래서 나는 모든 책을 귀 도시에서 가장 축복받은 산마르코 성당에 기증하려고 합니다. 이렇게 해야만 나를 받아준 귀 도시의 후의에 대한 의무를 다하는 것 같습니다."라고 그는 이야기했다(자린, 2003).

비잔티움제국 없는 베네치아를 상상할 수 없듯이, 중세 말 베네치아는 비잔티움과 오랜 교류와 접촉을 통해 비잔티움제국을 닮아갔다. 비잔티움제국과의 교역 그리고 약탈로 엄청난 부를 챙겼던 베네치아는 콘스탄티노폴리스 몰락 후 갈 데가 없었던 그리스 망명자들을 외면하지 않았다. 그 덕분에 망명한 비잔티움제국 출신의 학자가 베네치아를 제2의 고향으로 생각할 수 있었다. 4차 십자군 당시 베네치아인들은 콘스탄티노폴리스에서 약탈한 엄청난 양의 보물로 산마르코 성당과 베네치아를 치장했다. 이제 망명한 그리스인들이 자신들의 지적 보물을 자발적으로 베네치아에 바쳤다. 1478년 베네치아에 거주하는 그리스인들은 4,000명에 이르렀다. 그나마 이렇게 해서 베네치아는 그리스인들에게 했던 지난 잘못을 조금이나마 갚았다.

유럽 역사가들은 오스만제국이 비잔티움제국을 정복한 사건보다 서유럽이 아메리카와 인도 항로를 개척한 것을 더 중요한 사건으로 다루는 경향이 있다. 유럽 역사가들의 무관심에도 불구하고 오스만의 비잔티움제국 정복은 지중해 패권 변화를 초래한 중요한 역사적 사건임이 분명하다. 그러나 이 사건은 교류와 접촉이라는 측면에서 볼 때 근본적인 변화를 초래하지는 않았다. 비잔티움제국이라는 정치 체제는 사라졌지만, 정교 문명은 존속했고, 지중해를 통한 교류와 접촉은 중단되지 않고 계속되었다.

3. 인도 항로 개척이 지중해 무역에 미친 영향

오스만제국과 에스파냐제국의 성장 못지않게 15세기 말 지중해 세계의 큰 변화를 불러일으킨 것은 서지중해 끝에 위치한 포르투갈이었다. 포르투갈은 두 제국에 비해 소국이었지만, 새로운 대륙으로 가는 항로 개척에는 선두주자였다. 15세기 중엽 포르투갈의 왕자 엔히크(Henrique, 재위 1415-1460)는 해양 진출 사업을 적극적으로 후원했다. 특히 아프리카 해안을 따라 더 남쪽으로의 탐험을 후원했다. 최종적으로 포르투갈 왕실의 해양 사업은 인도로 가는 해로의 개척이라는 위대한 성과로 이어졌다.

1499년 여름 포르투갈 왕국의 선단이 인도에 도착했다는 소식은 베네치아에 큰 파장을 불러일으켰다. 지중해 향신료 무역을 주도했던 베네치아가 망할 거라는 암울한 전망이 베네치아에 팽배했다. 베네치아 귀족 지롤라모 프리울리Girolamo Priuli는 1499년 8월 초 일기에서 세 척의 포르투갈 선박이 인도 캘리컷에 도착했고, 선장은 콜럼버스라는 소식을 들었다고 기록했다. 그는 만약 이 소식이 사실이라면 베네치아의 명운에 이보다 더 중요한 사건은 없을 것이라고 말하면서 이것이 사실이 아니기를 빌었다. 하지만 선장이 콜럼버스가 아니라 바스쿠 다가마라는 사실을 제외하면 이 소식은 정확했다. 지롤라모는 1501년 7월 일기에서 인도 항로 개척이 신생아에게 엄마 젖을 빼앗는 것과 같다고 말하면서, 이 사건이 베네치아 무역의 근간을 흔들 수도 있다는 침통한 전망을 제시했다. 1503년 카이로 주재 베네치아 대사는 이 사건이 베네치아에 큰 해를 끼칠 것이라고 본국에 보고했다. 1504년 베네치아 갤리선단은 알렉산드리아와 베이루트 항구에서 향신료를 거의 선적하지 못했다. 1516년 피렌체 출신의 안드레아 코르살리Andrea Corsali는 포르투갈이 인도양에서 이슬람 세계로 통하는 교역로를 차단해서 카이로와 베네치아로 향신료가 들어오지 않았다고 증언했다.

19세기 이후 많은 역사가들이 바스쿠 다가마의 인도 항로 개척으로 향신료 무역을 포함한 지중해 무역은 전반적으로 쇠퇴했고, 그 결과 유럽 상업의 중심은 지중해에서 대서양으로 옮겨갔다고 해석했다. 이러한 해석에 공감하는 몇몇 역사가들은 인도 항로는 지중해를 통과하는 무역로와 비교하면 여러 면에서 우위에 있었고, 그 결과 인도 항로가 지중해 노선을 대체했다고 주장했다. 하지만 이러한 주장을 반박하는 역사가들도 있다. 19세기 말 일부 독일 학자들의 반박에 따르면, 인도 항로 개척이 지중해를 통하는 향신료 무역에 결정적인 타격을 입히지 못했고, 독일은 16세기에도 이전 시기처럼 베네치아로부터 향신료를 구매했다는 것이다. 20세기에 들어서 레인F. C. Lane, 고디뉴V. M. Godinho, 브로델F. Braudel, 스틴스고르N. Steensgaard 등의 역사가들은 이러한 견해를 받아들였고, 레인과 브로델은 16세기 중엽 지중해 향신료 무역이 부활했고, 인도 항로 개척 이전 시기보다 더 많은 향신료가 지중해를 통해 유럽으로 수입되었음을 밝혔다.

그럼에도 불구하고 인도 항로 개척이 지중해 무역에 타격을 주었다는 주장은 여전히 사라지지 않고 있다. 따라서 포르투갈의 인도 항로 개척의 영향이 실제로 어떠했는지 구체적으로 살펴볼 필요가 있다. 당시 베네치아 상인 대다수가 염려한 것처럼 포르투갈의 인도 항로 개척은 지중해 향신료 무역에 큰 타격을 주었다. 1502년 베네치아는 향신료 특별위원회를 조직해 포르투갈의 신항로 개척에 대응했다. 위원회의 궁극적인 목적은 포르투갈의 인도 사업을 중단시키는 것이었다. 이를 위해 베네치아는 맘루크제국의 술탄에게 특사를 파견해 포르투갈의 인도 항로 개척이 맘루크제국에도 큰 손해를 입힐 수도 있기에 공동으로 대응하자고 제안했다. 특히 포르투갈 선단을 인도양에서 신속히 쫓아내달라고 요청했다. 하지만 맘루크제국은 인도양에서 포르투갈 세력을 몰아낼 수 있을 만큼 충분한 해상력을 보유하고 있지 못했다. 오히려 1509년 포르투갈 함대는 아라비아해 근처의 디우 해전에서 맘루크 함대를 격파했다. 이 해전에는 포르투갈과 맘루크 이외에도 인도양 향신료 무역에 이해관계를 가지고 있는 세력들이 함께 참여했다. 인도 북부 구자라트의 술탄, 캘리컷의 자모린이 맘루크제국의 동맹 세력으로 포르투갈에 맞서 싸웠고, 베네치아와 오스만제국도 맘루크제국 연합 함대를 지원했다. 이들은 지중해를 통과하는 전통적인 향신료 무역에서 이익을 얻었던 세력이었고, 반면 포르투갈은 새로운 향신료 교역로를 만들어낸 신흥 세력이었다. 포르투갈은 이 해전에서 승리한 후 1507년 호르무즈, 1510년 고아, 1511년 말라카를 점령했고 이를 기반으로 에스타도 다 인디아Estado da India, 즉 인도 국가를 건설해나갔다.

16세기 초반 포르투갈은 홍해와 페르시아만으로 통하는 모든 항로를 완벽하게 봉쇄하지는 못했지만, 지중해로 가는 향신료 교역에 큰 타격을 주었다. 1513년에서 1515년 사이 인도를 여행했던 토메 피레스(Tomé Pires, 1465-1524 혹은 1540)는 자신의 여행기에서 맘루크 술탄이 향신료 무역에서 재정 수입을 거의 얻지 못하고 있다고 말했다. 어쩌면 이 덕분에 1517년 오스만제국이 맘루크제국을 더 쉽게 무너뜨릴 수 있었던 것일지도 모른다. 이러한 상황은 1530년대 초까지 계속되었고, 1500년에서 1530년까지 베네치아가 동지중해에서 들여온 향신료의 양은 이전 시기와 비교해 현저히 줄어들었다. 1521년 베네치아는 향신료를 구하기 위해 리스본으로 갤리선단을 보내려고 했고, 1527년에는 포르투갈 왕 주앙 3세(João III, 재위 1521-1557)에게 포르투갈 국내 소비량을 제외한 나머지 전량을 베네치아에 판매할 것을 제안하기까지 했

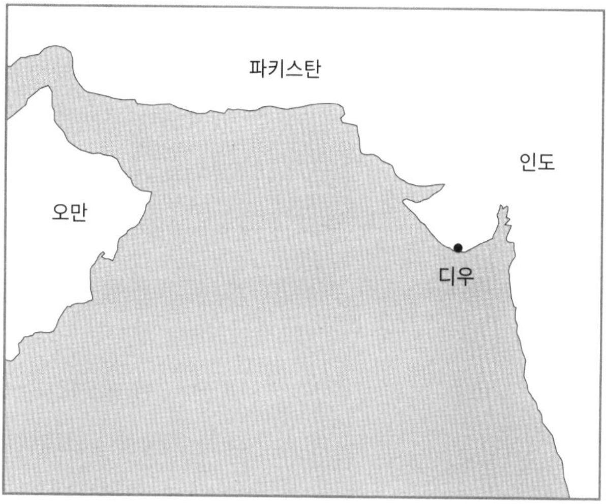
파키스탄
인도
오만
디우

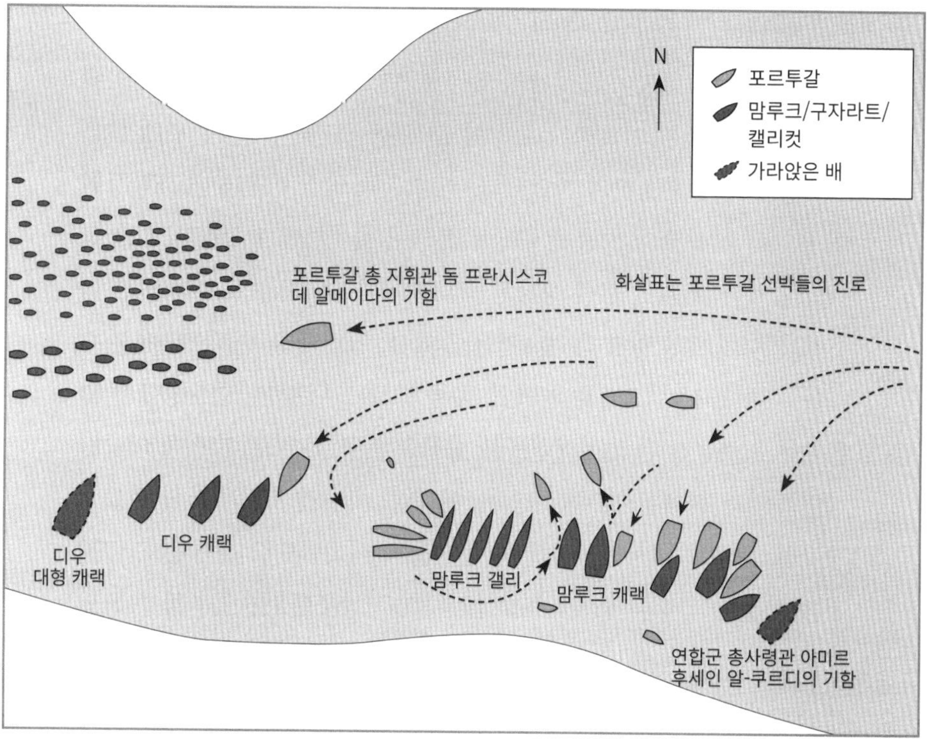
N
포르투갈
맘루크/구자라트/
캘리컷
가라앉은 배
포르투갈 총 지휘관 돔 프란시스코
데 알메이다의 기함
화살표는 포르투갈 선박들의 진로
디우
대형 캐랙
디우 캐랙
맘루크 갤리
맘루크 캐랙
연합군 총사령관 아미르
후세인 알-쿠르디의 기함

디우 해전(1509년)

지만, 아무런 성과를 거두지 못했다.

오랫동안 지중해 향신료 무역을 독점했던 베네치아의 영광은 다시 오지 않을 것처럼 보였다. 그러나 지중해 향신료 무역은 1530년대부터 늘어나기 시작했고, 1550년-1560년대에 이르러서는 15세기 무역량과 비교해도 그 양이 적지 않을 정도로 활성화되었다. 1559년 포르투갈 대사로 로마 교황청에 파견된 로렌소 피레스 데 타보라Lorenço Pires de Tavora는 매년 알렉산드리아로 4만 퀸탈의 향신료가 들어오고 있고, 이 많은 향신료 루트가 튀르크 손에 들어갔기 때문에 리스본으로 향신료가 거의 들어오지 않는다고 본국에 보고했다. 1561년경 오스만 함대는 홍해에서 포르투갈 선박 여러 척과 선원 200명을 생포해서 카이로로 압송했다. 그리고 2만 퀸탈어치의 후추를 알렉산드리아로 보냈는데, 그중 일부는 베네치아로 보내졌다. 1563년 포르투갈 대사는 인도양에서 홍해를 통해 카이로까지 수송할 수 있는 허가권을 얻기 위해 오스만제국과 평화 협상까지 제안했다. 이렇게 16세기 초반과 비교해 상황이 완전히 달라졌다. 지중해 향신료 무역이 화려하게 부활했다.

그렇지만 16세기 후반 상황은 베네치아와 오스만으로 대변되는 지중해 세력에게 그렇게 유리하지는 않았다. 그렇다고 포르투갈이 지중해를 통한 향신료 교역을 완전히 무너뜨리지도 못했다. 인도양에서 활동하는 포르투갈 관리와 상인들은 향신료를 호르무즈로 수송해 이슬람 상인들에게 판매함으로써 이익을 취했다. 이렇게 포르투갈 상인들이 공급한 향신료가 다시 지중해 세계를 통해 서유럽으로 들어왔다. 17세기 들어서는 상황이 또 완전히 달라지기 시작했다. 16세기 말부터 인도양에 진출한 후발 주자였던 영국과 네덜란드가 지중해를 통한 향신료 무역에 치명타를 안겼다. 17세기 초엽 이미 향신료 군도를 확고하게 장악한 네덜란드는 16세기 포르투갈보다 더욱 확실하게 홍해로 가는 향신료 무역을 봉쇄했다.

16세기 인도 항로는 기존의 지중해 향신료 무역을 완전히 무너뜨리지 못했을 뿐만 아니라 이렇게 들어오는 상품이 지중해 전체 교역에서 차지하는 비중이 절대적이지도 않았다. 14세기 중엽 피렌체 출신의 상인 프란체스코 페골로티Francesco Pegolotti가 저술한 상업 안내서에는 당시 지중해를 통해 거래되던 200가지 정도의 상품이 언급되어 있는데, 이 중 인도, 중국과 동아시아가 원산지인 상품은 전체의 약 26% 정도였다. 그나마 유럽으로의 수입량이 꽤 많았던 대표적 아시아 상품은 후추, 생강, 계피, 정향 등의 소수 향신료였다. 중세 말 지중해 향신료 무역을 거의 독점하고 있었던 베네치아의 전체 무역에서도 향신료는 절대적인 위치를 차지하고 있지 않았다. 베네치아 전체 무역액 중 향신료는 20% 정도밖에는 되지 않았다.

그런 점에서 인도 항로 개척으로 지중해 향신료 무역이 쇠퇴하고 그 결과 지중해 세계가 몰락하고 지중해를 대신해 대서양이 새로운 중심지로 부상했다는 해석은 재고되어야 한다. 지중해에서는 여러 종류의 농산물과 산업 제품들이 생산되고 있었고, 이러한 산물들이 지중해 전체 교역량에서 가장 많은 몫을 차지하고 있었다. 곡물, 올리브유, 포도주, 건포도, 소금, 설탕 등의 먹거리 상품, 원면, 원모, 명반 등의 직물 산업에 필요한 원료, 모직, 면직, 견직 등의 완제품 등이 지중해에서 생산되어 다양한 지역으로 팔려나갔다. 그런 연유로 자크 에르스Jacques Heers는 향신료와 약재 교역을 과장함으로써 이 상품이 다른 모든 제품을 크게 압도한 것처럼 보이게 만드는 것을 경계했다. 그는 “명반의 역사뿐만 아니라 포도주, 밀, 소금, 면화, 설탕, 견직물의 역사가 함께 기록될 때에야 지중해 세계의 또 다른 경제사가 드러날 것이고, 그 속에 후추와 약재의 거래 비중이 14세기부터 이미 줄어들기 시작했음이 보일 것이다."라고 말했다.

16세기 지중해 무역은 쇠퇴하지 않고 오히려 활성화되었다. 아메리카를 포함하는 대서양 교역과 인도양과의 교역이 활성화되면서 지중해 교역도 함께 성장했다. 지중해 교역이 성장하자 새로운 경쟁자들이 지중해 교역에 뛰어들었다. 이제 지중해 수송과 교역은 지중해 세력의 전유물이 아니었다. 15세기 말 이후 대서양 선박들이 지중해 수송에 본격적으로 뛰어들었다. 이미 15세기 중엽부터 지중해 진출을 시도했던 영국이 새로운 흐름을 주도했다. 1446년 앤Anne이라 불리는 영국 범선이 원면, 주석, 기타 상품 그리고 순례자를 싣고 동지중해까지 갔다가 귀환하는 도중 그리스 해안에서 폭풍을 만나 침몰했다. 1457년 캐서린 스터미Katherine Sturmy는 세 척의 선박을 이끌고 레반트로 향했다. 하지만 이 선박들도 향신료를 선적한 후 돌아가는 도중 몰타 근처에서 제노바 선박에 나포되었다. 대서양 선박이 지중해로 진출하게 되면 자신들의 영역을 빼앗길 것을 우려한 제노바 상인들이 영국 상선을 공격했다. 지중해 진출 초기 어려움을 겪었지만, 헨리 7세(Henry VII, 재위 1483-1509) 시대에 이르면 영국 선박들은 정기적으로 지중해와 대서양을 오가게 되었다. 16세기 초반 성장했던 영국의 레반트 무역은 1552년 중단되었고, 이러한 중단은 1570년대 초반까지 계속되었다. 하지만 레반트로 가는 항해가 줄어들자 영국 의회에서 불만이 터져 나왔고, 키오스섬과의 교역을 재개하자는 청원이 제기되기도 했다.

1581년 영국은 터키 회사를 창립해 이 회사에 동지중해 무역에 대한 모든 통제권을 부여했다. 2년 후 특허권은 1583년에 설립된 베네치아 회사로 양도되었고 1592년 최종적으로 두 회사는 통합해 레반트 회사Levant Company를 설립했다. 신생 레반트 회사는 영국 내에서 광범위한 지지를 받았으며, 부유한 상인들 이외에 여왕을 포함한 왕실 사람들도 레반트 회사에 투자했다. 여왕은 오스만제국과의 정치적 협력과 교역을 강화하기를 원했다. 레반트 회사는 초기에 300%의 이익을 남길 정도로 크게 성공했고, 1595년 15척의 선박과 790명의 선원을 보유할 정도로 성장했다. 이 회사는 인도 동인도회사East India Company의 전신이자 모델이었다. 영국이 인도양에 진출하기 이전에 지중해 교역에 먼저 참여했다는 사실은 그만큼 16세기 지중해 교역이 굳건했음을 증명한다.

4. 16세기 지중해 세계의 동향

16세기 지중해 세계는 침체에 빠지지도, 몰락하지도 않았다. 농업, 산업, 상업 등 경제 활동의 공간으로서 지중해의 위상은 16세기 들어서도 줄어들지 않았다. 16세기 지중해 세계가 몰락하지 않았다는 강력한 증거 중 하나는 인구 증가였다. 브로델은 『지중해』에서 여러 가지 정보들과 정황들을 검토해본 뒤 16세기 지중해 세계의 인구가 1500년에서 1600년 사이에 두 배가 늘어서 6,000만 명에 이르렀다고 보았다. 지중해에 면해 있는 국가들의 총인구를 살펴봐도 6천만 명을 크게 웃돈다. 프랑스가 1,600만 명, 에스파냐 800만 명, 이탈리아 1,300만 명, 유럽 쪽 튀르크가 800만 명, 아시아 튀르크가 800만 명, 이집트가 2,200-2,300만 명 정도, 그리고 북아프리카가 200-300만 명의 인구를 보유하게 되었다. 한마디로 16세기 지중해 세계는 여전히 성장하고 있었다.

16세기에도 여전히 지중해에서 인력과 물자 수송은 활발했고, 주로 지중해 선박들에 의해 이루어졌다. 물론 유럽 내에서 지역별 선박의 보유 규모 면에서는 변화가 나타났다. 즉 대서양 세력들이 이전에 비해 더 많은 배를 보유하게 되었다는 사실이다. 브로델의 계산에 따르면 16세기 지중해 선박의 총 톤수는 35만 톤 정도였고, 대서양 선박의 총 톤수는 60만에서 70만 톤 정도였다. 즉 대서양이 두 배나 많은 배를 보유하게 되었다. 하지만 대서양 선박 절반 이상이 지중해에서 항구적으로 운항하지 않았다. 지중해를 오가는 대서양 선박은 지중해를 돌며 이 항구, 저 항구에 들러 물건을 선적하고 지브롤터 해협을 통해 대서양으로 다시 돌아갔다. 브로델은 이러한 사실을 근거로 지중해는 변함없이 지중해 선박과 선원들의 바다였다고 말했다. 다른 한편 16세기 지중해 선박의 총 톤수가 이전 시기에 비교해 줄어들지 않았고, 대서양 선박의 지중해 운항까지 고려한다면 16세기 지중해 수송이 줄어들거나 침체에 빠졌다고 말할 수는 없다.

16세기 지중해 상인들은 여전히 문명의 경계를 넘어 장사를 지속했다. 기독교 상인들은 이스탄불, 알렉산드리아, 알레포 등지로 가서 상업 활동을 펼쳤고, 그 과정에서 이슬람인과 교류와 접촉을 이어나갔다. 특히 16세기 이스탄불은 국제적인 시장이었고, 문화 교류의 공간이었다. 지중해의 패권 세력과 주인은 바뀌었지만, 이전 시기의 중심지였던 베네치아, 제노바, 바르셀로나, 알렉산드리아, 이스탄불 등은 여전히 교류의 중심지 역할을 했다.

지중해를 통한 문명 간의 교류와 접촉 및 갈등도 이전 시기와 비교해 크게 달라지지 않았다. 세 문명 중 하나였던 비잔티움제국은 사라졌지만, 지중해를 통한 기독교와 이슬람 문명 간의 갈등과 교류는 계속되었다. 게다가 정교 문명은 존속했다. 15세기 오스만제국의 위협으로 몰락의 위기에 직면했던 비잔티움 황실은 서유럽 가톨릭의 도움을 구하기 위해 통합을 시도했지만, 대다수 정교 문명은 통합을 거부했다. 정교를 믿는 비잔티움제국의 그리스인들은 오스만제국의 지배를 받으면서 삶을 유지했다. 16세기 오스만의 지배하에 살고 있었던 그리스인들은 이교도인 이슬람교도보다 서유럽의 라틴인을 더 싫어했다. 16세기 서유럽의 기독교도들은 그리스인들을 전혀 이해하지 못했고, 그들의 종교와 제례를 존중하려고도 하지 않았다. 그리스인들은 가톨릭 제례에 복종하느니 차라리 튀르크인들에게 고개를 숙이는 편이 낫다고 생각했고, 실제로 오스만의 동맹군이 되어 베네치아와 서유럽 해적들과 맞서 싸웠다. 정교의 성직자는 서유럽 가톨릭의 완강한 적이었다. 정교 문명과 라틴 문명 사이의 오래된 증오와 적대감은 해소할 수 없는 것이었다. 그래서 16세기 그리스인들이 같은 기독교 형제인 서유럽 기독교인들보다 오스만을 지지했다. 오스만의 튀르크인들은 대체로 종교적 관용을 보였고, 이슬람을 강제하지도 않았고, 정교회의 예배를 방해하지도 않았다. 그렇다고 그리스인들이 정교를 버리고 이슬람교도로 개종했던 것은 아니었다. 그들은 대체로 이슬람의 지배를 수용하면서도 종교적 정체성은 유지했다. 정교는 그리스인들이 정체성을 유지하고, 19세기 초 오스만제국으로부터 독립을 쟁취하는 데 중요한 역할을 했다. 다른 한편으로 비잔티움제국이 멸망하자 러시아가 새로운 정교 문명의 중심지로 부상했다. 러시아 정교회는 1589년 모스크바에 총대주교좌를 설립했고, 정교는 이후 러시아제국의 국교가 되었다. 이러한 역사적 과정을 통해 정교는 현재까지도 문명으로서의 정체성을 유지하는 데 성공했다. 오늘날 정교를 믿는 사람들의 수는 2억 4천만 명 정도이고, 이 중 50%가 그리스에 분포한다. 하지만 가톨릭(13억 명 정도), 개신교(4억 명 정도), 이슬람(16억 명 정도)을 믿는 사람들과 비교하면 그 수가 많지는 않다.

1492년 에스파냐가 그라나다의 이슬람 세력을 완전히 정복한 이후 이베리아반도가 직면한 심각한 문제 중 하나는 종교 간의 갈등이었다.

재정복이 완전히 마무리된 후 여러 지역에서 기독교인들은 이슬람인들에게 개종을 강요했다. 1492년 이베리아반도에서 이슬람 최후의 거점이었던 그라나다 왕국을 정복한 이사벨과 페르난도 공동 국왕은 시민들에게 종교의 자유를 약속했지만, 시스네로스 추기경은 이런 약속을 무시하고 코란과 아랍어 문서들을 소각하고 기독교로의 개종을 강요했다. 1499년에는 그라나다 무어인Moor(이베리아반도에 살았던 무슬림)들의 개종을 명했다. 이런 강제 개종 정책에 반대해 무어인들은 반란을 일으켰지만, 1502년 그들의 반란은 진압되었다. 이제 그라나다 무어인들은 개종을 선택하거나 그렇지 않으면 살던 곳을 떠나야 했다. 1501년에는 카스티야 지역에서, 1526년에는 아라곤 왕국(아라곤, 카탈루냐, 발렌시아)에서 대대적인 개종이 진행되었다. 무슬림 인구가 가장 많았던 그라나다 지역에서 이슬람의 흔적을 지워버리는 작업이 가장 철저하게 이루어졌다. 모리스코Morisco(재정복 시대에 무슬림에서 가톨릭으로 개종한 사람) 여성들은 거리에서 베일을 사용할 수 없었고, 무어인의 전통 의상을 금지했으며, 이슬람 의식을 거행하는 비밀 장소가 될 수 있다는 이유로 대문을 열어놓도록 했다. 또한 공중목욕탕과 아랍어 사용을 금지했다. 모리스코 문제에 대한 최종적인 결말은 1609년에서 1614년 사이 이루어진 전면적인 추방이었다. 앙리 라페르Henri Lapeyre의 연구에 따르면 800만 이베리아 인구 중 30만 명이 추방당했다.

이러한 전면적인 추방령에도 불구하고 상당수의 모리스코는 이베리아반도에 살아남아 그들의 흔적을 남겼다. "그러한 증오의 큰 파도가 이베리아의 토양 속에 깊이 뿌리를 내린 모든 것을 쓸어버릴 수는 없었다. 안달루시아인들의 검은 눈동자, 수백 개의 아랍어 지명들, 에스파냐의 새로운 승자가 되기는 했으나 과거에는 패했던 사람들의 어휘 속에 굳게 닻을 내린 수천 개의 단어가 그 예이다. 혹자는 과거의 유산

일 뿐이라고 말할지도 모르겠지만, 에스파냐와 포르투갈의 일상생활에서 요리법, 몇몇 직종들, 지휘권을 가진 직분에서 아랍어의 영향을 여전히 받고 있다."라고 말한 브로델의 설명은 타당하다.

하지만 문명 간의 교류와 접촉이 흔적과 유산을 남기지만, 이것이 문명 간의 진정한 융합과 동화를 의미하지는 않는다. 노르만 왕조 시절 시칠리아섬에서도, 비잔티움제국을 정복한 오스만제국에서도, 재정복 이후의 이베리아반도에서도 종교 문명 간의 융합과 동화는 일어나지 않았다. 이베리아반도의 모리스코는 표면적으로는 기독교로 개종했지만, 여전히 이슬람교도로서의 정체성을 가지고 있었고, 그들 고유의 전통과 관습을 고수했다. 그들은 서유럽 기독교 문명을 거부했다. 강제 세례와 개종으로 그들을 바꿀 수는 없었다. 이처럼 16세기까지도 지중해 세계는 종교 문명 간의 갈등을 여전히 해결하지 못하고 있었다.

2부

지중해 교역 활동의 양상

5장

종교와 교역

1. 라틴 왕국의 몰락과 새로운 교역로의 부상

십자군 전쟁은 중세 지중해 교역의 역사에서 큰 전환점으로 간주된다. 일반적으로 전쟁은 교역을 방해한다. 하지만 200년 가까이 계속된 십자군 시기에는 치열한 전쟁의 시간보다 평화로운 교역의 기간이 훨씬 많았다. 물론 십자군 이전 시기부터 서유럽 기독교 상인들은 비잔티움제국과 이슬람 세계를 오가며 장사를 했다. 그러나 십자군 전쟁이 지중해 교역을 활성화시켰음은 분명하다. 특히 베네치아, 제노바, 피사 등의 이탈리아 항구 도시와 상인들은 시리아와 팔레스타인에 새로 세워진 기독교 왕국에 필요한 물자와 인력을 공급함으로써 큰돈을 벌었다.

이런 상황에서 십자군 왕국의 마지막 거점도시였던 아크레가 1291년 맘루크제국의 수중에 들어간 사건은 기독교 세계 전체에 충격을 주었다. 특히 동지중해에서 활발한 상업 활동을 하고 있었던 이탈리아 상업 도시들은 이 사건이 자신들의 교역에 미칠 피해를 우려했다. 사실 함락 이전 시기인 13세기 후반 아크레는 동지중해에서 가장 번성했던 상업 도시 중 하나였고, 기독교 상인들이 향신료 등의 아시아 상품과 이슬람 세계의 상품을 구입하려고 우선적으로 들렀던 국제 시장이었다. 당시 출판된 베네치아 상업 안내서는 아크레가 베네치아 상인들에게 가장 중요한 교역 시장이었음을 보여준다.

아크레가 이슬람 수중에 들어가면서 기독교 상인들이 더 이상 이곳에서 교역을 할 수 없게 되었을까? 아크레를 정복한 맘루크제국은 기독교 상인들과의 교역을 지속하기를 원했다. 왜냐하면 술탄에게 이러한 교역은 적지 않은 재정 수익을 가져다줄 수 있는 사업이었기 때문에 교역을 중단할 이유가 없었다. 하지만 기독교 세계의 반응과 대응은 입장에 따라 달랐다. 이탈리아 상인들은 이슬람과의 교역을 계속하고 싶었지만, 교회는 교역을 중단하고 맘루크제국을 공격해서 멸해야 한다고 목소리를 높였다. 교황청은 반복적으로 교역 금지령을 반포해서 이슬람과의 무역을 저지하려고 노력했다.

결국 아크레의 몰락은 기존의 교역 노선에 일정 정도 변화를 가져왔다. 하지만 교황청이 맘루크제국과의 교역을 금지했다고 해서 기존에 이슬람 시장에서 구입했던 후추, 생강, 계피 등의 향신료 수입이 중단되지는 않았다. 유럽 기독교 세계는 크게 두 가지 방식으로 이슬람과 그 너머 아시아 세계의 물품을 계속해서 들여왔다. 첫 번째 방법은 몽골을 통하는 것이었다. 13세기 중엽 이후 서유럽 상인들은 몽골 영토에서 교역할 수 있게 되었다. 특히 몽골의 지배를 받던 흑해 연안은 새로운 대안 시장으로 부상했고, 제노바와 베네치아 상인들은 이곳에서 비단, 향신료 등의 아시아 상품을 구입할 수 있었다. 두 번째 방법은 맘루크제국과 지리적으로 가까웠던 키프로스 왕국과 아르메니아 왕국을 통한 밀무역이었다. 당시 키프로스 왕국은 프랑스 출신의 뤼지냥 가문이 통치하던 기독교 왕국이었다. 아크레가 맘루크 수중에 들어간 직후 이곳의 기독교인 다수가 키프로스섬으로 피신을 했고, 이들은 이곳에서 맘루크제국과의 교역을 이어나갔다. 이들은 맘루크제국에서 들여온 상품을 이탈리아 상인에게 재판매했다. 이론적으로 이탈리아 상인들은 맘루크제국이 아니라 키프로스의 기독교 상인들에게서 상품을 구입하는 것이었기 때문에 엄밀하게 말하자면 교황청의 무역 금지령을 위반한 것은 아니었다. 이러한 상황 덕분에 키프로스는 상업 특수를 누렸다. 특히 키프로스의 항구 파마구스타는 아크레를 대신해 동지중해의 새로운 교역 중심지로 부상했다. 1300년경 제노바 출신의 공증인 람베르토 디 삼부체토Lamberto di Sambuceto가 파마구스타에서 작성한 다량의 공증인 문서는 이곳에서 제노바 상인들의 밀무역이 매우 번성했음을 잘 보여준다. 1330년대 베네치아는 매년 7-8척의 갤리선을 키프로스에 투입해, 향신료 등의 아시아 상품 이외에도 키프로스에서 생산된 설탕, 면화 등을 대량으로 베네치아로 수송해 들여왔다.

14세기 전반기 키프로스섬은 아크레를 대신해 동지중해 제1의 교역지로 부상했다. 베네치아뿐만 아니라 유럽 각지의 상인들이 키프로스섬의 항구 도시 파마구스타로 몰려왔다. 피렌체 출신 상인 페골로티는 1324년에서 1329년까지 바르디 상사의 주재원으로 파마구스타에서 활동했고, 이러한 경험을 바탕으로 『상업 안내서*pratica della mercatura*』를 저술했다. 그의 안내서에 따르면 베네치아, 제노바, 피렌체, 피사, 가에타, 안코나, 메시나, 바를레타, 나폴리 등의 이탈리아 도시들, 프랑스의 몽펠리에, 마르세유, 아비뇽, 샹파뉴, 파리, 이베리아 반도의 바르셀로나와 세비야, 대서양의 브뤼헤와 런던 등지에서 온 상인들이 파마구스타에서 향신료, 설탕, 비단, 소금을 구매했고, 서유럽산 금과 은, 올리브유, 꿀, 사프란, 철, 납과 주석 등을 판매했다.

2. 맘루크제국에 대한 십자군 제청

13세기 말 모든 십자군 왕국이 무너지자, 기독교 세계에서는 맘루크제국에 대한 십자군을 일으키자는 목소리들이 터져 나왔다. 200년의 십자군 시대는 끝났지만, 성지 예루살렘을 다시 찾아야 한다는 열망은 수그러들지 않았다. 군주, 고위 성직자, 학자, 상인 등 다양한 계층의 사람들이 십자군을 촉구하는 정치 선전문을 쏟아냈다. 프랑스 출신의 법학자 피에르 뒤부아Pierre Dubois는 1306년 『성지 회복에 관하여*De recuperatione Terre Sanctae*』를 저술해 국왕 필리프 4세(재위 1285-1314)에게 헌정했다. 그는 이 책에서 서유럽의 매력적인 여성들을 교육해 비잔티움제국으로 보내 정교인들의 마음을 사로잡아 혼인하고, 이들과 연합해 이슬람 세계에 대항하자는 황당한 계획을 제안했다.

맘루크제국의 상황을 정확히 알고, 어느 정도 실현 가능해 보이는 계획안을 제시하는 사람들도 있었다. 베네치아 출신의 마리노 사누도Marino Sanudo는 1321년 『십자가의 충복을 위한 비밀의 책*Liber Secretorum Fidelium Crucis*』에서 거창한 십자군 프로젝트를 교황 요하네스 22세(재위 1316-1334)에게 제안했다. 그는 군사적 방법과 동시에 경제적인 수단을 이용할 것을 제안했고, 구체적인 계획까지 수립했다. 그는 인도양으로부터 들어오는 향신료 교역이 술탄의 재정 수입의 원천이기에 기독교 상인들에게 맘루크제국에서 향신료를 구입하지 말라고 촉구했다.

"술탄과 그의 백성들의 명예, 재정 수입, 이익과 명성의 상당 부분은 술탄의 영토에서 생산되는 향신료와 기타 상품들보다는 인도로부터 대양(인도양)을 통해 서쪽으로 운송되고 다시 하나의 바다에서 다른 바다로 수송된 향신료와 기타 상품들에서 나옵니다. 그 지역에는 말라바르와 캄베이라 불리는 두 개의 핵심 항구가 있습니다. 대부분의 인도양 상품은 이 두 곳으로 수합되고, 그곳에서 선적된 후 바다를 통해 서쪽으로 수송되어 네 개의 주요 항구로 이릅니다. 네 항구 중에 세 곳은 페르시아를 통치하는 몽골인들의 영토와 강에 면해 있습니다. 세 곳 중 하나는 단단한 육지에 면해 있고 호르무즈라 불립니다. 또 다른 하나는 키스(페르시아 만에 있는 섬)로 불리는 섬이고, 마지막 세 번째는 바그다드로부터 바다로 흘러가는 강에 면한 항구입니다. 고대에는 더 많은 향신료와 상품들이 인도양에서 서쪽으로 수송되어 바그다드로 들어갔고, 그곳에서 다시 안티오키아와 리키아를 경유해 지중해로 수입되었습니다. 지금과 비교해 당시에는 이러한 상품을 더 풍부하고 저렴하게 확보할 수 있었습니다. 네 번째 항구는 아덴으로 불립니다. 이 항구는 사실상 육지나 다름없는 작은 섬 위에 있고, 사라센들의 영토입니다. 인도양에서 이 항구로 들어오는 향신료와 상품들은 낙타에 실려 사라센 영토를 통과해 나일강으로 수송됩니다. 쿠스(나일강 하구에 있는 지역)까지 도착하는 데 9일이 소요되고, 그곳에서 다시 배를 이용해 바빌론까지 수송하는 데는 15일이 소요됩니다. 10월과 그 무렵이면 그 강이 엄청나게 범람해서 향신료와 상품들이 나일강의 긴 운하를 따라서 바빌론으로부터 200마일 떨어져 있는 알렉산드리아까지 수송됩니다. 사라센이 가지고 있는 엄청나게 많은 선박과 기술 덕분에 인도양에서 서쪽으로 수출되는 향신료와 상품 대부분이 이 경로를 이용합니다. 술탄은 자신의 현금 수입의 3분의 1에 해당할 정도로 엄청난 관세 수입을 이 경로가 통과하는 여러 지역에서 거두고 있습니다. 이 엄청난 보고에서 나오는 상당한 수익이 술탄의 상인과 백성에게 돌아갑니다.

지금은 인도양에서 서쪽으로 들어오는 향신료와 상품 중에 아주 적은 양만이 처음 언급한 세 항구를 경유해서 몽골 영토인 바그다드와 타브리즈로 들어옵니다. 이곳에서 이 상품들은 다양한 경로로 지중해로 들어올 수 있고, 매일 사라센 술탄의 지배하에 있는 항구, 해안이나 땅을 통과하지 않고 수송될 수 있습니다. 그러므로 만약 지중해 지역에서 향신료와 여타 상품을 판매하기 위해 술탄의 영토를 찾아갔던 상인들이 앞에서 설명한 수송로의 이용을 자제한다면, 앞에서 언급한 상품들이 더 이상 술탄의 영토를 통과하지 않고 몽골 군주의 영토를 통과하거나 경유해서 지중해로 들어올 수 있게 될 것입니다."(Marino Sanudo Torsello, 2011)

마리노 사누도는 이처럼 술탄의 돈 줄을 끊고 십자군 부대가 이집트를 우선적으로 점령하고 육로로 예루살렘으로 진군하는 군사 계획을 제안했다. 그는 십자군 병사들의 모집과 훈련, 무기와 수송, 군량과 비용 등 세세한 항목들까지도 상세하게 다뤘다. 그는 자신의 원대하고 구체적인 계획안을 실현하기 위해 여러 지역을 여행하면서 교황, 군주, 고위 성직자들을 만나 십자군을 호소했다. 그러나 그의 계획은 실현되지 않았다.

프랑스 출신의 도미니쿠스 수도사 기욤 아담Guillaume Adam은 1317년 저술한 『사라센을 절멸시키는 방법에 관하여*Tractatus quomodo Saraceni sunt expugnandi*』라는 책에서 맘루크제국을 절멸시키고 성지를 되찾기 위한 자세한 방법을 설파했다. 그는 맘루크제국의 경제와 군사력에 도움을 주는 기독교인들의 이적 행위를 중단하라고 강하게 촉구했다. 아담은 맘루크제국에 노예를 공급해 적의 군사력을 강화하는 악덕한 기독교 상인들을 신랄하게 비난했을 뿐만 아니라, 홍해와 지중해를 잇는 아덴항에 함대를 파견해 맘루크제국이 인도양 향신료 무역을 하지 못하도록 하자는 군사적인 방법까지 제안했다. 아담이 이처럼 당시 맘루크의 상황과 국제 정세를 정확히 알 수 있었던 것은 1307년에서 1316년 사이 비잔티움제국의 수도 콘스탄티노폴리스, 페르시아 전역, 인도 일부 지역, 에티오피아 등지를 여행했기 때문이다.

다양한 계층의 사람들이 십자군을 촉구하는 정치 선전물을 쏟아냈지만, 서유럽 기독교 세계는 대규모 십자군을 동원해 맘루크제국을 공격하는 데 성공하지 못했다.

3. 교황청의 무역 금지령

중세 교회는 상인의 상업 활동과 교역에 큰 영향을 끼쳤다. 한마디로 중세 교회는 상업과 교역을 장려하기보다는 억압했다. 당시 교회는 상인과 상업 자체에 대해 부정적 인식을 가지고 있었다. "상인은 신을 결코 기쁘게 할 수 없다."라는 말은 상인에 대한 중세 기독교의 인식과 태도를 가장 잘 보여준다. 왜 중세 기독교는 이런 사고를 가지게 되었을까? 그 해답은 성경 곳곳에 있다. 사실 성경을 조금만 살펴보더라도 성경 곳곳에 상인과 재물을 단죄하는 구절이 있음을 쉽게 확인할 수 있다. '너희를 위하여 지상에 재물을 쌓아두지 말라. 너희의 재물이 있는 곳에 너희 마음도 있다.'라는 산상설교의 구절이 있고, '너희는 하느님과 재물 두 가지를 동시에 섬길 수 없다.'라는 마태복음의 구절도 있다. 게다가 부는 구원을 방해하는 치명적인 죄악이었다. '부자가 천국에 들어가는 것보다 낙타가 바늘구멍을 통과하는 것이 쉽다.'라는 마가복음의 이야기는 부의 축적에 대한 확실한 경고이다.

성경에는 예수가 성전에서 장사하는 상인들을 내쫓는 일화가 있다. 중세 교회는 이 일화를 그림으로 그려서 신도들을 가르쳤는데 1300년경 이탈리아에서 가장 인기가 많았던 화가 조토 디 본도네Giotto di Bondone의 작품이 유명하다. 예수는 한 주먹을 들어 성전에서 장사하는 사람들을 쫓아내려고 한다. 그림 속의 예수는 사랑과 평화를 설파하는 통상적인 모습이 아니라 준엄한 단죄자의 모습이다.

이자와 이자 대부업자에 대한 교회의 인식은 특히나 더 부정적이었다. 사실 지중해에서 발생한 유대교, 기독교, 이슬람 3종교는 모두 이자를 금지하고 있다. 구약성경 신명기는 “타인에게 이자를 받을지라도 네 형제에게는 이자를 받지 말라.”라고 가르친다. 출애굽기는 “너희 가운데 누가 어렵게 사는 나의 백성들에게 돈을 꾸어주게 되거든 그에게 채권자 행세를 하거나 이자를 받지 말라.”라면서 특히 가난한 사람에게 이자를 받는 행위를 꾸짖는다. 신약성경 누가복음은 “너희가 만일 되받을 가망이 있는 사람에게만 돈을 빌려준다면 칭찬받을 것이 무엇이겠느냐? 죄인들도 고스란히 되돌려 받을 것을 알면 서로 빌려준다. 그러나 너희 원수를 사랑하고 남에게 좋은 일을 해주어라. 그리고 되받을 생각을 말고 빌려주어라.”라면서 이자 대부를 꾸짖는다. 구약성경을 따르는 유대교, 구약과 신약성경을 경전으로 갖고 있는 기독교는 이자 대부 자체를 금하고 있다.

구약성경을 경전으로 인정하는 이슬람 역시 이자 대부를 금지한다. 아랍어로 이자를 지칭하는 단어는 리바Riba이다. 코란의 한 구절에는 “하느님은 이자를 없애고 자선의 행위에 축복을 더하시며 사악한 모든 불신자를 사랑하지 아니하시니라.”라면서 신이 이자 자체를 인정하지 않는다고 가르친다. 이자를 받지 말고 이자를 포기하라는 가르침이 코란의 이곳저곳에서 발견될 정도로 이슬람은 이자 대부를 악한 행동으

조토 디 본도네, <성전에서 장사하는 사람들을 쫓아내는 예수 그리스도>, 1304-1306년

로 규정한다. 그러나 미묘한 차이는 있어 보인다. 코란은 "이자를 취하는 자들은 악마가 스침으로 말미암아 정신을 잃는 것과 같다. [중략] 하느님께서는 상거래는 허락했으나 이자 대부는 금하셨노라."라면서 상업과 이자 대부를 다르게 보고 상대적으로 유연한 입장을 보이기 때문이다.

반면 중세 기독교는 유난히 이자와 이자 대부업자를 탄압했다. 이자 대부업자는 교회법뿐만 아니라 세속법의 처벌도 받았다. 세속 군주들은 이자 대부업자의 재산을 몰수하고 종종 그들을 추방했다. 물론 군주가 신앙심이 깊어 교리를 엄격하게 적용하려고 했던 것이 아니라, 이자 대부업자의 돈을 합법적으로 빼앗기 위해서 그런 일을 했을 가능성이 더 높다. 그런데 이자 대부업자에 대한 처벌은 공평하지 않았다. 국제적인 규모로 이자 대부를 하는 거상들은 거의 처벌받지 않았던 반면, 도시나 농촌에서 작은 규모로 가난한 사람들에게 돈을 빌려주고 이자를 받는 영세 이자 대부업자는 이웃들로부터 도덕적 비난과 멸시뿐만 아니라 당국의 탄압도 감내해야 했다. 특히 유대인이 그 대상이었다. 그래서 흔히 중세 기독교 세계의 이자 대부업자 하면 가장 먼저 떠오르는 사람들이 유대인이다. 셰익스피어의 『베니스의 상인』에 나오는 유대인 샤일록이 고리대금업을 하는 이자 대부업자의 전형인 것도 그래서이다.

교회는 이자 대부업자가 7죄종 중 탐욕의 죄를 저지른다고 비난했다. 7죄종은 모든 죄의 뿌리가 되는 무거운 죄였고, 무엇보다도 구원을 방해하는 죄였다. 7죄종에는 교만, 탐욕, 질투, 식탐, 분노, 색욕, 나태가 있었다. 7죄종도 죄의 경중에 차이가 있었고, 시대와 사회 경제적 변화에 따라 순서가 바뀌기도 했다. 일반적으로 교만이 가장 큰 죄였고, 탐욕이 그다음이었다. 그런데 11-12세기 도시와 상업이 발전하면서, 탐

히에로니무스 보스Hieronymus Bosch, 칠죄종, 1475-1480년
그림 속 큰 원에는 일곱 가지 무거운 죄를 저지르는 인간들의 모습이 담겨 있다. 작은 원들 속에는 왼쪽 상단부터 시계 방향으로 죽음(종부성사), 최후의 심판, 천국, 지옥의 모습이 그려져 있다.

욕이 교만을 제치고 가장 큰 죄가 되었다. 그 결과 이자 대부업자에 대한 교회의 공세도 강화되었다. 교회는 이자 대부업자는 죽어서 교회 묘지에 매장될 수도 없고, 최종적으로 지옥의 형벌을 받아야 한다고 목소리를 높였다.

이자 자체를 금하는 중세 교회의 교리는 교역의 성장과 발전을 방해했다. 즉 투자를 제한함으로써 원활한 상거래를 어렵게 만들었다. 상인과 상업 자체에 대한 부정적인 인식과 이자를 금하는 교리뿐만 아니라 이교도인 이슬람과의 교역을 금하는 교황의 포고령도 지중해 교역을 방해했다. 12세기 이후 교황청은 이슬람과의 무역을 금하는 정책을 자주 활용했다. 1179년 3차 라테라노 공의회에서 교황 알렉산드로스 3세(Alexandros III, 재위 1159-1181)는 무슬림과의 교역을 금하는 칙령을 공식적으로 반포했다.

"그들은 기독교인의 이름으로 영광을 찾으려고 하지만, 잔인한 탐욕이 몇몇 사람들의 마음을 사로잡는 바람에 사라센들만큼 사악하거나 그들보다 더 사악해지기도 한다. 그들은 사라센들에게 무기, 철, 선박용 목재를 공급하고, 기독교인들을 공격할 수 있는 무기와 필수품들을 제공하고 있다. 이익을 위해서 사라센 갤리선이나 사략선의 선장이나 조타수로 일하는 자들까지 생겨나고 있다. 그래서 그런 인간들은 교회 공동체에서 쫓아내고 그들의 사악함에 대한 벌로 추방하고, 기독교 군주와 시 행정관들은 그들의 재산을 몰수하고, 그들을 체포한 사람들은 그들을 노예로 삼을 수 있음을 공포한다. 해양 도시의 모든 교회에서 그들에 대한 신성한 추방이 자주 행해질 것을 명한다."(Stefan K. Stantchev, 2009)

4차 공의회에서는 무기, 철과 선박 건조용 목재를 무슬림들에게 수출하는 것을 금한다고 공포했다. 하지만 기독교 상인들은 무슬림과의 부분적 교역 금지령을 잘 준수하지 않았고, 교황청도 이 금지령을 철저하게 시행하지 않았던 것 같다. 하지만 아크레 몰락 이후 교회는 이전보다 훨씬 강경한 정책으로 대응하기 시작했다. 1291년 8월 2일 교황 니콜라우스 4세(Nicholaus IV, 재위 1288-1292)는 "알렉산드리아와 이집트 내에 있는 이슬람 도시들과 무기, 철, 목재, 곡물과 기타 상품들을 거래하는 기독교인에게 가장 무거운 처벌"을 내린다는 칙령을 공포했다. 1295년 교황 보니파키우스 8세(Bonifacius VIII, 재위 1294-1303)는 니콜라우스 4세의 조치를 승계했고, 이를 어기고 이슬람과 교역하는 기독교인들을 처벌하겠다는 칙령을 다시 공포했다. 그렇지만 1302년 베네치아 정부는 교황청의 포고령을 어기고 맘루크 술탄과 무역 협정을 체결했고, 이를 통해 관세 특혜를 얻기도 했다.

이후로도 교황의 무역 금지령은 계속 반포되었고, 베네치아를 비롯한 이탈리아 도시들은 그때마다 특별 면제를 요청하는 사절을 교황청에 파견하곤 했다. 가령 1317년 베네치아 도제Doge는 맘루크제국과 은, 주석, 구리, 직물과 사프란 거래를 재개할 수 있도록 해달라고 요청했고, 1319년에는 금과 기타 허용된 상품을 가지고 이집트로 갈 수 있도록 허용해달라고 교황에게 청했다. 즉 베네치아는 교황의 포고령을 금지 품목과 허용 품목으로 구분해서 생각했고, 그런 연유로 허용된 상품에 한해서는 맘루크제국과의 교역을 이어나갈 수 있도록 해달라고 간청했다.

그러나 교황은 이러한 베네치아의 요구 사항을 받아들이지 않았다. 1322년 11월 교황 요하네스 22세는 금지령을 어기고 맘루크제국과 교역한 베네치아 상인들을 조사하기 위해 수석 사제 아데마로 타르가Ademaro Targa와 도미니쿠스 수도회 수사 폴코Folco를 파견했다. 교황은 특사에게 금지령을 위반한 상인들을 사면할 수 있는 권한을 부여했다.

물론 사면은 자신의 행위를 뉘우치고 일종의 벌금을 낸다는 조건이 달려 있었다. 이외에도 특사는 사면을 얻기 위해 거짓으로 교회에 재산을 양도하는 면피용 유언장을 작성한 후 사면을 받으면 즉시 유언장을 폐기하는 자들을 색출할 수 있는 권한도 부여받았다.

이러한 상황에서 1323년 1월 베네치아 정부는 맘루크제국과의 전면적인 무역 금지령을 반포하고, 어떤 목적이든 이집트나 시리아로 여행하는 것을 금지했다. 이렇게 뒤늦게나마 베네치아 정부는 교황청의 금지령을 준수하겠다는 의사를 전했다. 그러나 교황으로부터 막강한 권한을 위임받은 특사는 고압적인 태도로 베네치아 사람들을 자극했다. 이에 맞서 베네치아 정부는 1323년 3월 금지령을 위반한 상인들에게 항소권을 허용했고, 4월에는 이 문제를 다룰 법률 자문위원회를 구성했다. 베네치아 정부는 "교황 특사가 위임받은 권한을 넘어서는 행동을 했으며, 그 과정에서 적법하지 못한 절차와 판단은 취소되어야 하며, 만약 특사가 이러한 요구를 받아들이지 않는다면 베네치아는 공화국의 이름으로 교황청에 정식으로 이의를 제기하겠다."라면서 이 사태의 책임을 아데마로에게 돌렸다. 이에 교황은 10월 1일 라벤나의 수좌주교에게 이 문제를 조사하고 상세한 보고서를 제출하라고 명했다. 보고서가 남아 있지 않아서 확신할 수는 없지만, 분쟁이 원만하게 해결된 것 같지 않다. 어쨌든 1323년 11월 3일 베네치아 정부는 모든 베네치아 시민에게 1324년 4월까지 맘루크제국의 영토를 떠날 것을 명했다. 베네치아는 아시아로부터 들어오는 향신료를 수송했던 알렉산드리아행 갤리선단의 운영도 중단했고, 알렉산드리아 주재 베네치아 영사관도 폐쇄했다. 맘루크제국의 기록에 따르면 이후 23년 동안 단 한 척의 베네치아 선박도 맘루크 영토에 입항하지 않았다.

1326년 7월 1일 교황은 교회법에 명시적으로 금지되어 있지 않은 상품을 거래하는 것은 합법이라고 주장하는 사람을 이단으로 선언하고 파문에 처하라고 명했다. 더욱 강경해지는 교황청의 정책에 대응해 이탈리아 도시들은 교역 금지령을 완화하거나 회피할 방법을 모색했다. 베네치아 정부는 여러 차례 교황청에 사절단을 파견해 자신들의 절박한 상황을 설명했다. 1327년 베네치아 도제 조반니 소란초(Giovanni Soranzo, 재위 1312-1328)는 교황 요하네스 22세에게 "우리 도시는 교역으로만 먹고살고 있습니다."라고 호소하면서, 무역 금지령을 완화해달라고 요청했다. 1343년 베네치아 도제 안드레아 단돌로(Andrea Dandolo, 재위 1342-1354)는 교황에게 "하느님의 은총을 입은 우리 도시는 육지와 바다를 통해 세계의 다양한 지역에서 이익을 창출하는 상인들의 노력으로 성장하고 발전했습니다. 바로 이것이 우리의 삶이고 우리 자식들의 삶입니다. 우리는 이와 다르게 살 수 없으며 무역 이외의 다른 방식의 삶은 모릅니다." 1344년 교황 클레멘스 6세(Clemens VI, 재위 1342-1352)는 베네치아 공화국에 향후 5년간 매년 여섯 척의 갤리선과 네 척의 원형 범선을 맘루크제국에 보낼 수 있는 허가권을 부여했다. 이후 맘루크제국과 베네치아 사이의 교역은 맘루크제국이 오스만제국에게 무너지는 1517년까지 큰 중단 없이 계속되었다.

이 장에서 살펴보았듯이 종교적 거부감 같은 문명 간의 상호 교역을 방해하거나 제약하는 요소들이 존재했지만, 중세 지중해 세계는 하나의 경제 공동체였다. 지중해의 자연환경은 개별 지역이 독자적으로 생존할 수 없게 만들었고, 그로 인해 서로는 생존을 위해 상호 의존할 수밖에 없었다. 서로가 부족하거나 필요로 하는 상품들을 교환했고, 상호 간의 교역은 종교적, 군사적 제약에도 불구하고 중단 없이 계속되었다.

6장

지중해 교역의 확대

몽골 평화 시대 유럽과 아시아의 만남

1. 몽골 시대: 진정한 세계사의 시작

몽골 시대를 검토하기에 앞서 먼저 잘못된 상식 하나를 짚고 넘어가야겠다. 우리는 15세기 말 콜럼버스, 바스쿠 다가마 등의 탐험가들이 인도로 가는 새로운 항로를 개발하면서 유럽은 처음으로 아시아와 직접 접촉할 수 있었다고 알고 있다. 하지만 이런 견해는 수정되어야 한다. 먼저 유럽은 6, 7세기까지 인도양을 항해하며 아시아와 교류했다. 기록에 따르면 그 규모도 상당해서 믿기 어렵지만 매년 100여 척의 배가 움직였다. 고대에 진행된 해상 교류는 이슬람이 등장하고 유럽과 아시아의 직접 교류를 막음으로써 중단되었다. 두 번째로 15세기 말에 유럽과 아시아의 해상 직교역로가 열리기 전인 몽골 시대에 유럽인들은 이미 아시아로 다시 가기 시작했다. 몽골이 극동에서 동부 유럽에 이르는 광대한 유라시아를 아우르는 대제국을 건설했던 13세기 중엽부터 14세기 중엽까지 유럽인들은 아시아에 진출해 교역, 선교 등 다양한 활동을 전개했다. 교황청에서 원 제국의 수도 북경에 파견한 수도사 조바니 다 몬테코르비노Giovanni da Montecorvino는 북경에 교회를 건설하고 로마 가톨릭을 포교했으며, 베네치아 상인 마르코 폴로Marco Polo는 중국에서 길게 체류했다. 제노바 상인들은 항주, 광주 등 원 제국의 국제 무역도시에서 상업 활동을 했으며, 몽골과 교황청 사이를 연결하는 외교사절 역할을 하기도 했다. 아시아인들이 유럽 기독교 세계를 직접 다녀가기도 했다. 일 칸 아르군(Arghun, 재위 1284-1291)의 사절로 유럽에 파견된 네스토리우스 사제 랍반 사우마Rabhan Sauma는 콘스탄티노폴리스, 나폴리, 로마, 제노바, 파리, 보르도 등의 지역을 여행하면서 비잔티움 황제 안드로니코스 2세(Andronikos II, 재위 1282-1328), 프랑스 왕 필리프 4세(Philippe IV, 재위 1285-1314), 잉글랜드 왕 에드워드 1세(Edward I, 재위 1272-1307), 교황 니콜라우스 4세와 만나기도 했다.

몽골이 자유로운 통행을 보장한 덕분에 유럽과 아시아가 직접 교류할 수 있었던 이 시기는 그런 연유로 몽골 평화Pax Mongolica 시대라 불린다. 하지만 이 시대를 평화로운 교류와 접촉의 시대로만 단정할 수는 없다. 몽골 시대에 대한 많은 기록들을 보면, 이와는 다른 목소리들이 들리기 때문이다. 몽골의 침략을 받았던 러시아는 몽골 시대를 타타르의 멍에, 즉 몽골의 침략과 지배에 시달린 불행한 역사로 이해한다. 당시 유럽은 몽골인을 지옥tartarus에서 온 사자tartar로 부르는 등 몽골 즉 타타르인에 대한 공포심을 가지고 있었다. 페르시아 역사가 주바이니(Ata-Malek Juvayni, 1226-1283)는 자신의 저서 『세계 정복자의 역사』에서 "그들이 왔고, 몽둥이를 휘둘렀고, 불을 질렀고, 살상을 저질렀고, 물건을 약탈했고, 그리고 떠나갔다."라면서 몽골의 파괴적인 모습을 이

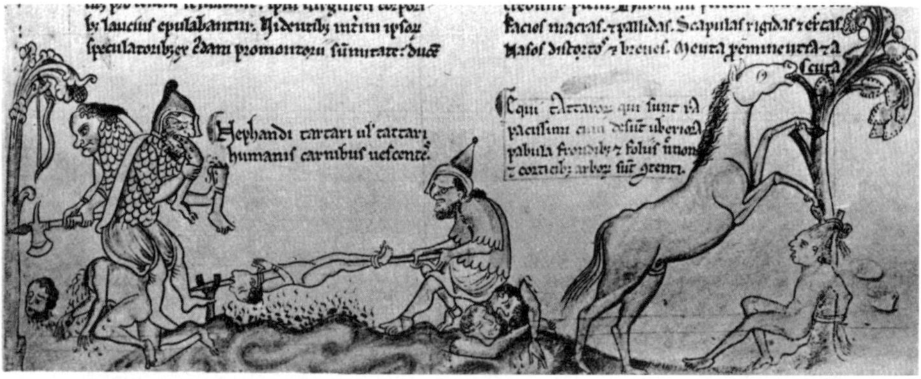

매튜 패리스, 인육을 먹는 타타르인

야기했다.

이처럼 몽골 시대에 대한 평가가 엇갈리지만, 그렇다 해도 몽골 시대의 동서 교류가 세계사 발전에 중요한 역할을 했음에는 많은 역사가가 공감하고 있다. '칭기즈의 교환'이라는 표현이 나올 정도다. 김호동 등 몽골 역사 전문가들은 몽골제국이 통합된 세계를 만들었고 그런 점에서 몽골 시대는 진정한 세계사의 시작이며, 전근대와 근대를 나누는 분기점이라고 말한다. 김호동은 『몽골제국과 세계사의 탄생』에서 "팍스 몽골리카를 배경으로 '대여행의 시대'가 가능하게 되었고, 사신, 종교인, 상인들은 유라시아 대륙의 동서남북을 종횡으로 누볐다." 라고 말하면서 몽골 시대 진정한 세계사가 탄생했음을 강조했다. 재닛 아부-루고드Janet abu-Lughod는 『유럽 패권 이전: 13세기 세계 체제*Before European Hegemony: The World System A.D. 1250-1350*』에서 이전까지 서로 분리되어 있었던 여러 개의 경제 권역이 이 시기에 상호 긴밀하게 연결되어, 이른바 '13세기 세계 체제'가 만들어졌다고 보았다.

모리스 로사비Morris Rossabi의 지적처럼 몽골의 유산 중 가장 오래 계

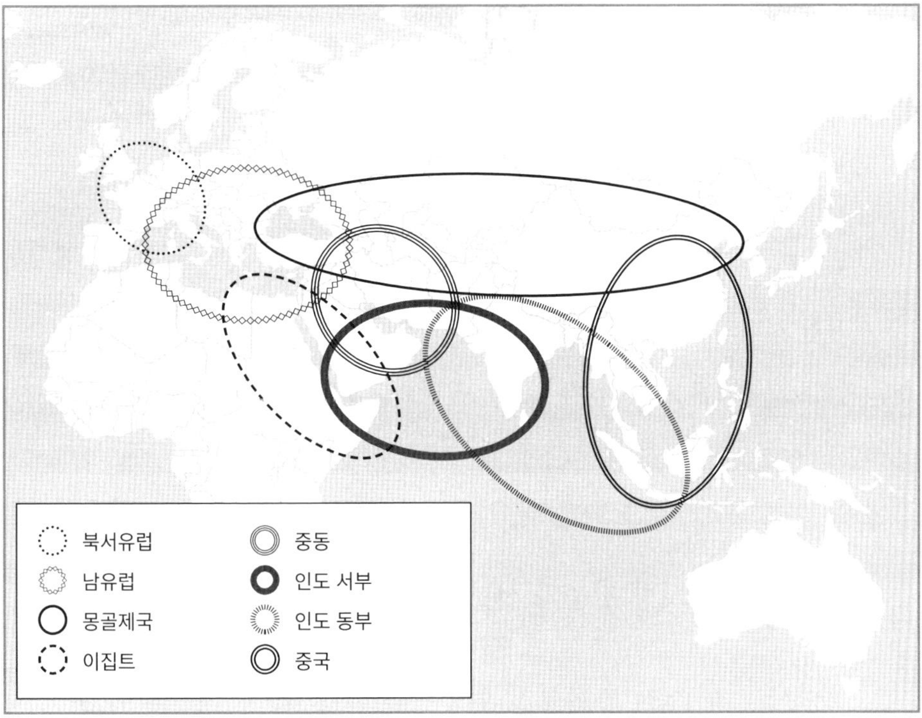

아부-루고드의 13세기 세계 체제

속되었던 것은 일련의 동서 교류였다. 몽골 시대를 거치면서 유럽인들은 광대한 아시아의 존재를 알게 되고, 아시아에 대한 환상을 갖게 되었다. 몽골 시대 아시아를 여행했던 마르코 폴로, 존 맨더빌John Mandeville이 남긴 동방 여행기는 유럽인들의 호기심을 자극하면서, 아시아로 가고자 하는 욕구가 구체성을 띠게 되었다. 향신료와 금은보화의 땅이 동쪽에 실제로 존재하고, 그곳에 갈 수 있다는 생각, 게다가 그곳에 기독교 왕국이 있다는 전설까지 더해지면서 인도로 가는 새로운 항로를 개척하는 여행은 해볼 만한 것이 되었다. 유럽인들이 작은 배 몇 척을 타고, 얼마 되지 않는 장사 밑천을 가지고, 어디로 가야 할지 알려주는 번듯한 지도 하나 갖고 있지 못해도 망망대해를 항해할 수 있었던 것은 몽골 시대의 교류를 통해 얻은 확신 덕분이었다. 그런 점에서 몽골 시대에 이루어진 동서 교류는 근대 세계의 형성에 큰 역할을 했고, 그런 점에서 근대 세계를 여는 중세적 기원으로 평가할 수 있다.

2. 몽골의 서방 진출과 선교사의 파견

아시아 초원에서 온 유목 민족은 유럽과 지중해 역사에 여러 차례 심대한 영향을 미쳤다. 4세기 초 훈족이 동유럽으로 침입해오자, 게르만족은 대규모 이동을 시작했다. 몇몇 게르만족은 서유럽으로 이동해 여러 국가를 세웠고, 게르만 용병 대장 오도아케르(Odoacer, 재위 476-493)는 476년 서로마제국을 무너뜨렸다. 14세기 말과 15세기 초 지중해 세계를 침략한 티무르(Timur, 재위 1370-1405)는 중세 말 지중해 역사를 흔들어놓았다. 1402년 앙카라 전투에서 바예지드 1세(Bayezid I, 재위 1389-1403)의 오스만군을 격파했는데, 이 전쟁에서 패한 오스만제국은 한동안 영토를 확장하지 못했고, 그 덕분에 비잔티움제국은 50년 정도 생명을 연장할 수 있었다. 게다가 티무르는 이슬람 세계의 장인들을 강제로 본국으로 데리고 감으로써 이슬람 세계에 경제적 타격을 주기도 했다. 중세 지중해 역사가 엘리야후 애쉬터Eliyahu Ashtor는 이 사건으로 중세 말 이슬람 세계의 산업 기술이 쇠퇴하게 되었다고 평가하기도 했다.

13세기 몽골의 서방 진출은 앞의 두 사건 못지않게 지중해 역사에 중대한 영향을 미쳤다. 유럽이 몽골군과 처음 접촉한 것은 1230년대였다. 1237년 칭기즈칸의 손자인 바투(Batu, 재위 1227-1255)가 이끄는 몽골 군대는 볼가강을 넘어 동유럽을 공격했다. 러시아 도시들은 기동성 있는 몽골 군대에 무너졌고, 1240년 키예프마저 몽골군에 항복했다. 몽골군은 1241년 카르파티아산맥을 넘었고, 그해 4월 레그니차평원Legnica의 전투에서 헨리크 2세(Henryk II, 재위 1238-1241)의 폴란드 군대와 독일 기사단을 주축으로 구성된 기독교 연합군을 격파했다. 1241년 겨울에는 도나우강을 건너 자그레브를 함락시켰고 달마티아로 도주한 헝가리 국왕 벨라 4세(Bela IV, 재위 1235-1270)를 추격해 아드리아 연안까지 갔다. 서유럽 기독교 세계를 구한 것은 칭기즈칸의 삼남이자 2대 칸이었던 우구데이(재위 1229-1241)의 사망 소식이었다. 1242년 3월 칸의 사망 소식을 접한 바투가 차기 칸을 선출하는 쿠릴타이에 참석하기 위해 원정군의 귀환을 결정했기 때문이다.

몽골군의 전투력과 기동성은 유럽인을 공포에 떨게 했다. 신출귀몰하다 해야 할 정도로 도무지 가늠이 되지 않는 이동 속도와 진행 방향, 진격과 후퇴, 포위와 공략의 전략을 순식간에 교차 진행하는 기동전, 빠르게 말을 몰면서 화살을 휘몰아치는 기마병의 집단적 전투력에 유럽인들은 몽골군의 접근을 속수무책으로 바라볼 수밖에 없었다. 이에 못지않게 유럽인의 공포를 키운 것은 이 무시무시한 적에 대해 아는 것이 전혀 없다는 것이었다. 그들이 어떤 신앙을 가지고 있는지 어떤 민족인지, 어떤 언어를 사용하는지 등에 관해서 아는 것이 거의 없었다.

그런 가운데 희소식이 들려왔다. 몽골군이 본격적인 유럽 공략을 앞두고 갑자기 사라졌다는 것이다. 우리는 그 이유를 알고 있지만, 그들은 그 이유를 알지 못했다. 유럽으로서는 이 사태를 자신들에게 유리하게 이해했다. 또한 그로부터 10여 년이 흐른 후의 일이지만 다시 나타난 몽골군이 기독교의 적인 아바스 왕조를 무너뜨렸고, 기독교인에 대해 관대하다는 이야기도 들려왔다. 이런 일련의 상황들이 유럽인들에게 일말의 기대감을 불러일으켰다.

몽골군이 회군한 뒤인 1245년에 이미 교황 인노켄티우스 4세(Innocentius IV, 재위 1243-1254)는 리옹 공의회에서 몽골에 대한 대책을 논의했다. 우선 몽골군의 서진을 저지하고, 몽골과 군사적 동맹을 맺어 이슬람을 협공하고, 몽골을 기독교로 개종시키자는 의견이 나왔다. 교황 인노켄티우스 4세는 조반니 드 플라노 카르피니Giovanni de Plano Carpini를 구육 칸(재위 1246-1248)에 파견해 기독교를 전파하고 가능하면 칸을 개종시키라고 명했다. 그러나 카르피니는 개종은커녕 충성을 맹세하라는 칸의 서신을 가지고 귀환했다. 카르피니는 『몽골인의 역사 *Historia Mongalorum*』라는 일종의 보고형 동방 여행기를 저술했다. 1249년 프랑스 왕 루이 9세(Louis IX, 재위 1226-1270)는 앙드레 드 롱지모André de Longjumeau를 몽골의 수도 카라코룸에 파견했지만, 공물을 바치라는 칸의 서신을 받아들고 왔을 뿐이다. 이단이었지만, 기독교에서 나온 네스토리우스 교도가 몽골 궁정에 있다는 소식에 고무된 루이 9세는 1253년 기욤 드 뤼브룩Guillaume de Rubrouck을 다시 파견했다. 그러나 그 또한 몽골의 지배를 받아들이고 복종하라는 칸의 서신을 가지고 돌아왔다. 뤼브룩은 『여정*Itinerarium*』이라는 제목의 동방 여행기를 저술했다.

지중해 세계에서 몽골의 공격을 가장 심하게 받은 곳은 당연하게도 이들과 지리적으로 가장 가까웠던 현재의 러시아 지역과 서아시아에 있는 이슬람 문명이었다. 1230년대에 칭기스칸의 장손인 바투는 몽골군을 이끌고 러시아 지역을 공략한 후, 금장 칸국이라고도 불리게 될 킵차크 칸국을 세웠다. 1258년에는 칭기스칸의 또 다른 손자인 훌라구가 서아시아로 진격하여 바그다드를 함락시키고 아바스 왕국을 패망시켰다. 이렇게 등장한 나라가 일 칸국이다. 중국에 세워진 대칸국의 일원인 이 두 칸국은 킵차크 칸국이 이슬람으로 개종하면서 극심한 대립을 이어나갔고 이 지역에서의 국가간 관계를 복잡하게 만들었다. 일 칸국은 위로는 킵차크 칸국과 종교적으로 대립하고, 남서쪽으로는 맘루크와 대립했다. 예나 지금이나 종교는 대립의 원인 가운데 중요한 부분을 차지하지만, 그것이 전부는 아닌 것이 분명하다. 이 시기의 대립관계를 설명하려면 민족적 대립, 통치자들 간의 알력 등을 더 살필 필요가 있을 것이다. 어쨌든 일 칸국은 남북으로 이슬람 국가들에 둘러싸이면서 돌파구를 찾게 되었다. 그것은 기독교 세력이었다. 실제로 일 칸국은 1260년 맘루크제국과의 아인잘루트Ain Jalut 전투에서 패하면서 대유럽 정책을 수정하기에 이르렀다. 단독으로 맘루크제국을 무너뜨리기 어렵다고 판단하고 유럽과의 군사적 동맹을 맺어 맘루크제국을 협공하는 전략을 세웠다. 이후 일 칸국의 여러 칸은 유럽 군주들에게 사절단을 파견해 군사적 동맹을 타진했다. 1262년 일 칸 훌라구(Hülegü, 재위 1259-1265)는 프랑스 왕 루이 9세에게 사신을 파견해 친서를 전달했다. 훌라구는 프랑스 왕의 군사적 도움을 얻어내려고 몽골의 군주가 기독교인이며, 그들이 사제 요한 왕의 후손이라는 거짓 이야기까지 지어냈다. 1289년 일 칸 아르군(재위 1284-1291)은 프랑스 왕 필리프 4세에게 연합 작전을 제안했다. 1305년 일 칸 올제이투(Öljeitü, 재위 1304-1316)는 다시 한번 유럽 기독교 세계와의 군사적 협력을 모색했다. 1305년 일 칸 올제이투는 일 칸과 프랑크족 사이에 있었던 사절 교환과 우호 관계를 언급하면서 다시 한번 유럽 기독교 세계와의 군사적 협력을 모색하는 다음과 같은 친서를 보냈다.

"프랑크족의 여러 왕이여! 당신들이 아주 오래전부터 우리의 선량한 선조, 선량한 조부, 선량한 아버지와 형들과 우정을 맺어왔으며, 비록 거리는 멀리 떨어져 있지만 마치 가까운 곳에 있는 것처럼 생각하면서 사절과 선의의 선물을 상호 교환해왔다는 사실을 어찌 모르겠습니까? 현재 우리는 하늘의 힘으로 위대한 권좌에 있으면서 우리 선조, 선량한 우리 조상, 선량한 아버지와 형들의 명령과 칙령을 어기지 않으며, 이미 확고하게 확립된 규칙을 결코 폐기하지 않았고, 우리 이전에 통치했던 훌륭한 선조들이 당신들과 맺은 조약들도 어기지 않았으며, 그것을 신성한 맹세로 여기기 때문에 우리는 당신들과 과거와 마찬가지로 앞으로도 계속 우호 관계를 유지하고 상호 외교사절을 교환할 것을 제안하는 바입니다. [중략] 우리는 프랑크족의 왕들인 당신들도 상호 우호 관계에 있다는 사실을 알게 되었습니다. 진심으로 상호 우호 관계보다 더 나은 것이 있겠습니까? 이제 우리와 혹은 당신들과 좋은 관계를 원하지 않는 자들에게는 하늘이 그 주제를 결정하는 방식으로, 하늘의 힘으로 우리를 반목하는 자들에 대항해 우리는 함께 맞설 것입니다."(성백용 외, 2021))

칸의 바람과는 달리, 맘루크제국을 협공하기 위한 일 칸과 유럽 기독교와의 군사 동맹은 이루어지지 않았다. 몽골과의 군사적 동맹은 실현되지 않았지만, 교황은 몽골에 복음을 전파하기 위한 노력을 중단하지 않았다. 교황 니콜라우스 4세는 1288년 몽골에서 파견한 네스토리우스 수도사 랍반 사우마를 접견했고, 다음 해 몬테코르비노를 원 제국의 수도 베이징으로 파견했다. 몬테코르비노는 베이징에 교회를 세우고, 여러 사람을 개종시켰다. 1307년 교황청은 이런 성과를 치하하고 그를 베이징 수좌대주교로 임명했다. 이후 교황청은 그를 보좌할 수도사를 추가로 파견했다. 1328년 몬테코르비노는 베이징에서 사망했고, 그의 사망 소식을 전해 들은 교황 요하네스 22세는 1336년 프란체스코 수도회 수도사 니콜라스를 몬테코르비노 후임 베이징 주교로 파견했다. 하지만 그는 베이징에 도착하지 못했고, 이에 원 혜종(토곤 테무르)은 사절을 파견해 교황청과 긴밀한 외교 관계를 유지하고, 몽골 세계의 기독교인을 돌볼 새로운 주교를 요구했다. 1338년 아비뇽에서 대칸의 서신을 받은 교황 베네딕투스 12세는 새로운 베이징 주교를 파견했다. 새로운 북경 대주교로 임명된 니콜라우스 보네Bonet는 마리뇰리Marignolli와 함께 베이징으로 향했다. 그러나 보네는 베이징에 도달하지 못했고, 마리뇰리가 그를 대신해 베이징에서 임무를 수행했다. 마리뇰리는 임무를 마치고 1353년 귀환했다. 마리뇰리는 보고형식의 동방 여행기를 남겼다. 교황청은 이후에도 베이징 주교를 임명했지만, 실제로 임무를 수행하기 위해 베이징으로 떠난 주교는 없었다. 1368년 원 제국이 주원장에게 패했기 때문이다.

교황청은 몽골 세계뿐만 아니라 인도에도 복음을 전파하기 위해 수도사를 파견했다. 1321년 4월경 인도 북서부의 타나Tana에서 토마소 디 톨렌티노(Tommaso di Tolentino, 1255-1321)를 포함해 네 명의 프란체스코 수도사들이 예언자 무함마드를 비난했다는 이유로 처형당했다. 몇 년 후 이곳을 경유했던 오도리코는 사건의 경위를 다음과 같이 설명한다.

"앞에서 언급한 수도사들이 호르무즈에 체류하고 있을 때, 어떤 배가 그들을 폴룸붐까지 태워주기로 하고 계약을 맺었다. 그런데 막상 배에 오르고 보니 수도사들의 소원과는 달리, 엉뚱하게 그만 타나로 끌려가고 말았다. 여기에는 열다섯 가구의 기독교도들, 이를테면 분열주의자이며 이단인 네스토리우스 교도들이 살고 있었다. 이곳에 온 수도사들은 이들 기독교도 가운데 한 사람의 집에 기숙했다. 그러던 어느 날 점잖은 집주인과 아내 사이에 말다툼이 일더니, 급기야 밤중에 주인은 아내를 한바탕 두들겨 패는 것이었다. 아침이 되자 아내는 그들의 말로 주교라고 하는 카디에게 가서 구타당한 일을 고소했다. 그러자 카디는 그녀에게 진술한 것에 대해 어떤 증거가 있느냐고 물었다. 그녀는 충분한 근거가 있다고 대답했다. 그녀가 '왜냐하면 그 사람이 나에게 손찌검을 할 때 집에는 네 명의 프랑크 랍반(네스토리우스교에서 성직자를 지칭하는 표현)이 있었기 때문입니다. 그들에게 물어보면 그들은 당신에게 진실을 알려줄 것입니다.'라고 말했다. [중략] 이 말을 듣고 있던 카디는 곧 사람을 보내 우리의 형제들을 데려왔다. 그들, 즉 안코나 경내의 톨렌티노에서 온 수도사 토마스, 파도바의 수도사 자메스, 게오르기 출신의 세속 교우, 그리고 달변의 수도사 데메트리우스가 카디 앞에 불려왔다. 카디는 곧바로 그들에게 우리의 신앙에 관해 시비를 걸어왔다. 수도사 토마스가 변론에 응해 여러 가지 증거와 실례를 들어가면서 삼위일체를 논증했다. 드디어 그는 사라센인들이 더 이상의 변론을 고집할 수 없을 만큼 당혹하게 만들었다. 자신이 많은 사람 앞에서 이런 낭패한 꼴을 당하게 되자 카디는 크게 소리를 지르기 시작했다. '그렇다면 너는 무함마드를 어떻게 보는가?' [중략] '나는 답하면서 그대들에게 고하노니, 무함마드는 지옥의 자식으로서 그와 그의 마귀 아버지가 있을 자리는 마굴뿐이다.' [중략] 수도사들을 화형에 처한다는 명이 내려지자 그 소식이 번개처럼 온 도시에 퍼져나갔다. [중략] 수도사 토마

스는 자진해 불 속으로 뛰어들었다."(오도릭, 2012)

이들과 동행했던 요르다누스 세베락Jordanus Severac은 처형이 있기 전에 타나를 떠나서 목숨을 건질 수 있었다. 그는 구자라트의 한 도시에서 복음을 전하는 일을 하면서, 1321년 10월 12일 편지를 작성해 페르시아에 있는 동료 수도사에게 보냈다. 그는 이 편지에서 타나에는 선교사 이외에도 많은 유럽 상인이 장사하고 있다고 전했다. 1324년에서 1328년 사이 그는 남서쪽 끝에 있는 콜람Kollam을 방문했고, 그곳을 새로운 포교 중심지로 삼았다. 1328년 교황 요하네스 22세는 그를 콜람의 주교로 임명했다.

몽골은 지중해 세계의 여러 문명들과 처음에는 군사적으로 충돌하며 충격적인 만남을 가졌고, 이후로는 다양한 방식의 접촉을 이어가며 탐색의 시간을 가졌다. 그런 가운데 지중해를 둘러싼 역학구도도 큰 변화를 겪었다. 먼저 지중해 동부에서는 이슬람의 주요 국가였던 아바스 왕조가 무너지고 맘루크 왕조와 몽골의 대결 구도가 만들어졌다. 이곳에 들어선 일 칸국은 이슬람과의 전쟁을 이어나가기 위해서라도 지중해 세계의 또 다른 축인 기독교 세계와의 친교를 정책적으로 이어나갔고, 교황은 이런 국제 정세를 놓치지 않았다. 이렇게 시작된 유럽인들의 아시아 세계로의 복음 전파는 멀리 베이징뿐만 아니라 인도에까지 미쳤다. 그런 가운데 순교자들의 희생이 발생했고, 교회는 이들을 추념하며 아시아 동쪽과 남쪽으로의 포교 활동을 계속했다.

3. 몽골 시대의 동서 교역

많은 학자들은 몽골 평화 시대라 불리는 13세기 중엽부터 14세기 중엽까지 유럽과 아시아 사이의 교역이 전례가 없을 정도로 활성화되었다고 보고 있다. 교역의 규모와 빈도 등에 대해서는 이견이 있지만, 몽골 시대에는 유럽과 아시아 간의 직교역이 가능해졌고, 이에 따라 동서 교역의 규모도 증가했다는 것이다.

아부-루고드는 1250년대에서 1350년대 사이 중국에서 유럽에 이르는 광범위한 상업 네트워크가 형성되었다고 보았다. 실제로 14세기 중엽 피렌체 상인 프란체스코 발두치 페골로티Francesco Balducci Pegolotti가 남긴 『상업 안내서*La Practica della mercatura*』 역시 유럽과 몽골 간의 직교역이 활성화되었음을 잘 보여준다. 그가 "타나(흑해 북쪽의 크림반도에 있는 상업 도시)에서 카타이로 가는 여행로는 그 길을 이용한 경험이 있는

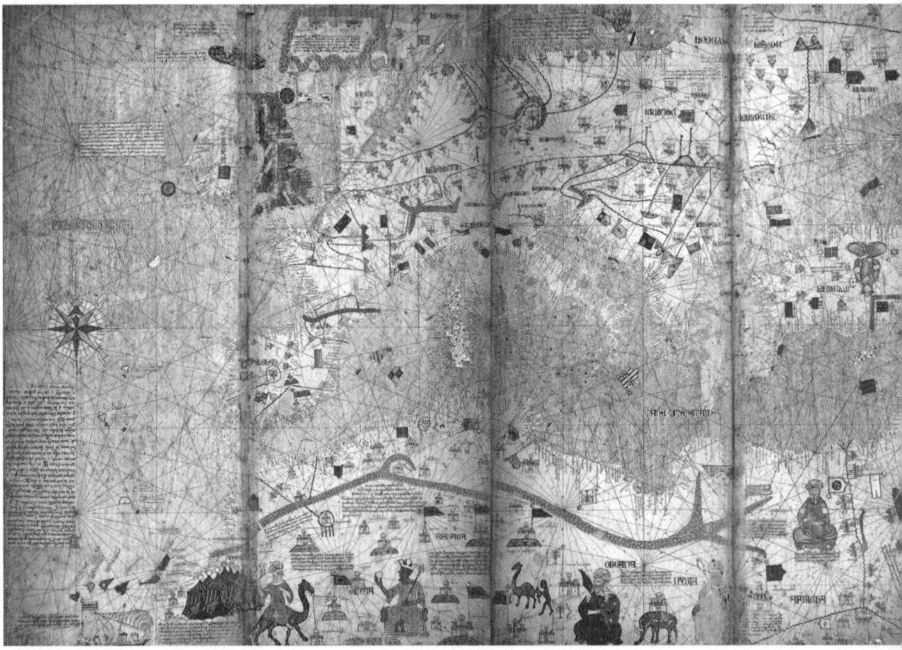

타나에서 베이징으로 가는 교역로

상인들의 이야기에 따르면 낮이건 밤이건 상관없이 완벽할 정도로 안전하다."라고 말할 정도로 흑해에서 베이징으로 가는 교역로가 안전하고 활성화되어 있었다(Pegolotti, 1936).

몽골 시대 동서 교류를 원활하게 만든 핵심 제도는 잠Jam이라 불리는 역참이었다. 중요한 교통로에 설치된 역참은 동서를 오가는 관리, 상인, 사절 등에게 숙소와 교통수단을 제공했다. 쿠빌라이(Qubilai, 재위 1260-1294) 시대에는 원 제국 내부에만 1,400개의 역참이 있었고, 원의 수도에서 동부 유럽과 지중해까지 연결하는 역참망도 만들어졌다. 몽골제국은 상인들에게 안전한 통행을 보장해주었고, 동서를 오가는 외교사절과 일부 특권적인 상인들은 역참 제도를 이용할 수 있었다. 마르

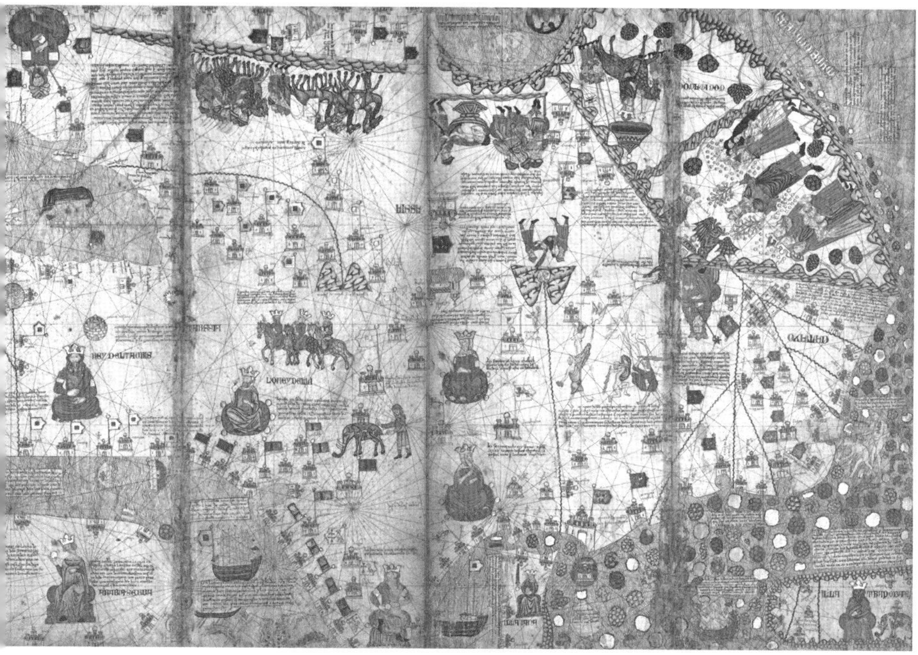

코 폴로, 랍반 사우마 등 여러 사람이 몽골의 역참을 이용해 상대적으로 안전하게 여행할 수 있었다.

그러나 몽골 평화 시대라 불리는 100여 년 내내 동서 교역이 항상 순탄하게 진행된 것은 아니었다. 13세기 후반 쿠빌라이와 카이두(Qaidu, 재위 1248-1301) 간에 벌어졌던 전쟁은 동서 교역에 큰 지장을 주었다. 13세기 후반 유럽으로 파견되었던 랍반 사우마와 그의 형제는 중앙아시아를 여행하면서 이 길이 매우 위험하다고 여행기에 쓰기도 했다. 또한 이러한 불안한 정세 때문에 마르코 폴로는 중국에서 유럽으로 귀환할 때 중앙아시아를 경유하는 육로가 아니라 인도양을 경유하는 해로를 선택했다. 상업적인 관점에서 평화 시기에는 긴 시간이 소요되는 인도양을 경유하는 해로보다는 중앙아시아를 경유하는 교역로를 이용하는 것이 유리했다. 마르코 폴로가 인도양 해로를 이용했다는 것은 그만큼 육로가 위험했다는 것이다. 페골로티가 이야기한 밤이건 낮이건 상관없이 완벽할 정도로 안전했던 시기는 1310년대에서 1330년대까지였던 것 같다.

그렇지만 흑해를 통한 몽골과의 교역은 이미 13세기 중엽부터 활성화되었다. 유럽 상인들은 흑해 주변의 몽골 국가인 일 칸국과 킵차크 칸국에서 13세기 후반 활발한 상업 활동을 전개하고 있었다. 특히 일 칸국의 수도 타브리즈Tabriz는 새로운 국제무역의 중심지로 부상했다. 일 칸국의 훌라구 칸(재위 1261-1265)은 맘루크제국을 공략하는 데 기독교 세계와의 군사적 동맹을 모색했기에 유럽 기독교 상인들을 적극적으로 유치했다. 이러한 정책 덕분에 유럽 상인들이 상대적으로 이른 시기부터 타브리즈에서 활동할 수 있었다. 1264년 5월 2일 타브리즈에서 작성된 베네치아 상인 피에트로 벨리오네의 사후 재산 목록에는 여러 명의 유럽 상인들이 증인으로 나온다. 증인 중 베네치아 상인은 없었고, 대다수 증인은 제노바 상인들이었다. 일 칸국의 군주는 타브리즈에서 활동하고 있는 유럽 상인들을 사절단으로 활용하기도 했다. 1287년 아르곤 칸이 유럽에 보낸 사절단에는 두 명의 이탈리아 상인이 포함되어 있었고, 1288년 교황이 아르곤 칸에게 보낸 서신에는 칸이 고용한 아홉 명의 기독교인 통역관이 나온다. 이들 또한 타브리즈에서 활동하던 제노바와 베네치아 상인들이었다.

주변 지역과의 교역을 넘어서 흑해 북쪽의 크림반도를 통해 아시아로 가는 북방 노선이 활성화되었다. 제노바와 베네치아 상관이 설치되어 있었던 카파Caffa와 타나Tana는 아시아로 가는 유럽 상인들의 출발지였다. 페골로티에 따르면 타나에서 원의 수도 베이징까지 가는 데 259일에서 284일이 소요되었다. 이 북방 노선을 이용한 동서 교역에서 가장 두드러진 역할을 했던 유럽 상인은 제노바 상인들이었다. 당시 중국에 관한 정보를 얻으려면 제노바 상인에게 물어보라는 『데카메론』의 저자 보카치오Boccaccio의 조언은 이러한 사실을 잘 보여준다. 반면 정작 제노바 상인들은 자신들의 활동에 관한 기록을 남기지 않았다는데, 이는 새로 개척한 아시아 시장에 대한 비밀을 유지하려고 했기 때문이었을 것이다. 실제로 제노바 상인들은 중국이나 인도로 장사를 떠나면서도 투자 계약서에는 비잔티움 시장을 목적지로 명기하곤 했다.

제노바 상인들은 원 제국의 수도 베이징뿐만 아니라 광저우, 항저우, 취안저우, 양저우 등지에까지 진출해 활동했다. 이들 도시에서 포교 활동을 벌였던 프란체스코 수도사들이 남긴 기록에 따르면 꽤 많은 제노바 상인들이 이곳에서 활동하고 있었다. 20세기 중엽 양저우에서 발견된 두 유럽인의 묘비는 14세기 중엽 제노바 상인들이 이 도시에서 활동했음을 증명한다. 두 묘비의 주인은 제노바 상인 도메니코 데 빌리오니Domenico de Vilioni의 아들과 딸이었다. 딸 카테리나Caterina는 1342

년 사망했고, 아들 안토니오Antonio는 1344년 사망했다. 도메니코가 베네치아 출신 상인이라고 주장하는 역사가들도 있는데, 어쨌든 이들 외에도 여러 제노바 상인들이 양저우에서 장사를 하고 있었다. 제노바 상인들 외에도 프란체스코 수도회 수도사들이 이들의 장례식에 참석했던 것으로 추정된다. 묘비명이 라틴어로 작성되었기 때문인데, 라틴어를 쓰는 사람은 수도사들 정도였기 때문이다. 당시 양저우를 여행했던 오도리코 역시 제노바 상인들과 프란체스코 수도사들이 이 중국 도시에서 활동하고 있었음을 증언하고 있다.

14세기 중엽 유럽과 아시아를 오가며 가장 활발한 상업 활동을 전개했던 상인은 제노바 출신의 안달로 데 사비뇨네Andalo de Savignone였다. 그의 가문은 13세기 후반부터 타브리즈에서 활동을 시작했고, 이후에는 동쪽으로 활동 반경을 더 넓혔다. 안달로는 적어도 세 번 이상 원 제국의 수도 베이징을 다녀온 베테랑 상인이었다. 남아 있는 기록에 따르면 그는 1330년 10월 베이징에서 동향 출신의 상인 레오네 베지아Leone Vegia와 함께 제노바 상인 안토니오 사르모레Antonio Sarmore의 유산 처리를 맡았다. 베이징에서 제노바로 돌아온 안달로는 1333년 3월 안토니오의 유산을 채권자 페르치발레 마초네Percivale Mazzone에게 전달하고, 1334년 다시 베이징으로 항해를 떠났다. 1336년에는 원 혜종의 명을 받고 15명의 사절단과 함께 교황청으로 향했다. 안달로가 사절단의 책임자였는지는 불확실하지만, 사절단은 알란족 출신의 특사와 몽골 출신의 수행원 그리고 다수의 제노바 상인으로 구성되어 있었다. 알란족은 13세기 초엽 몽골이 흑해 지역을 침략하는 과정에서 사로잡은 유럽 출신의 기독교인들이었다. 이들은 베이징으로 끌려가 원 제국의 군주에게 충성하는 친위대가 되었고, 14세기 중반에는 원 황실에서 꽤 영향력을 행사하는 집단으로 성장했다. 북경 대주교였던 몬테코르비노가 죽자 알란족 수장들은 원 혜종에게 새로운 성직자가 필요하다고 요청했고, 알란족 수장들의 요청을 받아들인 원 혜종은 교황청에 사절단을 파견했다. 베이징에서 활동하던 제노바 상인들 역시 이 사절단에 참여해 주도적일 역할을 했다.

안달로와 사절단은 1338년 아비뇽에서 교황 베네딕투스 12세(Benedictus XII, 재위 1334-1342)를 알현한 후 교황의 친서를 가지고 다음 해 6월 파리로 가 프랑스 왕 필리프 6세(Philippe VI, 재위 1328-1350)를 만난 다음 이탈리아로 귀환했다. 이후 이들은 유럽에서 말과 진귀한 물건을 가져오라는 원 혜종의 명을 수행하기 위해 베네치아로 향했다. 1338년 12월 22일 베네치아 정부는 사절단에게 5-10마리의 말과 천에서 2천 플로린 상당의 유리 세공품을 원 혜종에게 가져갈 수 있도록 허용했다. 하지만 사절단은 말과 보석을 베네치아가 아니라 제노바에서 구매했다. 제노바를 떠난 안달로는 나폴리로 향했고, 그곳에서 교황이 파견한 특사 조반니 마리놀리와 그 일행을 만났고, 그들과 함께 베이징으로 길을 떠났다. 조반니와 말들은 베이징에 도착했지만, 안달로가 베이징에 무사히 도착했는지는 알 수가 없다. 그에 대한 기록이 남아 있지 않기 때문이다.

유럽 상인들이 여러 몽골 국가들과의 교역을 통해 구하고자 했던 상품은 지역별로 달랐다. 제노바와 베네치아 상인들이 킵차크 칸 국과의 교역에서 얻고자 하는 상품은 흑해 북부에서 생산되는 곡물, 생선, 가죽, 꿀, 밀랍 등의 농산물이었다. 특히 곡물이 가장 중요했다. 반면 흑해 북쪽을 통해 중국으로 간 이탈리아 상인들이 원했던 상품은 원견과 비단이었다. 그들은 유럽산 아마포를 가져가서 중국산 원견과 비단을 가지고 돌아왔다. 중국 원견은 페르시아 원견과 비교해 품질이 떨어졌지만, 가격이 저렴해 유럽 시장에서 인기가 높았다. 제노바 상인들은 중국 비단을 당시 유럽 제일의 시장이었던 샹파뉴Champagne 정기시에 내다 팔았다.

유럽 상인들은 타브리즈에서는 향신료 등 인도양과 동남아시아에서 생산된 전통적인 아시아 향신료를 구매했다. 고대부터 중세 말까지 아시아 향신료는 주로 홍해와 페르시아만을 통해 지중해로 수입되었다. 중세 서유럽 상인들은 이렇게 지중해로 수입된 향신료를 알렉산드리아와 베이루트에서 구매해 서지중해로 수송했다. 이 노선들과 비교해 타브리즈를 통하는 북쪽 노선은 상대적으로 덜 중요한 향신료 교역로였다. 1291년 십자군 왕국의 최후의 보루마저 맘루크 수중에 들어가자 교황청은 맘루크제국과의 교역 금지령을 반포했고, 이로 인해 기존의 향신료 수입 노선이 타격을 입었고, 타브리즈를 통과하는 교역 노선이 새로운 대안으로 부상했다. 베네치아 출신의 귀족 마리노 사누도는 맘루크제국을 무너뜨릴 방안을 제시한 자신의 저서에서 몽골 영토를 통해 향신료를 수입하자고 제안했다. 그는 여전히 많은 향신료가 맘루크 지배에 있는 알렉산드리아를 통해 들어오고 있다고 비판하면서, 이슬람 영토가 아닌 몽골 영토를 통해 향신료를 수입하자고 목소리를 높였다. 이러한 수입 노선 변경이 맘루크제국에 경제적인 타격을 준다고 생각했기 때문이다.

14세기 중엽 이후 몽골제국이 무너지고 흑해를 통한 교역이 이전만큼 원활하지 못하게 되자 교황청은 맘루크제국과의 무역 금지령을 완화하기에 이르렀다. 베네치아 선박들은 다시 알렉산드리아와 베이루트 항구로 돌아왔고, 이전처럼 이곳에서 향신료를 선적해 서지중해로 수송했다. 이탈리아 상인 프란체스코 다티니가 남긴 기록에 따르면 1400년경 이탈리아 상인들은 주로 이 두 항구에서 향신료를 구매했다. 흑해행 베네치아 갤리선단은 흑해에서 향신료를 거의 선적하지 않을 정도로 흑해를 통한 향신료 교역의 특수는 사라졌다.

4. 아시아에 대한 환상

이탈리아 상인들과 기독교 성직자들이 중국과 인도까지 가서 상거래를 진행하고, 기독교를 전하곤 했지만, 이들의 이야기는 대부분의 중세 유럽 기독교인들에게 정확하게 전달되지 않았다. 유럽인들은 아시아를 환상의 세계이자 신기한 것들이 가득한 경이로운 세상으로 동경했고, 이러한 동경이 사람들로 하여금 이 신기한 세상을 찾아 모험 여행을 감행하도록 만들었다. 중세 유럽 기독교인들은 아시아 동쪽 끝에 지상낙원이 존재하고, 사제 요한이라 불리는 왕이 통치하는 기독교 왕국이 있다고 믿었다. 아시아는 향신료와 금이 풍성하게 생산되는 풍요의 땅이기도 했다. 고대 알렉산더 대왕이 아시아 동쪽 끝에 높은 성벽을 쌓아 곡Gog과 마곡Magog이라 불리는 거인족을 봉인했다고 믿기도 했다.

중세 유럽인은 아시아 동쪽 끝에 아담과 이브가 살았던 낙원이 실제로 존재한다고 굳게 믿었다. 중세 유럽인의 지리적 관념을 대변하는 TO 지도에는 낙원이 항상 지도 상단부에 위치한다. 오늘날 지도는 북쪽이 위로 가지만, 중세 기독교적 관념을 반영한 지도는 동쪽이 위쪽이다. 이러한 방향 설정은 지상낙원이 동쪽에 있다고 믿었기 때문이다. 창세기의 이야기에 따르면 지상낙원에서 네 개의 강이 발원하고, 이 강들은 세상과 연결된다. 중세 유럽인은 향신료가 지상낙원에서 발원하는 강을 따라 인간 세상으로 흘러나온다고 생각했다. 그런 연유로 향신료에 신성한 가치를 부여했다. 지상낙원 가까이에는 행복하고 신기한 것이 가득한 경이로운 땅이 존재한다고 믿었다. 이곳에 사는 주민들은 낙원으로부터 흘러나오는 무한한 즐거움을 누릴 수 있고, 보통 인간이 일상적으로 먹는 음식 대신에 하늘에서 떨어지는 빵과 야생 벌꿀과 후추로 만든 진귀한 음식을 먹을 수 있다고 생각했다.

사제 요한 왕국 이야기가 기독교 세계에 유포되기 시작한 시점은 십자군 시절인 12세기 중엽이었다. 1145년 교황청을 방문한 시리아의 주교 위고Hugo는 교황에게 십자군이 처한 어려운 상황을 설명하면서 이슬람 세계 너머 아시아에 기독교를 믿는 사제 요한이 다스리는 기독교 왕국이 있으며 이 요한 왕이 페르시아 대군을 물리쳤다고 보고했다. 1165년경에는 사제 요한이 비잔티움 황제 마누엘 콤네누스(Manuel Komnenos, 재위 1143-1180)에게 편지를 보내오기까지 했다. 물론 이 편지는 누군가에 의해 조작된 가짜이다. 자칭 사제 요한은 자신을 기독교를 믿는 사제라고 소개하면서, 자신의 왕국의 위대함을 자랑했다. 사제 요한은 세상의 모든 왕을 능가하는 막강한 권력을 가지고 있으며, 72명의 왕이 자신에게 공물을 바친다고 허세를 부렸다. 그가 지어낸 이야기들은 대체로 유럽이 고대부터 아시아에 대해 가지고 있었던 환상과 꿈이었던 유대의 열 부족 설화, 알렉산드로스 설화, 지상낙원 이야기, 사도 도마의 행적 등에 근거한 것이었다. 그는 사제 요한 왕국에는 알렉산더 대왕이 동방 원정 당시 큰 벽을 세워 곡과 마곡의 거인들을 가둔 성벽이 있고, 왕국 동쪽에는 지상낙원이 가까이 있으며, 이 지상낙원으로부터 진귀한 보물들이 왕국으로 흘러나온다고 허풍을 떨었다. 그러나 이런 터무니없는 소문과 편지는 사실로 받아들여졌고, 1177년 교황 알렉산드로스 3세(Alexandros, 재위 1159-1181)는 사제 요한 왕에게 서신을 보내기까지 했다.

몽골 시대 유럽인들은 아시아를 직접 여행하고 지상낙원과 사제 요한 왕국을 눈으로 직접 확인할 기회를 얻었다. 13세기 중엽 교황청 사절로 카라코룸을 방문했던 플라노 드 카르피니, 프랑스 왕 루이 9세의 사절로 몽골을 여행했던 뤼브룩, 중국에서 오랫동안 체류했던 베네치아 출신의 마르코 폴로, 1318년 베네치아를 떠나 인도, 동남아시아, 중국 등지를 여행하고 돌아온 프란체스코 수도사 오도리코, 1320년대 인도를 여행했던 도미니쿠스 수도사 요르다누스 세베락 등의 수도사와 상인은 자신들의 여행기에서 지상낙원과 사제 요한 왕국을 언급했다.

사제 요한 왕국에 대한 이야기는 동방을 여행했던 사제들의 관심사였던 듯하다. 카르피니는 사제 요한 왕국을 직접 보지는 못했지만, 여행 중 전해 들은 요한 왕국과 몽골 간의 전쟁 이야기를 여행기에 언급했다. 그는 사제 요한 왕은 자신의 왕국을 침입한 몽골 군대를 기발한 방법을 동원해 물리쳤다고 이야기했다. 반면 뤼브룩은 "요한 왕에 관해서 하는 이야기에는 진실이 십 분에 일밖에 되지 않는다. 이 지역으로부터 오는 네스토리우스 교도들은 이런 종류의 이야기를 하지만, 그들이 유포하는 과장된 소문들에는 아무런 근거가 없기 때문이다."(루브룩, 2015)라고 말하면서 사제 요한 왕국 이야기를 과장된 소문 정도로 치부했다. 오도리코는 "카타이(거란) 땅을 떠나 서쪽으로 50일간 많은 도시와 마을을 지나서 나는 사제 요한의 땅에 도착했다. 그에 관해서 확실하다고 이야기되는 것 중 100분의 1도 확실하지 않다. 가장 큰 도시는 토잔이라고 불린다. 하지만 비첸차가 이 제일의 도시 토잔보다 더 낫다. 사제 요한은 다른 많은 도시를 지배하고 있다. 그러나 그는 협약에 따라 항상 대칸의 딸을 아내로 받아들인다."라고 말했다(오도릭, 2012). 그는 사제 요한 왕국 이야기를 별로 신뢰하지는 않지만, 왕국의 존재 자체를 부정하지는 않았다.

이처럼 사제들의 여행기가 비교적 있음직한 이야기를 말하고 있었다면, 마르코 폴로와 맨더빌의 동방 여행기는 과장과 왜곡이 심했는데 그런 이야기가 중세 유럽 기독교인에게 인기를 끌었다. 특히 아시아를 직접 가보지도 않았던 맨더빌이 저술한 동방 여행기는 중세 말 최고의 인기를 누렸다. 맨더빌은 플리니우스Plinius, 솔리누스Solinus, 자크 드 비트리Jacques de Vitry, 벵상 드 보베Vincent de Beauvais 등 고대와 중세의 여러 작품, 몽골 시대 아시아를 직접 여행했던 선교사들의 여행기, 사제 요한의 가짜 편지 등을 참조하여 가상의 동방 여행기를 저술했다. 그는 사제 요한 왕국을 더욱 위대하게 묘사했다.

"그의 지배를 받는 72개의 속국이 있고, 각각의 속국마다 왕이 한 명씩 있다. 이 왕들 아래로 제각기 또 다른 왕이 있으며, 이들은 모두 다 요한 사제에게 조공을 바치는 속국의 왕들이다. [중략] 날마다 그의 궁정에서 식사를 하는 인원은 오가는 뜨내기손님을 넣지 않고도 3만 명이 넘는다. [중략] 황제인 요한 사제는 자신을 보필하는 일곱 명의 왕을 늘 곁에 두며, 이들은 몇 달마다 직무를 마치고 떠난다. 또 이 왕들과 더불어 72명의 공작과 360명의 백작이 섬기며, 12명의 대주교와 20명의 주교가 1년 내내 그의 궁정에서 식솔처럼 매일 식사를 한다."(맨더빌, 2014)

맨더빌은 요한 왕국이 지상낙원 가까이에 있다고 말함으로써 요한 왕국을 더욱 동경하도록 만들었다.

"요한 사제의 영역에 속하는 땅과 섬들과 황야 너머로, 동쪽으로는 가도 가도 산과 큰 바위들뿐이다. 이곳은 그 나라 사람들이 말하듯이 낮이나 밤이나 아무것도 보이지 않는 암흑지대이다. 그 황야와 암흑지대는 여기에서부터 우리의 첫 조상인 아담과 이브가 얼마 동안만 살았던 지상낙원까지 펼쳐진다. 그곳은 동쪽에 지구가 시작되는 지점에 있다. 하지만 이 동쪽은 태양이 우리에게 떠오르는 이편의 동쪽, 즉 우리가 흔히 동쪽이라고 말하는 그 동쪽이 아니다. 실제로 태양이 지상낙원 방면의 동쪽에 있을 때, 내가 앞에서 여러분에게 이야기했듯이 지구의 둥근 형태로 말미암아 이편의 지역들에서는 한밤중이다. 이는 우리 주 하느님께서 천공의 한가운데에 지구를 둥글게 만드셨기 때문이다. 또 거기에 산과 언덕과 계곡들이 있는 것은 오로지 노아의 홍수로 말미암아 무르고 약한 지반이 쓸려나가 계곡으로 떨어지고, 단단한 땅과 바위는 산악에 그대로 남았기 때문이다. 즉 무르고 약한 땅이 물을 통해 부드러워져서 아래로 떨어져 계곡이 된 것이다."(맨더빌, 2014)

몽골 시대 아시아를 직접 여행하면서 사제 요한 왕국과 지상낙원의 존재 여부를 확인할 기회가 있었지만, 많은 여행자들이 그렇게 하지 않았다. 게다가 가장 왜곡과 과장이 심한 여행기들이 사람들의 마음을 사로잡았다. 아시아에 사제 요한 왕국과 지상낙원이 존재한다는 유럽인들의 믿음은 줄어들지 않았다. 그리고 아시아는 사제 요한 왕국과 지상낙원이 있는 환상의 세계인 동시에 향신료와 금이 풍성하게 나는 풍요의 땅이기도 했다. 오늘날 스리랑카 지역에 황금산이 있다는 맨더빌의 이야기, 지팡구라 불리는 일본에는 궁전이 황금으로 되어 있다는 마르코 폴로의 이야기 등은 유럽인들의 모험심을 자극하기에 충분했다.

그들의 믿음이 얼마나 컸던지, 몽골 시대 아시아에서 요한 왕국을 찾지 못하자 이번에는 제3의 인도, 즉 에티오피아에서 이 환상의 왕국을 찾기 시작했다. 1320년대 인도 남부의 주교로 임명되었던 도미니쿠스 수도사 요르다누스 세베락은 사제 요한 왕국이 제3의 인도에 있으며, 요한 왕은 세상의 어떤 군주보다 부자이며 막강하다고 이야기했다. 또한 사제 요한 왕국을 찾기 위해 에티오피아로 사절을 파견하는 일까지 벌어졌다. 1487년 포르투갈 왕 주앙 2세는 페로 다 코비앙Pero da Covilhã과 주앙 고메스Juan Gomez를 각각 아시아와 사제 요한 왕국에 파견했다. 페드로는 인도로 가서 향신료 무역에 대한 정보를 알아보는 임무를, 고메스는 에티오피아에서 사제 요한 왕국을 찾으라는 임무를 맡았다. 1490년 고메스가 사망하자, 페드로는 고메스를 대신해 에티오피아를 방문했고, 1526년 사망할 때까지 이 '사제 요한 왕국'에서 억류되어 있었다. 사제 요한 왕국을 찾으려는 열망은 포르투갈 왕국에서 그치지 않았다. 콜럼버스는 3차 탐험 여행에서 오리노코강 근처를 지상낙원으로 생각하고 에스파냐 왕실에 자신이 지상낙원을 찾았다고 보고까지 했다. 1498년 인도에 도착한 바스쿠 다가마 일행은 왜 이곳까지 왔느냐는 현지인들의 질문에 기독교인과 향신료를 찾아서 왔다고 답했다. 이처럼 아시아에 대해 중세 유럽 기독교인들이 가지고 있었던 환상과 꿈이 근대 대항해 시대를 여는 데 크게 기여했다.

5. 유럽에서 온 편지

우리나라 기록에는 중국을 넘어 멀리 서쪽에서 온 상인들을 일컫는 '서역 상인'이라는 표현이 나온다. 얼마나 멀리서 온 사람들인지는 확실하지 않다. 분명한 것은 '서역' 상인들이 이미 삼국시대부터 한반도와 교류하기 시작했다는 것이다. 통일신라시대 신라인들은 중국의 교역 도시에서 아랍인들과 접촉하기도 했고, 9세기 중엽 이후에는 아랍과 페르시아 상인들이 한반도까지 진출했다. 그리고 고려시대 때 '서역 상인'이란 회회인이라 불리던 이슬람 상인을 말한다. 1270년대 고려를 방문한 회회인들은 국왕에게 연회를 베풀어 우호적인 관계를 맺고자 했다. 고려사에 서역 상품들이 언급되어 있고, 아랍 기록에도 고려에 대한 언급이 있는 것을 고려할 때 고려와 서남아시아 이슬람 세계 사이에는 교류가 있었음이 분명하다.

그렇다면 몽골 시대 유럽인들이 한반도까지 진출해 고려와 직접 교류를 했을까? 유럽 상인과 수도사들이 고려까지 온 기록은 아직 발견되지 않았다. 다만 고려인과 유럽인이 만났던 정황은 있다. 장소는 원의 수도 카라코룸과 베이징이었다. 1247년 구육(Güyüq, 재위 1246-1248)이 대칸으로 추대되는 즉위식에 참석한 플라노 드 카르피니는 이 행사에서 고려인을 만났던 것으로 추정된다. 카르피니는 "그곳에서 우리는 황제의 어전으로 불려갔습니다. 수석 서기인 찬카이가 우리의 이름과 우리를 파견한 사람들의 이름을 적었고, 솔랑기Solangi의 수령과 다른 사람들의 이름을 기록했습니다."라고 적었다. 몽골 시대에 고려가 카울레Caule 혹은 솔랑기라고 불렸다는 점에서 카르피니가 즉위식에서 만난 외국인 사절단은 고려인이었을 가능성이 크다. 카르피니가 말한 솔랑기의 수령이 누구였는지에 대한 논란이 계속되지만, 고려의 왕족 가운데 한 사람이었을 것으로 추정된다. 안경공이 가장 유력한 후보이긴 하지만, 그 외에도 안경공의 아버지인 고려 고종이거나 고려 고종의 6촌 동생인 신안공 왕전이라는 주장도 있다.

뤼브룩도 카라코룸에서 고려의 사신들을 목격했다고 말한다. "티베트 너머에 롱가와 솔랑가가 있는데, 저는 궁정에서 그곳에서 온 사신들을 보았습니다. [중략] 그들은 키가 작은 사람들이었고, 에스파냐 사람처럼 가무잡잡했으며, 부제가 입은 겉옷과 같은 그러나 소매가 약간 좁은 그런 상의를 입고 있었습니다. 그들은 머리에 마치 주교의 관과 같은 것을 썼습니다. [중략] 그러면 그것은 마치 머리를 감싼 고리와 같은 모양이 되고, 아주 잘 치장한 모자가 됩니다."(루브룩, 2015)

역사가들 가운데 교황 요하네스 22세가 1333년 고려의 왕에게 서신을 보냈다고 주장하는 사람들이 있다. 이러한 주장의 근거는 교황이 렉스 코룸Rex Corum에게 보낸 편지이다. 1333년 교황 요하네스 22세는 북경 대주교를 파견하면서 몽골의 여러 군주와 코룸의 왕에게 보내는 편지를 작성했다. 교황이 고려 왕에게 편지를 보냈다고 주장하는 역사가는 코룸을 고려라 해석한다. 프랑스 역사가 장 리샤르Jean Richard는 이 고려 왕이 충숙왕이었다고 보았다. 이 편지를 기반으로 역사 다큐멘터리 영화 <직지코드>와 김진명의 소설 『직지 아모르 마네트』가 나오기도 했다. 영화와 소설은 고려의 인쇄술이 서유럽 세계에 전파되어 구텐베르크의 원천기술이 되었다고 이야기하고 있다. 그렇기에 두 작품은 몽골 시대 유럽과 고려 사이의 교류와 접촉을 증명해줄 수 있는 교황의 서신을 중요하게 다룬다. 이 이야기는 한국인의 자긍심과 애국심을 드높일 수 있는 소재임이 분명하다. 14세기 초반에 이미 교황이 고려 왕에게 편지를 보낼 정도로 고려의 명성이 유럽에까지 알려져 있었고, 유럽과 한반도의 교류사를 250년 이상 앞당겨 서술할 수도 있기 때문이다.

하지만 코룸의 왕을 고려왕으로 해석하는 데는 무리가 있다. 코룸이라는 단어가 코레아Corea와 발음이 유사해서 렉스 코룸은 고려의 왕이라고 해석하지만, 라틴어의 격변화를 고려하면 이러한 해석은 오류이다. 정확한 격변화에 따르면 고려의 왕은 Rex Corum이 아니라 Rex Coreae(고려 왕)나 Rex Coreanorum(고려인의 왕)이어야 한다. 게다가 당시 유럽과 이슬람 사람들은 고려를 코레아가 아니라 카울리 또는 카울레로 불렀다. 코레아라는 명칭이 나온 것은 조선 시대에 들어서였다. 그리고 몽골 시대 아시아로 왔던 유럽 선교사와 상인들은 베이징과 몇몇 중요 중국 도시에서만 활동했고, 한반도까지 진출하지 않았다.

7장

교역 상품들

지중해를 움직인 원동력

1. 지중해 교역은 향신료 교역이었을까?

상품 교역은 서로가 필요로 하는 물건을 생산하고 교환하게 만듦으로써 각 문명을 서로 연결시키는 매개체 역할을 한다. 중세 지중해 세계에서도 마찬가지였다. 게다가 지중해 세계 너머에서 생산되는 상품을 갈망하는 욕구가 더 광범위한 원격지 교역을 촉진시켰다. 심지어 서유럽 세계는 아시아에서 생산되는 향신료를 구하기 위해 인도로 가는 항로를 개척하기도 했다. 이렇게 이윤이 되는 상품을 찾아 상인들은 모험 여행을 마다하지 않았다. 그런 점에서 상품은 인간을 움직이게 하는 동력이었다.

헨리 홉하우스Henry Hobhouse는 『역사를 바꾼 씨앗 다섯 가지*Seeds of Change: Five Plants That Transformed Mankind*』에서 차, 면화, 감자, 설탕, 키니

네를 역사를 바꾼 상품으로 제시했다. 근대 세계의 전개라는 측면에서 보면 그의 견해는 충분히 설득력이 있다. 그러나 중세 지중해 세계라는 맥락에서 보면 면화와 설탕을 제외한 나머지 세 상품은 그리 중요하지 않았다. 그리고 면화와 설탕보다 중세 지중해 교역을 더 잘 대변하는 상품은 바로 향신료였다. 게다가 향신료는 근대를 만든 상품이기도 했다. 희망봉을 돌아 인도 캘리컷에 도착한 바스쿠 다가마 일행은 현지 인도인들로부터 "무엇 때문에 여기까지 왔느냐?"라는 질문을 받았고, 이에 "향신료와 기독교인을 찾으러 왔다."라고 대답했다. 향신료 원산지를 찾으러 가는 모험 항해가 대항해 시대를 열었다는 점에서 향신료는 근대를 탄생시킨 상품이라고 할 수 있다.

중세 지중해에서 거래된 향신료 중에서 후추의 비중이 압도적으로 높았고, 생강과 육계(계피)가 그 뒤를 이었다. 고대부터 중세 말까지 이 세 가지 향신료가 아시아 향신료를 대표했다. 반면 정향, 육두구nutmeg, 메이스mace 등의 향신료는 수입량이 많지 않았고, 가격도 상대적으로 비쌌다. 이 고가의 향신료는 인도 항로가 개척된 이후에 수입이 급증하게 된다.

향신료는 중세 지중해 교역 전체에서 어떤 비중과 의미를 지니고 있었을까? 이 질문에 정확하게 답하려면 향신료를 둘러싼 환상과 오해의 역사를 이해해야 한다. 유럽인의 향신료에 대한 열망은 오랜 역사를 가지고 있다. 고대 로마인은 아시아 향신료를 무척 좋아했고, 향신료 소비량이 적지 않았다. 로마인의 지나친 향신료 소비를 염려했던 사람들은 아시아 향신료를 사느라 로마의 부가 인도양으로 빠져나가 로마가 망할 것이라고 이야기할 정도였다. 아시아산 향신료의 수입은 시대적 상황과 여건에 따라 부침을 겪었지만, 향신료에 대한 유럽인의 열망은 중세에도 계속되었다. 이러한 사실은 중세 후반 갑자기 아시아 향신료에 대한 욕구가 생겨나서 향신료 원산지로 가는 인도 항로를 개척한 것이 아니었음을 보여준다.

향신료는 항상 금처럼 비쌌으며 향신료 무역은 황금알을 낳는 거위였다는 이제는 상식처럼 널리 퍼진 주장 또한 바로잡을 필요가 있다. 고대부터 중세 말까지 1,500년 이상 유럽은 아시아 향신료를 수입해 소비했다. 수송비용, 수입량, 가격 등은 일정하지 않았다. 중세 말 가장 많이 수입된 아시아 향신료는 후추였고, 그 덕분에 후추 가격은 수입량이 적어 여전히 비쌌던 정향 등의 향신료보다 낮았다. 중세 말에 후추는 시골뜨기나 먹는 향신료라는 말이 나올 정도로 그렇게 비싼 사치품이 아니었다.

또 다른 오해는 향신료가 오래된 고기의 나쁜 냄새를 없애는 용도로 사용되었다는 이야기이다. 이러한 오해에 따르면 겨울에 먹을 양식이 부족했기 때문에 가을에 동물을 도축했고, 이 도축한 고기를 보존하기 위해 염장을 하거나 훈제를 했지만 반쯤 상한 고기의 냄새를 감추기 위해 향신료를 사용했다는 것이다. 하지만 고기를 저장하는 데는 주로 소금을 사용했고, 유럽에서 생산되는 타임과 같은 허브를 이용해 냄새를 감추었다. 그리고 향신료에 비해 고기는 상대적으로 저렴했기 때문에 비싼 향신료를 사용할 이유가 없었다.

오해는 또 있다. 사실 오해라기보다는 조금 수정해야 할 견해라고 말하는 것이 더 나을지도 모르겠다. 많은 중세 역사서에서 지중해 전체 교역을 향신료 무역이고, 주로 인도 등 멀리서 수입해 오는 향신료가 압도적인 비중을 차지하는 사치품 교역이었다고 설명한다. 과연 향신료가 교역에서 차지하는 비중이 어느 정도였을까? 향신료가 지중해 교역을 움직이는 원동력이었을까? 이러한 질문에 명확한 답을 제시하기가 쉽지 않다. 중세 지중해에서 이루어진 전체 교역량을 알 수 있는

페골로티의 상품 목록

상품의 종류	개수	%
약재	104	53%
식품류	28	20%
산업 원료	42	22%
정체 확인 불가	9	5%

페골로티, 「상업 안내서」의 서문

자료가 거의 없기 때문이다. 그 대신 전체를 보여주지는 못하지만 베네치아의 교역 품목과 교역량을 알 수 있고, 이로부터 지중해 무역의 일반적인 경향을 짐작할 수 있다. 왜냐하면 중세 말 베네치아는 알렉산드리아와 콘스탄티노폴리스와 함께 지중해 제일의 시장이었기 때문이다.

중세 말 베네치아 전체 교역에서 후추, 생강, 계피 등의 향신료가 차지하는 비중은 10-20% 정도로 절대적이지 않았다. 14세기 중엽 피렌체 상인 프란체스코 발두치 페골로티가 저술한 『상업 안내서』의 서술 역시 이와 다르지 않았다. 여기에는 총 288가지의 국제 교역 상품이 언급되고 있었는데, 한 상품이라도 생산지, 가공 상태, 품질에 따라 분류되기 때문에 이러한 특성을 고려해서 다시 계산하면 대략 193개의 상품이 지중해를 통해 유통되고 있었음을 알 수 있다. 193개의 상품 중 지중해권 너머 멀리 인도 등의 동방으로부터 오는 상품은 31개 정도였고, 그중 소수가 후추, 생강, 계피, 육계, 정향, 카다멈, 갈링가, 육두구, 메이스 등의 전통적인 아시아 향신료였다. 상품 수만 기준으로 봐도 지중해 전체 교역에서 아시아 상품이 차지하는 비중은 그렇게 높은 편이 아니었다. 따라서 지중해 무역을 향신료 무역으로만 설명하는, 게다가 아시아산 상품을 거래하는 것으로 설명하는 전통적인 방식은 수정되어야 한다.

그럼에도 불구하고 지중해 무역에서 아시아산 향신료가 하나의 중요한 품목이라는 것은 여전히 사실이다. 앞에서 언급한 것처럼 베네치아 전체 교역에서 차지하는 비중이 그렇게 높지는 않았지만, 향신료는 베네치아 상인들이 가장 중요하게 생각했던 상품임에는 틀림없다. 이는 발루타valuta에서도 확인된다. 중세 후반 이탈리아 상인들이 시장을 조사하고 작성한 발루타라 불렸던 상품 시세표에도 지중해를 통해 거래된 국제적 상품이 나온다. 시세표에는 상품명, 가격과 판매 단위가 적혀 있다. 가장 많은 분량의 상품 시세표를 남긴 이탈리아 상인은 피렌체와 가까운 프라토 출신의 상인 프란체스코 다티니Francesco di Marco Datini였다. 그는 여러 도시에서 활동하는 동업자나 주재원이 보낸 상품 시세표를 보관했고, 그중 일부가 남아 있다. 1384년 2월 6일 베네치아에서 작성된 상품 안내서에는 대략 200가지 정도의 상품이 나온다. 시세표에서 가장 먼저 나오는 상품은 후추, 생강 등의 아시아 향신료였다. 그만큼 아시아 향신료는 베네치아 상업에 중요했다. 왜냐하면 이 상품들이 상품 시세표에 항상 제일 먼저 등장하는 관심 품목이었기 때문이다.

지중해 너머 인도 남부와 동남아시아 등지에서 생산되는 향신료를 지중해까지 들여오는 여정은 그렇게 녹록하지 않았다. 중세 기독교 사회는 원산지에서 향신료를 직접 수입하지 못했고, 이슬람 상인들의 중개로 이를 확보했다. 긴 수송 과정, 여러 단계의 교환 과정 등의 어려움에도 불구하고 유럽 세계는 고대부터 줄곧 향신료를 갈구했다. 그 이유를 알기 위해서는 향신료의 사용 용도를 알아야 한다.

향신료는 먼저 요리 재료로 사용되었다. 중세 요리책을 보면 향신료는 대부분의 요리에 들어가는 핵심 재료였다. 13-15세기 서유럽 요리책에 나오는 여러 가지 요리 중 향신료가 들어간 경우는 무려 75%에 달했다. 프랑스 왕 샤를 7세(Charles VII, 재위 1422-1461)의 요리사는 거의 모든 요리에 향신료를 사용했다. 중세 요리에서 향신료는 고기나 생선에 곁들이는 소스를 만드는 데 없어서는 안 될 필수 재료였다. 대표적인 낙타색 소스sauce를 만들 때는 생강과 육계를 넣었다. 식후에 먹는 과자, 설탕, 잼, 푸딩 등에도 향신료는 꼭 들어가야 할 핵심 재료였다. 딸기 푸딩에는 후추, 생강, 육계와 정향이 들어갔고, 생강 빵에는 생강뿐만 아니라 후추와 정향도 함께 들어갔다. 포도주를 제조할 때에도 향신료는 필수 첨가물이었다. 당시 대표적인 포도주였던 히포크라스Hippocras나 클라렛claret 등의 포도주에는 후추, 생강, 지상낙원의 열매 등 여러 가지 향신료가 첨가되었다.

요리책이 소수의 부유한 사람들을 위한 것이었기 때문에 향신료가 일반인의 요리에도 항상 들어갔다고 말할 수는 없다. 하지만 향신료는 사치품이었다는 일반적인 통념과는 달리 중세 후반 유럽 사회에서는 중간 계층의 보통 사람들도 상대적으로 덜 비싼 일부 향신료를 소비하고 있었다. 14세기 말 파리 출신의 상인은 자신의 젊은 아내를 '훈육'하기 위해 저술한 책에서 향신료가 들어간 고기와 생선 요리뿐만 아니라 향신료가 첨가된 사탕과자와 포도주를 일상적으로 소비했다고 이야기한다. 14세기 한 프랑스 상인의 회계장부에 따르면 장인과 농부들도 이 상인에게서 후추를 구입했다. 15세기 초 프랑스 출신의 시인 데샹Eustache Deschamps은 『가난한 방랑자로서 살아가는 법』에서 후추, 감자, 배추로 만든 죽을 먹어야만 하는 방랑자의 신세를 슬퍼했다. 이러한 사례들은 모든 종류의 향신료는 아니지만 후추의 소비만큼은 꽤 일반화

되었음을 보여준다.

향신료는 약재로도 널리 사용되었다. 그 이유는 중세 의학 체계 때문이었다. 중세 지중해 세계 전역에서 통용되었던 의학 이론은 고대 그리스의 의학 전통과 이를 심화시킨 이슬람의 의학에 근거하고 있었다. 특히 히포크라테스Hippocrates와 갈레노스Galenos가 체계화시킨 체액 이론이 중세 지중해 의학의 핵심이었다. 체액 이론에 따르면 신체를 구성하는 네 가지 체액, 즉 피, 황색 담즙, 검은색 담즙, 점액의 균형 상태가 건강을 좌우한다. 네 가지 체액은 온도와 습도에서 차이가 있는데, 피는 뜨겁고 습하며, 황색 담즙은 뜨겁고 건조하며, 검은색 담즙은 차고 건조하며, 점액은 차고 습하다. 체액 이론에 따르면 체액의 균형이 깨지면 병이 발생한다.

체액의 불균형이 생겼을 때 이를 해결하는 방법은 음식을 섭취해서 체액의 균형을 맞추는 것이었다. 습하거나 찬 성질의 고기와 생선을 많이 먹으면 체액의 불균형을 초래할 수 있기 때문에 이러한 경우에는 건조하고 따듯한 성질의 향신료를 함께 먹어서 균형을 맞추면 되는 것이다. 이러한 체액 이론에서는 음식이 바로 약이다. 균형 있는 음식 섭취가 건강의 핵심 조건인 체액의 균형을 유지하는 데 중요했기 때문이다. 실제로 의사들은 음식으로 인해 체액의 균형이 깨지면 병이 날 수 있기 때문에 음식에서 균형을 맞추는 것이 병을 예방하는 길이라고 생각했다.

아시아 향신료가 고대부터 오랫동안 유럽인들의 마음을 사로잡았던 또 다른 이유는 향신료에 대한 환상이었다. 향신료 생산지를 직접 보지 못한 중세 유럽인들은 향신료에 관해 매혹적이고 환상적인 이야기를 만들어냈다. 그중 대표적인 이야기는 향신료가 지상낙원으로부터 흘러나온다는 우리로서는 믿기 어려운 이야기였다. 중세 유럽 기독교인들

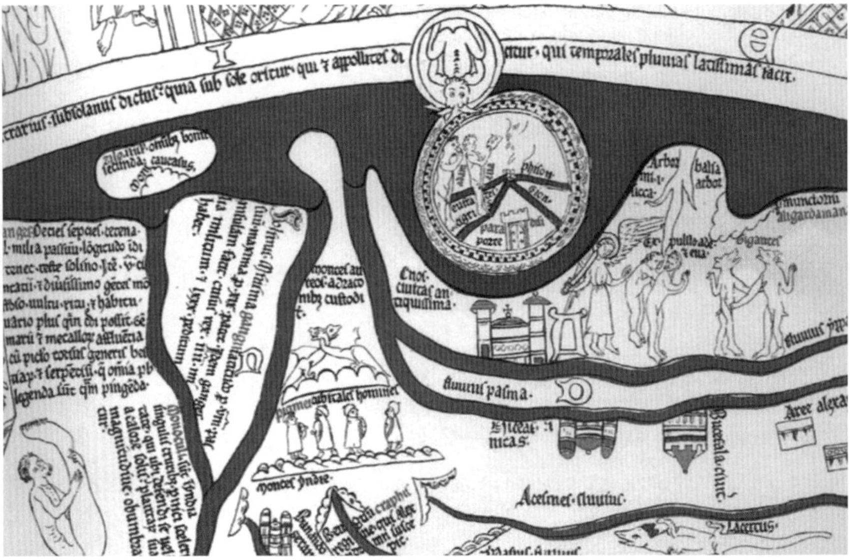

지상낙원과 네 개의 강(Hereford 지도의 윗쪽 부분)

지상낙원으로부터 흘러나오는 향신료를 줍는 모습(Freedman, 2008)

은 천국 즉 지상낙원이 아시아 동쪽 끝에 실제로 존재하고, 이 지상낙원에서 자라는 향신료가 낙원으로부터 발원하는 네 개의 강(피손강, 기혼강, 티그리스강, 유프라테스강)을 통해 인간 세상으로 흘러나온다고 믿었다. 13세기 프랑스 출신의 주앵빌Joinville은 나일강은 지상낙원에서 흘러나오는 강이고, 이 강을 통해 지상낙원에서 자라는 식물들이 세상에 흘러나오며, 이집트 사람들은 그물을 쳐서 지상낙원에서 흘러나오는 생강, 알로에우드, 육계와 같은 향신료를 건져낸다고 말했다. 확실히 이러한 환상이 향신료 소비를 부추겼다.

아시아 향신료에 대한 유럽인들의 열망과 욕구는 요리 재료와 약재라는 생물학적이고 실질적인 용도뿐만 아니라 향신료에 대한 환상에서 나온 것이었다. 결국 고대부터 중세 말과 근대 초까지 유럽인들이 아시아 향신료에 특별한 사회적 의미와 가치를 부여했기 때문에 향신료는 지중해 교역의 핵심 품목으로 인기를 누릴 수 있었다. 프랑스 역사가 장 들뤼모Jean Delumeau가 『지상낙원의 역사*Une histoire du Paradis*』에서 "인간의 꿈은 인간 역사의 일부이고, 인간 행동의 많은 부분을 설명해준다."라고 말한 것처럼, 향신료가 지상낙원에서 흘러나온다는 유럽인들의 환상과 향신료에 대한 열망이 동방으로의 모험 여행을 떠나게 했다.

2. 지중해 교역은 사치품 교역이었을까?

분명 향신료는 중세 지중해 무역을 대표하는 상품이었다. 하지만 지중해 무역이 향신료가 주종을 이루는 사치품 무역이라고 바라보는 오랫동안 통용되어왔던 해석은 재고의 여지가 있다. 이러한 해석은 1970

년대까지 큰 도전을 받지 않고 유지되었다. 중세 지중해 무역에 관한 선구적인 연구 성과를 냈던 독일 역사가 하이트(W. Heyd, 1823-1096) 등은 향신료 무역이 지중해 무역을 활성화시킨 원동력이었다고 주장했다. 그러나 지중해를 통해 유통되었던 곡물, 직물, 염료, 산업 원료 등 다양한 상품 연구가 축적되면서 중세 지중해 무역이 사치품 무역이라는 등식이 설득력을 잃어가고 있다. 중세 지중해 교역 연구에서 최고 학자로 평가받는 애쉬터Eliyahu Ashtor는 『중세 말 레반트 무역*Levant Trade in the Later Middle Ages*』에서 다양한 언어로 기록된 엄청난 양의 중세 사료를 활용해 중세 지중해 무역에 관한 전통적인 해석을 비판하고 새로운 해석들을 제시했다.

그에 따르면 무엇보다도 대표적인 향신료인 후추가 중세 말 사치품의 지위를 잃어가고 있었다. 일반적으로 사치품이란 부유한 소수의 계층만이 소비할 수 있고, 신분과 부를 자랑하는 용도로 주로 사용된다. 그런데 중세 말 후추는 이러한 의미의 사치품은 아니었다. 귀족이 아닌 일반 도시민들도 후추를 소비하고 있었기 때문이다. 심지어 후추가 가난한 농민이나 학생들에게나 어울리는 음식이라는 이야기가 나올 정도였다. 그만큼 향신료 중 후추의 수입량이 많았고, 실제로 중세 말 전체 향신료 수입 중 후추가 차지하는 비중은 절반을 넘기도 했다. 후추가 금처럼 비싸다는 오래된 속담은 중세 말에는 더 이상 사실이 아니었다.

둘째, 지중해 무역을 사치품 무역으로 규정할 수 없는 이유는 일상적으로 소비하는 곡물과 여타 먹거리들의 교역도 활발했기 때문이다. 다양한 종류의 곡물, 올리브유, 포도주, 소금, 치즈, 생선, 꿀, 설탕 등 여러 종류의 먹거리들이 지중해를 통해 거래되었다. 곡물은 무거울 뿐만 아니라 가격도 비싸지 않은 필수품에 해당했기 때문에, 높은 수송비를 지불하고 원거리 수송을 하지 못했을 것이라고 생각하기가 쉽다. 그러나 지중해는 곡물 생산이 풍부한 지리적 자연환경을 가지고 있지 못했고, 게다가 잦은 가뭄은 기근으로 이어졌다. 만성적인 곡물 부족 때문에 먼 지역까지 가서라도 곡물을 수송해야 했다. 전성기에 인구 50만을 보유하고 있었던 고대 제국의 수도 로마는 주변에서 생산되는 곡물만으로는 이 정도 규모의 인구를 먹여 살릴 수 없었기 때문에 가깝게는 시칠리아, 멀게는 이집트 알렉산드리아까지 가서 곡물을 수송해 들여왔다. 중세 후반 기독교 유럽에서 가장 인구가 많았던 베네치아, 제노바, 바르셀로나 등의 상업 도시들은 시칠리아, 남부 이탈리아, 북아프리카 그리고 흑해까지 가서 곡물을 구했다. 4차 십자군 당시 크레타섬을 확보했던 베네치아는 소비 곡물의 3분의 1 정도를 크레타섬으로부터 들여왔다. 13세기 중엽 이후 흑해로 본격적으로 진출한 제노바 상인들은 소비하는 곡물의 30%를 흑해 지역으로부터 수송해 들여왔다. 지중해는 중세 말까지는 흑해와 지중해 지역에서 생산된 곡물에 만족했지만, 16세기 이후에는 북유럽산 곡물을 들여왔다. 먼 지역으로부터 곡물을 안정적으로 확보할 수 없었다면 인구가 집중된 도시의 발전은 불가능했을 것이다.

포도주 또한 고대부터 줄곧 지중해를 통해 유통되었던 원거리 교역 상품이었다. 지중해 바다에서 난파한 선박에서 건져 올린 수많은 암포라amphora라는 항아리는 포도주 수송이 활발했음을 증명한다. 술이자 음료수 역할을 했던 포도주는 지중해인들에게 없어서는 안 될 필수품이었다. 이슬람 율법이 음주를 금했지만, 중세 무슬림 사회에서도 포도주를 어느 정도 소비하고 있었다. 포도주는 지중해 전역에서 생산되었지만, 지역별로 품질과 가격이 달랐다. 이베리아반도와 남부이탈리아산 포도주는 흑해로까지 수출되어, 몽골인에게도 팔려나갔다. 에게해 지역에서 생산된 포도주는 베네치아와 제노바 선박에 실려 영국과 플랑드르 지방으로 팔려나갔다. 오늘날은 프랑스 포도주가 유명하지만, 중세 기독교 세계에서 가장 인기 있는 포도주는 크레타섬에서 생산된 포도주였다. 베네치아 상선들은 크레타산 포도주를 대서양 지역으로 수송했다. 베네치아 정부는 크레타산 포도주를 대서양으로 수출하기 위해 정기 선단을 운영하기도 했다.

향신료 못지않게 지중해 교역에서 중요했던 상품은 모직물, 면직물, 견직물 등의 직물과 옷감 제작에 필요한 원료들이었다. 원면, 원모, 누에고치 그리고 염색에 사용되는 명반, 인디고, 청금석 등으로 종류도 다양하고, 거래량도 많았다. 품목별로 차이가 있겠지만 이 상품 모두가 사치품은 아니었다. 고급 모직물의 경우는 외교 선물로 사용될 정도로 비쌌지만, 일반인을 위한 중저가의 모직물도 많았다. 모직물에 비해 면직물은 저렴하고, 게다가 가벼워서 인기를 누렸다. 이 교역 품목들은 지중해 여러 지역을 상호 의존하게 만들면서 상업 교류를 더욱 촉진시켰다. 중세 지중해 교류의 역사를 연구한 데이비드 아불라피아(David Abulafia, 1943-)는 "면화, 인디고와 명반은 동과 서를 하나로 묶어주는 매개체였다"고 말할 정도로 이 물품들은 지중해 교역의 핵심이었다.

모직물의 생산과 유통은 지중해를 넘어서 더 넓은 세계에서 이루어지고 있었다. 많은 지역에서 모직물을 가내 수공업 수준으로 자체적으로 제작해 소비했지만, 수출을 위한 양모 생산과 모직물 제조도 있었다. 지중해에서 거래되는 고급 모직물은 영국에서 기른 양에서 나온 원모를 가공한 것이었다. 플랑드르와 이탈리아 도시들은 영국 양모를 들여와 완제품으로 가공하여 판매했다. 특히 피렌체는 영국 양모를 수입해 모직물을 제작하거나 완제품인 모직물을 수입해 이를 가공해 고급 모직물로 만들었다. 피렌체 상인들은 품질 좋은 영국 양모를 확보하기 위해 영국 왕에게 막대한 자금을 대부했다.

유럽산 모직물은 이슬람 세계에서 상품을 구입하는 수단이기도 했다. 서유럽 기독교 세계보다 선진 지역이었던 이슬람 세계는 유럽으로부터 수입하고 싶은 상품들이 많지 않았던 반면 유럽은 향신료 등 다양한 상품들을 이슬람 세계에서 구입해왔다. 결국 유럽 상인들은 이러한 무역 불균형으로 생긴 적자를 메꿔야 했는데, 대개는 현금 즉 금이나 은으로 무역 차액을 지불할 수밖에 없었다. 게다가 유럽 내에서 채굴되는 금과 은은 그렇게 많지 않았다. 이런 상황에서 유럽 상인들이 할 수 있는 방법은 무슬림들에게 필요한 상품을 제공하는 것이었는데, 유럽산 모직물은 나름 이슬람 세계에서도 인기를 끈 상품이었다. 중세 말 이탈리아 본국의 상인들은 이슬람 현지에 상주하는 대리인들에게 모직물을 팔아서 만든 현금으로 향신료 등 동방 상품을 구입하라고 지시하곤 했다. 그렇기 때문에 모직물이 없었다면 유럽 상인들은 이슬람과의 교역을 지속할 수 없었을 수도 있다.

중세 말 들어 유럽산 모직물의 이슬람 수출은 증가했다. 이집트와 시리아 등지에서 유럽산 모직물 수요가 늘어났기 때문이다. 15세기 초엽 무슬림 역사가 알 마크리지(al-Maqrizi, 1364-1442)는 "예전에는 모직 옷을 거의 입지 않았고, 프랑크족, 마그레브인, 카이로와 알렉산드리아의 하층민 정도가 입고 다녔었다. 이제는 많은 사람들이 모직 옷을 입게 되었다. 유럽 상인들은 엄청난 양의 모직 옷을 들여와 카이로 시장에 내다 팔고 있다."(Ashtor, 1978)라면서 유럽산 모직 옷이 무슬림에게 인기를 얻었다고 이야기한다. 이 현상을 어떻게 이해해야 할지 모르겠다. 사실 오랫동안 이슬람권에서는 모직물에 대한 수요가 유럽에서만큼 높지 않았던 것으로 보인다. 아마도 모직물보다 고급 직물로 여겨졌던 견직물 소비가 더 우세했을 수 있다. 그런데 중세 말에 접어들면서 저가의 모직물이 많이 들어오면서 모직물 소비가 늘어났을 가능성이 있다. 어쨌든 분명한 것은 중세 말 들어 이슬람권에서 유럽산 모직물의 거래가 늘어났다는 것이다. 『중세 말 레반트 무역』을 저술한 유대인 역사가 애쉬터는 이 현상을 이슬람 세계의 직물 산업 쇠퇴와 유럽산 모직물의 덤핑 수출에서 비롯된 것이라고 이해했다. 그렇지만 이러한 그의 견해는 설득력이 떨어진다. 어쨌든 확실한 것은 중세 말 더 많은 양의 유럽산 모직물이 이슬람 세계로 수출되었다는 사실이다.

면화는 지중해 세계의 상호 의존성을 잘 보여주는 교역 품목이었다. 면화의 최초 원산지는 인도였는데, 중세 초반 지중해 세계도 면화를 재배하기 시작했고, 이후 지중해 전역으로 재배가 확산되었다. 12세기 무렵이면 소아시아, 시리아, 이집트, 북아프리카, 이베리아반도, 시칠리아, 남부 이탈리아, 그리스 본토와 에게해의 여러 섬들에서 면화가 재배되고 있었다. 중세 말 가장 많은 양의 면화를 생산한 곳은 이슬람 영토였던 시리아와 소아시아반도였다. 중세 말 베네치아는 동지중해에서 생산된 면화를 들여오기 위해 면화 선단을 운영했다. 면화 선단은 일 년에 두 차례 수만 자루의 면화를 베네치아로 수송해 들여왔고, 이 면화는 북부이탈리아와 남부독일로 다시 수출되어 그곳에서 면직물로 가공되었다. 이렇게 만들어진 면직물과 면제품은 유럽 전역으로 수출되었을 뿐만 아니라, 일부는 다시 이슬람 시장으로 팔려나갔다.

일반적으로 면화 하면 우선적으로 떠오르는 것은 영국의 산업혁명이다. 인도의 품질 좋은 면직물을 대량 수입하던 영국이 18세기 들어 면직물을 자체 생산하게 되었고, 전통적인 가내 수공업 생산이 아니라 공장에서 기계를 이용한 대량 생산을 시작했다는 것이 산업혁명의 중심 내용이다. 학자들은 면직물과 면제품의 대량 생산이 일상생활에 큰 변화를 가져왔다고 보았고 이를 산업혁명이라고 불렀다. 그렇지만 산업혁명 이전, 즉 중세 말 이미 면제품의 생산과 소비가 광범위하게 이

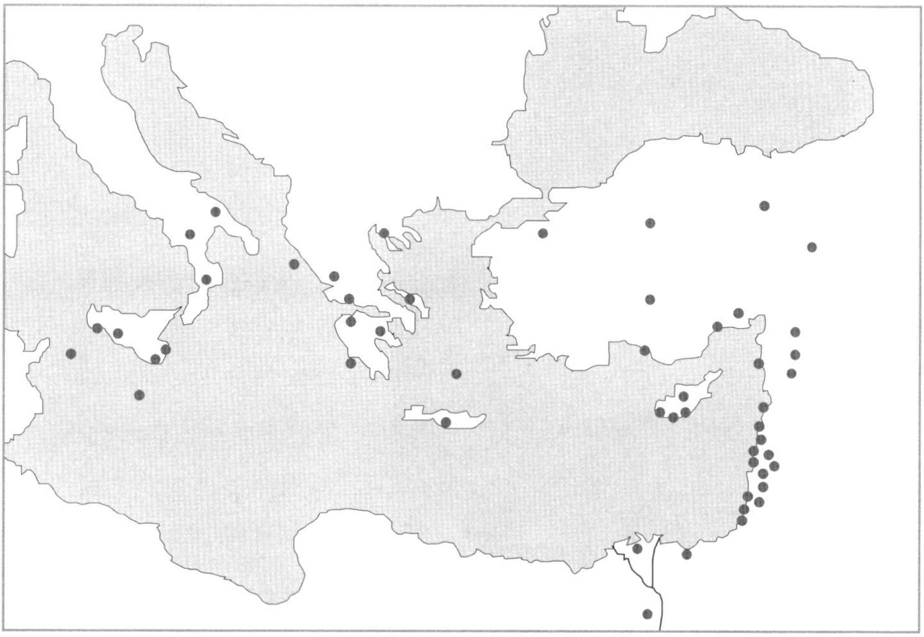

면화 재배 지역

루어졌다는 사실은 잘 알려져 있지 않다. 물론 산업혁명 시기의 대량 생산 및 소비와 비교할 수는 없겠지만 중세 말 서유럽에서도 꽤 많은 양의 면제품을 생산했다. 면제품이 중세 말 인기를 끈 이유는 다양한 용도와 저렴한 가격 덕분이었다. 13세기 이후 기독교 선박들은 마직으로 된 돛 대신에 면직으로 된 돛을 사용하기 시작했다. 낡은 면직 옷은 종이를 만드는 데도 사용되었다. 솜은 옷이나 침구류의 속 재료로 활용되었다. 특히 솜으로 속을 채운 주퐁jupon이라 불리는 옷은 폭발적인 인기를 끌었고, 그런 연유로 르네상스 시기 그림에는 주퐁을 착용한 남성들이 자주 등장한다. 다른 옷에 비해 면직물 옷은 가격도 저렴해 농부와 도시의 노동자들에게도 인기를 끌었다.

주퐁Jupon을 입은 사람

비단은 중국에서 지중해로 수입되는 아시아산 직물로 알려져 있다. 하지만 상식이 된 이러한 통념과는 달리 양잠 기술은 지중해 세계에 도입되어, 중세 후반에는 여러 지역에서 양잠업이 널리 이루어지고 있었다. 중세 말 이탈리아 루카는 대표적인 양잠업 도시였다. 이렇게 유럽에서도 견직물을 자체 생산하고 있었지만 여전히 아시아와 페르시아산 고급 견직물을 수입하기도 했다.

직물 산업이 성장하면서 염료에 대한 수요가 늘어났다. 흔히 중세를 암흑 시대로 이야기하곤 하지만 중세 후반 유럽인들이 착용했던 의복은 다양한 재료로 염색해서 화려한 색채를 뽐냈다. 르네상스 시대에 그려진 회화 작품 속에서 우리는 다양한 재질과 색깔의 옷을 입은 사람들을 쉽게 찾을 수 있다. 이러한 유행은 선진 지역이었던 이슬람 세계로부터 들어왔다. 기독교도이건 무슬림이건 상관없이 중세 말 여력이 되는 사람이라면 화려한 색깔 옷을 즐겨 입었고, 그것은 지중해 교역 덕분이었다.

지중해 지역에서 자체적으로 자라거나 채굴되는 염료 외에 아시아산 염료도 지중해로 수입되었다. 꼭두서니, 사프란, 대청, 뽕, 블루베리, 그라나(grana, 진홍색 염료), 진사 등은 지중해 지역에서 생산되었고, 청금석, 브라질우드, 인디고 등의 염료는 지중해 너머로부터 수입되었다. 이 중 가장 비싼 염료는 아프가니스탄의 광산에서 채굴되어 지중해로 수입된 '라피스 라줄리Lapis lazuli'라 불리는 청금석이었다. 이 비싼 재료는 직물을 염색하기보다는 비싼 그림을 제작할 때 그림 물감으로 사용되었다. 이것은 울트라마린이라 불리는 짙은 파란색을 내는 데 사용되었다. 비싼 재료였기 때문에 르네상스 시대에 그림의 주인공을 채색할 때 청금석을 사용했다. 울트라마린 즉 바다 너머에서 왔다는 의미에서도 잘 드러나듯이 이 아시아 물감은 지중해를 경유하는 동서 교역이 활성화되었음을 잘 보여준다. 이 비싼 재료를 유럽에 안정적으로 공급했던 상인은 베네치아 상인들이었다. 베네치아는 지중해 동부의 무슬림 상인들로부터 청금석을 구매해 유럽 상인들에게 되팔았다. 중세 말 베네치아가 유럽 제일의 청금석 분배시장이었기 때문에, 베네치아에서 그려진 미술 작품에는 울트라마린 색깔이 더 풍부하게 들어갈 수 있었던 것이다. 르네상스 시대 회화 작품의 화려한 색채는 지중해 교역 덕분이었다. 지중해와 그 너머의 세계에서 생산되거나 채굴된 다양한 종류의 염료들이 지중해를 통해 거래된 덕분에 눈부실 정도의 화려한 색채의 그림들이 다량으로 제작될 수 있었던 것이다. 상인과 교역이 아름다운 미술 작품을 만들어냈다.

염료의 수요가 증가함에 따라 직물을 염색할 때 색깔이 잘 스며들게 하는 착색재인 명반의 수요 또한 늘어났다. 하얀 색깔 때문에 백반이라 불리기도 하는 백색 돌가루인 명반은 염료가 직물에 잘 착색되도록 하는 일종의 매염제였다. 명반은 이외에도 다양한 용도로 사용되어, 없어서는 안 될 필수 품목 중 하나였다. 교역량과 사용 용도에서 명반은 향

젠틸레 벨리니와 조반니 벨리니, <알렉산드리아에서 설교하는 산마르코>, 1504년경

신료 못지않게 중요한 지중해 교역 상품이었다. 십자군 시절 유럽인들은 이집트 명반을 수입해 사용하다가 13세기 후반 소아시아반도의 포카이아에서 명반 광산이 개발되면서 이곳이 지중해 최고의 명반 공급지로 부상했다. 당시 이 지역을 실질적으로 소유한 세력은 제노바였기 때문에 제노바는 중세 말 명반 교역을 사실상 독점할 수 있었다.

15세기에는 제노바의 거상들이 카르텔을 형성해 명반의 채굴부터 판매에 이르는 전 과정을 장악했다. 자본 규모에 있어 제노바 명반 카르텔은 지중해 최고의 사업체였다. 15세기 말까지의 지중해 역사에서

제국의 황제나 군주를 제외하면 이 카르텔을 능가할 자본력을 가진 회사는 없었다. 명반의 수요는 전 유럽에 걸쳐 있었지만 양모 산업이 발달한 플랑드르와 영국 그리고 마무리 공정을 특화해 고급 직물을 가공하는 이탈리아 도시들에서 많았다. 그런데 돌가루인 명반은 무겁고, 가격이 비싸지 않았기 때문에 이를 지중해에서 대서양까지 수송하려면 수송비 부담이 적지 않았다. 제노바인들은 초대형 범선을 제작해서 이 문제를 해결했다. 명반을 대서양으로 수송하는 제노바의 초대형 범선은 1000톤을 넘는 경우가 많았다. 대항해 시대 콜럼버스나 다가마가

조반니 벨리니, <산 자카리아 제단화>, 1505년

타고 갔던 범선이 150톤 정도였음을 감안할 때 제노바의 범선이 얼마나 컸는지를 쉽게 짐작할 수 있을 것이다. 베네치아 면화 선단이 수천 때론 수만 자루의 면화를 수송했던 것처럼 제노바 초대형 범선은 수천 자루의 명반을 대서양으로 실어 날랐다. 1445년 여덟 척의 제노바 범선은 211,500리라어치의 명반을 서지중해와 대서양으로 수송했다.

하지만 소아시아의 명반 광산이 오스만제국의 수중에 들어가면서 제노바 상인의 명반 교역도 어려움을 겪게 되었다. 1460년 교황령이었던 이탈리아 톨파에서 명반 광산이 발견되면서 명반 교역은 새로운 국면에 접어들게 된다. 명반 교역의 규모가 얼마나 대단했는지는 새로운 광산을 발견한 조반니 다 카스트로Giovanni da Castro가 할아버지뻘인 교황 피우스 2세(Pius II, 재위 1458-1464)에게 보낸 다음의 보고서에 잘 나와 있다.

"오늘 교황 성하께 튀르크에 대한 승리를 가져왔습니다. 튀르크인들은 명반 판매로 기독교인들로부터 해마다 30만 두카토 이상 빼앗아 갑니다. 명반이 푸테올리 부근의 이스치아섬에서 소량 산출되는 것 외에는 이탈리아에서 거의 나지 않기 때문입니다. 이는 고대 로마인들이 모두 캐내 간 탓입니다. 그러나 저는 이곳의 일곱 군데 산에서 전 세계 모든 수요의 일곱 배나 되는 많은 양을 발견했습니다. 만일 교황께서 용광로를 건설하여 광석을 녹이게 한다면 전 유럽에 명반을 공급할 수 있을 것입니다. 그러면 튀르크는 더 이상 소득을 올리지 못하고, 대신 교황께서 모든 것을 얻게 되실 겁니다. 교황께서는 키비타베키아 부근에 동방으로 항해하는 배에 선적할 수 있는 항구를 가지고 계십니다. 이제 튀르크와의 전쟁을 준비하십시오. 이 광산은 교황께 군자금을 공급할 것이고, 튀르크로부터는 군자금을 빼앗을 것입니다."(자딘, 2003)

15세기 초엽 베네치아가 북부 이탈리아와 남부 독일에 공급한 후추의 총액 30만 두카토와 오스만제국이 명반 교역을 하는 기독교 상인들로부터 거둔 30만 두카토를 비교하면 명반 교역의 규모를 짐작할 수 있다. 통상적으로 지중해에서 거둔 통관세가 10% 정도였음을 고려하면 명반 교역량은 300만 두카토에 해당하는 것이었다. 현재 금액으로 환산하면 대략 3조 원에 달하는 엄청난 액수이다.

3. 노예, 가장 고귀한 상품

1483년 예루살렘 순례를 다녀왔던 독일 울름 출신의 도미니쿠스 수도사 펠릭스 파브리Felix Fabri는 알렉산드리아에서 노예 거래를 목격하고, "우리는 그 시장에서 가장 고귀한 상품을 목격했는데, 그 고귀한 상품이 너무 헐값에 팔려나가고 있습니다. 그 상품은 신께서 당신의 형상을 따라 창조하신 이성을 가진 존재입니다."라고 탄식했다(Barker, 2019). 그는 자신의 순례 여행기에서 부를 과시하기 위해서 더 많은 노예를 가지려는 사람들의 만족할 줄 모르는 소유욕을 비판했고, 고통받는 노예에 대한 연민을 표했다. 노예제는 인류 역사에서 가장 잔인하고 비인간적인 제도였다. 그럼에도 불구하고 거의 모든 문명이 오랫동안 노예제를 유지했다. 19세기 또는 20세기 초에 와서야 노예제가 완전히 사라졌다.

중세 지중해의 세 문명 역시 노예를 보유하고 있었다. 한나 바커Hannah Barker는 자신의 책(『가장 고귀한 상품: 1260년에서 1500년까지 지중해와 흑해에서의 노예무역*That most precious merchandise: the Mediterranean trade in Black Sea slaves 1260-1500*』)에서 중세 지중해 노예 무역의 특징을 잘 분석했다. 그녀의 연구에 따르면 서유럽 기독교 세계, 비잔티움제국, 이슬람 세계 모두 노예 소유를 합법으로 인정했고, 노예제를 종교적으로나 도덕적으로 비난하지 않고 사회적으로 용인했다. 중세 지중해 세계에서는 누구나 노예 신분으로 전락할 수 있었다. 원칙적으로 같은 신앙을 가진 사람을 노예로 삼는 것은 금지되어 있었지만 실제로는 이러한 원칙이 잘 지켜지지 않았다. 어쨌든 이교도를 노예로 삼는 것이 기본 원칙이었다. 전쟁에서 포로로 잡히거나, 빈곤 때문에 부모에 의해 노예로 팔려갈 수도 있었고, 노예 상인들에 의해 강제로 납치되어 노예가 될 수도 있었다. 이런 연유로 누구나 노예로 전락할 수도 있다는 두려움이 상존했다. 왜냐하면 중세 지중해 세계에서 세 문명 간의 전쟁이 일상화되어 있었기 때문이다.

그렇지만 중세 지중해에서 가장 많이 노예로 팔려나간 민족은 슬라브인이었다. 10세기 말 코르도바에는 슬라브족 노예가 1만 3,750명이 거주할 정도로 많았다. 이러한 역사 때문에 중세 라틴어에서 노예를 지칭하는 단어 스클라부스sclavus의 어원은 슬라브인이었다. 오늘날 영어에서 노예를 뜻하는 slave가 바로 중세 라틴어 sclavus에서 유래했다.

중세 후반 노예 교역의 중심지로 부상한 곳은 흑해였다. 흑해에서 거래된 노예의 출신은 매우 다양했다. 흑해에 가까운 동부 유럽과 중앙아시아에서 노예로 잡혀온 사람들이 흑해를 통해 지중해 전역으로 팔려나갔다. 이렇게 비참한 운명에 떨어진 사람들은 주로 몽골인, 그리스인, 터키인, 러시아인, 불가리아인, 보스니아인, 알바니아인, 체르케스인, 알란족이었다. 특히 이 시기 노예로 많이 팔려나간 민족은 몽골인이었다. 14세기 후반 피렌체 시청에 신고한 노예 구입 건수 중 대다수가 몽골 노예 구입이었다.

노예 교역에 참여했던 노예 상인은 제노바, 베네치아, 피사 등의 이탈리아 상인들과 이베리아반도 카탈루냐 출신의 상인들이었다. 특히 제노바 상인들이 노예무역을 주도했다. 이들은 흑해에서 다양한 민족 출신의 노예를 기독교 세계뿐만 아니라 이슬람 세계에도 공급했다. 프랑스 출신 도미니쿠스 수도회 소속 수도사 기욤 아담Guillaume Adam은 1317년 저술한 저서 『사라센을 절멸시키는 방법에 관하여』에서 이집트 맘루크제국을 절멸시키고 성지를 되찾기 위한 자세한 방법을 설파하면서, 맘루크제국에 노예 등의 군수 물자를 판매해 이교도의 경제와 군사력에 도움을 주는 기독교인의 적대 행위를 중단하라고 촉구했다.

"그래서 거룩한 교황 성하께서는 많은 사람이 성지에 큰 해를 끼치면서 다양한 방법으로 바빌로니아의 사라센을 지원하고 있다는 사실을 아셔야 합니다. 첫째, 로마 교회를 따르는 상인들, 둘째, 우리 교회의 순례자들, 셋째, 콘스탄티노폴리스의 황제, 넷째, 북쪽의 몽골족들의 황제, 다섯째, 인도양의 상인들이 바빌로니아의 사라센을 지원합니다.

그러므로 첫 번째인 카탈루냐 상인들, 피사 상인들, 베네치아와 다른 해상 도시 상인들, 그리고 무엇보다도 제노바 상인들이 사라센인에게 필요한 물자를 공급하고 있습니다. 이집트의 사라센인은 자체적으로 생산하지 않고, 때론 먹을 곡식과 땅을 경작할 충분한 인력조차 가지고 있지 않다는 사실을 아셔야 하기 때문입니다. 이 모든 것은 앞에서 언급한 상인들이 공급하고 있습니다. 그들은 지옥의 관리자이고, 가짜 기

14세기 후반 피렌체 시청에 신고한 노예의 출신 지역

출신 / 역사가	타타르	그리스인	터키인	러시아인	보스니아인	알바니아인	사라센	체르케스인	알란인
남종국	282	26	9	7	3	3	2	2	1
Iris Origo	274	30	8	13	5			4	
Agostino Zanelli	259	27	7	7		2		3	

독교인입니다.

이런 죄들보다 더 큰 죄는 신을 숭배하지 않고 교회를 공격하며 인간의 본성을 모욕하는 가짜 기독교인들이 바빌로니아제국(맘루크제국)을 강화시키고, 그리스도의 피로 구원받고 세례로 다시 태어난 사람들을 무슬림들에게 팔아넘기고 있는 것으로, 이로써 그들은 들어보지 못한 많은 범죄를 저지르고 있습니다. 이 가짜 기독교인들은 소년, 소녀들을 노예로 구입합니다. 이 어린아이들은 기독교식 이름을 가진 것을 기뻐하는 불가리아 아이들, 그리스 아이들, 러시아 아이들, 알란족 아이들, 그리고 이교도들의 관습처럼 신앙심이 없는 부모가 팔아먹은 몽골(타타르) 아이들, 쿠만족 아이들과 또 다른 이교도 아이들입니다. 이 이교도 아이들은 몽골, 튀르크, 혹은 다른 이민족 적들에게 침략당하고 정복된 아이들입니다."(Adam, 2012)

아담의 이야기는 맘루크제국이 최대 노예 구매자였음을 알려준다. 맘루크제국은 1250년에 건국해 1517년 오스만제국에 의해 무너질 때까지 이집트와 시리아 일대를 통치했던 이슬람 왕조였다. 맘루크 Mamluk는 노예 출신 병사라는 뜻이고, 맘루크제국은 노예 출신의 장군에 의해 건립되었을 뿐만 아니라 계속해서 외부로부터 노예 병사를 충원해서 체제를 유지했다. 중세 말 맘루크제국에게 노예 병사를 공급했던 상인들이 바로 제노바와 베네치아 상인들이었다. 이들 상인들이 맘루크제국에 노예를 공급할 수 있었던 것은 비잔티움제국과 킵차크 칸의 암묵적인 동의와 묵인이 있었기에 가능했다. 킵차크 칸은 일 칸과 적대적인 관계에 있었고, 맘루크제국 또한 일 칸과 잦은 전쟁을 벌였다. 즉 적의 적은 동지가 될 수 있었던 것이다. 이러한 국제 정세 하에서 킵차크 칸은 이탈리아 상인들이 일 칸과 싸우고 있는 맘루크제국에 노예 병사를 제공하는 것을 허용했다. 이탈리아 상인들은 맘루크제국에 노예를 공급하면서 여러 상업 특혜를 대가로 얻을 수 있었다. 중세 말 맘루크제국의 초대 무역국은 베네치아였다. 베네치아 상인들이 맘루크제국으로부터 가장 원했던 것은 향신료였고, 실제로 중세 말 지중해 향신료 무역에서 독점적인 지위를 확보했다. 노예 병사로 팔려온 맘루크는 때론 출세해서 술탄이 되기도 했다. 그런 점에서 흑해에서 팔려나간 다른 노예들과는 상당히 다른 운명을 겪었다.

아담의 책은 슬픈 사실 하나를 들려준다. 그것은 노예 대다수가 어린 소녀와 소년이었다는 사실이다. 실례로 14세기 후반 피렌체로 팔려온 노예들 중 다수가 몽골 출신의 소녀들이었다. 다음 사료는 1366년 몽골 출신의 소녀를 노예로 구입한 피렌체 시민 우고가 시청에 노예 구입 사실을 신고한 공증 문서이다.

"하느님의 이름으로 아멘. 주님의 해로 1366년 7월 4일.

데 주디스 비키니우스의 아들 우골리노는 공증인의 집무실에서 공증인인 나 타르다코리 앞에서 자신이 아래에 언급된 노예의 주인이라고 말하면서 이 노예의 등록을 신청했다. 이 노예는 타타르족 출신으로 이전에는 스타마티Stamati로 불렸고 현재에는 자코미나로 불린다. 노예의 나이는 대략 18세이고, 키는 중간보다 크고, 피부색은 올리브색이며, 코는 크고, 눈은 검으며, 왼쪽 손에는 두 군데에 상처가 있으며, 양쪽 귀는 뚫었다. 우고는 이 노예를 금화 30과 2분의 1두카토를 주고 구입했다고 말했으며, 공증인인 나를 통해 이 노예의 명부를 작상하고 이를 등록했다."(Livi, 1928)

14세기 후반 피렌체 시청에 신고한 노예 구입 건수 중 10대 후반의 몽골 출신의 여자 노예가 가장 많았다. 주인은 어린 노예를 성적으로 학대했고, 이렇게 태어난 아이들은 버려지거나 그나마 운이 좋으면 수도원이나 수녀원에 맡겨졌다.

8장

이탈리아 상인의 전성시대

1. 지중해를 누빈 상인들: 유대인, 그리스인, 이슬람인

지중해를 둘러싼 세 대륙은 아주 오래전부터 적대적이건 우호적이건 만남을 이어왔다. 군인, 종교인, 순례자, 외교 사절, 도망자, 피난민, 상인, 해적, 노예 등 지중해를 오가는 사람들은 다양했다. 데이비드 아불라피아David Abulafia가 『위대한 바다: 지중해 2만 년의 문명사』에서 지적한 것처럼, 지중해를 누비고 다닌 사람들 가운데 가장 노출이 많았던 이들은 상인이었다. 그런데 지중해는 또한 패권이 작동하는 영역이기도 해서, 시기별로 지중해 교역을 주도했던 상인들이 달라졌다. 7세기 이슬람이 지중해로 진출한 이후만 해도 지중해의 경제적 패권은 여러 차례 바뀌었다. 10세기까지 동부 지중해 세계가 지중해 교역을 주도했다면, 11세기 이후 경제적 주도권은 점차 서유럽 기독교 세계로 넘어갔다. 이러한 주도권 변화에서 상인들의 역할이 매우 중요했다.

패권의 변화와 더불어 지중해 교류의 빈도 역시 시기별로 부침을 겪었다. 앙리 피렌느Henri Pirenne는 이슬람의 지중해 진출로 지중해 교역이 중단되었다고 주장한 바 있다. 이는 사실이 아니지만, 8세기 지중해 교역량이 전반적으로 줄어들었던 것은 부인할 수 없다. 8세기에서 9세기까지 지중해를 오간 410건의 항해 기록 가운데 8세기 항해는 4분의 1에 지나지 않았고, 그조차도 선교사, 순례자, 피난민, 외교 사절의 항해가 대부분이었으며, 교역을 위한 항해는 22건에 불과했다. 어쨌든 이슬람이 지중해로 본격적으로 진출했던 7세기부터 10세기까지 지중해 교역을 주도한 상인은 유대 상인과 시리아 상인이었다. 유럽 기록에 시리아 상인이라 불리는 이들은 비잔티움제국의 그리스 상인들이었다. 이들은 서유럽, 비잔티움제국, 이슬람 세계를 돌아다니며 교역을 했다.

당시 유대 상인들의 활약상은 게니자 문서에 잘 나와 있다. 게니자는 유대인 시나고그 내의 창고를 의미한다. 카이로 외곽에 있는 도시 푸스타트에 거주했던 유대인들은 그곳에 시나고그를 건설했고, 시나고그 위층에 있는 게니자에 폐기해야 할 서류와 사본을 보관했다. 유대인들은 하느님의 이름이 들어간 서류를 버리기를 꺼렸기에, 이런 문서들을 게니자라는 특별한 공간에 보관했다. 1896년 스코틀랜드 학자 두 명이 게니자 문서를 세상에 알렸다. 이 문서에는 다수의 상업 서신들이 포함되어 있었다. 이 상업 문서는 주로 950년부터 1150년 사이 작성된 것으로, 이탈리아 상인들이 지중해 무역에서 입지를 강화하기 전의 것이었다. 이 문서에 따르면, 이집트 알렉산드리아 유대 상인들은 시칠리아, 북아프리카, 에스파냐 지역과 활발한 상거래를 했으며, 홍해 교역로를 이용하여 향신료 등의 동방 사치품들을 들여와 지중해에 팔았다. 그들의 활동 범위는 지중해로부터 인도양에 이르기까지 광범위했다.

중세 지중해 교역에서 특이한 점 중 하나는 이슬람 상인들은 대체로 기독교 세계로 가서 장사하지 않았다는 것이다. 어쩌면 바로 그런 연유로 유대 상인과 기독교 상인들이 지중해 교역에서 주도적인 역할을 할 수 있었는지도 모른다. 이러한 선택에 대해 아불라피아는 이슬람 상인들은 이교도의 영토에서 거주하거나 교역하는 것이 법적으로 금지되어 있었기 때문이라고 설명하고 있다. 그런데 이러한 주장은 설득력이 떨어지는 것 같다. 왜냐하면 마찬가지로 이교도 지역이었던 인도양 교역에서는 이슬람 상인들이 활발하게 참여하고 있었기 때문이다. 따라서 수익 구조가 인도양에서 더 유리했기 때문이라고 추측해볼 수 있을 듯하지만, 아직 사료로 확인되지는 않았다. 어쨌든 분명한 것은 기독교 상인과 유대 상인은 이슬람 도시를 드나들면서 꽤 자유롭게 장사할 수 있었던 반면, 이슬람 상인은 기독교 세계에 오기를 꺼렸다는 것이다.

그래서인지 중세 이슬람 사회가 상업을 적극적으로 육성하지 않았다는 주장까지 나온다. 심지어 유럽 중심적인 역사 해석에 따르면 이슬람이 중세 지중해 교역을 막고 방해하는 역할을 했다고까지 주장하기도 한다. 20세기 초 벨기에 역사학자 앙리 피렌느Henri Pirenne가 7, 8세기 이슬람의 지중해 진출로 지중해를 통한 교역이 차단되었다고 말했던 것도 이러한 맥락에서였다.

“이슬람의 침입은, 그 팽창력이 고갈되기는 했지만, 세계의 면모를 완전히 바꾸어 놓았다. 이슬람의 갑작스러운 등장으로 옛 세계는 파괴되었다. 또 이슬람이 지중해를 장악함으로써 지중해 공동체는 파괴되었다. 한때 모든 지역을 통합시켜 주었고 거의 집안 식구처럼 친근하게 느끼게 했던 지중해는 곧 각 지역을 가로막는 장벽이 되었다. [중략] 과거 지중해는 로마의 호수였으나 이제 지중해는 대부분 이슬람의 호수가 되어버렸다. 이때부터 지중해는 유럽의 동부와 서부를 연결하기보다는 분리하는 역할을 하게 되었다. 동부의 비잔티움제국과 서부의 게르만족 왕국들을 연결하던 유대는 이제 단절되고 말았다."(피렌느, 1997)

또 다른 오해는 15세기에 오스만제국이 비잔티움제국을 점령하면서 동지중해 교역이 차단되어 향신료 수입이 줄어들었고, 그로 인해 가격이 상승하면서 서유럽 상인들은 새로운 향신료 루트를 찾아 나섰다는 해석이다. 16세기 오스만제국사를 전공하는 몰리 그린Molly Greene은 "오스만의 출현은 지중해 세계에 이슬람이라는 철의 장막을 세웠다. 서유럽인들은 이성적으로 생각할 때 이 금지된 공간을 통과하기를 두려워했다."라는 주장이 역사적 근거가 없다고 반박했다(Greene, 2003). 그의 반박처럼 향신료 수입은 줄어들지 않았고, 가격도 상승하지 않았다. 게다가 향신료는 오스만제국이 아니라 주로는 또 다른 이슬람 국가였던 맘루크제국을 통해 서유럽으로 수입되고 있었다.

이처럼 중세 지중해 교역에서 이슬람이 어떤 역할을 했는지에 대한 오해와 왜곡이 있지만, 분명한 것은 이슬람은 상업을 막거나 금기시하지 않았다는 점이다. 지중해의 이슬람 상인들은 기독교 세계로 직접 가서 장사하지는 않았지만, 인도양에서는 이교 지역 여부를 가리지 않고 활발한 상업 활동을 전개했다. 인도양 무역에서 주도적인 역할을 했던 대표적인 이슬람 상인 집단은 카리미Karimi라 불리는 상인들이었다. 카리미의 의미에 대해서는 여전히 많은 논쟁이 있지만 대체로 인도양 향신료 교역 독점권을 가진 상인이라고 보면 될 듯하다. 카리미 상인들은 주로 이집트 지역 상인들로서 이 지역에서 10세기경에 수립된 파티마 왕조 시절부터 인도양과 서아시아를 오가며 장사를 했고, 13세기 중반부터 16세기 초까지의 맘루크제국 시대에 전성기를 누렸다.

카리미 상인이 인도양 무역에서 주로 취급했던 상품은 후추를 포함한 향신료였다. 맘루크 정부는 카리미 상인의 향신료 교역을 관리하기 위해 '향신료와 카리미 상인 전담부'를 두었다. 카리미 상인이 거래했던 대표적인 향신료는 후추였고, 그 다음으로 생강, 육계, 정향, 육두구 등의 향신료였다. 이들은 향신료를 구매하기 위해 인도와 동남아시아까지 진출했지만, 향신료 생산지에서 홍해까지의 수송은 주로 인도 상인과 선박이 담당했다. 그렇다고 카리미 상인이 향신료만을 취급한 것은 아니었다. 이들은 향신료 외에도 직물, 노예, 귀금속, 설탕, 도자기, 목재, 밀과 밀가루, 쌀, 무기 등 매우 다양한 상품을 사고팔았다. 그들은 인도와 동방으로부터 무기를 수입하고, 설탕 제조에 큰 자금을 투자하기도 했다. 좀 더 넓은 맥락에서 보면 카리미 상인들은 홍해를 통해 유통되는 대다수 상품을 취급했다.

카리미 상인이 국제적인 거상으로 성장할 수 있었던 배경은 정치 권력과의 결탁이었다. 중세 기독교 세계에서처럼 이슬람 세계에서도 상업적으로 성공하려면 정치 권력과의 긴밀한 유대 관계가 무엇보다도 중요했다. 카리미 상인의 전성기는 12세기 후반부터 15세기 초반까지였다. 이들이 본격적으로 성장할 수 있었던 계기는 12세기 후반 이집트 아유브 왕조의 술탄이었던 살라딘(Saladin, 재위 1174-1193)의 새로운 상업 정책 덕분이었다. 이집트를 정복한 살라딘은 홍해 무역에서 외국 상인들을 배제하고 토착 이슬람 상인을 적극적으로 육성하는 정책을 폈다. 살라딘은 향신료와 기타 동방 상품 공급을 카리미 상인에게 위임했다. 이들은 왕실의 보호로 재정적인 특혜 외에도 홍해를 통해 아시아 상품을 독점적으로 수입할 수 있는 권한까지 부여받았다.

맘루크제국에서도 카리미 상인들은 정권의 지원으로 사업을 계속 확장하면서 이집트 경제에서 중요한 세력으로 부상했다. 맘루크 술탄들이 카리미와 같은 대상들에게 특혜와 군사적인 보호를 제공했던 이유는 이들로부터 돈을 빌리기 위함이었다. 사실 맘루크제국의 은행과 대부는 주로 카리미 상인들의 수중에 있었기에 술탄이나 대제후들과 고위 관리들은 큰돈을 빌리려면 카리미 상인들에게 손을 벌릴 수밖에 없었다. 카리미 상인들은 돈을 빌려주고 여러 가지 특혜를 얻어냈다. 하지만 정치 권력과의 결탁은 성공의 비결이기도 하지만 때론 몰락의 원인이 되기도 한다.

1422년 맘루크 술탄이 된 바르스바이(Barsbay, 재위 1422-1438)는 기존과는 다른 상업과 세금 정책을 도입했다. 술탄은 향신료 교역이 황금알을 낳는 거위라고 생각하고 이를 직접 챙기기 시작했다. 이제 정부가 향신료 무역을 직접 관리하자 카리미 상인이 수세기 동안 누려왔던 무역 특혜는 축소될 수밖에 없었다. 1426년 술탄은 자신의 대리인만이 유럽 상인들에게 후추를 판매할 수 있도록 했다. 이러한 결정으로 카리미 상인들은 후추 무역에서 배제되었다. 1427년에는 메카에서 향신료를 구매해왔던 시리아와 이라크 상인들에게 이집트로 와서 관세를 내라는 명령을 내렸다. 상인들이 이 법령에 강하게 반발하자 술탄은 이를 취소하는 대신 메카에서 1차 세금을 내고 다마스쿠스에서 2차 세금을 내도록 명령했다. 1428년에는 이러한 양보마저 폐기하고 모든 향신료 무역에 대한 정부 독점을 선언했다. 1430년 술탄은 다시금 이슬람 상인들이 향신료를 판매하는 것을 금했다. 그는 법령을 어기고 유럽 상인들에게 향신료를 판매한 알렉산드리아 상인을 카이로로 소환했다. 술탄은 이런 조치들을 통해 카리미 상인들의 기득권을 무너뜨리고 향신료 무역을 독점하려고 했다. 1455년 한 연대기 작가는 술탄의 독점 정책으로 카리미 상인들이 몰락했고, 그로 인해 발생한 경제적 어려움을 다음과 같이 토로했다.

"올해가 끝나고 겨울이 다가오는데 이미 땔감은 바닥나서 구하기 어렵다. 땔감이 한 짐당 120디르함에 팔렸기 때문이다. 시장에는 한 명의 카리미 상인도 찾을 수가 없고, 이로 인해 일반 백성들의 생활이 더욱 열악해졌다."(Ashtor, 1956)

비잔티움제국 상인들은 지중해 해상 교역에서 어떤 역할을 했을까? 역사가들은 대체로 제국의 지배 계급인 귀족이 상업과 해상 교역에 대한 부정적인 시각을 가지고 있었고, 비잔티움 황실은 자국 상인들이 지중해 해상 교역에서 주도적인 역할을 할 수 있도록 적극적으로 지원하지 않았다고 설명해왔다. 비잔티움 경제에서 토지는 부의 원천이었고 국가의 재정 수입은 주로 토지로부터 나왔기에, 해상 교역은 그만큼 중요하지 않았다는 주장도 있다. 반면 11세기 이후 황실은 서유럽 상인들에게는 상업 특혜를 제공했고, 그 결과 이들이 비잔티움의 국제 교역을 주도하게 되었고, 대신 비잔티움 상인들은 중소 규모의 선박을 활용해, 주로 지방 차원의 교역을 담당했다는 설명도 있다. 하지만 최근에는 이러한 해석들을 어느 정도 수정할 필요가 있다는 목소리가 높아지고 있다.

적어도 11세기까지는 비잔티움 상인들이 서유럽과 이슬람 시장까지 진출해서 사업을 했던 듯하다. 게니자 문서에 따르면 비잔티움 상인들은 이집트 알렉산드리아에서도 활발하게 교역했다. 그들은 이집트 시장에서 후추, 생강, 계피, 인디고, 브라질우드 등의 인도양 상품을 구매했고, 비단과 모직물, 치즈와 라임 등의 농산물을 이슬람 사람들에게 판매했다. 11세기까지 비잔티움 내부 교역은 전적으로 비잔티움제국 상인들의 수중에 있었고, 외국 상인들의 상업 활동은 국가의 엄격한 통제를 받았다. 비잔티움 상인들은 외국 상인의 흑해 진출을 막으면서 12세기 말까지 흑해 무역을 주도했다.

이러한 상황은 11세기 말 이후 변화하기 시작했고, 12세기 이후 비잔티움 상인들은 지중해 해상 교역에서 점점 사라져 갔다. 시작은

1082년 비잔티움 황제가 노르만족의 침략을 물리치는 데 선박을 제공한 베네치아인들에게 엄청난 상업 특혜를 제공하면서부터였다. 12세기 비슷한 상업 특혜가 피사 상인들, 제노바 상인들에게도 주어졌고, 많은 수의 이탈리아 상인들이 비잔티움 시장으로 진출했다. 이렇게 이탈리아 상인들은 비잔티움제국 내에서 가장 특혜를 받는 외국 상인이 되었다. 비잔티움 상인들은 제국 시장 내에서도 이들 이탈리아 상인과의 경쟁에서 불리한 처지가 되었다. 관세나 판매세 면제 등의 특혜를 누리는 베네치아 상인과 달리 비잔티움 상인들은 여러 세금을 부담해야 했고, 그로 인해 수익률이 낮았다. 게다가 베네치아 상인들은 비잔티움 인들로부터 농산물이나 산업 제품을 구매할 때 더 비싼 값을 치르기 시작했고, 비잔티움 생산업자들조차도 자국 상인이 아닌 베네치아 상인들에게 농산물이나 산업 제품을 넘겼다.

그렇다고 12세기 비잔티움 상인이 지중해 해상 교역에서 완전히 배제되었던 것은 아니다. 가령 12세기 말 칼로모디오스Kalomodios라 불리는 비잔티움 상인은 환전으로 부를 쌓은 은행가이자 무역상이었다. 그는 은행업뿐만 아니라 해상 교역에도 참여했다. 그런데 그가 사업에서 큰돈을 벌었던 것이 오히려 문제가 되었다. 징세관들은 그를 체포하고 재산을 몰수했다. 이에 동료 상인들이 들고일어나 콘스탄티노폴리스 총대주교에게 그의 석방을 요구했고, 이러한 동료 상인들의 노력 덕분에 그는 풀려났고, 재산을 되찾았다. 그러나 비잔티움 상인들은 이미 원거리 국제 교역에서 이탈리아 상인, 특히 베네치아 상인들에게 주도권을 상실했다. 베네치아 상인에 대한 적대감은 커져갔고, 12세기 후반 수차례의 폭력 사태로 발전하기도 했지만, 상황을 되돌리지는 못했다. 결국 중세 말 비잔티움 상인들은 중소형 선박을 이용해 에게해와 흑해 지역을 오가는 근거리 지역 무역을 담당하게 되었고, 대형 선박을 이용한 원거리 무역은 이탈리아 상인들의 수중으로 넘어갔다. 이렇게 사업 규모와 활동의 지리적 범위는 제한적이었지만, 여전히 많은 비잔티움 상인들이 교역 활동을 하고 있었다.

2. 이탈리아 상인의 활약상

중세 이탈리아 상인들이 지중해 교역에 본격적으로 참여하기 시작한 것은 십자군 전쟁 이전부터였다. 제노바, 베네치아, 피사, 아말피 이렇게 네 개의 항구 도시가 이 흐름을 주도했고, 이들 도시의 상인들은 비잔티움제국뿐만 아니라 이슬람 영토까지 진출해 상거래를 도모했다. 하지만 노르만족이 남부 이탈리아를 정복한 후 아말피는 이전의 활기를 잃어버렸다. 피사는 1284년 제노바와의 멜로리아 전투에서 크게 패하면서 해상 세력의 입지를 상실했고, 급기야 15세기 초에는 서서히 새로운 상업 세력으로 성장한 피렌체에 복속되었다.

이탈리아 상인들이 지중해 교역에서 주도적인 역할을 하기 시작했던 것은 십자군 시절부터였고, 13세기 중엽 이후로는 지중해를 넘어 아시아까지 진출하는 한편, 알프스를 넘는 육로 대신에 지브롤터 해협을 통과하는 해상 수송을 시작하기도 했다. 중세 말에 이르면 제노바와 베네치아는 특정 상품 교역에서 독점적인 위상을 확보했다. 제노바는 착색제로 사용되는 명반 교역을 독점했고, 베네치아는 향신료 교역을 독점하다시피 했다.

이처럼 중세 후반 이탈리아 상업 도시와 상인들이 상업과 교역에서 영광의 시절을 만들어냈다. 오늘날 이탈리아는 네 개의 항구 도시, 즉 베네치아, 제노바, 피사, 아말피의 업적을 기리기 위해 개별 도시의 상징을 넣어서 만든 이탈리아 해군기를 사용하고 있다. 역사가들도 이들의 업적을 과장하고 미화한다. 이브 르누아르Yves Renouard는 자신의 저서 『중세 이탈리아 사업가*Les Hommes d'affaires italiens du Moyen Âge*』에서 이탈리아 상인들이 새로운 시대를 창조한 선구자였다고 칭송했다.

"이탈리아 상인들은 고대 헬레니즘 시대의 상업과 은행 기술들을 보존시켰고, 그것을 바탕으로 상업, 은행, 정보, 그리고 근대적 은행제도들을 더욱 발전시켰다. 그들은 산업을 발전시켰고, 오늘날 우리가 르네상스라고 부르는 새로운 문화를 창조했다. 그들에 의해서 농촌적이고, 집단적이고, 종교적인 삶의 방식이 지배적인 사회에서 도시적이고, 개인적이고, 세속적인 삶의 방식이 나타났다."(Renouard, 1949)

이탈리아 역사가 아르만도 사포리Armando Sapori는 자신의 저서 『중세 이탈리아 상인*Le Marchand italien au Moyen Âge*』에서 "오늘날 우리가 가진 모든 것이 이탈리아 공화국의 천재성 속에서 그 선례를 찾을 수 있다."라면서 중세 이탈리아 도시 공화국의 업적을 다소 과하게 칭찬했다. 페르낭 브로델도 『지중해: 펠리페 2세 시대의 지중해 세계』에서 환어음, 신용, 화폐 주조, 은행, 공공 재정, 대부, 자본주의, 식민주의와 사회문제, 계급투쟁 등 모두가 중세 이탈리아 공화국에 있었던 것이라고 말하면서 중세 이탈리아 도시의 혁신성을 강조했다.

반면 19세기 독일의 사회학자 좀바르트Werner Sombart는 19세기 상인과 비교했을 때 중세 이탈리아 상인들이 이룬 성과는 그리 대단한 것이 아니라고 평했다. 그가 중세 이탈리아 도시와 상인들의 역할을 축소하고 독일 도시들의 업적을 높게 평가한 것은 좀바르트의 민족주의적 역사 인식에서 비롯된 것이다. 따라서 중세 이탈리아 도시와 상인의 역할을 과장하거나 과소평가하지 않고 지중해 교류사라는 큰 틀에서 그들의 활동을 살펴본다면 좀 더 균형 잡힌 역사 해석이 가능할 것이다.

이탈리아 상인들이 지중해 교역에서 주도적인 역할을 할 수 있었던 것은 몇 가지 구조적인 배경 덕분이었다. 먼저 중세 시대 지중해에는 로마제국처럼 지중해 바다 전체를 장악할 정도의 강력한 해상 세력이 없었고, 이 덕분에 이탈리아 항구 도시와 같은 작은 규모의 도시나 국가도 나름 비중 있게 지중해 교역에 참여할 수 있었다. 실제로 11세기 비잔티움제국은 여러 방면에서 적의 침략을 받고 있었고, 한때 이슬람 황금시대를 구가했던 아바스 왕조도 쇠퇴 국면에 있었다. 특히 11세기 이후 이탈리아 상업 도시들이 지중해 교역에서 점점 더 주도적인 역할을 할 수 있었던 것은 이슬람과 비잔티움제국의 해상력 쇠퇴 덕분이었다. 11세기 비잔티움제국은 노르만족의 침략을 물리치는 데 베네치아 해군의 도움을 받아야 할 정도였다. 12세기 이베리아반도 출신의 순례자 이븐 주바이르는 메카로의 순례 여행을 하는 데 제노바 선박을 이용해야 했다. 이처럼 중세 후반 베네치아, 제노바, 피사 등의 이탈리아 항구 도시의 선박들은 인력과 상품 수송에서 큰 몫을 담당했다.

지배계층인 귀족도 상인으로 상업 활동에 참여할 수 있다는 사고방식 역시 이탈리아 상업 도시의 성장을 촉진했다. 중세 서유럽 기독교 사회에서 일반적으로 귀족은 상업 활동을 할 수 없었고, 상인이라는 직업을 천시했으며 특히 이자 대부업자를 경멸했다. 예를 들면 프랑스에서는 귀족이 상업 활동에 종사하면 귀족의 특권을 상실할 수 있었고, 이러한 관행은 18세기 말 프랑스 혁명기까지 계속되었다. 반면 중세 이탈리아 상업 도시들에서는 정치 권력을 장악한 귀족이 자신들에게 유리한 상업 정책을 펼치고 상인들에게 특혜를 제공했을 뿐만 아니라 상업 활동에 직접 뛰어들었다.

이탈리아 상업 도시들이 지중해 교역에서 두각을 나타냈던 또 다른 이유는 이 지역의 도시들이 주로 항구 도시들이었고, 지중해와 지리적으로 가까웠다는 점이었다. 이런 지리적 배경도 이들의 성장에 일조했다. 그래서 자연스럽게 서유럽과 동지중해 지역을 연결하는 중개 무역항으로 성장할 수 있었다. 이러한 구조적인 요인 덕분에 이탈리아 항구도시들이 약 500년 동안 지중해 교역에서 주도적 역할을 할 수 있었다.

베네치아

이탈리아 북부의 작은 섬 베네치아의 역사가 시작된 것은 중세 초 이민족의 침략을 피해 피난을 온 초기 원주민들이 정착하면서부터였다. 이들은 생존하기에 적합지 않은 석호라는 자연환경에서 집을 짓고 살기 시작했다. 따라서 그때만 해도 누구도 베네치아가 중세 말 유럽을 대표하는 경제 중심지이자 지중해 해상 강자로 성장하리라고는 상상조차 할 수 없었을 것이다.

베네치아가 지중해 교역의 큰 몫을 담당할 수 있었던 것은 상당 부분 비잔티움제국 덕분이었다. 비잔티움제국과의 교류가 없었다면 베네치아의 경제적 번영은 불가능했을 것이다. 8세기에 이미 베네치아 상인들은 비잔티움제국 시장에 진출해 있었다. 11세기 말 베네치아는 노르만족의 침략을 받은 비잔티움제국에 함대를 지원해준 대가로 큰 상업 특혜를 받았고, 이를 발판으로 비잔티움 시장에서의 활동을 더욱 확대했다. 그래서 12세기 비잔티움제국의 그리스인들은 베네치아 상인들이 자신들의 땅에서 너무 많은 부를 가져간다고 불만을 터뜨리기까지 했다.

로마노 마이라노Romano Mairano는 12세기 비잔티움제국 시장에서 활동한 베네치아 상인이었다. 그에게 비잔티움제국 시장은 큰돈을 벌 기회의 땅이었다. 당시 베네치아 해외 무역 중 3분의 2가 비잔티움제국과의 교역일 정도로 비잔티움 시장은 베네치아 상인들에게 익숙한 곳이었다. 약간 과장된 당시 기록에 따르면, 1170년 3만 명의 베네치아 상인들이 비잔티움제국을 방문했다. 귀족 출신이 아닌 로마노는 당시 자본이 없는 젊은 베네치아 상인들이 많이 활용했던 콜레간차colleganza라 불리는 해상 투자 계약을 통해 자본을 마련했다.

로마노는 콘스탄티노폴리스에서 장사를 시작한 지 얼마 지나지 않아 빌린 돈을 모두 상환하고, 콘스탄티노폴리스에 약간의 땅을 살 정도로 돈을 벌었다. 선박을 사들여 수송업에도 뛰어들었다. 이후 로마노는 사업 영역을 시리아의 십자군 왕국과 이집트의 알렉산드리아로까지 확장했다. 이슬람 영토였던 알렉산드리아는 지중해 제일의 시장이었고, 인도양과 지중해를 연결하는 교역 중심지였다. 인도양으로부터 들어오는 후추를 포함한 향신료는 주로 알렉산드리아를 통해 서지중해로 팔려나갔다. 13세기 초 알렉산드리아에는 베네치아 상인을 포함해 약 3천 명의 이탈리아 상인들이 활동하고 있었고, 베네치아 상인들은 자신들의 무역소인 폰다코Fondaco를 운영할 정도로 큰 세력을 형성했다. 시리아에 있는 라틴 왕국의 군주들은 유럽으로부터의 인력과 물자 보급을 이탈리아 상인들에게 맡기면서 그들에게 큰 상업적 특혜를 베풀었기 때문에 라틴 왕국에서 베네치아 상인들은 알렉산드리아보다 더 자유롭게 상업 활동을 할 수가 있었다. 로마노는 이 세 지역을 오가면서 일종의 삼각무역을 했다.

로마노는 돈이 된다면 어떤 상품 거래도 마다하지 않았다. 당시 목재는 배를 만들 수 있는 군수 물자라서 수출이 금지된 품목이었는데 로마노는 베네치아에서 목재를 구매해 비잔티움제국 시장에 내다 팔았다. 이슬람 시장에도 목재를 공급했다. 로마노뿐만 아니라 당시 이탈리아 상인들은 교회의 수출 금지령에도 불구하고 목재를 포함한 전쟁 물자를 이슬람 세계에 판매했다. 로마노는 비잔티움제국에서 생산된 올리브유를 알렉산드리아로 수송하기도 했다. 로마노는 알렉산드리아 시장에서 향신료를 구매했고, 이를 비잔티움제국과 서유럽 시장으로 들여왔다. 베네치아 상인들이 가장 많이 구매한 향신료는 후추였다.

베네치아는 1204년 4차 십자군을 통해서 지중해 해상 강자로 성장할 수 있는 발판을 마련했다. 십자군이 콘스탄티노폴리스를 정복한 후 베네치아는 십자군과의 영토 분할 협정에서 정복한 비잔티움제국의 8분의 3을 확보했다. 베네치아가 확보한 영토는 주로 해안 지역과 도서였고, 베네치아는 이들 지역을 연결해 일종의 해상 고속도로를 건설했다. 이로써 베네치아 선박들이 훨씬 안전하게 아드리아와 에게해 등지를 항해할 수 있게 되었다. 따라서 11세기부터 4차 십자군에 이르는 200년 동안 베네치아와 비잔티움제국 사이의 관계를 고려하면 비잔티움제국 없는 베네치아는 상상도 못 할 일이라는 브로델의 지적은 매우 타당하다.

베네치아가 중세 후반 지중해 교역을 주도할 수 있었던 기반은 선박이었다. 중세 말 베네치아는 가장 좋은 배를 가장 많이 보유한 지중해 제일의 해상 강국이었다. 이에 더해 베네치아 정부는 체계적인 수송 정책과 제도를 만들어 자국 상인의 상업 활동을 뒷받침했다. 이러한 과정에서 만들어진 제도가 바로 무다muda라고 불리는 정기 선단 제도였다. 이 제도의 핵심은 매년 정해진 시기에 특정 지역으로 수송단을 파견하는 것이었다. 정부는 선단의 운행 시기, 선원의 수, 선단을 이끌 책임자, 정박 항구와 정박 기간, 운송료 등 항해에 관한 거의 모든 세부 사항을 규정했다. 운송할 상품에 따라 투입하는 선박도 달랐는데, 향신료와 같은 고가품을 수송하는 데는 대형 갤리선을, 면화, 포도주 등 상대적으로 저렴한 상품을 수송하는 데는 원형 범선을 투입했다. 정부는 경매를 통해 정기 선단을 운영했다. 상인이나 선주들이 경매에 입찰해 사업권을 따내는 형식이었다. 갤리선단의 경우 국영 조선소에서 건조한 국가 소유의 선박을 활용했던 반면, 원형 범선단의 경우 개인 선박을 활용했다.

베네치아 정부가 정기 선단 제도를 처음 도입한 시기는 1300년경 전후였고, 이후 노선을 확대했다. 첫 번째 노선은 14세기 초 만들어진 비잔티움제국과 흑해로 가는 정기 갤리선단이었다. 비슷한 시기에 키프로스와 소아르메니아 왕국으로 가는 갤리선단을 도입했다. 1314년에는 대서양으로 가는 플랑드르행 갤리선단을 신설했다. 동지중해에서 들여온 상품을 대서양으로 수출하기 위함이었다. 1345년에는 이집트 알렉산드리아행 갤리선단을, 1374년에는 시리아 베이루트행 갤리선단을 창설했다. 이후 베네치아 정부는 서지중해 노선으로 수송망을 확충했다. 1402년에는 남부 프랑스로 가는 갤리선단을, 1436년에는 북서아프리카행 갤리선단을 도입했다. 1460년에는 북동아프리카행 갤리선단을 신설함으로써 총 여덟 개 노선에 갤리선단을 운영하기에 이르렀다. 여덟 개의 갤리선단은 주로 상품을 수송했다. 이에 더해 베네치아 정부는 1380년 순례자를 수송하는 갤리선단을 만들었다. 순례 선단은 예루살렘으로 가는 순례자들을 베네치아에서 시리아의 야파 항구까지 수송하는 임무를 맡았다. 1530년대까지 매년 2회씩 순례 선단을 운영했다.

갤리선단에 더해 베네치아 정부는 특정 상품 수송을 전담하는 선단을 만들었다. 1366년 정부는 동지중해에서 베네치아로 면화 수송을 전담하는 면화 선단을 도입했다. 당시 면화 선단이 파견된 지역은 시리아, 이집트, 키프로스섬이었다. 하지만 키프로스행 면화 선단은 얼마 지나지 않아 중단되었고, 시리아와 이집트행 면화 선단은 15세기 말

중세 말과 근대 초 베네치아 정기 수송 노선

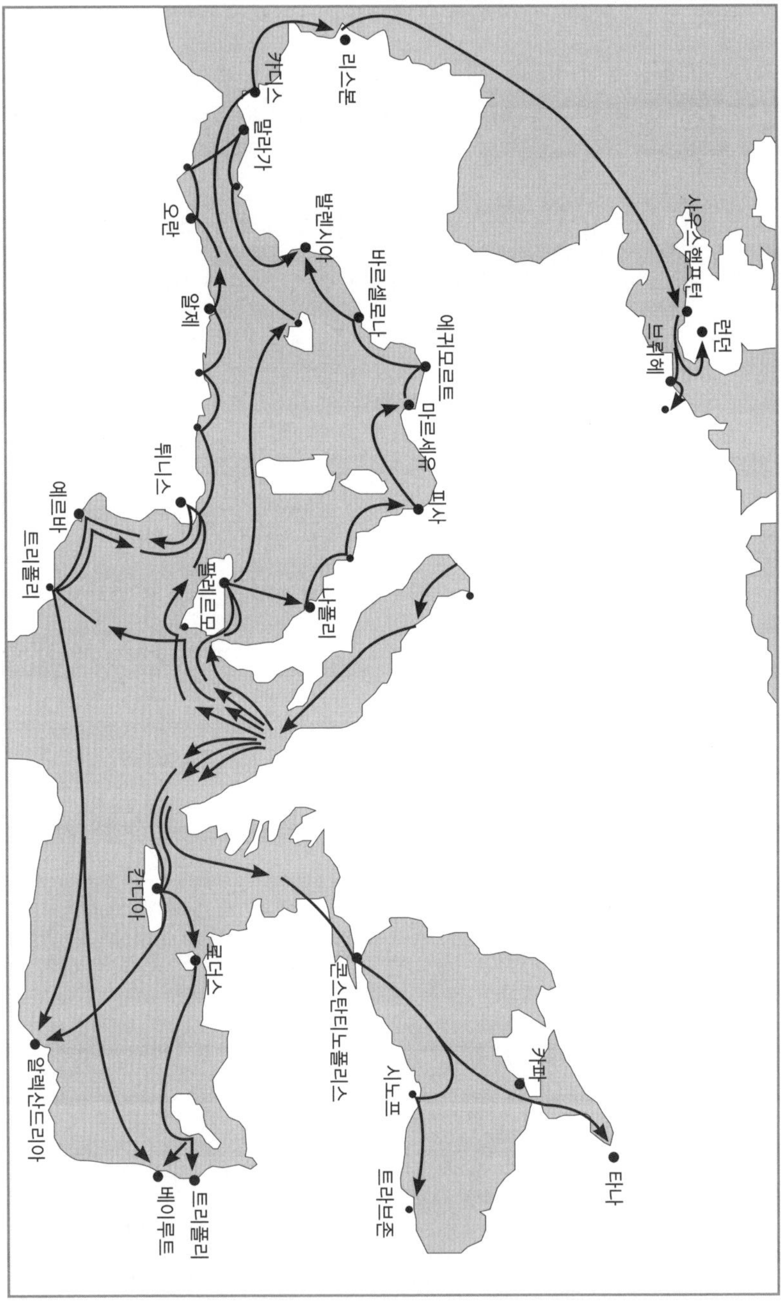

까지 운행을 지속했다. 갤리선단이 1년에 한 번씩 운행되었지만, 면화 선단은 1년에 두 번씩 운행되었다. 포도주 수송을 전담하는 선단도 있었다. 이 선단은 크레타산 포도주를 대서양으로 수송하는 것이 주요 임무였다.

정부의 효율적인 수송 정책과 정기 수송 선단 제도 덕분에 베네치아 상인들은 중세 말 지중해 교역을 주도할 수 있었다. 15세기 초반 면화를 대규모로 거래하는 국제적인 무역상으로 성공했던 소란초 형제상회La Fraterna Soranzo도 주로 정기 선단을 이용해 상품을 수송했다. 베네치아의 대표적인 귀족 가문이었던 소란초 가문의 네 명의 형제들, 도나도, 자코모, 피에트로, 로렌초가 프라테르나fraterna라 불리는 회사를 결성했다. 이런 종류의 회사는 당시 베네치아에서 가장 일반적인 사업조직이었다. 이것은 형제간이나 부자간 또는 삼촌이나 조카 등 가까운 혈연관계로 얽힌 사람들이 함께 자금을 투자하고, 역할을 분담하는 일종의 가족 회사였다. 초기 자본금은 2,800두카토 정도였고, 그중 맏형인 도나도가 1천 두카토를 투자했다. 형제의 투자금 외에도 여러 사람으로부터 투자를 받아 자본금을 키웠다.

동시대의 일반적인 이탈리아 상인들과는 달리 소란초 상회는 하나의 상품을 주로 취급했다. 그들의 핵심 사업은 시리아 현지에서 생산된 원면을 구매해 베네치아로 수송하고, 이를 유럽 상인들에게 되파는 것이었다. 소란초 상회로부터 가장 많은 양의 면화를 구매한 고객은 남부 독일의 세 도시, 아우크스부르크, 울름, 뉘른베르크 출신 상인들이었다. 이들 남부 독일 상인들은 중세 후반 중부 유럽에서 은광 개발로 막대한 자금을 확보했고, 이를 베네치아 시장에서 동지중해 상품을 구매하는 데 사용했다. 독일 상인들은 원면을 대량으로 구매해 독일로 가져갔고, 이를 가공하여 면직물을 생산했다. 베네치아 정부는 중세 말 최대의 구매 고객으로 부상한 독일 상인들을 위해 여러 가지 혜택을 제공했다. 당시 베네치아에서 가장 규모가 크고 입지가 좋은 곳에 위치한 외국 상관이 바로 독일 상관이었다.

소란초 형제상회가 하나의 상품을 집중적으로 취급한 것처럼 보이지만 실제로는 여러 종류의 면화에 분산 투자를 했다. 여러 지역에서 생산된 면화를 골고루 구매하고, 여러 선박에 분산해서 수송함으로써 위험을 분산했다. 이들은 시리아 현지에서 구매한 면화를 3월과 9월에 현지 항구에 입항하는 면화 선단에 선적했다. 1418년에는 160자루의 면화를 구매했다. 1418년 여덟 척으로 구성된 봄 면화 선단이 베네치아로 수송한 면화는 총 4,500자루였다. 물론 이것은 베네치아 전체 면화 수입량 중 일부에 불과했다.

이들 사업 중 가장 어려웠던 업무는 시리아 현지에서 생활하면서 장사를 하는 것이었다. 당시 시리아는 맘루크제국(1250-1517)의 영토였다. 맘루크제국은 베네치아의 최대 무역국이었고, 그런 이유로 맘루크 정부는 유럽 상인 중 베네치아 상인을 가장 우대했다. 이러한 특혜에도 불구하고 이슬람 땅에서 장사하는 것은 녹록치 않았다. 막내였던 로렌초는 형들에게 베네치아로 조속히 귀환하고 싶다는 의사를 여러 차례 개진할 정도였다. 하지만 시리아 현지에서의 사업은 너무나 중요했기에 가족 구성원이 아닌 타인에게 전적으로 맡기는 것은 위험한 일이었다.

당시 시리아 현지의 베네치아 상인들은 본국에서 보낸 물건을 팔고 그 돈으로 면화와 향신료 등의 상품을 구매했다. 구매할 상품은 많고, 이슬람 영토에서 팔 수 있는 상품은 적었기에 항상 무역 적자에 시달렸고, 무역 적자를 금이나 은으로 메웠다. 면화 이외 무역 적자를 유발한 대표적 상품은 향신료였다. 베네치아 상인들이 맘루크제국에서 가장 중요하게 얻고자 했던 상품이 바로 인도양으로부터 들어오는 후추, 생강, 계피 등의 향신료였다. 15세기 베네치아 전체 무역에서 향신료와 면화가 차지하는 비중이 거의 절반에 이를 정도였음을 고려할 때 중세 말 맘루크제국은 베네치아 경제의 목숨줄과 같았다. 13세기까지 베네치아의 부의 근간이 비잔티움제국과의 교역이었다면, 중세 말 베네치아의 부는 주로 맘루크제국과의 교역에서 나오는 것이었다. 전체적으로 보면 중세 말 맘루크제국에서 베네치아를 통과해 남부 독일에 이르는 무역 노선이 지중해 제일의 무역로였다. 이 노선을 베네치아 상인들이 장악하고 있었다.

제노바

제노바는 베네치아만큼 알려지진 않지만, 중세 지중해 교류사에서는 베네치아의 최대 적수이자 경쟁자였다. 두 도시는 많은 점에서 공통점을 가지고 있었다. 우선 두 도시 모두 항구 도시였고, 바다로 진출하지 않으면 살아가기 힘든 자연환경을 가지고 있었다. 베네치아가 아드리아해 북쪽 끝에 있었다면, 제노바는 서지중해 티레니아해 북쪽 끝에 있었다. 두 도시 모두 지중해와 북서 유럽을 연결하는 교차점에 있었다. 제노바는 베네치아와 마찬가지로 지중해 교역을 통해 부를 쌓았고, 중세 후반 베네치아 못지않게 해상 강자로 부상했다. 이러한 공통점에도 불구하고 제노바 상인들은 여러 면에서 베네치아 상인들과 달랐다. 베네치아 상인들은 강력한 국가의 적극적 지원과 보호를 받았지만, 제노바 상인들은 독자적으로 상업 활동을 펼치는 것이 일반적이었다.

베네치아가 1202-1204년 4차 십자군 전쟁을 통해 지중해에서 강력한 해상 세력으로 성장했다면, 제노바는 1261년 비잔티움제국과 체결한 님페아 조약을 계기로 에게해와 흑해에서 해상 주도권을 잡았다. 님페아 조약은 제노바의 성장에 큰 전환점이었다. 4차 십자군이 콘스탄티노폴리스를 정복하자 비잔티움제국의 지배 세력들은 여러 곳에 흩어져 일종의 망명 정부를 세웠다. 그중 일부가 소아시아 니케아제국을 건설했고, 1261년 니케아제국의 미카엘 8세 팔레올로고스(Michael VIII Palaiologos, 재위 1261-1282)는 제노바와 님페아 조약을 체결하고, 콘스탄티노폴리스를 되찾았다. 이 조약은 무역협정인 동시에 상호 방위협정이었다. 니케아제국이 잃어버린 수도를 되찾을 때 제노바는 군사적 원조를 제공하고, 성공하면 상업 특혜를 얻기로 했었다. 제노바가 제공하기로 한 선단의 규모는 50척이었다. 하지만 수도를 되찾는 과정에서 미카엘 8세는 제노바로부터 실질적인 도움을 받지 못했다. 그런 점에서 약속했던 특혜를 제노바 상인들에게 부여하지 않아도 그만이었다. 그러나 수도는 되찾았지만, 베네치아는 4차 십자군 당시 확보했던 여러 영토를 그대로 유지하고 있었다. 이에 미카엘 8세는 최대의 위협 세력이었던 베네치아를 견제하기 위해 약속했던 여러 특혜를 제노바 상인들에게 부여했다. 이는 베네치아의 최대 경쟁자이자 적수인 제노바를 이용해 베네치아를 견제하는 전략이었다.

그러나 이런 정책은 장기적으로 비잔티움제국에 큰 타격을 주었다. 12세기 베네치아 상인들이 비잔티움제국 시장에서 활개를 치면서 장사하고, 이를 통해 제국의 부를 빼앗아갔을 뿐만 아니라, 거만한 태도로 그리스 사람들의 적대감과 증오를 불러일으켰다. 12세기 후반 비잔티움 황실은 종종 베네치아 상인들의 재산을 몰수하고 그들을 쫓아내기도 했고, 때론 자국민들이 베네치아 상인들에게 테러를 가하는 것을 묵인하기도 했다. 13세기 중엽 이후에는 제노바 상인들이 12세기 베네치아 상인들의 역할을 대신했다. 베네치아를 견제하기 위해 또 다른 골칫거리를 불러들인 셈이었다.

제노바 상인들은 금각만 북쪽의 페라Pera 지구를 할양받아 이곳에 제노바 상관을 설치했다. 중세 말 페라 상관은 본국의 수도인 제노바 못지않게 중요한 상업 중심지로 성장했다. 게다가 제노바 상인들은 흑해로 자유롭게 통행할 수 있는 권한까지 얻었다. 비잔티움제국이 끝까지 이탈리아 상인들에게 내주지 않으려고 했던 것이 바로 흑해 통행권이었는데, 그것까지 내준 것이다. 13세기 몽골이 흑해 주변에 왕국을 세우면서 흑해는 유럽과 아시아를 연결하는 새로운 동서 교역의 중심지로 부상했고, 제노바 상인들은 이러한 상업 노선의 변화에서 큰 이익을 볼 수 있었다. 제노바 상인들은 흑해 북쪽 크림반도의 카파Caffa에 상관을 설립했다.

당시 비잔티움제국과의 교역에서 막대한 부를 축적한 대표적인 제노바 상인은 자카리아Zaccaria 가문의 두 형제 마누엘Manuel과 베네데토Benedetto였다. 1264년 베네데토 자카리아는 제노바 정부의 사절로 황제 미카엘 8세를 알현하고, 양국 간의 이견을 조정하는 협상을 진행했다. 최종 타협에는 실패했지만, 베네데토는 황제의 호감과 신뢰를 얻는 데 성공했고, 몇 년 후에는 황제의 여동생을 신부로 얻는 영예까지 거머쥐었다. 베네데토의 형 마누엘은 1275년 미카엘 8세로부터 지중해 제일의 명반 산지인 포카이아(현재 터키의 포차)를 양도받았다. 물론 황제에게 매년 일정 금액을 상납해야 했지만, 명반 교역에서 얻은 수입은 막대했다. 그리스 연대기 작가는 이에 대해 이렇게 불만을 토로했다.

"황제께서는 마누엘 자카리아에게 특혜를 베푸시어 명반이 나는 포카이아 동쪽에 있는 산을 넘겨주셨다. 자카리아는 그곳에 일꾼들을 데리고 와서 쉬지 않고 명반을 채굴하게 했고, 그 덕분에 엄청난 돈을 벌었고 더 많이 벌려고 욕심을 부렸다. 그는 명반 수출 독점권을 얻고자 노력했고 결국에는 얻어냈다."

1287년 형이 사망하자 동생이 포카이아를 상속받았다. 베네데토 자카리아는 1305년에는 비잔티움 황제 안드로니쿠스 2세(Andronicus II Palaiologos, 재위 1282-1328)로부터 포카이아 근처에 있는 키오스섬을 양도받음으로써 명반 교역에서 더욱 우월한 입지를 구축했다. 키오스섬을 얻은 과정은 양도가 아니라 강탈에 가까웠다. 자카리아는 키오스섬을 노리는 튀르크와 카탈루냐 세력을 막아 주겠다면서 황제에게 섬에 대한 통치권을 달라고 요청했고, 황제의 공식 승인이 나기도 전에 키오스섬을 점령해버렸다. 황제는 어쩔 수 없이 10년간의 통치권을 허용했고, 이후 통치권은 5년 단위로 갱신하기로 했다.

1340년 비잔티움제국은 키오스섬을 되찾았다. 그러자 1346년 제노바 정부는 함대를 파견해 키오스섬을 되찾았다. 키오스섬을 찾는 원정에 자금을 제공한 상인들은 아랍어로 마호나mahona라 불리는 협회를 조직했고, 이 협회가 향후 명반 교역을 주도했다. 강한 정부와 적극적인 상업 육성 정책을 표방한 베네치아와 달리 제노바 정부는 허약했고 재정은 항상 부족했다. 그런 연유로 제노바 정부는 전쟁이나 큰 규모의 사업을 수행하기 위해 개인들로부터 돈을 빌릴 수밖에 없었다. 이렇게 만들어진 키오스 마호나는 자본과 사업 규모에서 지중해 제일의 회사로 발전했다. 1374년 이 협회는 제노바 정부와 계약을 맺고 키오스섬에 대한 실질적인 통치권을 위임받았다. 협회는 매년 '2,500리라'라는 매우 적은 금액을 정부에 제공하고, 키오스와 부속 도서들에서 들어오는 모든 재정수입을 관리하고 교역을 통제하게 되었다.

명반 생산과 교역은 14세기 초부터 제노바 상인의 핵심 사업이 되었다. 황산알루미늄칼륨 결정물인 명반은 다양한 용도로 사용되었는데, 특히 직물을 염색하는 과정에서 염료가 섬유에 잘 스며들게 하는

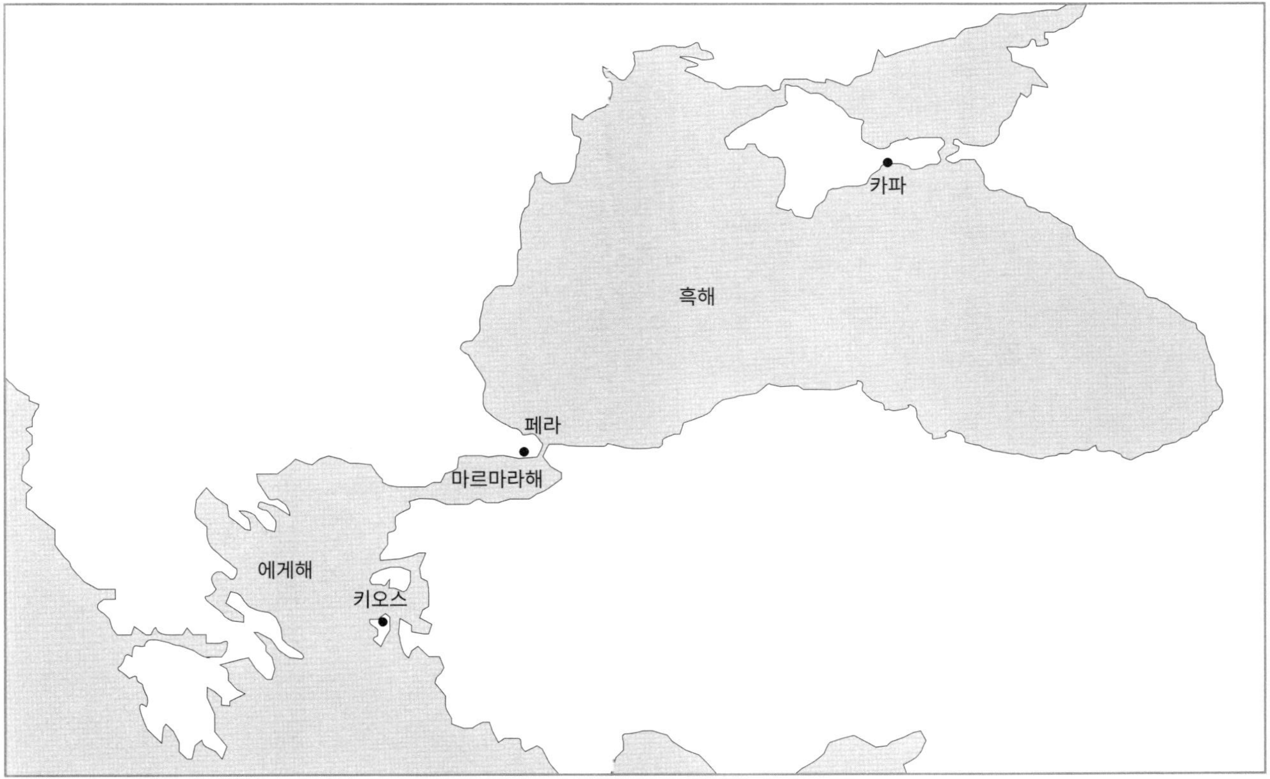

1300년대 제노바 상인들이 가장 왕성한 활동을 펼쳤던 동지중해와 흑해의 상관들: 키오스, 페라, 카파

매염제로 인기가 높았다. 그래서 모직물 산업이 발달한 플랑드르와 잉글랜드가 가장 많은 양의 명반을 수입했다. 제노바 상인들은 소아시아에서 생산된 명반을 대량으로 대서양까지 수송하기 위해 지중해에서 유례를 찾아볼 수 없을 정도의 큰 선박을 건조했다. 중세 말 명반을 수송했던 제노바 범선은 천 톤을 상회하는 초대형 선박이었다.

15세기 제노바 상인들은 상권을 흑해와 동지중해에서 서지중해로 옮겼다. 14세기 중엽까지 제노바 상인들의 주요 활동 무대였던 흑해는 흑사병과 이후의 정치 군사적 불안정을 겪었다. 특히 비잔티움제국의 몰락은 제노바 상인의 상업 활동에 큰 타격을 주었다. 비잔티움제국을 정복한 오스만제국은 얼마 지나지 않아 제노바의 식민지도 차지해버렸다. 서지중해로 활동 무대를 옮긴 것은 흑해와 에게해 등지에 있는 식민지나 상관을 상실하게 되면서 이를 보충할 새로운 시장을 개척하기 위함이었다. 그런 점에서 15세기 중엽은 제노바 상업의 전환점이었다. 15세기 제노바 상인들은 새로운 투자처를 찾아 흑해와 동지중해에서 이베리아반도와 북서아프리카로 이주했다.

사실 제노바 상인들에게 이베리아반도와 북서아프리카는 새로 개척해야 할 미지의 시장은 아니었다. 중세 말 이전 제노바 상인들은 이 지역에 확고하게 자리를 잡고 활발한 상업 활동을 진행하고 있었다. 14세기 초에 이미 제노바 상인들은 이베리아반도 남부 세비야, 카디스, 헤레스, 푸에르토 산타 마리아, 말라가, 리스본 등지에 영업소를 설립했다. 이후 서아프리카 연안에 있는 마데이라, 카나리아 제도, 카보베르데, 상 토메 등지로 사업 영역을 확대했다. 14세기 일군의 제노바 상인들은 대서양 카나리아 제도를 탐험했고, 그곳의 원주민을 노예로 판매하기까지 했다. 그런 점에서 제노바 상인들은 이곳에서의 상업 활동을 더욱 확대했다고 말하는 것이 맞다.

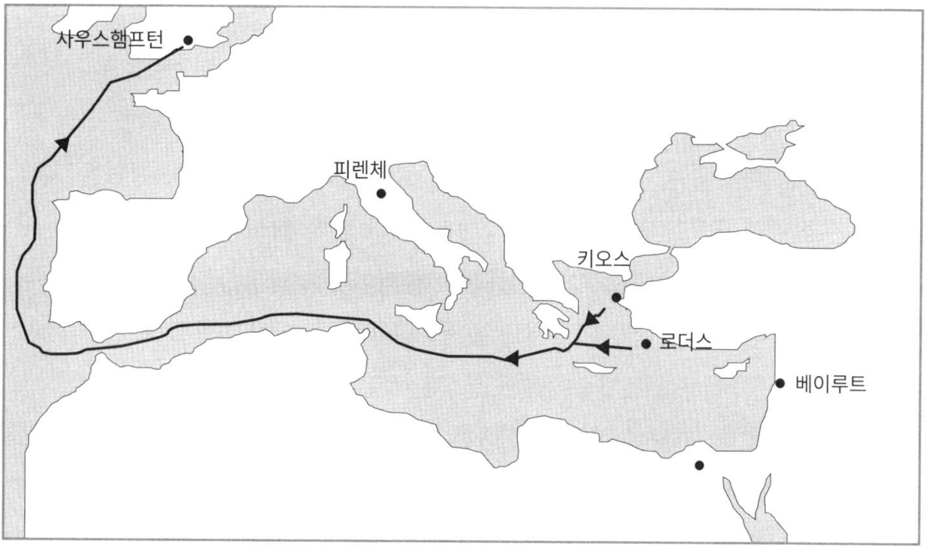

제노바 명반 수송 노선

물론 오스만제국이 지중해를 통한 교역을 차단한 것도, 제노바 상인의 상업활동을 금한 것도 아니었다. 오히려 콘스탄티노폴리스를 장악한 오스만 술탄 메흐메드 2세는 정복 이전 비잔티움제국 시장에서 활발하게 활동했던 이탈리아 상인을 포함한 유럽 상인들을 다시 불러들였다. 법적 보호, 상관과 상관 내 자치 허용, 교회와 예배 허용 등 여러 유인책을 제시했다. 술탄이 이런 정책을 편 것은 유럽 상인들로부터 얻을 수 있는 재정 수입이 적지 않았기 때문이다.

오스만 술탄의 정책에 크게 호응한 세력은 피렌체 상인들이었다. 하지만 기존에 비잔티움제국에서 독점적인 위치를 확보하고 있었던 제노바 상인들은 이 정도의 혜택에 만족할 수 없었다. 제노바 상인들은 이전 시기에 누렸던 흑해의 노예와 소아시아의 명반 교역에서의 주도권을 상실했고, 이러한 상황을 만회할 전면적인 수정과 변화가 필요했다.

제노바 상인들은 북서아프리카에 산호와 금 교역을 통해 동지중해 사업을 만회하려 했다. 특히 15세기 후반 제노바 상인들은 산호 러시 rush라 불릴 정도로 산호 교역에 적극적으로 뛰어들었다. 아프리카 금 교역은 새로운 사업은 아니었지만, 15세기 제노바와 베네치아 상인들은 이베리아반도 출신의 상인들과 아프리카 금을 확보하기 위해 치열한 경쟁을 벌였다. 제노바 상인들은 이베리아반도 남부의 그라나다 왕국에서 생산된 비단 교역에서도 동지중해 사업을 만회하려 했다. 그러나 이런 사업들이 동지중해에서 상실한 모든 것을 보충하기에는 충분하지 않았다. 제노바 상인들은 이전 시기 벌었던 엄청난 자본과 인력을 이베리아반도에 쏟아 부었다. 제노바 상인들이 다루지 않은 품목이 없을 정도로 그들의 사업은 다양했다. 대서양 섬의 설탕, 안달루시아의 과일, 카스티야의 수은, 비스케 지방의 철, 포르투갈의 코르크, 참치, 모직물, 올리브유, 염료 등이 그것이다.

1456년 마르코 로멜리니Marco Lomellini는 2천 도블라 금화를 내고 포르투갈 왕 아폰수 5세(Afonso V de Avis, 재위 1438-1481)로부터 10년 동안 코르크 무역을 독점할 수 있는 권한을 얻었다. 포르투갈 상인들은 왕에게 이를 시정해 달라고 요청했지만, 왕실은 받아들이지 않았다. 1459년 리스본 의회에서 제노바 상인들을 추방하라는 청원이 나올 정도였다. 이유는 제노바 상인들이 포르투갈에 어떤 이익을 가져다주지 않으면서 포르투갈의 부를 전부 빼가는 것처럼 보였기 때문이었다. 제노바 상인들은 상품 교역 외에도 왕실, 귀족, 부르주아뿐만 아니라 농민들에게도 자금을 빌려주었다. 15세기 중엽 로멜리니와 첸투리오네 Centurione 등의 제노바 은행가들은 에스파냐 왕실에 한꺼번에 천만 두카토라는 어마어마한 자금을 빌려줄 정도로 막강한 자본력을 자랑했다. 제노바 상인들은 반세기 만에 이베리아반도의 경제를 좌지우지할 정도로 크게 성장했다. 1503년 에스파냐 주재 베네치아 대사는 제노바인의 3분의 1이 에스파냐에서 활동하고 있다고 말하면서 제노바 상인이 에스파냐에서 벌어들인 막대한 부를 시기하는 보고서를 본국에 보냈다.

제노바 상인들은 대서양과 북서아프리카 해안에서 교역과 탐험을 병행했다. 1452년경 제노바 상인 안토니오 말판테Antonio Malfante는 첸투리오네 은행을 위해 아프리카 해안을 탐험했고, 이렇게 얻은 아프리카에 대한 정보를 보고했다. 첸투리오네 가문은 이전 시대 동지중해 사업에서 큰돈을 제노바의 대표적 귀족 가문이었다. 1461년 제노바 출신의 항해자 안토니오 다 놀리Antonio da Noli는 카보베르데에 도착했고, 포르투갈 왕 아폰수 5세로부터 발견자라는 칭호를 얻었다. 이후 그는 카보베르데를 통치했고, 이곳은 아프리카 노예무역의 중심지가 되었다. 흑해에서 노예 무역을 주도했던 제노바 상인들은 대서양 노예 무역에도 뛰어들었다. 제노바 귀족 출신의 선장 안토니오토 우소디마레Antoniotto Usodimare는 1455년 베네치아인 알비세 카다모스토Alvise Cadamosto와 함께 기니만을 탐험했다.

그런 점에서 제노바 출신 콜럼버스의 활동과 경력은 예외적이지 않다. 그는 15세기 이베리아반도로 몰려갔던 다수의 제노바인 중 한 명일 뿐이었다. 1451년 제노바에서 출생한 콜럼버스는 젊은 시절 키오스섬에서 활동했고, 1478년 이베리아반도의 마데이라로 사업 거점을 옮겼고, 이후에는 대서양 항해 사업에 뛰어들었다. 그런 점에서 이베리아반도의 에스파냐와 포르투갈이 15세기 말 이후 인도양과 아메리카에 진출하는 데 중요한 역할을 한 것이 제노바 상인들의 자본과 인력이었다. 이러한 사실을 근거로 로페스Robert S. Lopez는 "필리페 2세 시대에 해가 지지 않는 영광의 제국은 거의 제노바의 경제 식민지였다고 말하

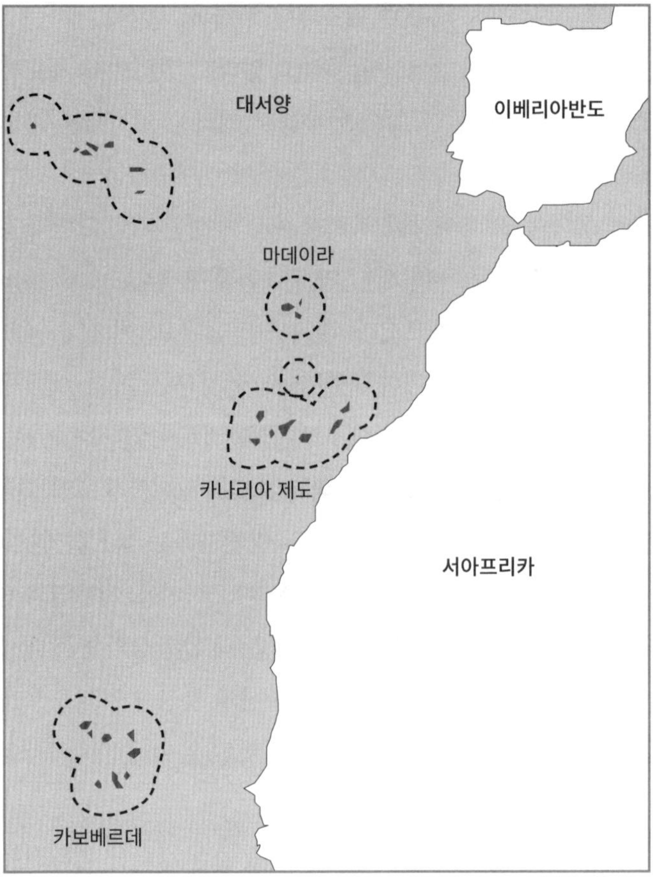

마데이라, 카나리아 제도, 카보베르데

는 것이 맞다."라고 말한 바 있다. 17세기 초 에스파냐 작가인 프란시스코 데 케베도Francisco de Quevedo는 "강력한 기사인 돈 경Sir Money은 인도에서 태어나 에스파냐를 경유하고, 제노바에서 묻힌다."라고 말한다. 즉 에스파냐제국의 돈이 최종적으로 제노바로 흘러 들어갔다는 이야기이다.

피렌체

중세 말 이탈리아 상업 도시 중 두드러진 발전을 했던 도시는 피렌체였다. 피렌체는 13세기 중반까지는 피사, 시에나 등의 도시와 경쟁하는 처지였다. 해상 무역에서는 피사에 뒤져 있었고, 금융업에서는 시에나를 넘어서지 못했다. 하지만 피렌체는 14세기 전례 없는 경제 성장을 이루고, 15세기에 토스카나 지방의 맹주 자리를 차지했다. 시에나 상인을 제치고 유럽 제일의 은행가가 되었고, 1406년에는 피사를 정복함으로써 지중해 바다로의 진출로를 확보했다. 이런 과정을 통해 중세 말 피렌체는 베네치아와 제노바와 함께 서유럽 제일의 상업 도시로 성장했다. 하지만 피렌체는 항구 도시인 베네치아와 제노바와 여러 면에서 달랐다. 베네치아와 제노바가 해상 교역과 수송을 통해서 큰 부를 쌓았다면, 피렌체는 은행업과 모직물 제조를 통해서 경제 강국으로 성장했다.

14세기 유럽 제일의 자금력을 가지고 있었던 세력은 바르디Bardi와 페루치Peruzzi 상사로 대표되는 피렌체 상사들이었다. 동시대의 연대기 작가 조반니 빌라니Giovanni Villani가 이 두 상사를 "기독교 세계를 떠받치는 두 기둥"이라고 말할 정도로 이들의 위상은 대단했다. 전성기 바르디 상사의 자본금은 약 87만 피오리노, 페루치 상사의 자본금은 약 51만 피오리노에 육박했다. 중세 경제가 오늘날 경제와 비교해 터무니 없이 작았다는 사실을 고려하면 오늘날 기준으로 조 단위의 자본금을 가지고 있었다고 평가할 수 있다. 그래서 역사가 에드윈 헌트Edwin S. Hunt는 14세기 피렌체 상사들을 "중세 시대 최고의 기업super company"이라 칭했다.

전성기 페루치 상사는 133명의 주재원을 고용하고 있었고, 이들은 지중해와 대서양 지역의 여러 상업 거점에서 활동했다. 페루치와 여타 피렌체 상사들이 14세기에 괄목할 성장을 거둔 분야는 크게 세 가지였다. 첫째는 은행업이었다. 14세기 피렌체 상사들은 기존에 시에나 상인들이 담당했던 교황청의 금융 거래를 맡게 되었다. 그들은 서유럽 기독교 세계의 정신적 수장이면서 여러 세속 군주들을 능가하는 현실 권력이었던 교황의 은행가가 되었다. 1298년 시에나 출신의 본시뇨리Bonsignori 상사가 파산하면서 교황청은 막대한 재정적 손해를 입었고, 이에 교황 클레멘스 5세는 이탈리아 은행가들과의 관계를 단절했다. 하지만 클레멘스 5세의 뒤를 이은 요하네스 22세(Johannes XXII, 재위 1316-1334)와 베네딕투스 12세(Benedictus XII, 재위 1334-1342)는 페루치 상사와 바르디 상사와 긴밀한 사업 관계를 맺었다. 이 두 교황의 통치 시기 내내 두 상사는 전성기를 누렸다. 이들 상사는 교황에게 필요한 현금을 빌려주었고, 기독교 세계 전역에서 거둔 세금을 교황청으로 이송하는 중요한 업무도 대행했다. 먼 지역에서 교황청으로 금화와 은화로 된 정화를 수송하기는 여간 어려운 일이 아니었다. 수송 과정에 도적을 만날 수도 있는 일이었다. 이들 상사는 귀금속 화폐를 직접 운송하지 않고 서류상으로 해결하는 방법을 활용했다. 예를 들어 런던에서 거둔 교회세를 아비뇽 교황청까지 직접 운송하지 않고 이 돈을 잉글랜드산 양모를 구매하는 데 사용했고, 아비뇽 교황청에 넘겨야 할 교회세는 아비뇽 지부의 돈으로 해결했다. 유럽 주요 도시에 주재원과 지부를 두고 있는 피렌체 상사들은 이 인력과 현지에서의 자금력을 활용해 교황청을 위한 핵심 업무를 간단하게 처리했다.

두 번째 사업은 양모 무역이었다. 페루치 상사, 바르디 상사 등의 피렌체 상사들은 잉글랜드에서 생산된 고급 양모를 피렌체로 들여와서 이를 고가의 모직물로 가공했다. 당시 양모는 잉글랜드의 주요 수출 품

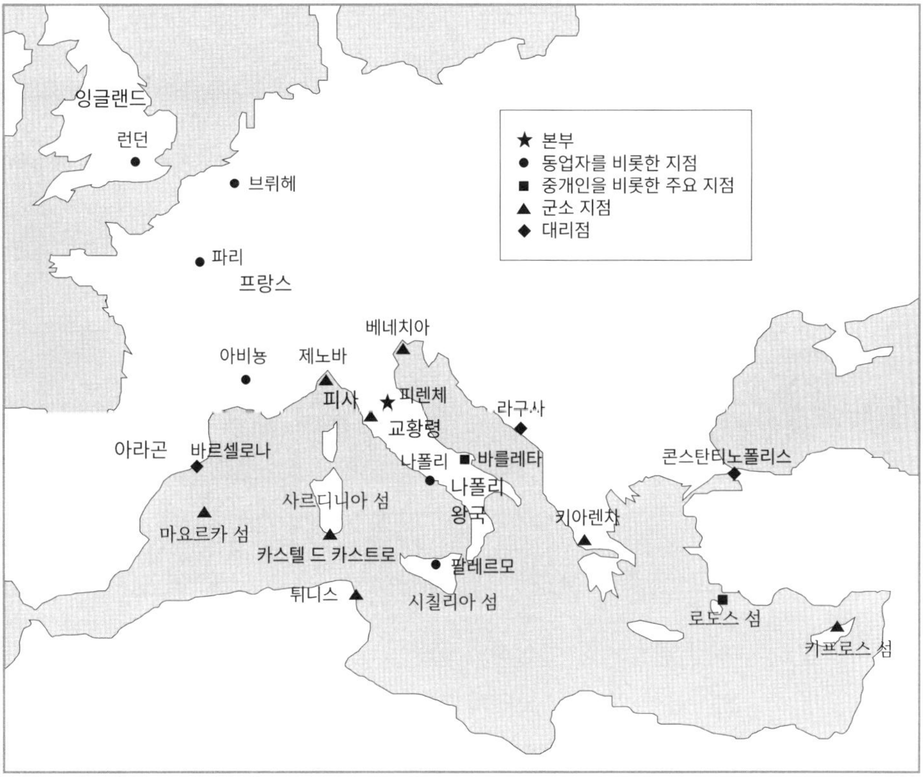

1335년 페루치 상사의 사업망

목이었기에, 영국 왕실은 양모 무역을 직접 통제하려고 했다. 그런 연유로 양질의 잉글랜드 양모를 확보하는 것이 쉬운 일이 아니었다. 피렌체 상사들이 찾은 해결책은 영국 왕실에 돈을 빌려주고, 그 대가로 양모를 확보하는 것이었다. 영국 왕실은 이들 상사에게 빌린 돈을 일부는 현금으로, 일부는 양모 수출권으로 갚았다. 두 상사는 1338-1340년 사이에 7,365자루의 양모를 지중해로 운송했는데 이 양은 잉글랜드의 양모 수출량의 9%에 해당하는 양이었다. 나머지 피렌체 상인들의 수출량을 합하면 잉글랜드 양모 중 절반 이상이 피렌체 상사들에 의해 지중해로 수출되었다. 안정적인 원료 공급 덕분에 중세 말 피렌체 모직물 산업은 전성기를 맞았다. 1330년대 피렌체는 10만 필의 모직물을 생산하는 이탈리아 최대 모직물 생산지로 부상했다. 모직물을 제조하고 판매하는 길드가 피렌체 정치와 경제를 좌지우지할 정도로 모직물 산업은 피렌체 경제에서 제일 중요한 산업이었다.

세 번째 사업은 남부 이탈리아의 곡물 교역이었다. 피렌체 인구가 증가하자 주변 농촌에서 생산된 곡물만으로는 충분하지 않았다. 늘어난 도시 인구를 부양하기 위해서는 안정적인 곡물 수급이 무엇보다도 절실했다. 피렌체에 가장 이상적인 곡물 공급지는 지리적으로 가까운 남부 이탈리아와 시칠리아였다. 피렌체 상인들은 곡물 교역에서도 비슷한 방법을 활용했다. 즉 남부 이탈리아와 시칠리아의 군주에게 자금을 빌려주고 그 대가로 곡물 교역에서 특혜를 얻은 것이었다. 피렌체 상사들은 13세기 중엽 이후 이곳을 차지한 프랑스 출신의 앙주Anjou 왕실에 자금을 제공했고, 여러 특혜를 얻어냈다.

14세기 피렌체 대형 상사들이 교황이나 군주들에게 돈을 빌려주고 그들로부터 사업상의 특혜를 얻어서 큰 성공을 거둘 수 있었지만, 정치권력과의 긴밀한 관계는 때론 사업 실패의 원인이 되기도 했다. 14세기 중엽 피렌체 여러 대형 상사들이 파산했다. 바르디와 페루치 상사도 파산했다. 동시대의 작가 조반니 빌라니는 이 두 상사가 영국 왕 에드워드 3세(Edward III Plantagenet, 재위 1327-1377)에게 빌려준 돈을 돌려받지 못해서 파산했다고 주장했다. 실제로 에드워드 3세는 프랑스와의 전쟁을 준비하면서 페루치 상사로부터 60만 피오리노, 바르디 상사로부터는 90만 피오리노라는 막대한 돈을 빌렸다. 그러나 오늘날 역사가들은 두 상사의 파산이 전적으로 에드워드 3세의 채무 불이행 때문이었다고 해석하지는 않는다. 에드워드 3세는 파산 이전에 원금 일부를 상환했고, 여러 상업 특혜를 제공했다. 사실 두 상사는 그 이전부터 현금 동원에 어려움을 겪고 있었고, 이런 어려움은 다른 피렌체 은행 상사들도 동시에 겪고 있었다. 그런 연유로 당시 바르디와 페루치 이외의 여러 피렌체 상사들이 연쇄적으로 파산했다.

14세기까지 피렌체 상인들의 사업은 지리적으로 서지중해와 서유럽 기독교 세계에 치우쳐 있었지만, 15세기 메디치 가문이 장악한 피렌체 정부는 이슬람 세계와의 교역을 확대하려고 노력했다. 1422년 피렌체는 맘루크제국의 술탄 바르스바이Barsbay와 상업 협정을 체결했다. 15세기 말까지 피렌체는 여러 차례 맘루크제국과 상업 협정을 체결했고, 1497년 맘루크제국은 상업 협정을 통해 피렌체 상인에게 상업 특혜를 제공했다. 상호 협정에 따르면 이슬람 상인이 피렌체 상인에게 향신료 등의 상품을 판매할 때에는 공증인 앞에서 계약서를 작성해야 하고, 향신료를 인도할 때 가격 차이가 발생하더라도 계약서에 명기한 가격으로 상품을 양도해야 했다. 또한 이슬람 상인이 피렌체 상인에게 양모 등의 상품을 구매한 후 이를 사겠다는 상인이 없더라도 구매한 상품을 피렌체 상인에게 되돌려주고 환불을 요구할 수 없었다. 서로의 상품을 물물 교환할 경우 각자 상품의 가격을 계약서에 정확하게 명시해야 했다. 피렌체가 맘루크제국과 맺은 상업 협정은 베네치아가 맘루크제국과 체결한 협정을 참고한 것이었다. 그러나 실제로 피렌체가 맘루크와의 교역에 적극적으로 뛰어들긴 했지만, 베네치아를 위협할 정도로 성장하지 못했다.

오스만제국과의 교역은 비잔티움제국 몰락 이후 확대되었다. 비잔티움제국을 정복한 오스만 술탄 메흐메드 2세는 제노바와 베네치아 상인을 견제하고 싶었고, 동시에 유럽 기독교 상인들과의 교역을 통해 재정 수입을 확보하기를 원했다. 술탄은 이를 위해서 피렌체 상인들과의 협력과 교역을 확대하고자 했다. 하지만 1453년 비잔티움제국이 오스만제국에 의해 무너진 후 교황은 오스만을 공격하는 십자군을 호소했고, 피렌체 정부에도 동참을 요구했다. 교황의 요구와 현실적인 상업 이익 사이에서 피렌체는 주저하다가, 결국 상업 이익을 선택했다. 1456년 피렌체는 콘스탄티노폴리스로 가는 갤리선단의 운행을 재개했고, 술탄에게 피렌체 상인의 안전 보장을 요청했다.

오스만과 베네치아의 관계 악화는 피렌체 상인들에게는 기회였다. 오스만 술탄은 1463년 베네치아와 전쟁을 벌이기 한해 전인 1462년 콘스탄티노폴리스 내의 갈라타Galata 구역에서 다수의 베네치아 상인을 내쫓고 피렌체 상인들을 불러들였다. 1463년에서 1479년까지 이어진 베네치아와 오스만 전쟁 동안 피렌체 상인들은 특수를 누렸다. 라구사Ragusa(현재의 두브로브니크Dubrovnik)를 경유해 피렌체와 콘스탄티노폴리스를 연결하는 육로가 활성화되었다. 피렌체 상인들은 안코나Ancona 항구에서 안코나 선박을 이용해 반대편의 라구사까지 상품을 수송했고, 그런 다음 육로를 이용해 콘스탄티노폴리스까지 갔다. 이 노선을 통해 모직물, 비단, 향신료와 카펫이 교환되었다. 피렌체 상인들이 이 새로운 노선을 이용했던 이유는 여전히 베네치아가 장악하고 있는 아드리아해와 에게해의 바닷길을 피하기 위함이었다.

1460년에서 1472년까지 갈라타에서 활동했던 피렌체 상인 베네데토 데이Benedetto Dei는 술탄의 조언자 역할을 하면서 친밀한 관계를 유지했다. 1463년 술탄이 보스니아와의 전쟁에서 승리하자 갈라타 지구의 피렌체 상인들은 집과 거리를 장식하고 이를 축하했고, 술탄은 피렌체 상인들을 방문하고 피렌체 은행가 카를로 마르텔리Carlo Martelli 집에서 저녁 식사를 하기도 했다. 카를로는 술탄이 베네치아와 전쟁을 결심하는 데도 일정 정도 역할을 했다. 피렌체 고위 인사들은 우호적인 관계를 유지하려는 차원에서 술탄과 선물을 교환하기도 했다. 메디치 가문은 술탄의 얼굴이 새겨진 메달을 선물로 보냈다. 베르톨도 디 조반니Bertoldo di Giovanni가 메달 한 면에 터번을 쓰고 왼쪽을 응시하고 있는 술탄을 새겼다. 1478년 4월 26일 피렌체 대성당에서 벌어진 로렌초에 대한 암살 시도에 가담하여 로렌초의 동생 줄리아노를 살해했던 반디니 데 바론첼리Bandini de Baroncelli가 콘스탄티노폴리스로 도망가자, 술탄은 이 도망자를 체포해 피렌체로 송환했다. 로렌초는 이에 대한 답례로 메달을 보냈던 것이다. 이러한 상호 배려는 피렌체와 오스만 간의 우호 관계를 더욱 공고히 하자는 뜻이었다.

피렌체는 1422년경에 정기 선단 제도를 도입했다. 피렌체는 정기 선단 제도를 만드는 데 베네치아 사례를 많이 참조했다. 1422년 알렉산드리아에 갤리선단을 보냈다. 1425년에는 대서양 노선을 개통했고, 세 척의 갤리선으로 구성된 선단이 대서양으로 출항했다. 세 번째 노선은 서지중해 노선이었고, 이 선단은 바르셀로나, 시칠리아, 북아프리카 등지를 운항했다.

피렌체가 갤리선단을 도입한 목적은 톨파의 명반을 대서양으로 수송하고, 영국의 양모와 에스파냐와 남부 이탈리아의 생사raw silk를 피렌체로 들여와서, 이를 가공해 만든 완제품 형태의 모직물과 견직물을 동지중해 지역으로 수송하기 위한 것이었다. 이전까지 피렌체 상인들은 베네치아 상선을 이용해 상품을 동지중해로 운송했다. 하지만 정기 선단을 도입한 이후에는 베네치아 선박에 의존할 필요가 없게 되었다.

피렌체의 정기 선단은 베네치아 정기 선단 제도처럼 큰 성공을 거두지 못하고, 반세기 만에 운항을 중단했다. 베네치아와의 경쟁도 있었지만, 실패의 원인은 직물 산업에서 있었던 변화 때문이었다. 15세기 후반으로 갈수록 영국으로부터의 양모 수입은 줄어들었고, 이를 대신해 중부 이탈리아 양모의 수입이 늘었다. 동지중해보다는 로마와 나폴리가 피렌체 직물의 소비지로 부상했고, 1478년 파치 암살 사건 이후에는 톨파 명반에 대한 거래권을 상실했다. 그래서 피렌체 갤리선단은 대서양과 동지중해로 수송할 충분한 상품을 확보하지 못했고 결국 운항을 중단하게 되었다.

3부

교류와 접촉의 장, 지중해

9장

학문과 지식의 수용과 거부

1. 종교, 학문의 발전을 저해하다

지중해는 상품과 인력 외에도 지식, 사상, 종교가 계승되고 전파되는 공간이었다. 지중해 주위에서는 일찍부터 여러 고대 문명들이 찬란한 발전을 거듭했고, 지중해에서도 이렇게 이룩된 지적, 문화적 성취를 자양분으로 삼아 일찍부터 지식과 학문을 발전시켰다. 하지만 지식의 계승과 발전은 시간이 지나면서 저절로 이어지는 자연스러운 과정이 아니다. 지식의 확산은 더더욱 그러하다. 후대의 혹은 주위의 문명은 의식적이건 무의식적이건 이를 받아들이거나 거부할 수 있었다. 실제로 고대의 많은 지적 유산들이 사라졌는데, 이는 자연재해 탓도 있지만 그것이 전부는 아니었다. 종교, 도덕, 윤리, 전통 등의 장벽이 지식의 전수와 보존을 가로막았다.

중세 지중해 세계에서 타 문명의 지식과 사상을 수용하는 데에 가장 큰 걸림돌 역할을 했던 주체는 종교였다. 현재 가장 폐쇄적인 종교는 이슬람교라고들 이야기한다. 그러나 긴 역사적 경험은 이러한 인식이 오해와 편견임을 보여준다. 원칙적으로 특정 종교의 교리와 전통이 다른 종교에 비해 더 폐쇄적이라고 말할 수는 없다. 중세 지중해 세계에서는 외부로부터의 지식과 학문을 받아들이는 데에 가장 적극적이었던 세력은 오히려 이슬람의 아바스 왕조였다. 이 덕분에 아바스 왕조는 이슬람 역사에서 찬란한 지식 혁명을 이루었다. 반면 중세 말 이후 근대로 갈수록 이슬람 세계는 상대적으로 덜 개방적으로 바뀌었다.

중세 서유럽 기독교 세계는 어떠했을까? 일부 학자들은 오랫동안 중세를 암흑시대로 규정했던 역사 해석에 반론을 제기하면서 아우구스티누스, 토마스 아퀴나스와 같은 중세라는 어둠 속에 반짝이는 찬란한 등불이 있었다고 말한다. 물론 이런 위대한 신학자들이 훌륭한 지적 업적을 남긴 것은 부인할 수 없는 사실이다. 하지만 중세 유럽이 천착했던 것은 지식과 학문 일반이 아니라 신학이었다. 중세 교회는 신학 이외의 학문에는 크게 관심을 가지지 않았거나 때론 이를 억압하기도 했다. 인문학이나 이교 학문은 더욱 그러했다. 15세기 인문주의자였던 포조 브라촐리니Poggio Bracciolini는 "무지하고 나태한 수도사들이 지난 천년이 넘는 세월 동안 인류가 알게 된 그 어떤 것보다 위대한 옛 문명의 자취를 가둬 두고 있었다."라면서 중세 성직자들이 고대의 지적 유산을 계승 발전시키지 않고 썩혀두었다고 비판했다.

스티븐 그린블렛Stephen Greenblatt은 『1417, 근대의 탄생: 르네상스와 한 책 사냥꾼 이야기*The Swerve: How the Renaissance Began*』에서 로마제국이 기독교를 국교로 정한 시점을 전후로 고대 그리스와 로마의 지적 유산이 유럽에서 어떻게 잊혀졌는지를 흥미롭게 기술했다. 그는 베수

비오 화산보다 전쟁과 신앙이라는 이름으로 가해진 폭력이 고대 유산을 더 많이 파괴했다고 말하면서, 고대 지중해 세계에서 최대 규모의 장서를 자랑했던 알렉산드리아 도서관의 소멸을 그 예로 들었다. 전성기의 알렉산드리아 도서관은 50만 권의 파피루스 두루마리를 소장하고 있을 정도로 지중해 최대 규모의 도서관이자, 고대 문명의 결정판이었다. 하지만 카이사르의 정복 전쟁이 진행 중이었던 기원전 48년 장서 일부가 불타서 소실되었다. 4세기 말과 5세기 초에는 기독교인들이 알렉산드리아에서 이교 신상을 파괴했고, 그 과정에서 도서관도 그 화를 피하지 못했다. 이교 신앙뿐만 아니라 학문 또한 탄압의 대상이었기 때문이다. 이 사건 이후 많은 학자가 알렉산드리아를 떠났고, 알렉산드리아는 고대 학문의 중심지로서의 명성을 잃게 되었다.

아마도 4-5세기에 알렉산드리아 도서관에 가해진 학문 유산에 대한 파괴는 매우 심각한 수준이었던 듯하다. 7세기에 알렉산드리아를 정복한 무슬림들은 그곳에서 많은 책을 발견했지만 대부분 기독교 신학 작품이었고, 이교도 철학이나 과학을 다룬 작품들은 별로 없었다고 증언하기 때문이다. 그런데 칼리프 우마르(Umar, 재위 634-644)는 압수한 책을 어떻게 처분할 것인지에 대한 질문에 "만약 책들이 알라의 가르침과 조화를 이룰 수 있는 것이라면, 우리로서는 알라의 말씀을 담은 책이 이미 충분히 말씀하고 있으므로 그것들을 볼 일이 없을 것이다. 만약 책들이 알라의 가르침에 반하는 것이라면, 그런 책들은 보존할 필요가 없을 것이다. 어느 경우나 마찬가지이니, 가서 없애도록 하라."고 명했다(오벤든, 2020). 자신의 신앙과 일치하지 않는 지식에 대한 반감은 기독교나 이슬람이나 마찬가지였던 것이다.

학문 발전을 저해한 보다 심각한 문제는 고대 학문에 대한 신학자들의 태도였다. 기독교 초기에 교리를 확립하는 데 혁혁한 공을 세운 교

라파엘로 산치오, <아테네 학당>, 1509-1511년

부들조차 고대 그리스 학문을 배우는 것을 멀리했고 심지어 불경하다고까지 생각했다. 대표적인 교부이자 불가타 성경을 만든 히에로니무스(Hieronimus, 347-419/420)는 고대 이교 학문을 배우는 것에 대한 죄책감에 고민하다가 결국 이를 포기하고 신학에 매진하게 되었다. 중세 서유럽 수도회 창시자였던 베네딕투스(Benedictus, 480-547) 역시 인문학과 같은 교양 학문을 죄악으로 생각했다. 히에로니무스와 베네딕투스의 이러한 내적 고민과 결론은 향후 기독교가 인문학을 바라보는 기본 방향을 결정했다.

중세 초기 기독교 서유럽과 아바스 왕조 이전의 이슬람 세계에서처럼 정교의 비잔티움제국에서도 신앙이라는 이름으로 고대 이교 학문을 배척했다. 중세 초 비잔티움제국의 부흥을 이끌었던 유스티니아누스 대제(Justinianus, 재위 527-565)는 529년에 아테네 아카데미아를 폐쇄할 것을 명령했다. 이를 통해 고대 그리스 철학을 교육하고 법을 해석하는 것을 금지했다. 그 결과 아테네에서 추방당한 철학자들은 사산 왕조 지배하의 페르시아로 지적 망명을 떠나야 했다. 『로마제국 흥망사*The History of the Decline and Fall of the Roman Empire*』를 쓴 에드워드 기번Edward Gibbon은 이 사건을 고대 그리스와 로마의 이교 학문에 대한 기독교의 지적 전쟁이라고 명명했다. 많은 정교 세계의 성직자들은 아테네 학당을 이교도 학문의 중심지라고 비난했으며 폐쇄를 지지했다.

비잔티움 세계가 고대 학문을 중시하지 않거나 때론 억압했다는 사실은 이슬람 세계에까지 알려질 정도였다. 10세기 초 이슬람 역사가이자 지리학자 알 마수디Al-Masudi는 기독교의 도래와 학문의 쇠퇴를 연관지었다. 그는 "고대 그리스와 로마제국 초기에는 철학이 계속해서 성장하고 발전했으며, 학자들과 철학자들은 존경을 받았다. 그들은 자연과학에 대한 이론을 전개했다. 과학은 계속 수요가 높았고 집중적으로 탐구되었다. 비잔티움 사람들 사이에 기독교가 출현한 뒤로 그들은 철학의 자취를 지우고, 그 흔적을 제거하고, 그 길들을 파괴했다. 그들은 고대 그리스인들이 제시한 명쾌한 설명들을 변질시키고 오염시켰다."(라이언스, 2013)라고 말하며 기독교의 도래가 비잔티움제국의 학문 발전을 저해했다고 비판했다. 아바스 왕조의 무슬림 지식인들은 자신들은 고대 그리스 학문의 우수성을 알아보는 훌륭한 안목을 가지고 있었던 반면 비잔티움의 정교 세계는 이를 알아보기는커녕 배척하고 있다고 말했다.

물론 중세 초 모든 기독교인과 신학자들이 고대 그리스 학문을 거부했다고 말할 수는 없다. 하지만 그 시대를 주도했던 대표적인 교부와 신학자들은 고대 그리스와 로마의 학문을 이교 학문이라 거부하거나 배척했다. 기독교 세계가 고대 학문에 대해 수용적인 자세를 취하는 데까지는 긴 시간이 필요했다.

2. 아바스의 지식 혁명과 지혜의 집

이슬람 역사에서 가장 위대한 지적 업적을 남긴 왕조들 가운데 하나는 아바스 왕조일 것이다. 아바스 왕조는 우마이야 왕조를 무너뜨리고 750년에 건국되어 1258년에 몽골족에 의해 멸망할 때까지 존속했다. 아바스 왕조는 아바스 혁명이라 불리는 위대한 지적 업적을 남겼다. 아바스 왕조는 고대 지중해 문명의 지적 유산을 이교 학문이라고 배척하지 않았을 뿐만 아니라 이를 한층 더 발전시켜 철학과 과학 분야에서 새로운 창조적 결과물을 만들어냈다. 아바스 왕조가 지적 혁명을 이룰 수 있었던 배경 중 하나는 다양한 민족과 종교를 끌어안은 포용 정책 덕분이었다. 아랍이라는 민족적 틀을 넘어서서 페르시아 사람들, 아랍어를 사용하는 기독교와 유대인들, 비잔티움 지배를 받던 시리아의 네스토리우스 교도들을 배척하지 않았다. 덕분에 이 시기에 학문과 예술이 크게 발전했으며, 이러한 학문 발전은 소수의 학자를 넘어 더 많은 사람에게 영향을 미쳤다. 아바스 왕조는 중세 지중해 최고의 문자 해독 인구를 보유하게 되었는데, 1000년경에 이미 성인 남자의 20%가 문자 해독이 가능했다는 이야기가 있을 정도였다.

제지술도 아바스 왕조가 지적 혁신을 이루는 데 크게 기여했다. 제지술과 인쇄술은 학문 발전을 촉진하는 핵심 기술이었다. 통상적으로 제지술이 아바스 왕조에 들어온 계기는 751년 당나라와의 탈라스 전투에서였다고 알려져 있다. 전투 중에 포로로 잡힌 중국인 제지공이 아바스 왕조로 끌려와 제지 기술을 전수해주었다는 것이다. 793년에는 바그다드에도 제지 공장이 세워졌다.

학자를 발굴하고 후원했던 주체는 아바스 왕조의 칼리프였다. 특히 2대 칼리프 알 만수르(Al-Mansur, 재위 754-775)는 지식 혁명의 불을 지폈던 위대한 군주였다. 그는 유클리드의 기하학 원리를 기반으로 새로운 도시 바그다드를 건설했고 이곳을 수도로 삼았다. 아랍어로 승리자라는 뜻의 알 만수르는 이 위대한 건축 사업을 완성하고 "짐은 이곳에서 영생을 누릴 것이고, 이곳은 내 후손들의 고향이 될 것이다. 그리고 의심의 여지 없이 이곳은 세상에서 가장 번성한 도시가 될 것이다."라고 호언했다. 그의 예언대로 바그다드는 중세 이슬람 문명을 대표하는 최고의 도시로 발전했다. 그는 이곳에 왕립도서관을 건설했는데, 바로 이 도서관이 아랍어로 바이트 알히크마, 즉 지혜의 집으로 불리게 될 장소의 기원이었다. 그는 이곳에 학자들을 불러 모아 학술 활동을 후원했다. 이러한 업적 덕분에 알 만수르는 11세기 후반의 무슬림 학자 사이드 알안달루시Said al-Andalusi의 찬양을 받았다. “정신에 큰 파도가 일고 지성에 깨우침이 있었다. 이 왕조에서 과학을 장려한 최초의 왕은 2대 칼리프, 아부 자파르 알만수르였다.”

조너선 라이언스Jonathan Lyons는 『지혜의 집, 이슬람은 어떻게 유럽 문명을 바꾸었는가*The House of Wisdom*』에서 아바스의 왕조의 위대한 문화적 업적을 상징하는 지혜의 집과 12-13세기 아랍어에서 라틴어로의 번역 운동에 관해 상세하게 다루었다. 그에 따르면, 아바스 왕조의 지식 혁명의 핵심은 번역 운동이었다. 왕실은 초기부터 10세기 후반까지 번역 활동을 적극적으로 지원했다. 고대 그리스와 로마의 저작뿐만 아니라, 페르시아, 힌두 인도의 저작들을 아랍어로 번역했고, 번역된 책들은 모든 학문 분야를 포괄할 정도로 다양했다. 그런 측면에서 고대 지중해 세계의 지적 유산을 진정으로 계승한 세력은 서유럽의 로마 가톨릭이나 비잔티움의 정교 세계가 아니라 아바스 왕조로 대표되는 중세 이슬람 세계였다. 이슬람의 고대 수용은 특히 자연과학 분야에 집중되었다. 광학, 천문학, 점성학, 연금술, 수학, 의학 분야에서 성과들이 나타났는데, 이슬람에서 수용한 고대 학문의 큰 성과로는 프톨레마이오스의 『알마게스트*Almagest*』를 꼽을 수 있겠고, 그 밖에도 수학에서는 유클리드의 책, 아르키메데스의 책, 그리고 힌두를 대표하는 브라마굽타Brahmagupta의 『싯단타*Siddhānta*』라는 책이 아랍어로 번역되었다. 의학 분야에서는 히포크라테스(그리스), 갈레노스(로마)의 책들이 번역되었고, 철학 분야에서는 아리스토텔레스 등 일부 고대 그리스 철학자들의 작품이 번역되었다. 다만 아리스토텔레스 외의 철학자들의 업적은 대체로 무시되었고, 특히 문학 작품들은 찾아보지 않았던 듯하다.

아바스 왕조의 번역 운동은 범국가적 현상이었다. 그것은 왕실 주도 사업에 국한되지 않았는데, 칼리프뿐만 아니라 궁정 관리, 지식인, 상인들까지도 번역에 참여하거나 이 작업을 재정적으로 후원했다. 이러한 광범위한 후원 덕분에 번역은 꽤 많은 돈을 벌 수 있는 작업이었다. 번역한 무게만큼 황금으로 지급했다는 이야기가 나올 정도로 번역은 보상이 확실한 일거리였고, 그만큼 번역은 활성화될 수 있었고, 번역 능력을 인정받아 높은 관직에 오른 사람들도 여럿 있었다.

다양한 문명권의 책들이 아랍어로 번역되면서 아랍어는 중세 지중해 세계에서 국제적인 언어로 명성을 얻었다. 중세 지중해 세계에서 아랍어는 그리스어를 밀어내고 보편적인 과학 언어로 부상했다. 오늘날 사용하고 있는 많은 과학 용어들이 아랍어에서 기원한 것은 이 때문이다. 알코올alcohol, 연금술alchemy, 대수학algebra 등 꽤 많은 과학 용어들이 아랍어에서 나왔다.

아랍어는 전문적인 지식을 표현하고 기록하기에 가장 적합한 언어라는 인식이 기독교 세계에까지 퍼져 있었다. 그라나다에서 태어나 12세기 중엽 알모아데Almoravid 왕조의 박해를 피해 남부 프랑스로 이주한 유대인 의사 이븐 티본(Ibn Tibbon, 1150-1230)은 "아랍어는 포괄적인 언어이고 모든 주제에 관련된 어휘가 풍부하다. 아랍어는 언어를 말하거나 쓰는 모든 사람의 욕구를 충족시켜 준다. 아랍어의 표현은 정확하고 명확하며 모든 질문의 핵심을 관통하며 헤브라이어보다 더 많은 표현이 가능하다."라면서 유대인의 모어인 헤브라이어보다 아랍어가 뛰어나다고 말했다(Barkai, 1996).

아랍의 지식 혁명을 견인한 조직은 지혜의 집이라 불리는 도서관이자 연구기관이었다. 지혜의 집이 설립된 정확한 연도는 알 수 없지만, 최초로 기초를 세운 사람은 2대 칼리프 알 만수르였다. 그가 세운 왕립 도서관이 이후 연구기관으로 발전했다. 지혜의 집이 도서관 기능 외에도 번역과 연구기관의 기능을 포괄하는 학술기관으로서의 체계를 완성한 것은 7대 칼리프 알 마문(Al-Mamun, 재위 813-833) 시대였다. 다양한 분야의 학자들은 지혜의 집에서 학술 토론과 연구를 했으며, 65명의 전문 번역가들은 여러 언어로 기록된 고대 문헌을 아랍어로 번역하는 일에 매진했다. 아바스 왕실은 비잔티움제국에 사절을 파견해 플라톤, 아리스토텔레스, 히포크라테스, 갈레노스, 유클리드 등 고대 그리스의 대표적 학자들의 저서를 구해오기도 했다. 지식을 수집해서 보관하고, 학문을 연구하고, 번역을 통해 지식을 확산시키는 지혜의 집은 중

야히야 이븐 마흐무드 알-와시티, <지혜의 집>, 1237년

세 이슬람 문화의 황금 시기를 만든 지적 중심지 역할을 했다.

아바스 왕조의 지적 혁명과 같은 부흥은 동시대의 다른 이슬람 국가들에서도 확인된다. 8세기부터 10세기까지 이슬람의 문화적 부흥을 아바스 왕조가 주도한 건 사실이지만 이베리아반도에 있는 이슬람 세계도 화려한 문화를 이룩하고 학술 활동 역시 활발하게 벌였다. 이베리아반도 코르도바에는 70개의 도서관이 있었고, 그중 하나는 40-50만 권의 장서를 보유할 정도로 규모가 컸다.

이 시대 이슬람 세계 곳곳에서 빛나는 업적을 일구어낸 학자들이 있었다. 수학과 천문학 분야에서 가장 두드러진 성과를 낸 사람은 알콰리즈미였다. 783년경에 출생한 그는 호라즘(현재의 우즈베키스탄) 지역 출신으로 지혜의 집에서 활동한 학자였다. 825년경 칼리프 알 마문의 요청으로 『싯단타』 요약본과 『지즈 알신드힌드』라고 알려진 두 권의 천문 주기표를 편찬했다. 그의 천문 주기표를 활용하면 태양, 달, 수성, 금성, 화성, 목성, 토성의 위치를 확인할 수 있었고, 별이나 태양을 관찰해 밤과 낮의 시간을 알 수 있었다. 이러한 기능은 매일 정해진 시간에 메카 방향을 보고 5번 기도를 드리는 무슬림에게 꼭 필요했다. 알콰리즈미는 또한 힌두 세계의 수학을 받아들여 번역하기도 했다. 그는 자신의 저서 『인도 계산법에 따른 덧셈과 뺄셈의 서』에서 "아홉 개의 문자를 이용하는 인도의 계산법을 설명하고, 이 문자들이 단순하고 간결하게 어떤 숫자라도 표현할 수 있음을 보여주기로 결심했다."라면서 책의 목적을 밝혔다. 그리고 이 책에서 십진법의 기수 원리를 해설하고, 0을 사용하는 방법이 인도에서 왔다고 진술했다. 이 책은 아라비아 숫자를 기독교 세계에 전달하는 징검다리가 되었다. 이 책에 나오는 산술 방식은 상속 및 유산 분할, 소송, 거래, 토지 측량, 도형 계산 등 일상생활에서 자주 직면하는 다양한 문제들을 계산하는 데 유용했다.

의학 분야에서 탁월한 업적을 남긴 사람은 이븐 시나였다. 유럽에서는 그를 라틴어로 아비센나(Avicenna, 980-1037)로 불렀다. 페르시아 출신인 이븐 시나Ibn Sina는 의사이자 철학자였고, 『치유의 서』와 『의학정전』을 저술했다. 『치유의 서』는 아리스토텔레스의 영향을 받은 책으로 형이상학과 영혼 개념에 주목했다. 그는 아리스토텔레스의 형이상학을 마흔 번이나 읽어 암기할 정도로 아리스토텔레스에 정통한 철학자이기도 했다. 이 책은 형이상학 이외에도 논리학, 자연과학, 대수, 기하, 천문, 음악도 다룬다. 『치유의 서』는 1166년 톨레도에서 처음으로 라틴어로 번역되었고, 1250년 이후에 번역된 판본이 100권이 넘을 정도로 서유럽 기독교 세계에서 인기를 누렸다.

이븐 시나는 아리스토텔레스 전문가보다는 위대한 의사로 더 유명하며, 의사로서의 명성은 중세 이슬람 세계 최고 의서인 『의학 정전』에 근거한다. 이 책은 의학 이론, 약물 이론, 병리학과 치료법, 외과 처치법, 독물과 해독 법 등 질병에 대한 포괄적이고 종합적인 분석을 제공한다. 물론 이 책은 이븐 시나의 독창적 작품이긴 하지만, 그의 의학 이론은 많은 부분 고대 지중해 세계의 의학 전통을 잇고 있다. 그는 히포크라테스와 갈레노스 의학을 기반으로 하고, 아랍과 페르시아의 의학, 임상을 통해 얻은 지식 등을 혼합하여 종합적이고 체계적인 의학 총서를 발간했다. 이 방대한 분량의 의서는 그에게 지중해 최고의 의사로서의 명성을 가져다주었고, 그의 『의학 정전』은 라틴어로 번역되어 1600년대까지 유럽 의대의 교과서로 사용될 정도로 기독교 세계에서도 명성과 권위를 누렸다.

이븐 시나가 중세 지중해 세계에서 최고의 의사였다면, 이븐 루시드(1126-1198)는 최고의 철학자였다. 그는 서유럽 기독교 세계에는 이슬람식 이름인 이븐 루시드Ibn Rushd가 아니라 라틴어 이름 아베로에스

(Averroes, 1126-1198)로 알려져 있었다. 그의 활동 무대는 12세기 이베리아반도 코르도바였다. 그는 유명한 판관의 아들이자 손자로 태어났고, 당시 최고의 이슬람 교육을 받았다. 신학, 법학, 의학 등 다양한 분야에서 업적을 남겼지만, 그의 전공 분야는 철학이었고, 구체적으로는 아리스토텔레스 전문가였다. 그는 아리스토텔레스의 모든 작품에 대해서 주해서를 남겼고, 단테는 자신의 신곡에서 그를 "위대한 주석서를 쓴 사람"이라고 칭했다. 그런 연유로 그는 기독교 세계에서 흔히 "주석자"로 불렸다.

이븐 루시드에게 형이상학은 신과 자연 세계를 이해하는 열쇠였다. 그에게 철학은 계시만큼 신뢰할 만한 진리의 원천이며, 철학과 계시는 서로 충돌하지 않고 함께 진리로 향해갈 수 있었다. 이븐 루시드는 신에 직접 의지하지 않고 인과율에 대한 이해를 통해 세계에 대한 기본적인 지식을 얻을 수 있다고 보고, 불변의 법칙이 지배하는 자연계를 이해하는 데 형이상학이 유용함을 보여주었다. 그는 세계는 영원하다는 아리스토텔레스의 견해를 지지하면서 세계는 특정한 시간에 무에서 창조되었다는 유대교, 기독교, 이슬람의 공통 교리가 불합리하다고 생각하는 데까지 이르렀다. 이러한 그의 생각은 그와 신학자들 간에 큰 충돌을 불렀다. 신학자들은 그의 견해가 신을 무력한 존재로 만든다고 반박했고, 이븐 루시드와 같은 사고방식이 더 이상 거론되지 않도록 탄압했다. 이븐 루시드에게서 확인할 수 있듯이, 중세 후반 이슬람 세계에서 지식의 발전은 이 이상 진전되기 어려웠고, 13세기를 전후하여, 아니 어쩌면 그보다 꽤 이른 시기부터 종교의 힘은 철학과 과학적 논의를 압도했다.

3. 12-13세기 번역 운동: 아랍어에서 라틴어로

11세기 이후 이슬람 세계와의 교류와 접촉이 늘어나면서 지식과 학문의 교류도 활발해졌다. 십자군 전쟁으로 세 문명 간의 긴장은 고조되어 있었지만, 기독교 세력은 이베리아반도, 시칠리아, 동지중해 지역에서 이슬람과 빈번하게 접촉할 수밖에 없었다. 이슬람과의 접촉을 통해 일부 의식 있는 서유럽 기독교인들은 철학, 과학 등 거의 모든 분야에서 이슬람 세계가 앞서있음을 알게 되었다. 그래서 스투디아 아라붐studia arabum 즉 아랍으로 대변되는 이슬람 학문을 배우고자 하는 사람들이 늘어났다. 12세기 영국 배스 출신의 애덜라드(Adelard of Bath, 1080-1152)는 무슬림을 절멸시키려는 십자군에 나서기보다는 그들의 학문을 배우고자 했다. 조너선 라이언스는 『지혜의 집, 이슬람은 어떻게 유럽 문명을 바꾸었는가』에서 애덜라드의 지적 여행을 통해 12세기 서유럽 세계의 학자가 이슬람 세계를 방문하고 현지에서 앞선 학문을 배우고, 이를 라틴어로 번역하는 과정을 상세하게 소개했다. 애덜라드는 무슬림의 선진 학문이 자신의 세계를 개조할 힘이 있다고 생각했다. 13세기 영국의 로저 베이컨(Roger Bacon, 1219-1292)은 "철학은 무슬림에게서 나왔다."라면서 이슬람 세계의 선진 철학을 찬양했다.

이슬람의 선진 학문을 배우고자 하는 욕구는 번역 운동으로 이어졌다. 이전 시기 아바스 왕조가 고대 지중해 세계의 지적 유산을 아랍어로 번역한 것처럼, 12-13세기 서유럽 기독교 세계는 아랍어로 된 책들을 라틴어로 번역했다. 알콰리즈미, 이븐 시나, 이븐 루시드 등 이슬람을 대표하는 철학자, 의학자, 천문학자들의 책이 서유럽 세계에서 인기가 많았다. 이슬람과의 접촉이 많았던 톨레도는 번역 중심지로 부상했다. 재정복 전쟁이 지속되면서 이베리아반도의 이슬람 세력들은 이전 시기와 비교해 이교도에 대한 억압적인 정책을 폈고, 일부 사람들이 이를 피해 북쪽으로 피난했다. 이렇게 기독교 세계로 피난 온 사람들, 특히 유대인들이 톨레도에서 아랍어 서적을 라틴어로 번역하는 일을 하게 되었다. 일부 무슬림도 번역 활동에 참여했다. 톨레도에서 번역을 후원했던 주체는 왕실과 교회였다. 그중 톨레도의 대주교 레이몽(Francis Raymond de Sauvetât, 대주교 1125-1152)은 번역 활동을 적극적으로 후원했다. 레이몽의 번역 사업을 이슬람에 대한 이해 증진과 관용으로 해석하는 역사가도 있지만, 그가 아랍어 문서의 라틴어 번역을 적극 후원했던 목적은 무슬림들과의 교리 논쟁을 하려면 이슬람의 교리를 우선적으로 알아야 한다고 보았기 때문이다. 적을 잘 알아야지만 적에 효과적으로 맞설 수 있는 법이다.

아랍어 서적을 라틴어로 번역하는 일을 했던 초창기 인물들로는 북아프리카 출신의 콘스탄티누스 아프리카누스(Constantinus Africanus, 1010-1087), 이탈리아 크레모나 출신의 게라르도(Gherardo da Cremona, 1114-1187), 영국 배스 출신의 애덜라드 등이 있었다. 북아프리카 출신인 콘스탄티누스는 11세기 중반 이탈리아 남부로 이주해 베네딕트 수도회 수도사가 되었고, 다수의 이슬람 의서를 라틴어로 번역했다. 이탈리아로 이주하기 전 그는 시리아, 인도, 에티오피아, 이집트, 페르시아 등지를 여행했고, 그 과정에서 라틴어, 그리스어, 아랍어, 및 여러 동방의 언어들에 대한 지식을 습득했었다. 이러한 언어 능력을 바탕으로 그는 37권의 아랍어 서적을 라틴어로 번역했다. 특히 그가 번역한 이슬람 의서들은 유럽 최초의 의대였던 살레르노Salerno 의대의 교재로 사용되었다. 그가 이슬람 의서를 번역하게 된 동기는 확실하거나 믿을 만한 정보를 제공하는 라틴어 저자가 없기 때문이라고 말한 것으로 보아 당시 기독교 세계에 참조할 만한 좋은 의서가 없었던 듯하다.

당시 번역가 중에서 가장 왕성한 활동을 했던 사람은 이탈리아 크레모나 출신의 게라르도였다. 그는 1140년경부터 1187년까지 톨레도에서 88권의 아랍어 저작을 라틴어로 옮겼다. 그의 번역서 중 절반 이상은 수학, 천문학 등의 과학 서적들이었고, 3분의 1은 의학 서적이었고, 나머지는 철학과 논리학 책이었다. 의학 서적 중에는 이븐 시나의 의학정전도 포함되어 있었다. 그렇지만 그의 번역이 그리 훌륭한 것은 아니었다. 당시 번역 관행은 아랍어에서 라틴어로 바로 옮기는 것이 아니라, 2-3단계를 거치는 중역이었다. 실제로 그는 모사라베Mozarabe(이슬람 지배하의 이베리아반도에 살았던 기독교인을 지칭함)인 갈리브를 조수로 두고, 그에게 아랍어 서적을 카스티야어나 에스파냐어로 읽게 하고, 이를 듣고 다시 라틴어로 옮겼다. 이처럼 복잡한 번역 과정을 거쳤기 때문에 오역이 꽤 많이 나올 수밖에 없었다.

애덜라드는 잉글랜드 최초의 과학자로 묘사되는 인물이다. 1080년경 영국 배스에서 태어나 1150년경 사망한 것으로 알려진 이 12세기 과학자는 시칠리아와 시리아를 7년 동안 두루 여행했고, 여행 중 이슬람의 선진 학문을 섭렵하고 아랍어 지식도 습득했다. 그는 "타 민족의 스승들을 찾아가는 일, 그들이 각자 최대한 정교하게 표현한 것을 발견하고 그것을 기억해두는 일은 참으로 가치 있을 것이다. 프랑스 학문이 무시했던 것들에 대해 알프스 너머의 사람들은 비밀의 문을 열어 보일 것이다. 라틴 사람들에서 배우지 못할 것들을 웅변적인 그리스가 가르쳐줄 것이다."라고 말하면서 배움을 위해서라면 세상 끝까지도 가겠다고 선언했다(라이언스, 2013). 그는 무슬림들에게서 학문의 빛을 보았던 것이다. 그가 번역한 책에는 유클리드의 『기하학 원론』이 있다. 이 기하학 개론서는 이후 800년 동안 서유럽 세계에서 표준적인 교과서로 사용되었다. 또한 그는 알콰리즈미가 저술하고 알-마즈리티가 개정한

『지즈 알 신드힌드*Ziz al-Sindhind*』, 즉 이슬람 천문도를 번역해 서유럽 세계에 소개하기도 했다.

12세기에 아랍어에서 라틴어로 활발한 번역 활동이 있었지만, 이슬람 학문이 서유럽 기독교 세계에 유입되는 것에 대한 저항도 만만치 않았다. 1210년 교회는 파리 대학에 다음과 같은 명령을 내려 이교 세계로부터 들어오는 신학문을 단죄했다. 공격의 핵심 대상은 아리스토텔레스의 자연철학과 그 추종자들이었다. 교회는 "공적으로든 사적으로든 간에 파리에서는 자연철학에 관한 아리스토텔레스의 책이나 그 주석서를 읽어서는 안 되며, 우리는 파문의 형벌로 이를 금한다."고 선포했다. 종교 지도자들은 1215년 다시 아리스토텔레스의 자연철학을 금했다.

1270년 파리 주교 보나벤투라(Bonaventura, 1221-1274)는 아리스토텔레스의 학문 중 절대 가르치거나 주장해서는 안 될 13개 오류 목록을 공표했다. 1277년에는 파리 주교 에티엔 탕피에(Étienne Tempier, 1210-1279)가 이를 확대해 219개의 금지 목록을 발표했다. 교회가 두려워했던 것은 아리스토텔레스의 자연철학, 특히 우주론이었다. 우주론은 우주와 인간의 기원, 창조, 세계의 영원성 등의 주제와 관련된다. 사실 13세기 후반 아리스토텔레스의 학문은 이븐 루시드를 통해 유럽 기독교 세계에 자세하게 소개되었다. 이븐 루시드는 시간과 물질은 모두 영원하고, 조물주는 단지 전체 과정에 시동을 걸었다는 아리스토텔레스의 견해를 지지했다. 세계는 영원하다는 아리스토텔레스의 견해는 신의 창조 행위를 부정할 위험이 있었다. 만약 신이 어느 순간에 세상을 창조했고 최후의 심판을 한다면, 세상은 시작이 있고 끝이 있게 된다. 게다가 육신이 죽은 후 영혼은 소멸한다는 그리스 철학자들의 주장은 신에 의한 구원과 영혼 불멸을 믿는 기독교의 교리에 위배된다. 그리고 자연법칙이 규칙적이고 불변한다는 견해는 성서 곳곳에서 나오는 기적 이야기를 부정하는 것이다.

신이 특정한 시점에 세상을 창조했다는 기독교의 견해는 창조 이전에 신은 무엇을 하고 있었는가라는 불경한 의문을 오래전부터 불러일으켜 왔었다. 중세 신학자들은 이 난감한 질문에 명쾌한 해답을 찾기가 어려웠다. 그런 연유로 일찍이 아우구스티누스는 천지창조 이전에 신이 무엇을 하고 있었는지를 묻는 사람에게 지옥의 한 자리가 마련되어 있다고 말하면서 이 질문에 대해 "천지창조 이전에 시간이 없었다면 '신이 그때 무엇을 하고 있었습니까?'라는 질문은 무의미하다. 시간이 없었다면 그때도 없었기 때문이다."라고 답한다. 이로써 이 의문은 봉합되었지만 오랜 시간이 흘러 다시 고개를 들게 된 것이다.

아리스토텔레스의 자연철학을 단죄하는 상황에서 나폴리대학에서 공부를 시작하고 이후 당시 유럽의 신학과 철학의 중심지인 파리에 진출한 토마스 아퀴나스(Thomas Aquinas, 1225-1274)는 기독교 신앙뿐만 아니라 고대 그리스 철학으로 대변되는 이성으로도 신의 창조와 세상을 이해할 수 있다고 주장했다. 박승찬은 『서양 중세의 아리스토텔레스 수용사: 토마스 아퀴나스를 중심으로』에서 토마스 아퀴나스가 아리스토텔레스의 사상을 수용하는 과정에서 겪었던 교회의 저항을 통시적 맥락에서 설명했고, 홍용진은 1277년 파리 주교 에티엔 탕피에가 아리스토텔레스 철학에 경도된 학문을 탄압한 사건을 13세기 후반 당대의 정치적 맥락에서 분석했다. 토마스 아퀴나스는 자신의 저서 『세계의 영원성에 관하여*De aeternitate mundi*』에서 세계가 시간상 창조되었음을 이성으로 입증할 수 있고, 만물의 원인인 신은 그가 창조한 세계보다 먼저 존재했다고 말했다. 그는 세계는 영원한 동시에 신에 의해 창조되었다는 결론을 도출했다. 이런 절충적인 결론을 통해 세계가 특정한 시간에 신에 의해 창조되었다는 기독교 신앙의 핵심을 인정했다. 그러나 아퀴나스의 절충안도 신학자들로부터 많은 비판을 받았고 아퀴나스에게 이단 혐의를 제기했다. 하지만 1325년에 이르면 파리 교회는 아퀴나스에 선고했던 이단 혐의를 해제하고, 논란의 여지가 많았던 주제들에 대해서는 학문적 논의에 맡겼다. 아퀴나스의 사상을 인정했다는 것은 고대 그리스 철학 특히 자연철학을 어느 정도 수용하게 되었음을 보여준다.

외부 세계로부터 지식과 학문을 적극적으로 수용하고 이를 더욱 발전시킨 문명은 변화와 혁신을 이룩했고, 이를 통해 중세 지중해 세계에서 주도권을 장악할 수 있었다. 당시 지식을 수용하는 방법은 번역이었다. 아바스 왕조는 8세기에서 10세기까지 고전 작품들을 방대하게 번역하면서 지적 혁명을 이룩했고, 서유럽 기독교 세계는 12-13세기 아랍어 저작들을 라틴어로 번역해 12세기 르네상스라 불리는 문예 부흥을 일구어냈다. 찰스 호머 해스킨스Charles Homer Haskins는 『12세기 르네상스*The Renaissance of the Twelfth Century*』에서 14-15세기 이탈리아 도시를 중심으로 일어났던 통상적인 르네상스 이전인 12세기에 서유럽 세계는 르네상스를 경험했다고 주장했다. 특히 그는 12세기 그리스와 로마 고전이 부활하고, 아랍어 서적들이 라틴어로 번역된 현상에 주목했다. 이러한 12-13세기 번역 운동은 14-15세기 르네상스의 기반이 되었고, 장기적으로 서유럽 세계를 근대로 이끄는 자양분 역할을 했다. 반면 중세 말 이후로 갈수록 이슬람 문명은 아바스 왕조 때와는 달리 외부로부터의 지식을 적극적으로 수용하지 않았고, 변화하는 서유럽 기독교 세계에 대해 여전히 무관심했다. 다소 과장된 해석일 수는 있겠지만, 지식과 학문을 수용하는 태도에서의 차이가 기독교 문명과 이슬람 문명이 서로 다른 근대의 길을 걷는 데 일정 정도 역할을 했다.

4. 비잔티움 르네상스

스티븐 런시먼Steven Runciman은 『비잔티움제국의 마지막 르네상스 *The last Byzantine Renaissance*』에서 비잔티움이 몰락해가고 있었던 마지막 2세기 동안 학문은 그 어느 시기보다 빛을 발했다고 말했다. 그는 14-15세기 비잔티움이 학문에서 르네상스 시절을 맞았다고 주장했다. 그런데 1261년 비잔티움의 망명 정부였던 니케아제국이 4차 십자군 당시 빼앗겼던 수도 콘스탄티노폴리스를 수복했지만, 전성기의 영토와 위상을 끝내 회복하지 못했다. 비잔티움은 1453년 오스만제국에 무너질 때까지 정치적으로, 군사적으로, 경제적으로 추락했다. 또한 일반적으로 이슬람이 지중해로 진출한 7세기부터 멸망하는 15세기 중엽까지 비잔티움제국은 한 번도 지중해 학문과 지식 분야에서 주도권을 잡지 못했던 것으로 알려져 있다. 이슬람의 급속한 팽창이 멈추고 세 문명이 어느 정도 세력 균형을 이룬 800년 무렵 지중해 세계에서 학문의 중심지는 이슬람이었다. 아바스 왕조는 고대 그리스, 로마, 페르시아, 인도의 위대한 지적 업적을 번역하여 심화 발전시킴으로써 이슬람 역사에서 가장 위대한 학문적 업적을 이룩했다. 12-13세기 유럽은 이슬람 세계의 선진 학문을 수용했고, 아랍어로 된 저작을 라틴어로 번역함으로써 12세기 르네상스라 불리는 학문 부흥을 이룩했다. 반면 비잔티움 세계는 아바스 왕조의 학문 부흥과 서유럽 세계의 12세기 르네상스에 필적할 만한 성과를 거두지 못했다.

다수의 역사가는 신학 이외의 학문을 억압했던 정교의 태도가 학문 발전을 저해했다고 말한다. 비잔티움제국의 정교는 지중해 어느 문명보다는 종교적 열정이 강했다. 529년 유스티니아누스 대제(Justinianus, 재위 527-565)는 아테네 아카데미아를 회개하지 않는 이교도라는 이류로 폐쇄했다. 비잔티움 역사 전문가인 미셸 카플란Michel Kaplan은 『비잔틴제국: 동방의 새로운 로마*Tout l'or de Byzance*』에서 황제의 이러한 폐쇄 결정에 "아무도 이의를 제기하지 않았다. 그리스 철학의 몇몇 낙오자를 제외하면, 황제로부터 가장 비천한 시민에 이르기까지 모든 이들이 기독교였기 때문이다. 교회는 강력해졌으며, 승려의 검은 의복은 신성함의 상징이 되었다."라고 말한다(카플란, 1998). 9세기 복원되었던 대학은 10세기 말에 다시 문을 닫았고, 11세기 정교회는 플라톤을 공부하는 학자들을 탄압했다.

그렇지만 런시먼을 포함한 여러 역사가는 비잔티움제국의 마지막 2세기 동안 학문은 꽃을 피웠다고 말한다. 이 비잔티움제국의 르네상스는 이슬람과 서유럽 기독교 세계의 학문 부흥과 비교해 상대적으로 덜 주목을 받았다는 것이다. 이러한 상대적 관심 부족은 비잔티움제국의 학문 발전이 상대적으로 덜 눈부셨고, 게다가 1453년 비잔티움제국이 멸망했기 때문일 것이라고 보았다.

정치, 군사, 경제 등에서 쇠퇴하고 있었던 비잔티움제국이 어떻게 학문 분야에서 발전할 수 있었을까? 중세 말 고대 그리스 학문을 배우고자 하는 열풍이 서유럽 세계에 일고 있는 상황에서, 비잔티움 사람들은 자신들이 그리스인이며, 고대 그리스 학문을 상속한 직계 후손이라고 자랑할 수 있었다. 실제로 언어와 문화적 측면에서 비잔티움 학자들은 서유럽 라틴 학자들과 비교해 상대적으로 수월하게 고대 그리스의 고전에 친숙해질 수 있었다.

런시먼은 『비잔틴제국의 마지막 르네상스』에서 학문 분야별 업적을 개괄했다. 수학 분야에서는 11세기 이후 관심을 받지 못했던 유클리드와 니코마쿠스의 저작들을 다시 연구했지만, 혁신적인 발전은 없었다. 천문학 분야는 이슬람 세계의 서적이 들어오면서 다시 이전 시기의 활기를 되찾았다. 천문학자들은 기본적으로는 프톨레마이오스에 근거하고 있지만 새로운 연구 성과들이 추가된 페르시아와 아랍 천문학 서적을 고대 그리스 저작과 비교해서 종합하려고 노력했다. 의학 분야는 기본적으로 고대 갈레노스의 체계를 따르고 있었지만, 임상을 통해 새로운 의학 지식을 추가했다. 비잔티움 학자들은 페르시아와 아랍어로 된 실용적인 의서를 번역했고, 일부는 의서를 저술하기도 했다. 14세기 초 황제 안드로니쿠스 3세(Andronikos III Palaiologos, 재위 1328-1341)의 주치의였던 요하네스 악투아리우스(Johannes Actuarius, 1275-1328)는 소변 관련 질병에 관한 전문가였다. 지리학 분야에서는 큰 학문적 진전이 없었다.

14세기 중엽 비잔티움 르네상스를 이끌었던 대표적인 인물은 신학자 데메트리오스 키도네스Dēmētrios Kydōnēs였다. 그는 1354년 토마스 아퀴나스의 저서 『이교도 반박 대전*Summa contra Gentiles*』을 그리스어로 번역해 당시 대표적인 서유럽 신학자의 작품을 그리스인들에게 소개했다. 이 책에는 이슬람 철학자 이븐 루시드에 대한 언급이 나와 있다. 키도네스는 이탈리아로 건너가 당시 서유럽을 대표하는 신학자들의 저작을 연구할 정도로 서유럽 라틴 학문을 높이 평가했고, 급기야는 로만가톨릭으로 개종하기까지 했다. 이처럼 이슬람 학문이 서유럽 기독교 세계에 수입되었고, 이를 정리한 저작이 다시 정교 세계로 유입되었다.

비잔티움 르네상스를 대변하는 분야는 철학이었다. 대표적인 철학자는 게나디오스 스콜라리오스Gennadios Scholarios, 마누엘 크리솔로라스Manuel Chrysoloras, 게오르기우스 플레톤Georgius Plethon, 요하네스 베사리온Johannes Bessarion 등이었다. 스콜라리오스는 정교에서 아리스토텔레스 철학을 활용하자고 주장했다. 반면 나머지 세 명의 철학자들은 플라톤주의자들이었다. 이 비잔티움 철학자들은 15세기 이탈리아 인문주의

자들에 적지 않은 영향을 끼쳤다. 이들은 아랍어가 아니라 그리스어로 된 원전을 서유럽 세계에 전달하는 역할을 했다. 12-13세기 서유럽 학자들은 아랍어 서적을 라틴어로 번역했다면, 14-15세기 서유럽 인문주의자들은 그리스어를 직접 배워 그리스 원전을 라틴어로 번역하기에 이르렀다. 특히 이들은 서유럽 사회에 플라톤 열풍을 일으키는 데 일조했다. 13세기 서유럽 학계가 아리스토텔레스 열풍에 휩싸였다면, 15세기 이탈리아 인문주의자들은 플라톤 탐구에 열을 올렸다.

피렌체 인문주의자들에게 플라톤을 본격적으로 소개한 사람은 그리스 학자는 마누엘 크리솔로라스였다. 1396년 피렌체 행정 및 외교 문서를 담당하는 서기국의 수장이었던 살루타티(Coluccio Salutati, 1331-1406)는 크리솔로라스를 피렌체로 초청해 그리스어와 그리스 철학 강의를 부탁했다. 살루타티가 제안한 조건은 연봉 100플로린에 10년 계약이었는데, 최종적으로 150 플로린의 연봉과 5년 계약을 체결했다. 크리솔로라스는 1397년부터 1400년까지 피렌체에 머물면서 그리스어와 그리스 철학을 가르쳤고, 플라톤의 『국가*Politeia*』를 라틴어로 번역하기도 했다. 당시 피렌체에서 그로부터 그리스 학문을 배운 제자들은 이후 피렌체 인문주의 운동을 이끌었던 베로나 출신의 과리노Guarino da Verona, 레오나르도 브루니Leonardo Bruni, 트라베르사리Ambrose Traversari 등의 인문주의자였다. 과리노는 콘스탄티노폴리스로 가서 5년 동안 그리스어를 배웠다. 당시에는 그리스어를 배우기 위해 콘스탄티노폴리스로 유학 가는 것이 유행이었다. 크리솔로라스의 제자 중 우수했던 브루니는 크리솔로라스가 700년 동안 죽어 있었던 그리스 연구를 부활시켰다고 약간 과장된 어투로 스승의 업적을 칭송했다. 브루니는 플라톤의 작품을 포함해 여러 그리스 저작을 라틴어로 번역했다.

플레톤으로 불리는 게오르기오스 게미스토스Geōrgios Gemistos는 15

세기 중엽 지중해 최고의 플라톤 전문가였다. 그는 황제에게 정부와 사회를 어떻게 개혁할지에 관한 의견서를 제출하기도 했던 정치가이기도 했다. 그는 플라톤과 아리스토텔레스 철학의 차이점을 비교하는 책 『차이에 관하여*De differntiis*』를 저술했고, 이 책에서 플라톤 철학이 신을 이해하는데 훨씬 적합하다고 주장했다. 런시먼은 『비잔티움제국의 마지막 르네상스』에서 플레톤이 비잔티움의 동료 학자들보다는 이탈리아 인문주의자들에게 더 많은 영향을 미쳤다고 말한다. 그 계기는 1438년 비잔티움 사절단과 교황 및 고위 성직자들이 동서 교회의 통합을 논의했던 피렌체 공의회였다. 피렌체 공의회는 이미 불고 있던 플라톤 미풍을 열풍으로 만들었다. 피렌체 공의회 당시 피렌체를 방문했던 플레톤은 비잔티움 사절 중 최고의 플라톤 전문가로 인정받아 플라톤에 관한 강의를 여러 차례 했다. 그의 강의에 감명을 받은 코시모 데 메디치(Cosimo de Medici, 1389-1464)는 이후 피렌체에 플라톤 아카데미아를 세웠다. 플레톤의 제자였던 베사리온은 비잔티움제국이 멸망한 후 이탈리아로 망명하여 활발한 학문 활동을 펼치면서 이탈리아 르네상스 학문 발전에 큰 역할을 했다.

그리스 철학자들이 이탈리아 르네상스 발전에 얼마나 큰 역할을 했는가에 대해서는 논란이 있다. 17-18세기 학자들은 1453년 비잔티움제국의 몰락 이후 서유럽으로 망명한 비잔티움 학자들이 이탈리아 르네상스 운동을 촉발했다고 주장했다. 게오르그 포이크트Georg Voigt는 1859년에 출간된 자신의 저서 『고대의 부활 혹은 인문주의의 1세기*Die Wiederbelebung des classischen Alterthums oder das erste Jahrhundert des Humanismus*』에서 그리스 문학의 부활이 르네상스 시기 고대의 부활을 가져온 핵심 요소였다고 말했다. 하지만 이러한 해석은 현재에는 큰 설득력을 갖지 못한다. 그리스 학자들이 고대 그리스 학문을 전달하는 단순한 전달자 역할밖에는 하지 않았다는 정반대의 해석도 많은 비판을 받았다. 15세기 당대인들도 비잔티움 학문의 위상에 대해 서로 다른 목소리를 냈다. 15세기 중엽 실비오 피콜로미니Silvio Piccolomini(후에 교황 피우스 2세Pius II, 재위 1458-1464)는 "콘스탄티노폴리스는 오늘날에도 여전히 고대 지혜를 간직한 기념물이고, 학문의 고향이자 철학의 성소이다. 콘스탄티노폴리스에서 한 번이라도 공부한 적이 없는 이탈리아인이라면 교육받았다고 말할 수 없다."라면서 비잔티움제국의 수도가 여전히 학문의 중심지임을 역설했다(Woodhouse, 1986). 반면 동시대의 그리스 철학자 스콜라리오스는 자신의 제자들에게 쓴 편지에서 "한때 학문의 도시였던 콘스탄티노폴리스는 이제는 폐허의 도시가 되었다."고 한탄했다(Woodhouse, 1986). 동시대인들의 증언을 비판적으로 종합하면 그리스 철학자들은 이미 시작된 이탈리아 르네상스의 지평을 확대하는 데 일정 정도 이바지했다고 보는 것이 적절한 해석일 것이다.

14-15세기 비잔티움의 르네상스가 아바스 혁명과 12-3세기 서유럽의 르네상스에 필적할 만한 큰 성과는 아니었을지 모르지만, 런시먼은 『비잔티움제국의 마지막 르네상스』에서 "(비잔티움제국의) 마지막 세기 동안 정치는 쇠퇴하고 시름은 더욱 깊어졌지만, 지식의 불꽃은 밝게 타올랐다. 비잔티움제국의 마지막 르네상스 학문이 오늘날 우리에게 큰 의미를 주지 못할 수도 있다. 그러나 학문은 그곳에 있었고, 순수하고 강렬했다. 그리고 우리의 존경을 받을 만하다."라면서 중세 말 비잔티움의 학문적 성과를 간과하지 않았다.

아바스 왕조의 지식 혁명, 서유럽의 12세기 르네상스, 비잔티움의 마지막 르네상스라는 세 가지 사례를 통해 확인할 수 있는 사실은 중세 지중해 세계가 학문과 지식의 공동체였다는 것이다. 세 문명은 고대 지중해 세계의 지적 유산을 공유했고, 각자 입장과 상황에 따라서 이를 수용하고 발전시켜 나갔고, 타 문명의 선진 학문을 번역을 통해 수입하기도 했다. 중세 기독교와 이슬람 세계는 고대 그리스의 아리스토텔레스와 플라톤의 철학, 히포크라테스와 갈레노스의 의학, 유클리드의 수학, 프톨레마이오스의 지리학 등을 기본적으로 공유했고, 오스만제국의 술탄은 고대 그리스의 문학 작품을 즐겨 읽었다.

10장

종교의 경계를 넘어선 문화와 예술

1. 유럽 예술과 문화 속의 이슬람 세계

지중해를 통한 교류와 접촉은 각 문명권의 문화와 예술에 중대한 흔적을 남겼다. 기독교 문명과 이슬람 문명은 종교적 반감, 군사적 갈등과 전쟁에도 불구하고 서로의 문화와 예술에 많은 영향을 미쳤다. 이러한 영향과 흔적은 지중해 세계 너머에서도 확인된다. 이는 지중해 세계가 아시아 먼 세계와도 교류하고 소통하고 있었다는 사실을 보여준다. 아시아의 도자기, 비단, 향신료, 나침반, 종이 제작 기술이 이슬람 세계를 통해 유럽으로 들어왔고, 상품, 지식과 정보, 사람이 끊임없이 경계를 넘어 이동했다. 그런 점에서 근대 이전 동방과 서방 세계 사이에 넘어설 수 없는 지리적 혹은 정치적 경계는 없었으며, 그림, 조각 등의 예술 작품 속에서 이러한 과거가 뚜렷하게 확인된다. 이 주제를 본격적으로 연구한 가장 잘 알려진 역사가들 가운데는 리사 자딘Lisa Jardine과 제리 브로턴Jerry Brotton이라는 학자들이 있다. 우리는 이 두 학자의 연구를 참고하면서 이 주제에 접근할 것이며, 이 문제에 대한 보다 상세한 내용은 국내에 소개된 이 두 학자의 저서들을 통해 확인할 수 있다.

서유럽 기독교 문명이 비잔티움의 정교와 이슬람 문명과 활발하게 문화와 예술 교류를 펼쳤던 흔적을 가장 두드러지게 보여주는 도시는 단연코 베네치아다. 중세 서유럽 도시 중 베네치아만큼 비잔티움과 이슬람 세계와 활발하게 교역을 했던 도시도 없을 것이다. 그 덕분에 베네치아 문화와 예술 곳곳에 그 흔적을 찾아볼 수 있다. 중세 베네치아 예술과 문화에 가장 큰 영향을 미친 외부 세계는 이슬람보다는 비잔티움이었다. 이를 잘 보여주는 대표적인 건축물 산마르코 성당은 콘스탄티노폴리스에 있는 성 사도 대성당을 모델로 했다. 특히 산마르코 성당의 돔과 금으로 된 모자이크 그리고 그리스 십자가 형의 성전 평면은 비잔티움 건축 양식의 대표적인 특징이다. 1204년 베네치아는 콘스탄티노폴리스를 정복하고 약탈한 문화재로 산마르코 성당을 더욱 화려하게 장식했다. 당시 약탈한 4마리 청동 마상은 산마르코 성당 입구 위에 위풍당당하게 서 있다. 이 청동 마상은 로마제국 황제였던 콘스탄티누스 대제(Constantinus, 재위 306-337)가 4세기 초반 수도를 로마에서 콘스탄티노폴리스로 옮긴 뒤 이를 기념하기 위해 제작한 것이었다.

산마르코 대성당 옆에 있는 도제 궁에서는 서유럽 고딕 양식과 이슬람 양식의 흔적을 쉽게 확인할 수 있다. 데보라 하워드Deborah Howard는 『베네치아와 동방: 1100-1500년 이슬람 세계가 베네치아 건축에 끼친 영향*Venice and the East: The Impact of the Islamic World on Venetian Architecture 1100-1500*』에서 산마르코 성당, 도제 궁, 귀족이나 대상인 가문의 저택에 반영된 이슬람 양식의 흔적을 찾아냈다. 도제 궁에는 고딕 양식의 트레이서리와 아치, 이슬람 양식의 마름모꼴 장식이 된 벽면이 섞여 있다. 하워드의 견해에 따르면 특히 이슬람 양식을 잘 보여주는 것은 도제 궁 벽면의 개방성이다. 하워드는 도제 궁의 개방성이 알렉산드리아에 있는 성 아타나시우스 이슬람 사원과 닮았다고 말한다. 대운하 주변에도 이러한 혼합 양식의 건축물이 다수 있다. 13세기부터 16세기까지 베네치아의 대표적인 귀족이나 대상인 가문들은 대운하 주변에 저택을 지었고, 그러한 저택 중 아직도 170여 채가 남아 있다. 그중 가장 화려한 저택이 15세기에 건립된 "황금의 집(카도로, Ca d'oro)"으로 불리는 콘타리니 가문의 저택이다. 콘타리니 가문은 베네치아 수장인 도제를 배출한 유명한 귀족 가문일 뿐만 아니라, 지중해 교역에도 적극적으로 참여했던 대상인이었다. 이 가문은 자신들의 정치와 경제 권력을 자랑이라도 하듯이 대운하에 가장 화려한 저택을 축조했고, 실제로 보고 경험

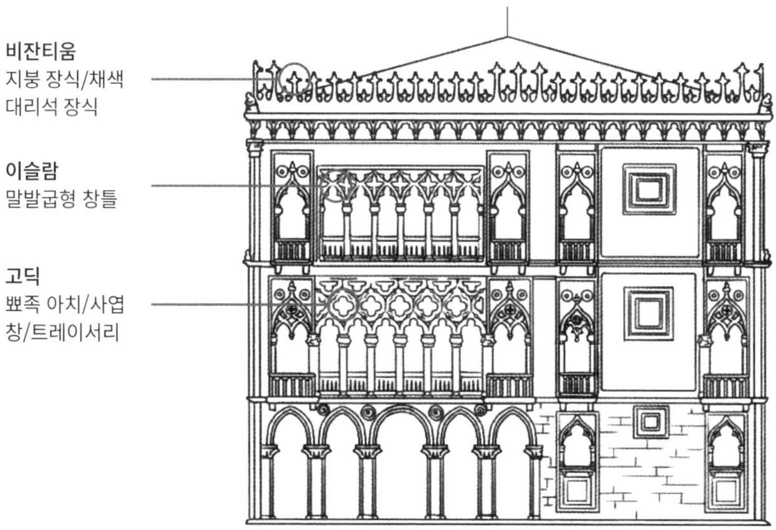

카도로의 건축 양식(양정무, 2020)

했던 다양한 문명권의 양식을 자신들의 저택에 도입했다. 가장 위쪽 부분에는 비잔티움 양식의 대표적인 특징인 톱니 장식과 화려한 대리석 마감, 그 아래에는 대표적인 이슬람 양식의 특징인 마름모 양식의 표면 장식과 말발굽처럼 생긴 뾰족한 창틀, 중 하단부에는 서유럽 고딕 양식의 특징인 아치와 트레이서리가 있다. 이러한 건축물들을 통해 베네치아 상인들이 서유럽 세계, 비잔티움, 이슬람 세계를 오가면서 장사를 하고, 그 과정에서 다양한 지중해 문명의 문화와 예술 양식을 수입해 새로운 혼합 양식을 창조했음을 알 수 있다.

특히 화가 젠틸레 벨리니Gentile Bellini는 중세 말 베네치아와 이슬람 세계 사이에 활발한 문화 교류의 산증인이다. 그의 아버지 야코포Jacopo는 르네상스 시대 베네치아 화풍을 만들어낸 유명한 화가였고, 동생 조반니Giovanni도 젠틸레 못지않은 명성을 얻은 화가였다. 15세기 이탈리아 미술을 대표하는 화가 안드레아 만테냐Andrea Mantegna는 이 집안의 사위였다. 한마디로 벨리니 가문은 15세기 말 베네치아를 대표하는 화가 집안이었다. 젠틸레는 1474년부터 베네치아 도제Doge의 초상화를 담당하는 공식 화가였고, 외국 군주의 초상화를 제작하는 등 외교사절의 역할도 수행했다. 1479년 베네치아와의 긴 전쟁을 끝낸 오스만 술탄 메흐메드 2세가 베네치아 정부에 자신의 초상화를 그려줄 화가를 요청했을 때도 베네치아는 젠틸레를 콘스탄티노폴리스로 파견했다. 이렇게 해서 탄생한 그림이 바로 메흐메드 2세의 초상화였다.

제리 브로턴에 따르면 1504년경 젠틸레가 동생 조반니와 함께 제작한 <알렉산드리아에서 설교하는 산마르코>는 중세 지중해 문명이 기독교와 이슬람의 혼합 문명임을 잘 보여준다. 이 그림 속 주인공은 신약 복음서를 저술하고, 포교 활동을 계속하다가 75년경 알렉산드리아에서 순교한 산마르코로서, 9세기 이후 베네치아 수호성인이 된 인물

젠틸레 벨리니, <메흐메드 2세의 초상>, 1480년

이다. 하지만 그림에 등장하는 다른 인물들, 건물과 주변 배경은 15세기 것이다. 벨리니 형제는 15세기 알렉산드리아에서 만날 수 있는 동지중해의 다양한 구성의 이슬람 남성들과 베네치아 귀족들을 화폭에 함께 그려 넣었다. 그림의 배경도 여러 시대와 여러 문명의 건축 양식들을 혼합함으로써 지중해의 다양성을 보여주었다. 고전고대 시대와 르네상스 시대가 함께 있고, 이슬람과 기독교가 함께 있으며, 아시아 세계도 작지만 한 몫을 차지하고 있다. 그만큼 1500년경 지중해의 대표 도시 알렉산드리아는 글로벌한 공간이었다는 것이다.

르네상스 시대 문화와 예술의 중심이었던 피렌체도 베네치아 못지않게 비잔티움과 이슬람 세계와 활발하게 문화 교류를 했다. 정치 군사적으로 쇠퇴해가는 15세기 비잔티움제국은 서유럽 세계의 도움을 요

베노초 고촐리, <동방박사의 행렬>, 1458-1460년

청하기 위해 접촉을 늘렸다. 메디치 가문 저택에 그려진 <동방박사의 행렬>이라는 그림은 이 역사를 잘 보여준다. 1459년경 피렌체 출신의 화가 베노초 고촐리(Benozzo Gozzoli, 1421-1497)는 메디치 가문의 주문으로 <동방박사의 행렬>이라는 제목의 프레스코화를 제작했다. 이 그림은 메디치 가문이 20년 전에 있었던 피렌체 공의회를 기념하기 위해 의뢰한 것이었다. 성경 속의 동방박사는 예수의 탄생을 축하하기 위해 동방에서 찾아온 현자들인데, 메디치 가문은 화가에게 비잔티움 황제 요하네스 8세(Johannes VIII Palaiologos, 재위 1425-1448), 콘스탄티노폴리스 요제프 총대주교(Joseph II, 재위 1416-1439)와 로렌초 데 메디치(Lorenzo de Mideci, 1449-1492)를 세 명의 동방박사로 그려달라고 요청했다.

1438년 피렌체 공의회는 비잔티움 황제와 그 수행원들이 오스만제국에 맞서 서유럽 기독교인들에게 군사적 협력을 요청하기 위해 이탈리아로 오면서 개최되었다. 피렌체 공의회는 15세기 지중해 세계에서 열린 행사들 가운데 가장 큰 규모의 행사였다. 비잔티움 황제와 총대주교를 포함한 700명에 달하는 대규모 사절단이 유럽에 온 것이었다. 이는 비잔티움 황실 전체가 옮겨온 것이나 다름없었다.

일반적으로 공의회는 교황을 포함한 고위 성직자들이 기독교 세계의 현안을 논의하기 위해 모이는 회합이다. 따라서 피렌체 공의회 같은 특별한 회합이 열리는 데까지는 여러 우여곡절이 있었다. 1431년 교황 마르티누스 5세의 요청으로 소집된 바젤 공의회는 교황의 수위권을 둘러싼 논쟁의 자리이자, 오스만제국의 팽창에 대한 대책 등을 논의하는 자리였다. 그러나 1431년 2월 갑작스럽게 사망한 마르티누스 5세의 뒤를 이어 교황으로 선출된 에우게니우스 4세(Eugenius IV, 재위 1431-1447)는 바젤 공의회의 해산을 명령하고, 공의회의 우위를 주장하는 이들에 맞서 1438년 페라라 공의회를 소집했다. 게다가 교황은 비잔티움 황제를 페라라 공의회에 불러들이는 데 성공했다. 황제와 사절단들이 페라라 공의회에 참석하도록 만드는 데 중요한 역할을 했던 것은 베네치아인이었다. 동지중해에서 팽창하고 있는 오스만제국은 베네치아에 가장 큰 위협이었기 때문에, 베네치아는 교황이 오스만에 대항할 십자군을 결성해줄 것을 희망했다. 그런 점에서 비잔티움 황제도 베네치아와 같은 목표를 가지고 있었다. 교황 에우게니우스 4세는 이를 계기로 동서 교회의 통합을 추진해서 기독교 세계의 수장이 되려는 야망을 품고 있었다.

하지만 비잔티움 황제와 사절단이 페라라에 도착한 이후 공의회는 큰 진전을 보지 못했다. 교황이 초기 체류 비용을 부담했지만, 시간이 갈수록 재정 부담은 커졌고 서유럽 기독교와 비잔티움제국은 합의에 이르지 못하고 있었다. 이러한 어려운 상황에서 메디치 가문은 교황에게 회의 장소를 피렌체로 옮기면 여러 재정 문제를 해결하겠다고 제안했다. 이렇게 해서 비잔티움 황제와 사절단이 피렌체로 오게 되었다.

피렌체 공의회는 동서 교회의 통합 문제, 오스만의 팽창에 대한 대책 등을 논의하기 위해 개회된 것이지만 동서문화 교류의 장이기도 했다. 동서 교회의 통합을 논의하는 과정은 교리 논쟁의 장이기도 했고, 이런 연유로 비잔티움 학자들은 책들을 많이 가져왔다. 당시 이탈리아는 고전고대의 학문을 배우자는 인문주의자들이 많았고, 이들은 그리스 학자들이 가지고 온 책과 그들의 학문에 관심이 많았다. 실제로 그리스학자들이 특강을 진행했고 이를 통해 고대 그리스 학문 특히 플라톤 학문을 소개했다. 역사가들은 피렌체 공의회를 계기로 이탈리아 르네상스가 한 단계 발전했다고 평가한다. 피렌체 공의회가 학문 교류와 발전을 얼마나 촉진했는지는 확실하지 않지만, 당시 이탈리아 사람들은 비잔티움제국 사람들을 보고 여러 면에서 큰 충격을 받았던 듯하다. 기록에 따르면 이탈리아 사람들은 제국 사람들의 화려한 옷, 음식 문화, 책과 학문 등에 대해서 굉장히 놀라워했던 것으로 보인다. 피렌체 공의회를 계기로 메디치 가문은 플라톤 아카데미아라 불리는 학술연구 모임을 조직했다. 당시 대표적인 인문주의자였던 마르실리오 피치노(Marsilio Ficino, 1433-1499)가 모임을 이끌었고, 르네상스풍의 아름다운 시를 저술했던 안젤로 폴리치아노(Angelo Poliziano, 1454-1494), 『인간의 존엄에 관하여*De hominis dignitate*』를 저술한 피코 델라 미란돌라(Pico della Mirandola, 1463-1494) 등 당대의 대표적 학자들이 이 모임에 참여했다. 메디치 가문은 학자들을 후원함으로써 이들이 메디치 가문에 우호적인 여론을 만들어주기를 기대했을 것이다. 이들은 메디치 가문의 후원을 받으면서 플라톤 저작을 이탈리아어로 번역하고 저술 활동을 통해 인문학을 한층 발전시켰다.

1439년 양측은 동서 교회의 통합에 합의했다. 연옥 신앙, 필리오쿠에filioque 등의 교리 문제와 의전 문제 등으로 갈등을 겪었지만, 비잔티움제국은 서유럽 기독교의 요구를 대부분 수용함으로써 동서 교회의 통합을 이루었다. 서유럽의 군사적 원조가 절실히 필요했던 비잔티움제국이 한걸음 양보할 수밖에 없었기 때문이다. 그러나 황제와 사절단이 콘스탄티노폴리스로 돌아오자, 그리스 사람들은 이 굴욕적인 회담을 인정할 수 없다고 반대의 목소리를 높였고, 회의에 참여했던 신학자들을 비난했다. 결국에 황제는 여론에 떠밀려서 이 조약을 폐기해야 했다. 서유럽 역시 피렌체 공의회에서의 약속을 지키지 않았다. 1453년 오스만제국이 콘스탄티노폴리스를 침략하는 동안 서유럽 기독교 세계는 십자군에 준하는 대규모 군사적 원조를 제공하지 않았다.

비잔티움제국은 패망했지만, 피렌체 공의회를 주도한 메디치 가문에게 이 행사는 자랑할 만한 지중해 문명 교류의 역사였다. 사실 메디치 가문의 후원이 아니었다면 피렌체 공의회는 무산되었을 것이다. 이 국제적인 행사를 통해 메디치 가문은 서유럽 세계뿐만 아니라 비잔티움 세계 그리고 이슬람 세계에까지 명성을 알렸다. 실제로 15세기 후반 메디치 가문은 이슬람 세계의 두 강자였던 맘루크제국과 오스만제국, 둘 다와 긴밀한 관계를 맺을 수 있을 정도였다. <동방박사의 행렬>에 동방박사 중 한 명으로 그려진 메디치 가문의 차세대 지도자였던 어린 로렌초는 1487년 맘루크 술탄 카이트베이(Qaitbay, 재위 1468-1496)로부터 외교적 선물도 받았다. 선물은 중국 도자기, 발렌시아산 유리병, 고가의 직물, 말, 살찐 양, 기린 등 지중해와 그 너머 세계에서 온

조르조 바사리Giorgio Vasari, <맘루크 술탄의 선물을 받는 로렌초 데 메디치>, 1556-1558년

고가의 상품들이었다. 외교적 선물은 상호 관계를 증진하고자 하는 수단인 동시에, 선물을 보낸 군주가 얼마나 막강한 힘과 중요 교역 노선을 장악하고 있었는지를 간접적으로 보여주는 표시였다.

이 시대의 서유럽 문화와 예술에서 눈에 띄는 것은 이슬람 문화와 아랍어가 중세 기독교 사회의 일상에 여러 흔적을 남겼다는 것이다. 정확한 글자가 아니라 읽을 수는 없지만, 아랍어 글자를 모방한 문양이 그림, 유리, 도자기, 서적, 옷 등에 들어갔다. 아랍어 문양이 기독교 세계에서 사용되기 시작한 것은 9세기부터였다. 이슬람이 크레타섬을 정복한 이후 아랍어 문양은 비잔티움제국의 회화에 등장했다. 13세기 이후에는 서유럽 기독교 세계에서도 이 아랍어 문양을 사용했다. 특히 르네상스 시대 이탈리아에서 아랍어 문양은 큰 인기를 끌었던 문화적 아이템이었다. 이는 아랍어 문양이 들어간 이슬람 직물, 도자기, 기타 상품들이 이탈리아로 대거 수입된 영향이었다.

아랍어 문양은 기독교의 성스러운 공간에도 침투했다. 예수와 성모 마리아 그리고 성인의 후광이나 의복 가장자리를 아랍어 문양으로 장식했다. 안드레아 만테냐(Andrea Mantegna, 1431-1506)가 제작한 베로나의 산 제노San Zeno 성당의 제단화에는 아기 예수를 안고 있는 성모 마리아가 나온다. 아기 예수와 성모 마리아의 머리를 감싸고 있는 후광에는 아랍어 문양이 선명하게 그려져 있다.

젠틸레 다 파브리아노(Gentile da Fabriano, 1370-1427)가 그린 <동방박사의 경배>에서도 아기 예수와 성모 마리아의 후광에 아랍어 문양이 새겨져 있다. 이 그림은 부유한 피렌체 은행가인 팔라 스트로치Palla Strozzi가 1423년 자신의 가족 예배당을 장식하기 위해 의뢰한 제단화였다. 성모 마리아 왼편의 요셉과 성모 앞에서 무릎을 꿇고 있는 동방박사들의 후광과 옷에도 아랍어 문양이 장식되어 있다.

안드레아 만테냐, <아기 예수와 성모 마리아>, 1456-1459년

젠틸레 다 파브리아노, <동방박사의 경배>, 1423년

중세 기독교 사회는 왜 이슬람 세계의 공용어인 아랍어를 모방한 문양에 열광했을까? 미술사가들은 여러 가지로 이 현상을 해석한다. 그 중 하나에 따르면 당시 화가들이 이슬람으로부터 수입한 값비싸고 진귀한 직물, 도자기, 금속 세공품을 자신의 작품에 그려 넣었고, 그 물건들에는 아랍어 문양이 새겨져 있었기에 자연스럽게 아랍어 문양도 그림에 들어갔다는 설명이다. 일부 미술사가는 아랍어 문양이 들어간 이슬람 물건들을 성스러움과 연결한다. 이슬람으로부터 들어온 귀중품들은 교회에 기부되었고, 때론 성물로 귀중한 대접을 받았다. 파티마 왕조에서 제작된 고가의 직물은 프로방스의 한 성당에 기증되어 성 안나의 베일로 숭배받았다. 당시 유럽 화가들은 이슬람 지배하에 있는 동방이 성지 예루살렘이 있는 땅이었기에 동방으로부터 들어온 물건에서 성스러움을 찾고자 했다는 것이다. 분명 이슬람 물건을 성스러움과 연결하는 설명은 자못 억지스럽지만, 유럽의 기독교인들에게 동방은 예루살렘과 지상낙원이 있는 성스러운 곳이었음은 분명하다. 실제로 중세 교회의 제단은 동방을 향하고 있었다.

세 문명 간의 문화와 예술 교류에서 주목할 점은 이러한 교류가 지중해의 공간에 한정되어 있지 않고, 지중해 너머 아시아 세계까지 연결되어 있었다는 사실이다. 1327년 시에나 출신의 화가 암브로조 로렌체티Ambrogio Lorenzetti가 그린 <프란체스코 수도사의 순교>라는 그림은 이러한 사실을 잘 보여준다. 암브로조는 그의 형제 피에트로Pietro와 함께 시에나 프란체스코 수도회 소속 성당 벽면에 이 프레스코화를 그렸다. 그림의 주제는 1321년 인도 북부 타나에서 네 명의 프란체스코 수도사가 순교한 이야기이다. 무대는 인도의 법정이다. 사건은 이러하다. 이 수도사들이 묵고 있던 숙소의 주인 부부가 부부싸움으로 법정에 가게 되었고, 수도사들은 사건의 증인으로 법정에 출두했다. 그런데 법

암브로조 로렌체티, <프란체스코 수도사의 순교>, 1331년경

정에서 예수의 위상을 물어보는 질문에 답하다가 죄인으로 몰리고 처형을 당하게 된 것이었다. 그림의 앞부분에 있는 네 명의 수도사 중 세 명은 손이 뒤로 묶인 채 무릎을 꿇고 있으며, 나머지 한 수도사는 이미 목이 잘려져 나갔다. 끔찍한 장면을 보기 힘들어서였는지 이 부분은 지워졌다. 순교한 수도사 바로 옆에는 인도 여성들이 놀란 모습으로 서 있다. 위쪽 중앙에는 재판관이 앉아 있고, 그의 오른쪽과 왼쪽에는 다양한 계층의 인도 남성들이 서 있다.

이 그림에서 눈에 띄는 점은 인도인의 모습이다. 이들은 일반적인 인도인의 얼굴이 아니라 몽골인의 얼굴을 하고 있다. 시에나 출신의 화가는 왜 인도인이 아닌 몽골인을 그림 속에 그렸을까? 그 이유는 아마도 그가 인도인을 본 적이 없었기 때문일 것이다. 반면 몽골인은 당시 이탈리아 도시에서 드물지 않게 만날 수 있었다. 14세기 초반 시에나 화가가 몽골인을 꽤 정확하게 그릴 수 있었던 것은 그만큼 이탈리아 도시에 몽골인이 많았음을 보여준다. 또 한편으로 이 그림은 당시 시에나가 국제적인 도시였고 국제적인 소식을 접할 수 있는 여러 가지 루트를 가지고 있었다는 것을 암시하기도 한다.

15세기 이탈리아 도시에서 유행했던 스투디올로studiolo로 불렸던 서재는 서유럽 세계가 지중해 너머의 더 넓은 세계와 교류하고 있었음을 보여준다. 독일에서는 예술품 방이라는 의미의 쿤스트캄머kunstkammer나 진귀한 물건 방이라는 의미의 분더캄머wunderkammer로 불렸고, 이탈리아보다 한 세기 늦은 16세기에 인기를 끌었다. 당시 귀족이나 부자들은 자신의 고급 취향과 지식을 드러내고, 부와 힘을 과시하기 위해 세계 각지로부터 진기한 물건을 수집하고 이 새로운 유행인 서재에 장식했다.

이러한 서재가 그대로 보존된 경우는 드물지만, 당시 그림 속에서 그 흔적을 찾을 수 있다. 이러한 서재를 배경으로 한 당시 그림에는 이슬람 양탄자와 유리 세공품, 중국 도자기 등 해외 상품들이 단골로 등장한다. 1502년 베네치아 화가 비토레 카르파초Vittore Carpaccio가 그린 <성 아우구스티누스의 환영>에는 아우구스티누스가 서재에 앉아 밖을 내다보는 장면이 나온다. 이 그림에서 눈에 들어오는 것은 여러 종류의 물건이다. 화면 왼쪽 아래에는 독일산 개, 촛대, 모래시계, 혼천의, 아스트롤라베, 유리병, 종 등 다양한 물건들이 배경을 장식하고 있다. 이 물건들의 출처를 모두 알 수는 없지만, 아마 그중 일부는 지중해 너머의 아시아에서 왔을 것이다.

비토레 카르파초의 <성 아우구스티누스의 환영>, 1502-1508년

도메니코 기를란다요Domenico Chirlandaio가 1480년 그린 <서재에 있는 성 히에로니무스>와 카를로 크리벨리Carlo Crivelli가 1486년에 그린 <수태고지>에도 작은 크기의 서재가 나온다. 히에로니무스는 서재에 앉아 뭔가를 쓰고 있고, 성모 마리아는 두 손을 포개고 책을 읽고 있다. 두 서재에 장식된 물건들이 서로 유사하다. 베네치아 제품으로 추정되는 유리, 이슬람 세계에서 제작된 것으로 추정되는 양탄자, 중국산으로 추정되는 도자기 등의 값비싼 상품들이 두 서재를 채우고 있다. 리사 자딘은 크리벨리의 수태고지를 분석하면서, 이 그림이 르네상스 시대의 풍성한 소비문화와 물질문화를 과시적으로 드러내고, 이 그림 속 오브제들은 이탈리아반도에서만 구할 수 있는 것은 아니었고, 지중해 세계와 그 너머의 세계에서 수입된 상품들이었다고 해석한다.

카를로 크리벨리,
<수태고지>, 1486년

도메니코 기를란다요,
<서재에 있는 성 히에로니무스>,
1480년

2. 이슬람 예술과 문화 속의 유럽 세계

이슬람 세계의 예술과 문화에서도 기독교 세계와의 교류 흔적을 찾아볼 수 있다. 시야를 조금 더 확장하면 중세 기독교와 이슬람 간의 문화와 예술 교류의 흔적은 이슬람 세계 너머에 있는 아시아에서도 확인된다. 특히 몽골 시대 아시아에서 제작된 역사적 유적들은 지중해 교류가 기독교와 이슬람 세계 사이에 한정되어 있지 않았음을 시사한다. 20세기 중엽 중국 양주에서 두 개의 묘비가 발견되었는데, 놀랍게도 묘비의 주인공들은 14세기 중엽 양주에서 사망한 이탈리아 상인의 자녀였다. 묘비 중 하단부에는 라틴어로 된 짧은 비문이 새겨져 있고, 묘비 상단부에는 그림이 그려져 있으며 묘비 둘레는 기하학적 문양으로 장식되어 있다. 비문은 다음과 같다.

"하느님의 이름으로 아멘. 귀족인 고 도메니코 데 빌리오니의 딸인 카타리나가 여기 잠들어 있다. 그녀는 1342년 6월에 사망했다."

"하느님의 이름으로 아멘. 귀족인 고 도메니코 데 빌리오니의 아들 안토니오가 여기 잠들어 있다. 그는 1344년 11월에 저세상으로 갔다."

현재까지의 연구에 따르면 이들은 제노바 출신의 귀족 상인 도메티코 데 빌리오니Domenico de Vilioni의 자녀들이다. 다만 이들이 베네치아 출신이라는 견해도 있다. 그러나 14세기 중엽 원의 수도였던 베이징을 포함한 중국 남부의 상업 도시에서 활동했던 유럽 상인들 대다수가 제노바 상인이었음을 고려하면 이들이 제노바 출신일 가능성이 더 높다. 14세기 상인들이 라틴어를 읽고 쓸 줄 몰랐다는 점을 고려하면 아마도 남매가 사망했을 때 양주에 라틴어를 아는 유럽 성직자가 비문 제작에 참여했을 것으로 보인다. 실제로 당시 프란체스코 수도사들이 양주에서 포교 활동을 하고 있었고, 아마도 이들이 남매의 비문을 제작하

양주에서 발견된 카타리나 빌리오니의 묘비

양주에서 발견된 안토니오 빌리오니의 묘비

는 데 도움을 주었을 것이다. 묘비에 비문과 그림을 새긴 사람은 중국인 도공이었을 것이다. 묘비에 조각된 성모 마리아는 관음보살의 모습을 하고 있다. 성모 마리아의 이미지를 본 적이 없는 중국인 도공이 일상에서 자주 접하는 관음보살의 모습으로 성모 마리아를 조각했을 것이다. 묘비의 테두리 문양이 이슬람 양식이라는 점은 양주에 유럽 기독교 상인뿐만 아니라 이슬람 사람들도 많이 진출해 있었음을 증명한다. 실제로 몽골 시대 양주뿐만 아니라 원 제국의 여러 교역 도시에서 만들어진 묘비 중에는 이슬람인들의 묘비가 다수 있었다.

중국 항저우 봉황사에는 몽골 시대에 만들어진 이슬람교도들의 묘비 21기가 남아 있다. 비문은 아랍어와 페르시아어로 새겨져 있다. 그중 하나는 1307년 항저우에서 사망한 호자 야간 투그릴 벡 아이쿨리의 아들 호자 후삼 알 딘Khwaja Husam al-Din의 묘비이다. 비문은 아랍어로 되어 있으며, 비문 위에는 구름 위에 걸친 초승달과 반원이 구름을 감싸고 있는 그림이 그려져 있고, 테두리에는 기하학적 문양이 장식되어 있다. 이탈리아 출신 남매의 비문에 비해 이 이슬람교도의 비문은 상대적으로 길다. 비문에 "추방자의 죽음과 순교"라는 종교적 문구와 여행에 관한 이야기가 나오는데, 이는 망자가 상인이었음을 암시한다. 항저우에 아랍인이나 페르시아인들이 본격적으로 진출해서 활동하기 시작한 것은 몽골 시대 들어서였다(성백용 외, 2021). 이슬람 상인 이외에 유럽 상인과 선교사들도 항저우에서 정착해 활동했다. 이런 비문들을 통해서 몽골 시대 기독교인들과 이슬람인들이 중국 도시들까지 진출해서 활동했음을 알 수 있다.

지중해 세계에서 중국에 가져간 물건들 가운데 가장 인상적인 반응을 불러일으켰던 것은 말이었다. 1342년 원 제국의 대칸 토곤테무르(Toghon Temur, 재위 1333-1370)는 화공 주랑(주백기, 1298-1369)에게 교황이 보내온 유럽산 말을 그리게 했다. '천마'라 불리는 이 말은 칠흑색에 두 뒷발굽이 희며 몸집이 크고 건장했다. 또한 금 고삐와 육중한 굴레가 채워져 있었다.

대칸은 천마를 위한 다음과 같은 송시를 짓게도 했다.

"하늘의 아들은 자비롭고 현명하여 모든 나라가 그에게 복종한다.

천마는 서방의 서쪽에서 왔다.

검은 구름이 천마의 몸을 덮고 있고, 두 말발굽은 비취색이다.

키가 5척 이상이고 길이는 보통 말의 2배나 된다.

일곱 대양을 가로질러 오면서 천마의 몸은 날아온 것 같다.

일곱 대양은 천마의 수행원 같았고, 천둥이 그들의 뒤를 따랐다.

동틀 무렵 황제께서 선정전에 계실 때 갑자기 서풍이 일면서 용의 머리와 불사조의 가슴, 그리고 번개를 뿜어내는 눈을 한 천마가 모습을 드러냈다."(성백용 외, 2021)

불랑국헌마도권

어떻게 교황이 원 제국의 대칸에게 천마를 선물로 보냈을까? 이야기는 교황청에서 베이징으로 파견한 북경 대주교 몬테코르비노가 사망하면서 시작되었다. 몬테코르비노가 사망하자 대칸의 호위부대였던 알란족 수장들은 대칸에게 그를 대신할 후임 성직자를 요청했고, 대칸은 교황에게 사절단을 파견했다. 유럽 출신의 기독교도였던 알란족은 몽골의 정복 과정에서 포로로 잡혀 베이징으로 강제로 끌려왔고 나중에는 대칸의 친위부대 역할을 하게 되었다. 대칸은 기독교를 믿는 알란족 수장들의 요청을 거절할 수 없어서 교황에게 사절을 파견해 후임 북경 주교를 요청했다. 대칸은 교황에게 보낸 친서에서 유럽의 명마를 보내 달라고 요청했다. 대칸의 사절단은 주로 제노바 상인들과 알란족 출신으로 구성되었다. 사절단은 교황을 알현한 후 베네치아를 방문해 말을 구해달라는 요청을 베네치아 정부에 공식적으로 전달했다. 이에 베네치아 원로원은 회의를 열었고 말을 제공할 것을 결정했다. 하지만 어떤 이유에서였는지 알 수는 없지만, 사절단은 제노바에서 말을 구했다.

이렇게 해서 천마가 긴 실크로드를 통과해 원의 수도 베이징까지 가게 되었다.

이외에도 지중해 교류와 접촉은 이슬람 세계에도 수많은 흔적을 남겼다. 중세 지중해 세계에서 이슬람 교도는 교리상의 이유로 기독교 땅에 거주하거나 활동하는 것을 꺼렸지만, 기독교인들은 이슬람 땅에 자주 드나들었다. 그만큼 더 많은 흔적을 남길 수 있었을 것이다. 이러한 사실에도 불구하고 중세 이슬람 세계를 교류와 접촉을 막은 폐쇄적인 사회로 인식되는 경향이 있다. 하지만 이는 결코 사실이 아니다.

비잔티움제국을 무너뜨린 술탄 메흐메드 2세는 서유럽 기독교 세계와 적극적으로 교류하고자 했던 인물이다. 브로턴은 『르네상스』에서 메흐메드가 15세기 후반 지중해 르네상스 예술과 문화 교류를 주도했음을 보여주었다. 술탄은 더 나아가 이슬람, 기독교, 유대교 세계를 통일해 제국을 건설하고자 했다. 그런 연유로 알렉산더 대왕을 자주 모방했고, 콘스탄티노폴리스를 정복하고 난 후에는 로마제국 황제 즉 카이사르를 자처하고 나섰다. 그의 이런 주장과 행동은 허세가 아니었다.

1455년 피렌체 출신의 인문주의자 잔노초 마네티(Giannozzo Manetti, 1396-1459)가 위대한 정신을 가진 젊은 지배자이자 세상의 어느 군주보다 막강한 힘을 가진 오스만제국의 지배자로 치켜세웠을 정도로 술탄은 15세기 지중해 제일의 군주로서의 명성을 이미 얻고 있었다.

지중해 세계를 아우르려는 의지를 보였던 술탄은 기독교 세계에 자신에 대한 긍정적인 이미지를 심어보려고 했다. 정복만 일삼는 잔인한 독재자의 이미지가 아니라 지중해 고전 문명의 학문과 예술에 조예가 깊고, 지중해 여러 신앙을 끌어안을 수 있는 포용력이 있는 군주로서의 이미지를 만들려고 했다. 이러한 선전 정책으로 술탄은 1479년 베네치아 화가 젠틸레 벨리니를 이스탄불로 초대해 자신의 초상화를 제작하게 했다. 젠틸레는 술탄의 궁정에서 융숭한 대접을 받았고, 술탄으로부터 받은 많은 선물을 가지고 베네치아로 귀환했다. 선물 중에는 튀르크식으로 세공된 250크라운의 금목걸이가 포함되어 있었다. 젠틸레는 이후에 그린 <알렉산드리아에서 설교하는 산마르코>에 이 목걸이를 걸고 있는 자신을 그려 넣기도 했다. 젠틸레는 술탄의 호의와 값비싼 선물 등 이스탄불 체류 경험을 이 그림 속에 녹여냈다.

술탄은 젠틸레 이전에도 유럽 화가들을 자신의 궁정에 초청했었다. 1461년 이스탄불에 주재하는 베네치아 상인 지롤라모 미키엘Girolamo Michiel을 통해 리미니의 영주 시지스몬도 말라테스타(Sigismondo Malatesta, 1417-1468)에게 편지를 보내 화가 마테오 데 파스티(Matteo di Andrea de Pasti, 1420-1468)를 자신의 궁정에 보내 달라고 요청했다. 하지만 이 초청은 성사되지 못했다. 베네치아는 파스티가 문화 대사가 아니라 정치적 밀약을 맺기 위한 외교 특사라는 첩보를 확보하고, 그를 크레타섬에서 체포해 리미니로 강제로 압송했다.

반면 페라라 출신의 화가 코스탄초 데 모이시스(Costanzo de Moysis,

1450-1524)가 술탄 메흐메드 2세의 이스탄불로 가서 작업했다. 그는 페라라에서 출생했지만, 나폴리 왕실에서 주로 활동하고 있었던 인물이다. 메흐메드 2세는 나폴리 왕과의 외교적 관계를 회복하면서, 화가를 보내 달라고 요청했다. 나폴리 왕 페르디난도 1세(간단하게 페란테로 불리기도 함, 재위 1458-1494)는 코스탄초를 파견했다. 그는 1475년에서 1478년까지 술탄을 위해서 유럽풍과 오스만 및 페르시아풍을 혼합한 그림과 소묘 그리고 두 개의 메달을 제작했다. 그가 제작한 한 메달에는 아시아와 그리스의 황제라는 이름이, 또 다른 메달에는 비잔티움 황제라는 이름이 새겨져 있다. 그가 그린 <앉아 있는 서기>는 오스만 서기를 그린 그림으로, 그림의 오른쪽 위에는 페르시아어가 적혀있다. 15세기 페르시아 예술가 비흐자드(Bihzad, 1450-1535)는 이 그림을 참조해 <튀르크 복장을 한 어느 화가의 초상>을 그렸다.

로렌초 데 메디치는 위대한 정복자 술탄을 찬양하는 메달을 제작해 술탄에게 선물로 보냈다. 1480년 로렌초는 피렌체 출신의 화가 베르톨도 디 조반니Bertoldo di Giovanni에게 술탄 메흐메드 2세의 초상 메달을 제작하게 했다. 조반니는 벨리니의 초상화를 참조했던 것 같다. 술탄은 군신 마르스가 고삐를 잡은 두 마리 말이 끄는 마차에 타고 있으며, 왼손으로는 마차 뒤에 있는 세 명의 나체의 여성을 묶고 있는 줄을 잡고 있다. 이 세 명의 여성은 술탄이 정복한 아시아, 트레비존드, 그리스다.

술탄 메흐메드 2세는 예술가들 외에도 이탈리아 출신의 인문주의자들을 자신의 궁전에 불러들였고, 이들에게 헤로도토스, 리비우스 등의 고전 작품들과 교황의 연대기를 읽게 했다. 프톨레마이오스의 지리학, 호메로스의 일리아드, 그 외에 그리스어와 히브리어로 된 희귀한 장서를 수집했으며, 이렇게 완성한 그의 서가는 동시대 서유럽 제일의 서고였던 메디치 서고에 뒤지지 않았다. 그는 장서를 수집해, 그리스

코스탄초 데 모이시스, <앉아 있는 서기>, 1479-1480년

비흐자드, <튀르크 복장을 한 어느 화가의 초상>, 1480년경

베르톨도 디 조반니의 술탄의 초상 메달, 1480년경

어, 라틴어, 아랍어 필사본을 만들었다. 1465년 교황 피우스 2세가 이스탄불에 파견한 비잔티움제국 출신의 트라페준티우스(Trapezuntius 또는 George of Trebizond, 1395-1486)는 자신이 번역한 프톨레마이오스의 『알마게스트』를 술탄에게 헌정했다. 그는 약간 아부가 섞인 어투로 술탄을 학문과 과학을 애호하는 학자로 그렸다.

"술탄께서는 페르시아어와 그리스어 철학 서적의 아랍어 번역본들을 읽고 궁정 학자들과 즐겨 논의하셨다. 유명한 지리학자 프톨레마이오스의 저서들을 탐독하신 술탄께서는 그 내부 지도들이 산만해 알아보기 어렵다는 사실을 알아차렸다. 그래서 술탄께서는 철학자 아미루체스Amirutzes에게 더 명확하고 이해하기 쉬운 지도를 새로 제작하라고 명하셨다. 아미루체스는 (이 명령을) 감사하게 받아들여 정성스레 작업했다. 그는 여름 내내 일을 하여 하천과 섬, 산, 도시, 그리고 기타 지형들을 꼼꼼하게 그려 넣었다. 그리고 거리의 축적 단위까지 계산하여 삽입했다. 그는 그것을 술탄께 헌정하여 관련 학문과 과학에 커다란 도움을 주었다. 아미루체스는 아랍어와 그리스어에 모두 능통한 아들을 통

해 지역과 도시의 이름을 아랍어로 표기했다."(자딘, 2003)

트라페준티우스가 이런 찬사를 썼던 이유는 술탄의 측근이 되고 싶었기 때문이다. 지중해 전역에서 학자와 장인들이 술탄의 궁정으로 몰려들었다. 트라페준티우스는 『기독교 신앙의 진실에 관하여』라는 책의 서문에서 술탄에게 기독교와 이슬람을 통일할 수 있는 군주가 될 것을 촉구했다.

"오, 고귀하신 군주시여, 진정한 술탄이시여. 아시다시피 인류는 세 부류, 즉 이슬람인, 유대인, 기독교인으로 이루어져 있습니다. 유대인은 소수이고 분산되어 있습니다. 그러나 기독교인들은 수가 많고 위대하며, 영향력이 있고 현명하고 선량합니다. 그리고 이슬람인은 아주 위대하고 존경할 만합니다. 만일 누군가가 기독교인과 이슬람인을 하나의 종교로 통합한다면 하늘과 땅에 맹세코 그분은 모든 인류의 영광을 받아 천사의 반열에 오르게 될 것입니다. 존경하는 군주시여, 이 과업은 당신만이 완수할 수 있습니다."(자딘, 2003)

톱카프 궁전

그의 말처럼 명실공히 술탄은 15세기 중엽 지중해 제일의 군주였다. 영토와 권력에서 그를 능가할 군주는 없었다. 술탄은 이를 가시적으로 보여주기 위해 새로 정복한 비잔티움제국의 수도였던 콘스탄티노폴리스를 새로운 제국의 수도로 삼고 지중해 제일의 도시로 만드는 작업에 착수했다. 그는 이탈리아 건축가들을 불러와 톱카프 궁전 건설에 참여시켰고, 그렇게 해서 고전 시대의 양식, 이슬람 양식, 이탈리아 양식이 혼합된 궁전이 만들어졌다. 15세기 후반 메흐메드 2세의 궁정은 비잔티움제국 출신의 그리스인, 오스만인, 페르시아인, 서유럽인, 유대인, 아르메니아인, 몽골인이 상품을 사고팔며, 학문, 지식과 예술을 교류하는 지중해 제일의 교류의 장이었다. 메흐메드 2세는 정치, 군사, 교역, 문화, 예술 등 모든 분야에서 지중해 제일을 자랑하는 제국의 지배자이길 원했다.

11장

타자의 세계로 들어간 순례자들

1. 순례: 낯선 세계로 떠나는 위험천만한 모험

중세 지중해 교류의 여러 유형 가운데에는 순례라는 종교적 목적의 여행도 있었다. 순례는 종교의 성지를 찾아가서 경배하고 죄를 뉘우치는 행위로서, 많은 종교에서 중요한 종교 행위로 규정했다. 지중해에서 탄생했던 유대교, 기독교, 이슬람교 역시 순례를 종교적 의무로 삼아 실천하도록 했고, 신의 참뜻을 깨닫기 위한 길이라고 여겨 신자들에게 권했다.

기독교인들에게 가장 중요한 순례 장소는 예루살렘, 로마, 콤포스텔라였다. 로마는 사도였던 베드로와 바울이 순교한 성스러운 곳이고, 서유럽 가톨릭을 이끄는 수장인 교황의 거처였기에 기독교인들에게 중요한 순례 장소였다. 이베리아반도 서북단에 있는 산티아고 데 콤포스텔라는 사도였던 성 야고보의 유해가 최종적으로 안치된 곳이다. 반면 예루살렘은 이슬람교 성립 이후 중세 내내 대체로 이슬람의 지배하에 있었다. 따라서 기독교 순례자들은 무슬림이 허용해야만 예루살렘 순례를 할 수 있었다. 게다가 예루살렘은 기독교의 성지이기도 하지만 이슬람과 유대교의 성지이기도 했다. 그런 연유로 예루살렘으로의 순례는 타 종교 순례자를 대하는 현지 지배자나 관원들의 태도와 입장, 정치 군사적 상황 등에 따라 부침을 겪었다. 지금은 잘못된 역사 해석으로 간주되지만, 11세기 셀주크족이 예루살렘을 장악하고 기독교 순례자들의 예루살렘 순례를 막았기 때문에 교황이 예루살렘을 되찾자는 십자군 운동을 호소했다는 해석은 순례가 정치 상황의 변동에 크게 영향을 받을 수 있음을 보여준다.

이슬람의 대표 순례 장소는 창시자 무함마드와 관련된 메카와 메디나 그리고 예루살렘이다. 메카는 이슬람의 창시자인 무함마드가 태어나고 활동한 장소였고, 메카 근처의 히라 동굴은 천사 가브리엘로부터 계시를 받은 곳이었다. 따라서 메카는 이슬람에서 가장 중요하게 여기는 성지로서 메카 순례를 '하지'라 부르며 이슬람의 일곱 가지 핵심 의무 중 하나로 규정했다. 이 교리에 따라 무슬림은 평생 한 번은 메카를 순례해야만 했다. 오늘날에도 매년 엄청난 수의 무슬림들이 메카를 순례한다. 메디나는 무함마드가 탄압을 피해 옮겨간 거처였다. 이슬람에서는 메디나로 옮겨간 사건을 헤지라(성천)라 부르며 이슬람력의 기원으로 간주할 정도로 중요시한다. 예루살렘은 무함마드가 성천한 장소였고, 이 사건을 기념해 그곳에 이슬람 사원을 건설했고 알아크사 사원이라고 불렀다.

이렇게 순례는 종교적 실천의 중요한 방식이었지만, 그것은 사실 큰 모험이기도 했다. 그것은 자신의 거주지와 환경을 벗어나 낯선 세계로의 여행이기도 했고, 특히 지중해 세계에서 기독교인의 종교 순례는 이교도 지역으로 가야만 하는 위험한 시도였다. 기독교의 가장 중요한 성지인 예루살렘이 타 종교의 지배하에 있었기 때문이다. 위험은 그것만이 아니었다. 가령 북유럽의 순례자들이 로마로 순례를 가기 위해서는 알프스를 넘어야 했는데, 이곳이 산적 등이 자주 출몰하는 지역이었다. 반면 이슬람의 3대 성지는 중세 대부분의 시기에 무슬림 지배하에 있었기 때문에 무슬림의 성지 순례는 상대적으로 용이했다고 말할 수도 있다. 하지만 이쪽도 모험이기는 마찬가지였다. 지중해 전역에 흩어져 있는 무슬림들이 메카와 메디나로 순례를 떠나는 것은 그렇게 쉬운 일이 아니었기 때문이다. 서지중해의 무슬림들이 메카로 순례 여행을 하는 경우 선박을 이용하는 것이 편리했는데, 중세 후반 지중해 수송은 주로 이탈리아 선박이 담당했기 때문이다. 한 달 넘게 선상에서 기독교인들과 근접 거리에서 지내야만 했고 해적도 많아서, 이슬람의 순례 역시 쉬운 일이 아니었다.

이러한 여러 위험에도 불구하고 중세 지중해 세계에서 순례 여행은 계속되었다. 왜 순례자들은 목숨을 잃을 수도 있는 위험을 무릅쓰고 고난의 여정을 감행했을까? 무엇보다도 순례자들의 종교적 열정과 신앙심이 가장 중요한 동기였을 것이다. 그리고 무슬림에게 메카 순례는 평생 한 번은 해야 하는 의무였다. 이러한 종교적 동기 내면에는 죄를 뉘우치고 구원을 받고자 하는 열망이 있었다. 예루살렘 순례를 다녀온 기독교인들에게 교회는 잠벌temporary punishment, 즉 성직자의 보속penances 후에도 여전히 남아 있는 처벌을 면제해주는 면벌부를 부여했는데, 이 면벌부를 얻고자 하는 바람이 예루살렘 순례를 결심하는 데 큰 영향을 미쳤다. 성지 순례를 독려하기 위해 교회는 중세 말로 갈수록 면벌부의 사면 기간을 늘렸다. 뿐만 아니라 순례자의 친족들까지도

죄 사함을 받을 수 있었다. 성 유물과 유적을 참배하고자 하는 열망도 순례의 중요한 동기였다. 중세 기독교인들은 성 유물을 직접 참배하고 만지면 병이 낫는다고 믿었다. 따라서 병을 앓고 있는 사람들은 해당 질병에 특효가 있다는 특정 순례지를 찾아가곤 했다. 12세기 이베리아 반도의 무슬림도 자신의 죄를 뉘우치고 용서를 구하기 위해 메카 순례를 했다. 물론 신앙심이라는 종교적 동기뿐만 아니라 세속적인 이유도 있었다. 오늘날 관광 여행처럼 중세 순례자들도 관광객의 마음으로 이국적인 땅을 여행하고 자랑하고 싶은 세속적인 욕구를 가지고 있었다.

영국 출신의 윌리엄 웨이(William Wey, 1407-1476)는 옥스포드에서 교육을 받고 여러 대학에서 학생들을 가르쳤던 학자였다. 그는 예루살렘 순례를 다녀온 뒤 순례 여행기를 썼는데, 여기에서 순례를 해야 하는 몇 가지 이유와 정보들을 다음과 같이 제시했다.

1. 성지 순례를 원하지 않는 감사할 줄 모르는 사람들에 대한 그리스도의 꾸짖음
2. 그리스도의 명령
3. 히에로니무스의 권고
4. 성지 순례자 본인과 연옥에 있는 그의 친척들에게 부여되는 면벌부와 사면
5. 신앙을 고취하기 위해 교황 레오 1세가 예루살렘 주교에게 보낸 편지
6. 성지에서 해야 할 일들과 체류일 수
7. 순례자들이 성지에서 참배할 장소
8. 성지의 여러 장소에서 발급하는 면벌부
9. 성지에서 기록할 만한 일들

10. 성지로 가는 여행에서 참배하게 되는 다양한 성유물과 유적들

이런 시대적 배경 하에서 중세 지중해 순례는 어쩔 수 없이 타 종교와 타 문명권 사람과 접촉하는 계기가 되었다. 순례자는 자아와 타자를, 자신의 신앙과 다른 종교를 비교하고 구분하면서 자신의 정체성을 재확인하는 경험을 했다. 특히 중세 순례처럼 어렵고 힘든 여행일수록 자신이 사는 익숙한 공간과 낯선 공간을 비교하게 된다. 순례를 포함한 대다수 여행은 집처럼 편안하고 좋은 곳이 없다는 속담을 떠올리게 했고, 여행자는 계속해서 집과 타향, 자신과 타자 간의 차이를 비교했다. 대체로 중세 순례자들은 종교 간의 차이를 지적하면서 타 종교를 비난하는 경우가 일반적이었다. 당시 순례자들은 자신이 기존에 가지고 있는 도덕적, 사회적, 종교적, 윤리적 규범에 근거해 타 종교와 종교인들을 비교했다. 특히 중세 예루살렘 순례 여행을 했던 기독교인들은 이슬람에 관한 정확한 정보를 많이 가지고 있지 않았고, 그나마 이슬람에 대해 알고 있는 것은 대체로 오해와 과장된 소문에서 나온 것이었다.

순례자들은 같은 신앙을 가진 사람들에 대해서도 종종 자신과 구분하고 타자화하거나 바른 신앙에서 벗어난 사람으로 질타했다. 12세기 이베리아반도 출신의 한 무슬림 순례자는 여행 도중 만난 일부 무슬림을 진정한 무슬림이 아닌 타자 즉 이교도로 보았다. 그가 보기에 도시에 살면서 옷을 잘 차려입고, 몸을 정결히 하고, 세금을 잘 내는 무슬림만이 진정한 무슬림이었다. 무슬림 순례자들만 그랬던 것은 아니었다. 기독교인 역시 종파와 지역에 따라 서로를 적대하곤 했다. 중세 말 베네치아 순례선을 이용해 예루살렘을 다녀왔던 유럽 여러 국가의 순례자들은 서로를 하나의 통일된 기독교 공동체에 속한다고 생각하지 않았다.

그렇기에 순례를 통한 접촉은 상식적으로 기대할 수 있는 것보다 훨씬 복잡하게 상호 관계와 인식에 영향을 미쳤을 것으로 추정된다. 하지만 한 가지 분명한 것은 순례라는 짧다면 짧았다고 할 수 있는 이 여행은 대체로 불쾌한 기억을 남겼고, 결국 타자나 타 종교를 배척하는 역할을 하면서 문명적 정체성을 강화하는 경향이 있었다. 실제로 순례자들이 여행 과정에서 무엇을 보고 느꼈는지를 그들이 남긴 순례 여행기에서 살펴보도록 하자.

2. 기독교인들의 예루살렘 순례

중세 서유럽 기독교인들에게 예루살렘 순례는 여러 면에서 어려운 일이었다. 1323년 예루살렘 순례를 다녀온 시몬 시메오니스Simon Simeonis는 자신의 여행기에서 "우리 주의 성묘로 순례 여행을 가고자 하는 사람들에게 세 가지 가방이 필요합니다. 그것은 인내심의 가방, 돈 가방, 그리고 신앙의 가방입니다."라고 말하면서 성지 순례의 어려움을 토로했다. 6개월 이상 소요되는 성지 순례를 하려면 많은 경비가 소요되었고 그 외에도 여행 중에 도사리고 있는 각종 위험을 무릅쓸 용기와 인내심이 필요했다는 것이다. 일반 도시민들은 몇 년 치 급료를 지불해야만 성지 순례를 다녀올 수 있었다. 여행 도중 병이나 사고로 목숨을 잃을 가능성도 높았고, 무슬림이 지배하는 영토를 경유해야만 했다. 그렇기 때문에 예루살렘 순례를 했던 브란덴부르크 백작은 순례는 가급적이면 피해야 한다고까지 충고했다.

그렇지만 중세 말 베네치아가 제공하는 예루살렘 정기 순례 선단을 이용하면 그나마 안전한 순례 여행을 할 수 있었다. 베네치아는 순례자들에게 교통편뿐만 아니라 여러 편의를 제공했다. 가령 예루살렘이 맘루크제국의 영토였을 때 베네치아는 성지 예루살렘을 방문할 수 있는 통행 허가증을 당국으로부터 대신 받아주었다. 이것은 매우 유용하면서도 특별한 서비스였다. 왜냐하면 예루살렘이 12세기에 100여 년 정도 기독교인들의 수중에 있었던 적이 있었지만 대체로 이슬람의 영토였기 때문이다. 여러 면에서 베네치아는 예루살렘으로 가는 기독교 순례자들에게 최적의 출발지였다. 1480년 베네치아 순례선을 이용해 성지 순례를 다녀왔던 밀라노 출신 성직자 산토 브라스카Santo Brasca는 자신의 여행기에서 베네치아는 세상의 어떤 도시보다 편리한 교통로를 제공하고, 매년 순례자 수송을 위해서 갤리선을 운영하고, 승선할 때 가지고 갈 물건을 가장 쉽게 구할 수 있기에 이 도시를 선택했다고 말했다.

산토 브라스카 외에도 1480년 순례 선단을 타고 성지 순례를 다녀와 순례 여행기를 남긴 사람들이 있다. 독일 출신으로 울름 지역의 도미니쿠스 수도사였던 펠릭스 파브리Felix Fabri, 프랑스 노르망디 지방인 베르농의 사제였던 피에르 바르바트르Pierre Barbatre, 그리고 익명의 프랑스인도 순례 여행기를 저술했다. 당시 예루살렘 순례를 다녀오고 여행기를 남길 수 있는 사람은 극소수였고, 대다수가 성직자였다. 이렇게 사료가 한정되어 있어서 많이 아쉽기는 하지만, 이들이 남긴 여행기는 예루살렘 순례가 무슬림에 대한 기독교인의 인식에 어떤 영향을 미쳤는지를 어느 정도 짐작할 수 있게 해준다.

1480년 6월 6일 네 명의 순례 여행기 저자를 포함해 약 백 명의 순례자를 실은 베네치아 대형 갤리선 콘타리니호가 성지를 향해 베네치아에서 출항했다. 순례선의 선장은 지중해 항해에 경험이 많은 아고스

베네치아 순례선 콘타리니호

티노 콘타리니Agostino Contarini였다. 베네치아를 출발한 콘타리나호가 최종 목적지인 야파 항에 도착하는 데는 50일 정도가 소요되었다. 일반적으로 베네치아에서 야파까지의 항해에는 5주 정도면 충분했기에, 50일간의 항해는 매우 예외적이었다. 평소보다 더 오래 걸린 이유는 기상 상황이 좋지 않았고, 오스만 함대가 동지중해에서 해상 작전을 펼치고 있었기 때문이었다. 1463년부터 1479년까지 계속되었던 베네치아와 오스만제국 간의 해상 전쟁은 종결되었지만, 여전히 동지중해에는 긴장이 고조되어 있었다. 오스만 함대의 위험성에 대해서는 이미 출발 전에 논란이 있었다. 순례선이 코르푸항 근처에서 베네치아 정찰 선단과 조우했고, 선단장 비토레 소란초Vittore Soranzo로부터 예루살렘으로의 항해가 위험할 수 있다는 경고를 들었다. 350척의 오스만 함대가 로도스섬을 포위하고 있으며 또 다른 64척의 함대는 발로나의 전력을 강화하기 위해 가고 있기에 항해를 중단하라고 충고했다. 정찰 선단장의 경고를 전해 들은 순례자들은 크게 동요했고, 제네바와 르망의 주교 그리고 22명의 다른 순례자들은 예루살렘으로의 항해를 포기하고 본국으로 귀환을 선택했다.

긴 항해 끝에 목적지인 예루살렘에서 그리 멀리 떨어지지 않은 야파 항구에 도착했지만 바로 하선할 수 없었다. 지루하고 엄격한 입국 절차가 기독교 순례자들을 기다리고 있었고, 이것이 무슬림에 대한 거부감을 자극하기도 했다. 우선 맘루크제국의 관리에게서 통행 허가증을 받아야 했다. 선장은 서기와 두 명의 통역관을 라마Rama로 파견해 맘루크제국의 고위 관리에게 순례선의 도착을 알리고 통행증을 받아오도록 명했다. 연락을 받은 술탄의 관리들은 통역을 맡은 현지 기독교인들, 순례자를 실어 나를 노새와 나귀, 말, 낙타를 데리고 나타나서 순례자 본인과 아버지의 이름을 꼼꼼히 기록한 후 하선을 허락했다. 순례자 일행은 동굴 숙소로 안내되었는데 그곳에서 그들을 기다리고 있었던 것은 불편함과 모욕이었다. 산토 브라스카는 자신들을 가축 헤아리듯 인원을 점검하고 또 점검했다고 불쾌한 감정을 토로했다. 동굴에서 물건을 서로 사고팔던 기독교인들은 무슬림 감시병들로부터 구타를 당하기도 했다.

동굴을 떠나 예루살렘으로 가는 여정은 순탄하지 않았다. 익명의 프랑스 순례자는 "무슬림 안내원들은 우리에게 걷는 것조차 허용하지 않았고, 걷는 대신 노새를 이용하도록 강요하면서 큰 이익을 챙겼다. 기독교인들이 이슬람 땅을 밟을 자격이 없다고 말하면서 기독교인들을 모욕했다."라고 말하면서 적대감을 표출했다(Schefer and Cordier ed., 1882). 실제로 일행 모두는 어떤 기독교인도 이슬람 땅을 감히 밟아서는 안 된다는 사실을 알고 크게 낙담했다. 또한 순례자들은 도중에 무슬림 관리들로부터 돈을 요구받고 포도주와 다른 물건들을 빼앗기기도 했다. 이것으로 끝이 아니었다. 순례자 일행은 아랍과 에티오피아 출신의 도적떼를 만나기도 했다. 그들은 활, 칼과 돌로 순례자 일행을 위협했지만, 다행히도 무슬림 안내자들이 최선을 다해 이 도적떼의 공격을 막아내 아무도 크게 다치지 않았다. 그렇지만 이 사건을 겪고 나서 프랑스 출신의 순례자 바르바트르는 "이곳은 상상할 수 있는 가장 끔찍한 곳이다."라면서 이슬람 땅을 통과하는 성지 순례가 고난 그 자체였다고 토로했다.

많은 기독교 순례자가 예루살렘에서 본격적인 성지 순례를 하면서 무슬림들이 성묘 교회에서 예수와 마리아를 경배하는 것을 보고 놀라워했다. 또한 무슬림들이 예수가 탄생한 동굴에 와서 신발을 벗고 예배하는 장면을 목격하고 의아하게 생각하기도 했다. 이런 반응은 순례자 대다수가 이슬람의 교리에 무지했음을 보여준다. 보통의 기독교 순례자들은 이슬람을 기독교와는 완전히 다른 종교이고, 무슬림들은 싸워 섬멸해야 할 이교도라고 생각하고 있었기 때문에 예수와 마리아를 경배하는 무슬림의 모습을 보고 놀랄 수밖에 없었을 것이다.

일부 순례자들은 무슬림이 예수와 마리아는 경배하지만, 기독교의 핵심 교리인 삼위일체를 믿지 않는다는 사실에 놀라워했다. 조르주 랑게랑Georges Lengherand은 자신의 여행기에서 "그들은 신은 아내가 없기 때문에 아들을 가지는 것이 불가능하다고 말하면서 삼위일체를 부정한다. 그들은 또한 마리아의 아들인 예수 그리스도가 정의로운 신이 창조한 올바르고 성스러운 예언자임을 확신하고 이를 고백하면서도 신에게 아들이 있다면 세상은 위험과 분열에 빠지게 될 것이라고 생각한다. 왜냐하면 일부는 아버지 신을 따르고, 다른 사람들은 아들을 따르고, 아들은 아버지에게 복종하지 않고, 그래서 그것에서 큰 악이 발생하기 때문이라고 한다. 참으로 멍청한 이야기다."(Lengherand, 1861)라고 쓰고 있다.

순례를 오기 전에는 이슬람에 대해 무지했던 대다수 순례자는 여행 과정에서 알게 된 이슬람 교리들에 대해 놀라거나 비난하곤 했다. 기독교인들이 강하게 비판했던 교리 중 하나는 이슬람의 천국에 관한 것이다. 조르주 랑게랑은 자신의 여행기에서 이슬람의 천국은 마음대로 먹고 마시며, 악과 보석이 넘쳐나고, 모든 육체적 쾌락을 마음껏 즐길 수 있는 한마디로 소돔과 같은 곳이라고 강하게 비난했다. 당연히 기독교 순례자들은 자신의 여행기에서 이슬람의 창시자인 무함마드를 가장 악한 인간pessimus homo, cautus et maliciosus으로 폄하했다. 두 종교 간의 교리상의 차이는 순례 도중에 논쟁이나 싸움을 야기할 소지가 있었다. 그런 이유로 순례자를 안내하는 일종의 가이드 역할을 했던 프란체스코 수도회 소속 수도사들은 기독교 순례자와 현지 무슬림 간의 교리 논쟁이 벌어질 것을 매우 우려했다. 수도사들은 순례자들에게 이런 불상사가 발생하는 것을 사전에 예방하는 차원에서 이슬람에 관한 간단한 교육을 했고, 가능하면 교리 논쟁에 휘말리지 말 것을 당부하기도 했다.

기독교 순례자들은 교리 이외에도 자신들과 다른 이슬람의 생활 방식과 전통에 대해 부정적인 평가를 했다. 대체로 남성이었던 기독교 순례자들은 무슬림 남성이 앉아서 소변을 보는 것을 목격하고, 이를 강하게 비난했다. 이슬람 교리는 포도주를 금하지만, 현실에서는 무슬림들이 포도주를 몰래 마신다고 비꼬기도 했다. 텐트를 거주지로 사용하는 베두인족의 생활 방식도 경멸의 대상이었다. 기독교 순례자들은 텐트 생활을 하는 베두인족을 짐승으로 묘사하곤 했다.

예루살렘 순례를 마치고 야파 항구로 돌아가는 여정 또한 순탄하지 않았다. 도중에 일행은 칼과 창으로 무장하고 말을 탄 20명의 강도를 만났고 몸값을 내도록 요구받았다. 무슬림 안내원들은 사전에 강도들에게 돈을 주는 것이 나을 것이라고 조언했지만 순례자들은 듣지 않았다. 결국 전투가 벌어졌고 순례자 안내를 맡고 있었던 현지 프란체스코 수도회 수속 안내자가 머리에 창을 맞았다. 결국 합의가 이루어졌고 도적들은 돈을 받고 순례자 일행을 라마 근처까지 데려다주었다. 라마를 출발해 야파로 가는 도중에는 작은 마을의 무슬림 주민들이 순례자 일행에게 돌을 던지고 침을 뱉었고, 그 과정에 오물을 뒤집어쓴 순례자도 있었다.

성지 순례 과정에서 겪은 무슬림 안내인의 강압과 모욕적인 행동, 도적의 약탈, 현지 무슬림 주민들의 야유와 비난 등의 불미스러운 사건들은 기독교 순례자들에게 무슬림에 대한 악감정을 부추겼음이 분명하다. 그런 점에서 예루살렘 순례는 무슬림과 직접 만나서 서로를 좀 더 잘 이해하는 기회가 되기보다는 무슬림에 대한 부정적인 인식을 더욱 강화하는 경향이 있었다.

3. 이베리아반도 출신의 무슬림 이븐 주바이르의 메카 순례

이베리아반도 출신의 무슬림인 이븐 주바이르(Ibn Jubayr, 1145-1217)는 1183년 2월 3일 그라나다를 출발해 메카와 메디나로 순례를 떠났다. 여행은 2년 3개월 동안 계속되었고, 1185년 4월 25일 고향으로 돌아왔다. 그리고 25년의 세월이 흐른 뒤에 순례 여행기를 썼다. 이븐 주바이르의 이 여행기는 무슬림 여행자들의 순례 교본이 되었고, 이븐 바투타 등 여러 사람이 그의 순례기를 바탕으로 여행기를 작성했다. 1182년 주바이르가 메카 순례를 결심한 이유는 물론 메카 순례가 무슬림으로서 평생 적어도 한 번은 해야만 하는 의무라서였겠지만, 정작 본인은 자신의 잘못을 뉘우치고 회개하고자 하는 욕구 때문이었다고 쓰고 있다. 1182년 주바이르는 음주를 강요하는 군주의 협박에 가까운 명령 때문에 포도주를 마시지 않을 수 없었는데, 이를 참회하려고 메카로의 순례를 결심하게 되었다는 것이다.

주바이르가 남긴 메카 순례 여행기에는 이베리아반도 출신의 무슬림 학자이자 관리라는 그의 정체성이 드러난다. 그는 1145년 발렌시아에서 태어났고, 재무 관리였던 아버지 덕분에 유복한 유년기를 보낼 수 있었다. 그의 조상은 8세기에 이베리아반도로 이주해온 무슬림이었다. 그는 신앙심이 깊고 코란을 잘 아는 무슬림, 알모하드 왕국에 충성하는 관리, 안달루시아 사람이라는 정체성을 가지고 있었다. 그는 잘 차려입고, 몸을 정결하게 하고, 세금을 잘 내는 사람이 진정한 무슬림이라고도 생각했다. 결국 그가 살아온 배경과 경험들이 여행 도중 만났던 다른 왕국이나 지역의 무슬림들을 판단하는 기준이 되었다. 그는 순례 중 만난 무슬림들의 부정하고 부당한 행동을 접하면서, 알모하드 왕국의 무슬림 외에는 진정한 무슬림이 없다는 말까지 했다. 특히 메카로 가까워질수록 현지 무슬림들이 무슬림 순례자를 대하는 태도가 나빠졌다고 말하며 기존의 강경한 생각을 더욱 굳혀갔다.

주바이르가 메카 순례를 다녀왔던 1180년대는 지중해에서 기독교와 이슬람 사이의 갈등이 고조되어 있었던 십자군 전쟁 시기였다. 실제로 그가 메카 순례를 마치고 귀환하는 배를 타기 위해 아크레 항으로 가는 도중에 기독교와 이슬람 간의 전투가 벌어지고 있었다. 아직은 본격적인 3차 십자군 전쟁(1189-1192)이 시작되기 전이었지만 시리아와 팔레스타인 지역에서는 이미 교전이 벌어지고 있었다. 주바이르가 순례를 떠날 무렵 동지중해에서 두 종교의 관계가 일촉즉발의 위기 상황임을 알고 있었는지는 확실하지 않다. 그렇지만 주바이르는 이베리아 반도뿐만 아니라 다른 지역에서도 기독교와 이슬람 간의 전투가 벌어지고 있었고, 메카 순례를 가는 도중 기독교 영토를 경유해야 한다는 사실을 이미 알고 있었을 것이다.

이러한 위험을 알고도 주바이르는 메카 순례를 다녀오면서 기독교 세계로 깊숙이 들어갔다. 그는 지중해 왕복 항해에서 모두 기독교 선박, 구체적으로는 제노바 선박을 이용했다. 항해 도중 만난 다른 선박들도 모두 기독교 선박이었다. 그는 북아프리카 세우타항에서 1183년 2월 29일 제노바 선박에 승선했고, 같은 해 3월 26일 알렉산드리아에 도착했다. 메카 순례를 마친 주바이르는 1184년 10월 18일 시리아의 항구 도시 아크레에서 다른 제노바 선박에 승선해 귀향길에 올랐다. 이 선박에는 주바이르를 포함한 50명의 이슬람 순례자가 탑승하고 있었다. 이 선박은 12월 8일 시칠리아의 메시나 항구 근처에서 난파했다. 시칠리아 왕의 도움으로 구조된 주바이르는 메시나에서 12월 18일 소형 선박에 탑승해 또 다른 시칠리아의 항구 도시 테르미니Termini로 향했다. 그곳에서 다시 다른 선박을 임대했는데 선원들은 그 지역 출신들이었다. 목적지는 팔레르모였고, 그곳에서 1주일 머문 후에 트라파니Trapani로 가는 선박에 승선했다. 시칠리아 항구를 오가는 이 소형 선박들은 주로 시칠리아 선박이었을 것이다. 트라파니에는 안달루시아로 출항 예정인 선박과 북서아프리카의 세우타로 가는 선박이 정박하고 있었다. 두 선박의 소유주는 모두 제노바 출신이었다. 1185년 3월 13일 그는 팔레르모 항구에서 안달루시아로 가는 제노바 선박에 탑승했다. 주바이르가 승선한 선박은 다른 두 척의 기독교 선박과 함께 항해했다. 도중에 200명이 넘는 마그레브 출신의 순례자들을 태운 또 다른 제노바 선박과 우연하게 만나서 네 척이 선대를 지어 서쪽으로 향했다.

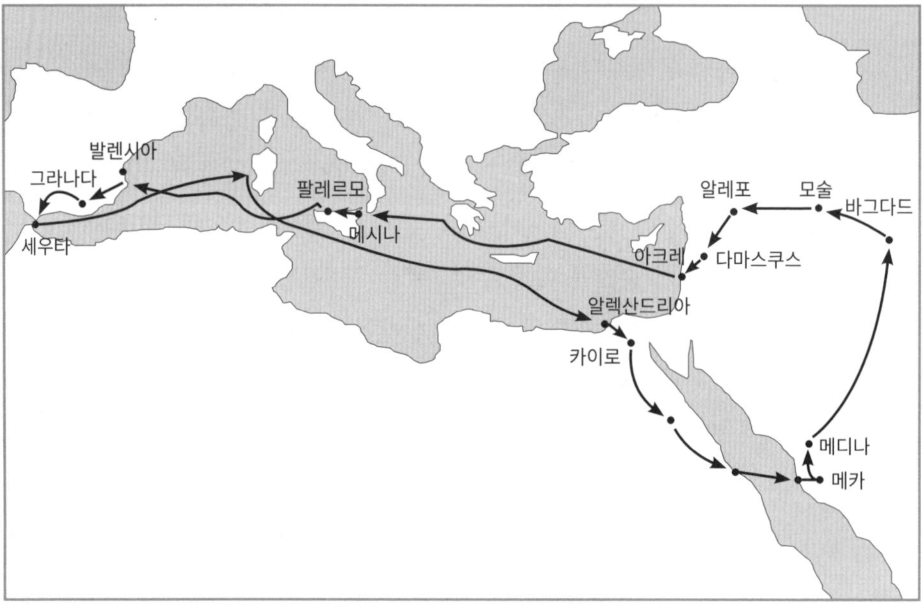

이븐 주바이르의 여로(1183년-1185년)

우연히 조우한 선박에는 주바이르와 함께 그라나다를 출발했던 일행도 있었다. 메카에서 서로 헤어진 후 소식을 몰랐던 주바이르와 일행은 목소리를 높여 서로의 안녕을 물어보고 이렇게 다시 만나게 된 것에 대해 기쁨의 눈물을 흘렸다. 아마도 이 네 척의 제노바 선박에 타고 있었던 사람들 대다수는 안달루시아와 북서아프리카로 돌아가는 이슬람 순례자들이었을 것이다. 주바이르의 선박은 1185년 3월 15일 카르타헤나Cartagena 항구에 도착했다.

주바이르는 지중해 왕복 항해에서 한 달 이상 다수의 기독교 승객들과 함께 지내야 했다. 이교도이자 종교적 적들과 같은 배에서 생활해야 했으니 당연히 공포와 두려움이나 거부감이 있었을 것이다. 그러나 그의 여행기에는 같은 배를 탄 기독교인들에 대한 그런 감정이 드러나지 않는다. 오히려 그를 공포에 몰아넣은 것은 바다였다. 당시 바다 항해는 종종 목숨을 잃을 수도 있는 매우 위험한 모험이었다. 주바이르는 자신의 목숨과 운명이 전적으로 신의 뜻에 달려 있다고 생각하면서 악천후와 폭풍이 발생할 때마다 신에게 간절한 기도를 올렸다. 이에 비하면 기독교인들에 대한 두려움이나 거부감은 크지 않았던 듯하다. 물론 선상에서 기독교도와 이슬람교도 사이에 종종 고성이 오가기는 했지만 심각한 물리적 충돌이 발생하지는 않았다.

어째서 제노바 선박을 이용할 수밖에 없었는지 궁금하지만 주바이르는 그런 상황이나 이유에 관해 구체적으로 언급하지 않았다. 그는 “위대한 영광의 신의 권능과 도움으로 알렉산드리아로 가는 제노바 선박에 승선할 수 있었다.”라고만 진술했을 뿐이다(Jubayr, 1952). 귀로에 아크레 항구에 도착한 주바이르는 북서아프리카의 베자이아로 출항 예정인 선박이 있다는 이야기를 듣고 이 선박에 승선하려고 했다. 그는 이 선박이 기독교 선박인지 이슬람 선박인지 구체적으로 언급하지 않았다. 아마도 기독교 선박이었을 듯한데 왜냐하면 만약 이슬람 선박이었다면 기쁨을 표현했을 것이기 때문이다. 하지만 최종적으로 승선한 선박은 대형 제노바 범선이었다. 그는 승선하는 순간을 "무슬림은 프랑크인과 분리된 자리를 얻었다. 순례자라 불리는 기독교인들이 승선했다. 그들은 예루살렘 순례를 다녀오는 길이었고, 그 수가 너무 많아 헤아릴 수 없었지만 대략 2천 명이 넘었다. 은총과 은혜의 신께서 그들과의 동행에서 우리를 빨리 벗어나게 해주시고 안전하게 목적지로 데려다주시길 기원한다."라고 회상했다. 기독교 순례자들과 동행해야 하는 괴로움에서 빨리 구원해달라는 기도가 전부였다. 그리고 선상에서 기독교인들과 함께 지내는 것에 대한 불편함이나 공포 등의 감정을 표출하지도 않았다.

이러한 사실을 통해 우리는 이슬람 순례자가 기독교 선박을 이용하는 것이 꽤 일상적인 일이었다고 생각해볼 수 있다. 실제로 이 시기에 지중해의 동서남북을 오가며 순례자를 실어 나르는 이슬람 상선들이 드물어졌던 것 같다. 항상 그랬던 것은 아니지만 확실히 11세기 이후 이슬람 순례선은 줄어들었고, 이베리아반도의 순례자들은 대체로 기독교인이 운영하는 선박을 이용해야 했다. 위의 사실을 통해 알 수 있는 또 다른 사실은 순례자나 상인은 종교의 차이에 상관없이 안전한 통행을 보장받고 있었다는 것이다. 중세 시대에 두 종교 사이의 적대감은 우리가 일반적으로 생각하는 것만큼 강하지 않았던 듯하다. 어쩌면 종교 간 거부감은 근대 시대 접어들면서 강화되었고, 몇몇 사료를 과장되게 해석한 19-20세기 역사학자들의 편견일 수 있다. 중세 시대 순례선에서는 상업적 이익 앞에서 종교의 차이는 차별과 분리를 부르지 않았던 듯하기 때문이다.

이러한 사실은 주바이르의 순례 여정에서도 확인된다. 주바이르는 노르만 지배하의 시칠리아섬과 시리아에 있는 십자군 왕국을 경유하면서 기독교 세계에서 살아가고 있는 무슬림 형제들과 만난 적이 있었다. 시칠리아섬에 잠깐이나마 체류하게 된 것은 난파 때문이었다. 노르만 왕 굴리엘모 2세(Guglielmo II, 재위 1166-1189)의 도움으로 난파에서 목숨을 건진 주바이르는 시칠리아에 살고 있는 무슬림 형제들의 일상을 엿볼 수 있었다. 이때 기독교 영토에서 고생하는 무슬림 노예들과 포로들의 비참함과 불운을 목격한 주바이르는 고통과 연민을 느끼면서 격하게 분노했다. 그가 목격한 이슬람 포로들은 족쇄를 차고 있었으며 노예처럼 고역에 시달리고 있었고, 포로로 잡힌 이슬람 여성들도 다리에 쇠고리를 차고 중노동을 하고 있었다. 반면 주바이르는 기독교인들에게 협조하면서 안락한 삶을 살고 있는 무슬림을 만나기도 했다. 그는 시칠리아 왕이 아랍어를 잘 알고 있었으며, 다수의 무슬림 관리와 조언자를 두고 있고 이슬람 사원을 허용하는 등 우호적인 정책을 실시하고 있음을 알게 되었다. 그는 기독교 왕에 봉사하면서 부유하게 사는 이들을 강도 높게 비난했다. 시칠리아 무슬림들이 이렇게 크게 박해받지 않고 정부 관리, 상인, 장인, 농부 등으로 생업 활동을 할 수 있어서, 이들의 신앙이 견고하지도 않고 그래서 이슬람 사원이 방치되고 있다고 한탄하기도 했다. 예로부터 이슬람과 교류가 많았던 시칠리아섬이라는 특수한 환경에서였지만 기독교와 이슬람은 공존의 방법을 터득하고 있었다고 할 수 있다. 주바이르는 다마스쿠스에서 예루살렘으로 가는 여로에서도 기독교도들과 무슬림들이 평화롭게 살아가고 있는 모습을 보았고, 여기서도 불편한 감정을 숨기지도 않았다. 당시 예루살렘은 기독교의 영토였는데, 이 예루살렘 왕국에서 농사를 짓고 사는 무슬림들이 괜찮은 대접을 받고 있어서 기독교로 개종할 수 있다고 보고 이러한 가능성에 대해 매우 걱정스러워하기까지 했다.

어쨌든 기독교와 이슬람의 평화롭기까지 한 공존을 보면서 주바이르는 어색함을 넘어 분노를 느꼈다. 그리고 순례 중에 기독교 세계를 경험하면서 무슬림으로서의 신앙심과 자신의 정체성을 더욱 견고히 하게 되었다. 그런 점에서 그의 순례는 타 종교에 대한 이해를 증진시키는 것으로 귀결되지 않았다. 중세 지중해 세계에서 순례는 다르고 낯선 세계로 깊숙이 들어가 타 문명이나 다른 신앙을 가진 사람들을 만나는 소중한 기회였지만 안타깝게도 상대방을 더 많이 알게 되고 상호 우호적인 관계를 맺지는 못했다.

4. 12세기 유대인 순례자 벤야민 투델라

이베리아반도 북서부의 투델라 출신의 유대인 벤야민(Benjamin, 1130-1173)은 1168년 예루살렘으로 순례 여행을 떠나, 긴 여행을 마치고 1171년 돌아왔다. 그의 여정은 상당히 길다. 육로와 해로를 이용해 여러 왕국과 지역들을 거쳐 가는 방식으로 순례를 진행했다. 자신의 고향 나바라를 떠난 벤야민은 아라곤 왕국을 지나 남부 프랑스의 몽펠리에와 마르세유를 통과해 이탈리아반도에 도착했다. 그러고 나서 제노바, 피사, 아말피, 바리 등의 이탈리아 도시를 본 후 아드리아해를 건너 코르푸섬에 도착했고, 여러 비잔티움 도시를 지나 수도인 콘스탄티노폴리스에 도착했다. 콘스탄티노폴리스에서는 다시 배를 타고 에게해의 여러 섬을 지나 키프로스섬으로 갔다. 지중해에 면한 유럽, 아시아, 아프리카 등지의 여러 곳을 둘러보고 고향으로 돌아왔다. 그는 순례 여행기를 쓰면서 지중해 너머 멀리 떨어진 지역에 대해서도 언급했지만 그곳에 직접 가보지는 않았다. 그의 지중해 저편의 이야기는 소문이나 알

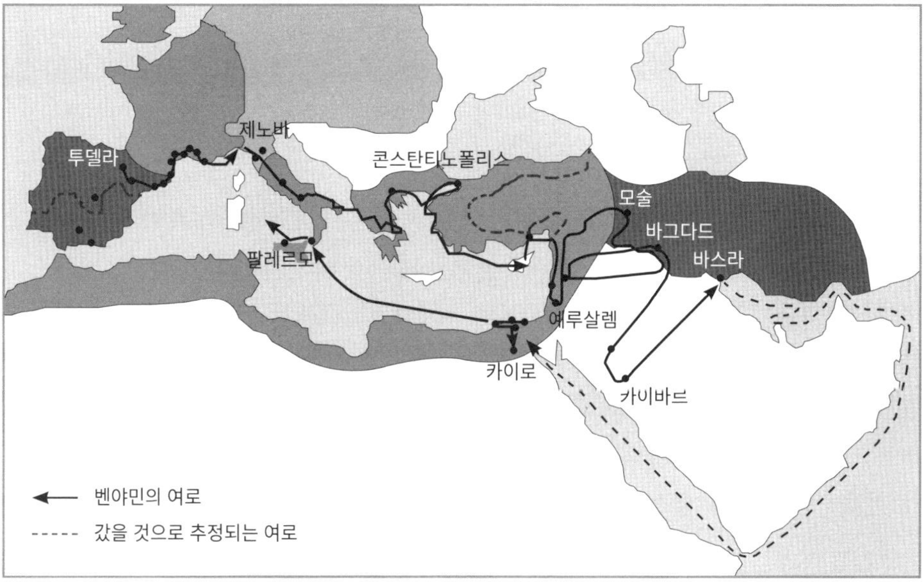

벤야민의 여로(1168-1171)

고 있는 정보에 근거해서 작성되었다.

그는 유대인의 언어인 히브리어로 순례 여행기를 저술했고, 이 책 덕분에 중세 유대인 순례 여행자 중 가장 많이 알려진 인물이 되었다. 벤야민은 여행 중 직접 보았거나 현지에서 만난 믿을 만한 사람들에게 들었거나 이미 알고 있는 것을 기반으로 여행담을 적었다. 하지만 그는 정작 자신이 어떤 인물인지에 대해서는 거의 이야기하지 않고 있다. 게다가 여행기 이외에 그의 생애를 짐작하게 해주는 사료는 별로 남아 있지 않다. 본인뿐만 아니라 가족에 대한 정보도 많지 않다. 3인칭 시점으로 서술된 여행기 서문에는 "랍비인 벤야민은 현명하고 배려 깊은 사람으로, 유대교의 법률과 탈무드에 정통하다. 또한 우리가 그의 이야기를 검증했는데 모두 정확하고, 사실에 부합하며 일관되다는 것을 알았다."라고 적혀 있다. 하지만 당시 랍비는 존칭의 의미로 일상적으로 사용되었기에 그를 유대인 성직자로 단정하기는 어렵다. 여행기에 상업 관련 이야기가 자주 나온다는 점에 근거해 그를 상인으로 해석하는 사람들도 있다. 때론 그가 보석상이었다는 사실 여부를 확인할 수 없는 이야기도 있다. 따라서 역사는 그의 직업이 무엇인지 정확히 알지 못한다.

그의 여행기는 순례기라기보다도 당시 지중해 세계 여기저기에 흩어져 있는 유대인 공동체에 대한 일종의 인구 조사에 가깝다. 그는 방문한 도시의 유대인 공동체의 규모와 공동체를 이끌어가는 랍비와 학자를 기록했다. 그중 가장 간략한 사례는 다음과 같다. "그곳에서 아를 시까지는 12마일 정도 떨어져 있다. 아를에는 약 200명의 유대인이 있고, 그들의 지도자는 랍비 모세, 랍비 토비아스, 랍비 이사야, 랍비 솔로몬, 최고 랍비 나탄이다." 벤야민은 여기에 유대인의 직업, 도시의 상업 활동, 역사 및 정치, 유대인의 처지와 위상 등을 부언하기도 했다. 벤야민은 핵심 정보 이외에도 아말피의 유대인들은 주로 교역에 종사하고, 바르셀로나는 지중해 전역에서 상인들이 교역하러 몰려드는 국제 시장이고, 제노바는 왕이 아니라 시민들이 선출한 재판관들이 통치하고, 바르셀로나는 고트족이 건설한 도시이고, 콘스탄티노폴리스의 유대인들은 그리스인들의 학대로 고통받고 있다는 등의 이야기를 추가로 들려주기도 했다.

벤야민이 어떤 동기와 목적을 가지고 여행을 떠나게 되었는지도 확실하지 않다. 그의 여행이 순례인지, 장사를 위한 것인지, 단순히 모험여행이었는지를 정확히 확인해주는 정보가 부족하다. 분명 그의 결심은 즉흥적이지 않았을 것이다. 그는 여행을 떠나는 것에 대해 학자와 랍비들로부터 조언을 구했기 때문이다. 그뿐만 아니라 지중해 서쪽 이베리아반도의 유대인들은 자신들이 성서의 땅인 동방과 연결되어 있으며, 그런 연유로 예루살렘을 방문한다는 것은 영광스러운 일이라고 생각했다.

여행을 떠나기 전에 유대인은 먼저 유대인 회당으로부터 허가증을 받아야 했다. 허가증을 받으려면 부재중 자신이 내야 할 세금을 내고, 채무를 갚아야 했다. 이 허가증이 없으면 다음 목적지의 유대인 공동체에 의해 되돌려 보내질 수 있었다. 유명한 학자나 상인의 추천서를 받을 수 있으면 좀 더 수월하게 여행을 할 수 있었다. 이슬람 영토를 통과할 경우 그 지역에 거주하고 있는 유대인이나 기독교인들이 매년 내는 인두세에 해당하는 일종의 보호세를 내야 했다. 그가 상품을 소지하고 있는 유대인 상인이라면 이슬람 상인보다 두 배 많은 관세를 물어야 했다. 벤야민은 종이와 필기도구를 지참하고 여행했다.

벤야민이 순례 여행 도중 들렀던 거의 모든 도시에는 규모의 차이가 있긴 했지만, 유대인 공동체가 있었다. 그가 방문하지 않은 곳이라 해도 지중해의 주요 도시 중 유대인 공동체가 없는 경우는 거의 없었다. 그런 점에서 12세기 지중해 세계에서 유대인은 상수와 같은 존재였다. 하지만 유대인 공동체의 규모는 지역별로 크게 차이가 있었다. 당시 지중해에 면한 지역에서 유대인이 상대적으로 적게 살고 있었던 지역은 이탈리아반도였고, 특히 상업이 발달했던 북부 이탈리아 도시에는 유대인이 많지 않았다. 벤야민에 따르면, 제노바에는 단 두 명의 유대인이, 피사에는 20명의 유대인이, 루카에는 40명의 유대인이 거주하고 있을 뿐이었다. 기독교 세계의 중심인 로마에는 200명의 유대인이 있었다. 비잔티움제국의 수도 콘스탄티노폴리스에 2,500명의 유대인이 살고 있었던 사실을 고려하면 로마의 유대인 공동체는 상대적으로 소규모였다. 북부 이탈리아와 비교해 남부 이탈리아에는 좀 더 많은 수의 유대인이 살고 있었다. 나폴리에는 500명의 유대인이, 살레르노에는 600명의 유대인이 살고 있었다.

시리아와 팔레스타인에 세워진 십자군 왕국에서도 유대인 공동체의 규모는 크지 않았다. 안티오크에는 열 명의 유대인이 유리 제조로 생계를 이어가고 있었다. 라오디키아에는 100명의 유대인이, 베이루트에는 50명의 유대인이, 시돈에는 20명의 유대인이 살고 있었다. 예루살렘에는 200명의 유대인이 거주하고 있었으며, 이들 일부는 염색 공장에서 일했고, 왕에게 매년 작은 임대료를 내고 유대인 이외의 장인들이 예루살렘에서 염색업을 하지 못하도록 했다. 가장 규모가 큰 유대인 공동체에도 기껏해야 300명 정도의 유대인이 있을 뿐이었다.

기독교 세계의 유대인 공동체와 비교해 이슬람 세계의 유대인 공동체는 규모가 차원이 달랐다. 이집트 알렉산드리아에는 3,000명의 유대인이 거주하고 있었다. 무아위야 왕조의 수도였던 다마스쿠스에는 3,000명의 유대인이 살고 있었다. 아바스제국의 수도 바그다드에는

40,000명의 유대인이 살고 있었고, 28개의 유대인 예배당이 있었다. 벤야민은 "4만 명의 유대인들은 위대한 칼리프의 통치하에 안전하고, 부유하고 영예롭게 살아가고 있다. 그들 중 위대한 현자들이 있고, 학술원의 대표들은 법률 연구에 몰두하고 있다. 도시에는 열 개의 학술원이 있다. 그중 가장 큰 학술원의 대표는 엘리의 아들 랍비 사무엘이다."라고 썼다(Benjamin, 1907). 아라비아반도와 페르시아에도 만 명 이상의 유대인 공동체를 가진 도시들이 있었다.

이와 같은 유대인 공동체의 규모 차이는 이슬람이 유대인을 상대적으로 우호적으로 대했음을 증명한다. 12세기의 상황은 이후에도 계속된다. 15세기 말 이베리아반도에서 마지막 이슬람 왕국인 그라나다 왕국을 정복하고 최종적으로 재정복을 완수한 기독교 세력들은 이후 유대인을 완전히 추방해버렸고, 이렇게 쫓겨난 유대인 중 상당수가 동지중해의 이슬람 영토로 이주했다.

벤야민의 여행기는 12세기 지중해 세계에서 유대인 공동체가 어떤 처지와 위상을 가지고 있었는지를 짐작하게 해준다. 자신들의 영토나 왕국을 가지고 있지 못했던 유대인들은 기독교나 이슬람의 지배하에서 살아야 했기에 지중해 곳곳에 흩어져 있는 유대인 공동체 간의 결속력은 상대적으로 강했다. 이러한 유대감과 결속력은 동병상련의 아픔을 공유했기 때문이었을 것이다. 게다가 유대인들은 유대인의 언어인 히브리어로 소통했고, 외부에서 온 유대인을 환대하는 전통을 가지고 있었다. 지중해 유대인들은 상업을 통해, 서신 교류를 통해, 책을 통해 서로 연결되어 있었고 같은 종교 공동체에 속한다는 공통의 정체성을 가지고 있었다. 이러한 유대와 결속력 덕분에 벤야민은 새로운 도시에 도착하자마자 유대인 회당을 찾았고, 항상 따뜻한 환대를 받을 수 있었다. 어떤 유대인들은 그를 자신의 집에 초대해 식사와 잠자리를 제공했으며, 다음 여로에 필요한 음식, 교통수단과 정보도 아끼지 않았다. 필요한 경우 옷과 치료도 받을 수 있었다.

벤야민이 지중해 세계를 여행했을 당시는 기독교와 이슬람 사이의 전쟁인 십자군 전쟁이 한창일 때였다. 십자군은 성지로 가는 도중 지나치는 유대인 마을을 공격해 다수의 유대인을 살해했다. 팔레스타인을 정복한 십자군은 그곳에 기독교 왕국을 건설하자마자 유대인을 쫓아냈고, 유대인들에게 야만적인 행동을 서슴지 않았다. 아마도 벤야민은 이곳저곳에서 유대인에 대한 탄압이 늘어나는 상황에서 안전한 피난처가 될 만한 곳을 찾으려고 여행을 떠났던 것 같다. 그래서 그는 방문했던 도시에서 유대인 공동체의 규모, 유대인 지도자, 유대인의 위상과 대우 등에 유난히 관심을 보였다.

벤야민은 기독교 세계보다는 이슬람 세계가 유대인들에게는 상대적으로 안전하다고 생각했다. 자신의 고향 투델라에 대한 설명에서도 이러한 감정은 드러난다. 벤야민은 이슬람 지배 시기 투델라에서 유대인들은 예배를 방해받지 않고 안정적인 삶을 유지할 수 있었지만, 1115년 재정복 과정에서 투델라가 기독교 영토로 편입되면서 유대인의 처지와 상황은 나빠졌다고 토로했다. 벤야민의 이야기처럼 이베리아반도에서 재정복이 시작된 이후 유대인들의 처지는 어려워졌다. 이슬람에 대해 훨씬 우호적인 감정을 지닌 벤야민은 바그다드 칼리프를 정의로운 사람으로 여겼으며, 그의 모든 행동이 선을 위한 것이라고 칭송했다.

하지만 유대인은 기독교 문명뿐만 아니라 이슬람 문명의 적이기도 했으며, 중세 지중해 세계에서 항상 소수이자 약자였다. 그렇지만 오랜 디아스포라의 역사와 고통을 경험했기에 유대인들은 기독교와 이슬람 교도들과는 달리 다른 문명에 상대적으로 잘 적응했다. 그러나 유대인은 자신의 신앙을 버리지 않았고, 그런 점에서 신앙에서는 더욱 완고한 입장을 견지했다. 그 덕분에 뿌리내릴 땅을 가지고 있지 못했음에도 불구하고 유대인들은 자신들의 신앙 공동체와 교리와 전통을 유지할 수 있었다.

에필로그

프롤로그에서 밝혔듯이 이 책의 목표 중 하나는 유럽 중심주의를 극복하고 지중해의 각 문명이 서로 교류와 접촉하면서 발전했던 역사를 균형 있게 서술하는 것이었다. 하지만 이러한 의도는 본문에서 충분히 반영되지 못했다. 중세 지중해 교류사를 총체적으로 이해하기 위해서는 라틴어, 이탈리아어, 불어, 스페인어, 아랍어, 히브리어, 그리스어 등 여러 언어로 작성된 원 사료를 읽어야 하지만 저자는 주로 유럽어로 작성된 문서를 활용할 수밖에 없었다. 그런 연유로 세 문명을 균등하게 다루지 못했다.

이외에도 여러 아쉬움이 남는다. 브로델과 이후 다수의 역사가는 지중해 유역뿐만 아니라 지중해에서 꽤 멀리 떨어진 대륙까지 포함해서 지중해 역사를 서술했다. 하지만 이 책은 지중해를 통한 문명 간의 교역과 교류에 적극적으로 참여했던 사람들을 집중적으로 조명하면서 중세 지중해 교류사를 제한적 범위에서 다룰 수밖에 없었다. 예를 들어 중세 지중해 역사에 큰 영향을 미친 사건, 인물, 이야기에 초점을 맞추다 보니 보통의 중세 지중해 사람들의 다양한 일상을 이야기하지 못했고, 이주와 정주와 같은 인적 자원의 이동을 다루지 못했다.

또한 유대 문명이 중세 지중해 교류사에서 한 역할에 합당한 지면을 할애하지 못했다. 중세 지중해 교류사 분야에서 최고의 역사가였던 애쉬터는 중세 지중해 유대인에 관한 방대한 연구를 통해 유대인에 대한 편견과 오해를 바로잡고자 했다. 그는 유대인이 이자 대부를 주로 하는 고리대금업자라는 해석은 오해라고 주장했다. 그는 유대인은 농업, 제조업 등 다양한 직종에 종사했음을 구체적인 사례 연구를 통해 밝혔고, 유대인이 중세 말 지중해 해상 무역에서 배제되었다는 해석에 반론을 제기하기도 했다(Ashtor, 1983).

중세 지중해 세계는 고대 지중해 세계의 문화와 유산을 상속받아 이를 바탕으로 새로운 역사를 썼고, 이를 물려받은 이후의 지중해는 또 하나의 역사를 만들었다. 다시 말하면 이 책은 16세기까지의 지중해 교류사를 다루지만, 지중해 교류의 역사는 17세기 이후에도 중단 없이 계속되었다는 것이다. 다수의 역사가가 세 문명이 각축전을 벌였던 지중해 세계가 중세 말과 근대 초에 대서양 세계에 주도권을 내주었기 때문에, 이 시기를 지중해 역사의 중요한 전환점이었다고 말한다. 분명히 16세기 지중해 세계는 큰 변화를 경험했다. 하지만 그렇다고 이 시기가 단절의 시대는 아니었다. 근대가 시작되면서 대서양 세계가 보여준 괄목할만한 성장에 맞먹을 정도는 아니었지만, 17세기 이후에도 지중해 세계는 여전히 활력을 유지했다.

몰리 그린Molly Greene은 1500년대에서 1700년대까지 200년의 지중해 역사에서 오스만 제국의 성장을 중요한 패권 변화로, 리보르노Livorno와 이즈미르Izmir라는 두 항구의 부상을 17세기 해상 교역의 주요 변화로 파악했다(Greene, 2003). 인구 500명 정도의 작은 어촌 마을이었던 리보르노는 17세기 중엽 만 2천 명의 인구를 가진 활발한 항구도시로 부상했다. 베네치아와 제노바와 같은 기존의 전통적 해상 세력들이 쇠퇴했지만, 메디치 가문의 후원을 받은 리보르노는 지중해 동서남북을 연결하는 내부 교역뿐만 아니라 지중해와 대서양을 연결하는 교역에서도 중요한 역할을 담당하게 되었다. 메디치 가문은 리보르노에 정착하는 외국 상인들에게 자유로운 거래, 관세 면제, 여러 부대시설 등을 제공했으며, 이러한 자유 무역 정책 덕분에 리보르노는 크게 성장할 수 있었다. 특히 북대서양에서 지중해로 수입되는 곡물 하역 항으로 특수를 누렸다. 아나톨리아 반도 서해안의 이즈미르는 1600년경 오천 명 정도의 인구를 가지고 있었는데, 반세기 만에 3-4만 명의 인구를 가진 국제 무역항으로 급성장했다. 17세기 네덜란드, 영국, 프랑스 등의 대서양 국가들도 이즈미르에 진출해 활발한 교역 활동을 펼쳤다. 이즈미르는 특히 오스만 제국의 비단과 곡물 수출항으로 번성했다.

18세기와 19세기 지중해 세계는 네덜란드, 프랑스, 영국 등의 유럽 열강들이 패권을 다투는 격전장이 되었다. 1798년 8월 1-2일 영국과 프랑스 사이에 있었던 나일 해전(아부키르만Aboukir Bay 해전으로 불리기도 함)은 패권변화를 가져온 역사적 사건이었다. 이 해전에서 넬슨Horatio Nelson이 이끄는 영국 함대는 나폴레옹의 프랑스 함대를 격파했다. 일부 역사가는 이 사건 이후 20세기 초반까지 지중해 바다는 "영국의 호수"라 말할 정도는 아니었지만, 상당 부분 영국 해상력의 통제하에 있었다고 말한다. 1869년 수에즈 운하의 개통으로 영국의 우세가 더욱 확고해지면서, 지중해는 새로운 시대를 맞았다.

현대 지중해 세계는 또 다른 모습을 하고 또 다른 역할을 하고 있다. 지중해는 한편으로 미국과 유럽 세력으로 대변되는 기독교 문명과 이슬람 문명 간의 갈등, 이스라엘과 아랍 국가 간의 반목과 전쟁, 이슬람 세계 내의 갈등과 분쟁이 보여주듯이 여전히 종교 간의 문명 충돌의 공간이고, 일자리와 망명처를 찾아 서유럽으로 탈출하는 아프리카 출신의 난민들이 통과해야 하는 위험한 고난의 바다이다. 이런 비극이 벌어지는 바로 옆에서 세계 각자의 여행객들에게는 멋진 휴가를 보낼 수 있는 낭만과 휴식의 공간이 펼쳐진다.

다시 이 책의 주제로 돌아오면, 천 년의 중세 지중해 교류사를 통해 얻을 수 있는 결론은 중세 지중해가 세부적으로 보면 서로 다른 종교적 교리, 인종, 언어 등을 가진 여러 문명으로 구성된 혼합체였지만, 좀 더 큰 틀과 구조에서 보면 하나의 공동체이기도 했다는 것이다. 중세 지중해 문명을 하나의 공동체로 규정할 수 있는 첫 번째 이유는 유대교, 기독교, 이슬람교 모두 유일신 하느님을 믿는다는 사실이다. 물론 세부적인 교리에서 차이가 있었고, 이로 인해 서로 반목하고 전쟁을 불사했지만 말이다. 두 번째는 중세 지중해는 하나의 지식 공동체였다. 아시아의 여러 국가가 한자와 유교를 기반으로 한 전통적인 지식 체계를 공유하고 있었다면, 중세 지중해 여러 문명은 고대 지중해 세계로부터 물려받은 학문과 지식을 공유했다. 철학에서는 아리스토텔레스 등으로 대변되는 고대 그리스 철학자들의 학문을, 의학에서는 히포크라테스와 갈레노스를, 지리학에서는 프톨레마이오스의 학문을 공통으로 배웠고, 각자의 입장과 처지에서 이를 발전시켜나갔다.

하지만 중세 지중해가 하나의 공동체이자 세계였다고 하더라도 그 속에 공존과 평화만이 존재하는 것은 아니었다. 천 년의 교류와 접촉에도 불구하고 지중해의 여러 문명은 서로를 이해하고 평화로운 공존을 모색하는 데 그리 성공하지 못했고, 더 나아가 타 종교에 대한 관용을 배우지도 못했다. 그런 점에서 여러 문명 간의 문화 접변 현상은 일어나지 않았으며, 서로는 자신의 종교 정체성을 유지 고수했다. 중세 지중해 역사를 연구한 프랑스 역사가 미셸 발라르Michel Balard가 지중해는 천 개의 모습을 동시에 가지고 있다고 말했다. 확실히 지중해 역사의 장대한 흐름을 살펴보면, 지중해는 수많은 모습을 보여주는 다양성의 바다다. 그 다양성이 지중해의 역사를 다채롭고 풍성하게 했다. 이 책이 독자들에게 그 모습의 일부라도 전해줄 수 있었기를 바란다.

참고문헌

서장 _ 지중해의 자연환경

김응종 (2006), 『페르낭 브로델: 지중해, 물질문명과 자본주의』, 살림출판사.
마한, 알프레드 세이머 (1999), 『해양력이 역사에 미치는 영향』, 김주식 옮김, 책세상.
브로델, 페르낭 (2017), 『지중해: 펠리페 2세 시대의 지중해 세계』, 주경철 · 조준희 옮김, 까치.
치폴라, 카를로 (2010), 『대포 범선 제국 : 1400~1700년, 유럽은 어떻게 세계의 바다를 지배하게 되었는가?』, 최파일 옮김, 미지북스.
Jubayr, Ibn (1952), *The travels of Ibn Jubayr*, translated by Ronald J. C. Broadhurst, London: Jonathan Cape.
Pryor, John H. (1988), *Geography, technology, and war: studies in the maritime history of the Mediterranean, 649–1571*, New York: Cambridge University Press.

1부 세 문명의 성립과 패권의 변화

1장 _ 세 문명의 성립과 발전

로건, 유진 (2016), 『아랍: 오스만 제국에서 아랍 혁명까지』, 이은정 옮김, 까치글방.
로빈슨, 프랜시스 외 (2013), 『사진과 그림으로 보는 케임브리지 이슬람사』, 손주영 외 옮김, 시공사.

루이스, 버나드 (2004), 『이슬람 문명사』, 김호동 옮김, 이론과실천.
르 고프, 자크 (2008), 『서양 중세 문명』, 유희수 옮김, 문학과지성사.
머리, 더글러스 (2017), 『유럽의 죽음: 다문화의 대륙인가? 사라지는 세계인가?』, 유강은 옮김, 열린책들.
박승찬 (2017), 『중세의 재발견: 현대를 비추어 보는 사상과 문화의 거울』, 길.
박윤덕 외 (2016), 『서양사 강좌』, 아카넷.
브라운, 피터 (2004), 『기독교 세계의 등장』, 이종경 옮김, 새물결.
아불라피아, 데이비드 (2016), 『위대한 바다: 지중해 2만 년의 문명사』, 이순호 옮김, 책과함께.
정기문 (2016), 『그리스도교의 탄생: 역사학의 눈으로 본 원시 그리스도교의 역사』, 길.
주경철 (2022), 『바다 인류: 인류의 위대한 여정, 글로벌 해양사』, 휴머니스트.
지중해지역원 (2020), 『지중해 문명 교류 사전』, 이담북스.
최종원 (2020), 『공의회 역사를 걷다: 사회사로 읽는 공의회』, 비아토르.
카르팡티에, 장 · 르브룅, 프랑수아 (2006), 『지중해의 역사』, 강민정 · 나선희 옮김, 한길사.
카플란, 미셸 (1998), 『비잔틴 제국: 동방의 새로운 로마』, 노대명 옮김, 시공사.
큉, 한스 (2012), 『이슬람: 역사 · 현재 · 미래』, 손성현 옮김, 시와진실.
Abulafia, David. (2003), *The Mediterranean in history*, London: Thames & Hudson Ltd.
Ashtor, Eliyahu (1989), "The facotrs of technological and industrial progress in the Later Middle Ages", *Journal of European Economic History*, vol. 18: 7-36.
Silverstein, Adam J. (2010), *Islamic history: a very short introduction*, Oxford: Oxford University Press.

2장 _ 문명의 충돌: 십자군 전쟁

김능우 역주 (2016), 『중세 아랍시로 본 이슬람 진영의 대 십자군 전쟁』, 서울대학교출판문화원.

김능우·박용진 편역 (2020), 『기독교인이 본 십자군, 무슬림이 본 십자군: 십자군 관련 동시대 유럽어 사료, 아랍어 사료 번역』, 서울대학교출판문화원.
말루프, 아민 (2002), 『아랍인의 눈으로 본 십자군 전쟁』, 김미선 옮김, 아침이슬.
매든, 토머스 F. (2005), 『십자군: 기사와 영웅들의 장대한 로망스』, 권영주 옮김, 루비박스.
캐틀러스, 브라이언 (2022), 『스페인의 역사: 8세기부터 17세기까지의 신앙의 왕국들』, 김원중 옮김, 길.
프랭코판, 피터 (2018), 『동방의 부름: 십자군 전쟁은 어떻게 시작되었는가』, 이종민 옮김, 책과함께.
Andrea, Alfred J. (2000), *Contemporary sources for the fourth Crusade*, Leiden, Boston and K ln: Brill.

3장 _ 문명의 상호 관계와 공존의 모색

성백용 (2016), 「십자군 시대 서유럽의 이슬람 세계에 대한 인식과 담론의 유형들」, 『역사와 담론』, 80집: 321-359.
아몬드, 이언 (2010), 『십자가 초승달 동맹: 우리가 알지 못했던 기독교-이슬람 연합 전쟁사』, 최파일 옮김, 미지북스.
이븐 문끼드, 우사마 (2018), 『성찰의 서』, 김능우 옮김, 서울대학교출판문화원.
플레처, 리처드 (2020), 『십자가와 초승달, 천년의 공존: 그리스도교와 이슬람의 극적인 초기 교류사』, 박흥식·구자섭 옮김, 21세기북스.
Catlos, Brian A. (2014), *Muslims of medieval Latin Christendom, c. 1050-1614*, Cambridge: Cambridge University Press.
Hamilton, Bernard (1997), "Western understanding of Islam at the time of the Crusades", *Journal of the Royal Asiatic Society*, 7: 373-387.
Tolan, J. V. (1996), "Anti-hagiography: embrico of Mainz's Vita Mahumeti", *Journal of Medieval History*, 22: 25-41.

4장 _ 패권의 변화와 지중해 세계

남종국 (2010), 「16세기 지중해 향신료 무역」, 『중세사연구』 26: 261-291.

브로델, 페르낭 (2017-2019), 『지중해: 펠리페 2세 시대의 지중해 세계 1, 2-1, 2-2, 3』, 주경철 · 조준희 · 남종국 · 윤은주 · 박윤덕 · 임승휘 옮김, 까치.

자딘, 리사 (2003), 『상품의 역사』, 이선근 옮김, 영림카디널.

주경철 (2008), 『대항해시대: 해상 팽창과 근대 세계의 형성』, 서울대학교출판문화원.

2부 지중해 교역 활동의 양상

5장 _ 종교와 교역

자크 르 고프 (1998), 『돈과 구원: 고리대금업자에서 은행가로』, 김정희 옮김, 이학사.

Adam, Guillaume (2012), *How to defeat the Saracens*, translated by Giles Constable, Washington, D.C.: Dumbarton Oaks.

Sanudo Torsello, Marino (2011), *The book of the secrets of the faithful of the Cross: Liber Secretorum Fidelium Crucis*, edited by Peter Lock, Routledge, 2011.

Stantchev, Stefan K. (2009), "Embargo: the origins of an idea and the implications of a policy in Europe and the Mediterranean, ca. 1100-ca. 1500", Ph. D. in the University of Michigan.

Torsello, Marino Sanudo (2011), *The book of the secrets of the faithful of the Cross: Liber secretorum fidelium Crucis*, edited by Peter Lock, Farnham: Ashgate.

6장 _ 지중해 교역의 확대: 몽골 평화 시대 유럽과 아시아의 만남

김호동 (2010), 『몽골제국과 세계사의 탄생』, 돌베개.

남종국 (2019), “Who is Rex Corum in the letter of 1333 by Pope John XXII?”, *Mediterranean Review*, 12: 23-51.

______ (2019), 「Rethinking trade between Europe and the Mongol realm during the Pax Mongolica」, 『서양중세사연구』, 43: 103-152.

______ (2020), 「The envoy to Pope Benedict XII sent by the Great Khan in 1336」, 『서양중세사연구』, 44: 101-126.

______ (2020), 「A European community in Yangzhou during the Pax Mongolica」, 『서양중세사연구』, 46: 185-214.

______ 외 (2021), 『몽골 평화시대 동서문명의 교류: 아비뇽에서 개경까지』, 이화여자대학교출판문화원.

로사비, 모리스 (2020), 『몽골 제국』, 권용철 옮김, 교유서가.

______ (2021), 『랍반 사우마의 서방 견문록: 쿠빌라이 칸의 특사, 중국인 최초로 유럽을 여행하다』, 권용철 옮김, 사회평론아카데미.

성백용 외 (2021), 『사료로 보는 몽골 평화시대 동서문화 교류사』, 이화여자대학교출판문화원.

세베락, 요르다누스 카탈라 드 (2020), 『신기한 것에 관한 서술: 중세 수도사의 인도 여행기』, 박용진 옮김, 서울대학교출판문화원.

아부-루고드, 재닛 (2006), 『유럽 패권 이전: 13세기 세계 체제』, 이은정·박흥식 옮김, 까치.

오도릭 (2012), 『오도릭의 동방기행』, 정수일 옮김, 문학동네.

맨더빌, 존 (2014), 『맨더빌 여행기: 세계의 지리를 뒤흔든 중세 여행기』, 주나미 옮김, 오롯.

카르피니, 플라노 드·루브룩, 윌리엄 (2015), 『몽골 제국 기행: 마르코 폴로의 선구자들』, 김호동 옮김, 까치.

Amitai-Preiss, Reuven (1995), *Mongols and Mamluks: the Mamluk-Ilkh nid war, 1260-1281*, Cambridge: Cambridge University Press.

Pegolotti, Francesco Balducci (1936), *La pratica della mercatura*, edited by Allan Evans, Cambridge, Massachusetts: The Medieval Academy of America.

7장 _ 교역 상품들: 지중해를 움직인 원동력

남종국 (2011), 『중세 지중해 교역은 유럽을 어떻게 바꾸었을까?』, 민음인.

______ (2022), "Tatar slaves in late Fourteenth Century Florence", *Mediterranean Review*, 15: 1-24.

자딘, 리사 (2003) 『상품의 역사: 르네상스의 새로운 역사』, 이선근 옮김, 영림카디널.

터너, 잭 (2012), 『스파이스: 향신료에 매혹된 사람들이 만든 욕망의 역사』, 정서진 옮김, 따비.

피렌, 앙리 (1997), 『중세 유럽의 도시』, 강일휴 옮김, 신서원.

Adam, Guillaume (2012), *How to defeat the Saracens*, translated by Giles Constable, Washington, D.C.: Dumbarton Oaks.

Ashtor, Eliyahu (1956), "The Karimi merchants", *Journal of the Royal Asiatic society*, vol.88, pp.45-56.

______ (1978), "L'exportation des textiles occidentaux dans le Proche Orient musulman au bas Moyen Age (1370-1517)", *Studi in memoria di Federigo Melis*, Napoli: Giannini Editore.

______ (1983), *Levant trade in the Later Middle Ages*. Princeton: Princeton University Press.

Barker, Hannah (2019), *That most precious merchandise: the Mediterranean trade in Black Sea slaves 1260-1500*, Philadelphia: University of Pennsylvania Press.

Freedman, Paul (2008), *Out of the East: spices and the medieval imagination*, New Haven and London: Yale University Press.

Greene, Molly (2003), "Resurgent Islam", *The Mediterranean in history*, edited by David Abulafia, London: Thames & Hudson Ltd.

Livi, Ridolfo (1928), *La schiavitù domestica nei tempi di mezzo e nei moderni*, Padova.

8장 _ 이탈리아 상인의 전성시대

남종국 (2015), 『이탈리아 상인의 위대한 도전: 근대 자본주의와 혁신의 기원』, 앨피.

_______ (2020), 『중세 해상제국 베네치아』, 이화여자대학교출판문화원.

시오노 나나미 (2002), 『바다의 도시 이야기: 베네치아 공화국 1천 년의 메세지』, 정도영 옮김, 한길사.

크롤리, 로저 (2011), 『500년 무역 대국 부의 도시 베네치아』, 우태영 옮김, 다른세상.

Renoard, Yves (1949), *Les hommes d'affaires italiens du Moyen Age*, Paris: Armand Colin.

Sapori, Armando (1952), *Le marchand italien au Moyen Age*, Paris: Armand Colin.

3부 교류와 접촉의 장, 지중해

9장 _ 학문과 지식의 수용과 거부

구타스, 디미트리 (2013), 『그리스 사상과 아랍 문명: 번역 운동과 이슬람의 지적 혁신』, 정영목 옮김, 글항아리.

그린블랫, 스티븐 (2013), 『1417, 근대의 탄생: 르네상스와 한 책 사냥꾼 이야기』, 이혜원 옮김, 까치.

라이언스, 조너선 (2013), 『지혜의 집, 이슬람은 어떻게 유럽 문명을 바꾸었는가』, 김한영 옮김, 책과함께.

박승찬 (2010), 『서양 중세의 아리스토텔레스 수용사: 토마스 아퀴나스를 중심으로』, 누멘.

에코, 움베르토 (2002), 『장미의 이름』, 이윤기 옮김, 열린책들.

오벤든, 리처드 (2020), 『책을 불태우다』, 이재황 옮김, 책과함께.

자딘, 리사 (2003), 『상품의 역사: 르네상스의 새로운 역사』, 이선근 옮김, 영림카디널.

카플란, 미셸 (2003), 『비잔틴 제국: 동방의 새로운 로마』, 노대명 옮김, 시공사.

홍용진 (2021), 「1277년 중세 파리 대학의 금지령: 무엇을 위한 통제인가?」, 『역사와 세계』 59: 1-34.
해스킨스, C. H. (2017), 『12세기 르네상스』, 이희만 옮김, 혜안.
홉슨, 존 M. (2005), 『서구 문명은 동양에서 시작되었다』, 정경옥 옮김, 에코리브르.
Runciman, Steven (1970), *The last Byzantine Renaissance*, Cambridge: Cambridge University Press.
Woodhouse, C. M. (1986), *George Gemistos Plethon: the last of the Hellenes*. Oxford: Oxford University Press.

10장 _ 종교의 경계선을 넘어선 문화와 예술

브로턴, 제리 (2018), 『르네상스』, 윤은주 옮김, 교유서가.
성백용 외 (2021), 『사료로 보는 몽골 평화시대 동서문화 교류사』, 이화여자대학교출판문화원
양정무 (2011), 『상인과 미술』, 사회평론.
_______ (2020), 『난생 처음 한번 공부하는 미술 이야기 6: 초기 자본주의와 르네상스의 확산』, 사회평론.
이은기 (2002), 『르네상스 미술과 후원자』, 시공사.
자딘, 리사 (2003), 『상품의 역사: 르네상스의 새로운 역사』, 이선근 옮김, 영림카디널.
자딘, 리사 · 브로턴, 제리 (2020), 『글로벌 르네상스: 동양과 서양 사이의 르네상스 미술』, 임병철 옮김, 길.
Barkai, Ron (1996), "Between East and West: a Jewish doctor from Spain", *Intercultural contacts in the Medieval Mediterranean*, edited by Benjamin Arbel, London: Frank Cass and company limited, pp. 49-63.
Christian, Kathleen and Clark, Leah R. eds (2017), *European art and the wider world 1350-1550*, Manchester: Manchester University Press.
Freely, John (2009), *The grand Turk: sultan Mehmet II - conqueror of Constantinople and master of an empire*, New York: The Overlook Press.
Howard, Deborah (2000), *Venice and the East: the impact of the Islamic*

world on Venetian architecture 1100–1500, New Haven and London: Yale University Press.

11장 _ 타자의 세계로 들어간 순례자들

남종국 (2005), 「1480년 예루살렘 순례 여행」, 『역사학보』 232: 31–59.

______ (2021), 「Christian–Muslim relations in the period of Ibn Jubayr's pilgrimage」, 『서양중세사연구』 47: 77–118.

칼릭스투스 2세 (2018), 『산티아고 순례 안내서』, 박용진 옮김, 서울대학교출판문화원.

Adler, Marcus Nathan (ed.) (1907), *The itinerary of Benjamin of Tudela: critical text, translation and commentary*, London: Oxford University Press.

Anonymous Parisian (1882), "Le voyage de la saincte cyté de Hierusalem avec la description des lieux", edited by C. Schefer and H. Cordier, Paris: Errnest Leroux.

Benjamin of Tudela (1907), *The itinerary of Benjamin of Tudela: critical text, translation and commentary*, edited by Marcus Nathan Adler, London: Oxford University Press.

Boyle, Mary (2021), Writing the Jerusalem pilgrimage in the later Midde Ages, Woodbridge: D.S. Brewer.

Chareyron, Nicole (2005), *Pilgrims to Jerusalem in the Middle Ages*, translated by W. Donald Wilson, New York: Columbia University Press.

Jubayr, Ibn (1952), *The travels of Ibn Jubayr*, translated by Ronald J. C. Broadhurst, London: Jonathan Cape.

Lengherand, Georges (1861), *Voyage de Georges Lengherand, mayeur de Mons en Haynaut, àVenise, Rome, Jérusalem, Mont Sinaï et le Cayre (1485–1486)*, edited by Godefroy–Ménilglaise. Mons: Masquillier et Dequesne.

에필로그

남종국, (2011), 「Ashtor와 중세 지중해 세계」, 『서양사론』, 111: 255-277.

Ashtor, Eliyah (1983), *The Jews and the Mediterranean economy, 10th-15th centuries*, London: Variorum Reprints.

Ashtor, Eliyahu (1973-1979), *The Jews of Moslem Spain*, 3 volumes, Philadelphia.

Balard, Michel (2006), *La Méditerranée médiévale: espaces, itinéraires, comptoirs*, Paris: Picard.

찾아보기

[ㅂ]

[ㅈ]

[ㅊ]

[ㅎ]

천 년의 바다

중세 지중해 교류사

펴낸날 1판 1쇄 2022년 11월 18일
지은이 남종국
펴낸이 주소현
펴낸곳 이화여자대학교출판문화원
주소 서울특별시 서대문구 이화여대길 52(우 03760)
등록 1954년 7월 6일 제9-61호
전화 02) 3277-2965 (편집), 02) 362-6076 (마케팅)
팩스 02) 312-4312
전자우편 press@ewha.ac.kr
홈페이지 www.ewhapress.com
책임 편집 민지영
디자인 정혜진

ISBN 979-11-5890-474-6 93900
값 28,000원